融媒时代普通高等院校新闻传播学类核心课程"十三五"规划精品教材

编辑委员会

主　编　张　昆　（华中科技大学）

编　委　（以姓氏拼音为序）

蔡　琪（湖南师范大学）	舒咏平（华中科技大学）
曹　丹（黄淮学院）	唐海江（华中科技大学）
陈先红（华中科技大学）	陶喜红（中南民族大学）
陈信凌（南昌大学）	魏　奇（南昌理工学院）
董广安（郑州大学）	吴廷俊（华中科技大学）
段　博（河南师范大学）	吴卫华（三峡大学）
方雪琴（河南财经政法大学）	吴玉兰（中南财经政法大学）
何志武（华中科技大学）	肖华锋（南昌航空大学）
季水河（湘潭大学）	萧燕雄（湖南师范大学）
姜小凌（湖北文理学院）	徐　红（中南民族大学）
靳义增（南阳师范学院）	喻发胜（华中师范大学）
廖声武（湖北大学）	喻继军（中国地质大学）
刘　洁（华中科技大学）	张德胜（武汉体育学院）
彭祝斌（湖南大学）	张举玺（河南大学）
强月新（武汉大学）	郑　坚（湖南工业大学）
邱新有（江西师范大学）	钟　瑛（华中科技大学）
尚恒志（河南工业大学）	邹火明（长江大学）
石长顺（华中科技大学）	

融媒时代普通高等院校新闻传播学类核心课程『十三五』规划精品教材

丛书主编◎张昆

广告投放

主　编◎莫梅锋
副主编◎于婷婷　韩顺兴　蔡杰峰
参　编◎肖兵艳　陈杏娟　刘　振
　　　　汪　潇　李怀苍　王亚男
　　　　陈　浩　马　丽　熊　蕾
　　　　谷　羽　周尚梅

华中科技大学出版社
http://www.hustp.com
中国·武汉

内 容 提 要

本书基于人脑通过多种感官整合感知广告刺激的事实,打破传统的以"媒体"类别进行广告投放策划的思路,提出了以感官元素(图文、视听、互动等"媒介")为依据,进行跨媒介互动融合的融媒体广告投放策略。在章节安排上突出了各类媒介的感官元素特性,既分析了其传统的广告价值和作用机制,又提出了融媒体时代的优化对策。在融合中创新,在融合中互动,在融合中整合,在融合中实现精准,在融合中提升广告投放的效率和效果。

图书在版编目(CIP)数据

广告投放/莫梅锋主编. —武汉:华中科技大学出版社,2017.5(2024.8重印)
融媒时代普通高等院校新闻传播学类核心课程"十三五"规划精品教材
ISBN 978-7-5680-2628-4

Ⅰ.①广⋯ Ⅱ.①莫⋯ Ⅲ.①广告学-高等学校-教材 Ⅳ.①F713.80

中国版本图书馆 CIP 数据核字(2017)第 052976 号

广告投放
Guanggao Toufang

莫梅锋　主编

策划编辑:周晓方　陈培斌
责任编辑:封力煊
封面设计:原色设计
责任校对:刘　竣
责任监印:周治超
出版发行:华中科技大学出版社(中国·武汉)　　电话:(027)81321913
　　　　　武汉市东湖新技术开发区华工科技园　　邮编:430223
录　　排:武汉正风天下文化发展有限公司
印　　刷:武汉科源印刷设计有限公司
开　　本:787mm×1092mm　1/16
印　　张:21　插页:2
字　　数:486千字
版　　次:2024年8月第1版第3次印刷
定　　价:58.00元

本书若有印装质量问题,请向出版社营销中心调换
全国免费服务热线:400-6679-118　竭诚为您服务
版权所有　侵权必究

《广告投放》编委会

主　编
　　莫梅锋　湖南大学新闻传播与影视艺术学院广告系主任

副主编
　　于婷婷　华中科技大学新闻与信息传播学院
　　韩顺兴　湖南顺风传媒有限公司董事长
　　蔡杰峰　广东取货宝科技有限公司董事长

成　员
　　陈杏娟　湖南商学院设计艺术学院广告系主任
　　肖兵艳　湖南工业大学文学与新闻传播学院广告系主任
　　王亚男　湖南工程学院设计艺术学院广告学教研室主任
　　陈　浩　广州大学新闻与传播学院广告系
　　李怀苍　昆明理工大学艺术与传播学院
　　马　丽　重庆工商大学文学与新闻学院广告系
　　汪　潇　中国地质大学艺术与传媒学院新闻传播系
　　熊　蕾　武汉纺织大学传媒学院广告系
　　谷　羽　湖北经济学院新闻与传播学院广告系
　　周尚梅　玉林师范学院中文系广告专业

总 序

当前,世界新闻传播学的发展正处在一个关键的历史节点,新闻传播学科国际化、实践化趋势日益凸显。尤其是现代传播技术的发展,新兴媒体层出不穷、迅猛崛起,媒介生态格局突变,使得新媒体与传统媒体共生的格局面临着各种新的问题。传播手段、形式的变化带来的传播模式的变化,媒体融合背景下专业人才需求的演变,媒体融合时代传统媒体的生存与发展战略,网络化时代的传播自由与社会责任,新的媒介格局决定的社会变迁,全球化语境下国家软实力建构与传播体系发展,等等,这些问题都不是传统意义上的新闻传播学所能完全解释的。

传统意义上的新闻传播学本身需要突破,需要新视野、新方法、新理论,需要拓展新的思维空间。新闻传播学科"复合型、专业化"人才培养模式改革势在必行,尤其是媒介融合时代专业人才需求的演变,使得已出版的教材与新形势下的教学要求不相适应的矛盾日益突出,加强中国新闻传播教育对交叉应用型人才培养急需的相关教材建设迫在眉睫。毋庸置疑,这对新闻传播学而言,是一种巨大的推力,在它的推动下,新闻传播学才有可能在现有基础上实现新的超越。"融媒时代普通高等院校新闻传播学类核心课程'十三五'规划精品教材"正是在这种巨大推力下应运而生。

为编写这套教材,我们专门成立了编委会,编委会成员有国务院学位委员会学科评议组新闻传播学科组成员、新闻与传播专业学位教育指导委员会委员,教育部高等学校新闻传播学类教学指导委员会委员,以及中国新闻传播教育理事会、中国新闻史学会、中国传播学会、中国网络传播研究会、中国广播电视学专业委员会、中国广告教育学会的专家学者,各高校新闻传播学院(系)院长(主任)和主管教学的副院长(主任)与学术带头人。

在考虑本套教材整体结构时,编委会以教育部 2012 年最新颁布推出的普通高等学校本科专业目录新闻传播大类五大专业核心课程设置为指导蓝本,结合新闻传播学科人才培养特色和专业课程设置,同时以最新优势特设专业作为特色和补充,新老结合,优势互补,确定了以新闻传播学科平台课及新闻学、广播电视学、广告学、传播学(网络与新媒体)等四大专业核心课程教材共计 36 种为主体的系列教材体系。其中,新闻传播学科平台课程教材 8 种,即《新闻学概论》、《传播学原理》、《传播学研究方法》、《媒介经营管理》、《媒介伦理》、《传播法》、《新闻传播史》、《新媒体导论》;新闻学专业核心课程教材 6 种,即《马克思主义新闻学经典导读》、《新闻采访与写作》、《新闻编辑学》、《新闻评论》、《新闻摄影》、《新闻作品赏析》;广播电视学专业核心课程教材 9 种,即《广播电视导论》、《电视摄像》、《广播电视编辑》、《广播电视新闻采访与报道》、《广播电视写作》、

《电视专题与专栏》、《广播电视新闻评论》、《电视纪录片》、《广播电视节目策划》;广告学专业核心课程教材8种,即《品牌营销传播》、《广告学概论》、《广告调查与统计》、《新媒体广告》、《广告创意与策划》、《广告文案》、《广告摄影与设计》、《广告投放》;传播学(网络与新媒体)专业核心课程教材5种,即《人际传播》、《公共关系学》、《活动传播》、《网络新闻业务》、《新媒体技术》等。

  为提高教材质量,编委会在组织编写时强调以"立足前沿,重在实用;兼容并蓄,突显个性"为特色,内容上注重案例教学,加强案例分析;形式上倡导图文并茂,强调多通过数据、图表形式加强理论实证分析,增强"悦读性"。本套教材的作者都具有比较丰富的教学经验,他们将自己在教学中的心得和成果毫无保留地奉献给读者,这种奉献精神正是推动新闻传播学科教育发展的动力。

  我们期待"融媒时代普通高等院校新闻传播学类核心课程'十三五'规划精品教材"的出版能够给中国新闻传播学科各专业的教材建设、人才培养乃至学术研究注入新的活力,期待这套教材能够激活中部地区的新闻传播学科资源,推动中青年学术英才在科学思维和教学探索方面攀上新的台阶、进入新的境界,从而实现中国新闻传播教育与新闻传播学术的中部崛起。

国务院学位委员会学科评议组新闻传播学科组成员
2006—2010 教育部高等学校新闻传播学类教学指导委员会副主任委员
华中科技大学新闻与信息传播学院教授、博导

张昆

2016 年 8 月 1 日

前言 PREFACE

在融媒体时代，广告的产业结构、运作流程和业务模式等都发生了巨大变化，这些变化必然会传导到广告教育上来，迫使广告教育进行一系列转型。

本书围绕媒介融合时代的广告投放展开，邀请一批有从业经验或教研训练一线的专家学者，共同讨论广告投放的融媒体转型，探索融媒体背景下广告投放相关课程的教材设计。

岳麓山下，来自全国各地的青年广告学者与业界精英一起敢为人先，积极探讨广告投放的前沿问题，历经三年有余，终成此书。应需广告、应时广告、应景广告、缝隙战略、O2O广告、增强广告、轻态广告、日常生活广告、自动投放等新说法、新概念、新理念遍布字里行间。

绪论部分，从总体上提出了针对适切的受众，由适合的传播者，在适当的时机，以适宜的内容，通过适应的渠道，与之进行商务信息沟通，达到适度传播效果的广告投放6R传播模式。此模式，在大众传播时代，还只是理想，有些广告活动靠经验做到了，但不普遍，在大数据时代，每个广告活动都可以做到准确定位，实现精确传播，得到确切效果，每一次广告传播都可以实现应需、应时、应景。

第一章，对广告投放进行概述。广告投放是实现广告策略、催生广告效果的重要环节，对于广告主来说广告投放又是一个需要慎重考量、比较、分析才能做出的重要决策。本章通过对广告投放的整体介绍，使读者了解传统媒体和融媒体广告投放的不同之处，促使读者对融媒体广告投放进行全新思考。

第二章，介绍基于大数据的消费者洞察。消费者的生活数据、消费数据、媒介数据等汇成大数据，大数据挖掘可以揭示消费者行为的全景地图，这是一张蕴含巨大商业价值的藏宝图。本章对大数据的含义和特征、融媒体时代新型消费者沟通行为模式、具体的大数据消费者洞察方法等，进行了详细的阐述。

第三章，广告投放的目标与预算。广告投放目标是广告目标在媒介投放上的具体化，明确而正确的投放目标，对企业的经营目标、营销目标和广告目标的实现意义重大。而合理的广告预算是确保投放目标顺利实现的基础。本章对广告投放目标的概念、类型、影响因素及广告预算的制定等做了详尽介绍。

第四章，媒体广告价值的评估。媒体是广告接近受众的重要中介，不同的媒体有不同的广告价值。在融媒体时代，媒体之间的互动和融合日益频繁。本章基于媒体广告价值评估的内涵、要素和方法等角度，既进行分门别类的单一类别媒体的广告价值评估，又进行综合性的评估。

第五章，视听广告投放及优化。视听广告主要包括广播和电视广告，以视听与音频作为主要传播元素。为与现有知识体系相容，本章沿用广播电视广告表述，但从理念和实务上都进行了新的拓展。广播在融媒体时代受到了巨大冲击，但是主打声音元素的音频广告找到了新的天地。电视也受到媒体融合的冲击，但视频元素的作用在融媒体时代得到前所未有的发挥，基于移动、互动和植入的视频广告产生的价值更加强大。本章剖析了广电广告在融媒体背景下的新特征、新发展和优化策略。

第六章，图文广告投放及优化。图文广告主要包括传统的报刊广告，以图片和文字作为主要传播元素。为与现有知识体系相容，本章沿用报刊广告表述，但从理念和实务上都进行了新的拓展。在融媒体时代，图片和文字的影响力减小，但借助数字技术、传感技术和增强现实技术，图文广告焕化出新的魅力。本章分析了融合媒体下报刊广告的新特征、新趋势和优化策略。

第七章，家外广告投放及优化。家外广告是对户外广告新的延展，从静态到动态，再到互动，已发生巨大变化，成为品牌接触受众的无所不在的"触点"。为与现有知识体系相容，本章沿用户外广告表述，但从理念和实务上都进行了新的拓展。本章分析了融媒体背景下户外广告的新特征、新需求、新类型和新应用，介绍了户外媒体创意开发的若干方法。

第八章，互动广告投放入优化。互动广告主要指通过网络等互动媒体传播的广告，互动是其最核心的特征和优势。为与现有知识体系相容，本章沿用网络广告表述，但从理念和实务上都进行了新的拓展。在融媒体时代，网络广告不但能整合各网站或App的流量和资源，还能通过二维码、增强现实等技术实现与其他媒体广告的互动融合，实现注意力的变现和增值。本章介绍了网络广告的发展历程和形式变化，提出了融媒体背景下网络广告的优化策略。

第九章，媒介组合与跨媒介互动。媒体本身存在大小之分，有冷热之别。为提升效果，广告通常会采用媒介组合以综合发挥各种媒介的广告作用。在融媒体时代，跨媒介互动日益频繁，互动的内容、形式和层次又有新的拓展与提升。本章分析如何能够通过多种媒体全方位互动来强化广告印象，强化对受众的影响力以及渗透力。

第十章，广告媒体的购买。当前，广告媒体的购买已发生从"购买媒体"到"购买受众"，再到"购买注意力"的巨大转变。注意力是当下信息泛滥时代最稀缺的资源。本章介绍了媒介广告产品的价格及其决定因素，媒体购买流程及其技巧，常用广告购买模式等。

第十一章，广告投放的效果评估。广告投放目标实现的程度即效果，这是衡量广告活动成功与否、值得与否的标准。融媒体时代广告效果评估面临新的问题和挑战。传统的广告效果评估理念和手段是否继续适用？广告人需要在广告效果评估方面进行怎样的变革以适应变局？本章将带着这些疑问对融媒体背景下的广告效果评估进行全面讨论。

第十二章，广告投放计划书的编撰。广告投放计划书是广告投放目标、战略、战术的集合体，既方便监控投放进程，又方便控制预算开支；既是工作的指南，又是管理的手册，还是说服广告主的重要文本。本章从广告投放计划书的作用、类型、内容、程序等方面全面介绍了融媒体背景下广告投放计划书的撰写。

其中,莫梅锋负责绪论、广告投放概述、视听广告投放等章的撰写,马丽负责大数据与受众洞察一章的撰写,李怀苍负责广告投放与预算一章的撰写,肖兵艳负责媒体广告价值评估一章的撰写,熊蕾负责图文广告投放一章的撰写,陈浩负责互动广告投放一章的撰写,谷羽负责家外广告投放一章的撰写,王亚男负责媒介组合与互动一章的撰写,于婷婷负责媒体购买与执行一章的撰写,刘振负责投放效果评估一章的撰写,周尚梅负责广告投放计划编撰一章的撰写。曾诹、鲁起、农海燕、黄梦帆、曾文雁、王春萌、阳璨、李钰婵、肖微甜、袁明珍、丁捷、张艺伟、王旖旎、戴崴、王浩、朱云梅、江心培、曹茜茜等参与了资料收集及整理、修改等工作。

尽管历时三年,三十多名青年才俊投入到本书的撰写工作,但由于广告投放实务瞬息万变,一些概念、方法、原则尚未定论,编者虽然在前期多次修改了本书稿,但书中仍然可能存在不少问题,敬请学界专家、业界先进多多批评和指正,我们会在以后的修订版中一一改进或增减。

莫梅锋
2017 年 2 月 22 日于岳麓山下

目录

绪论 /1
　打造广告精准投放的 6R 模式 /1
　　一、6R 传播模式的提出/1
　　二、6R 传播模式的内涵/3
　　三、6R 模式的大数据例证/5

第一章　广告投放概述 /10
　第一节　传统的广告投放 /11
　　一、广告投放理论/11
　　二、传统广告投放类型/12
　第二节　融媒体广告投放 /16
　　一、广告主客体的变化/16
　　二、广告媒介的变化/17
　　三、广告信息的变化/17
　　四、融媒体时代的广告投放/18
　第三节　融媒体广告投放的基本原则 /19
　　一、互动原则/20
　　二、精准原则/23
　　三、融合原则/26

第二章　大数据与消费者洞察 /31
　第一节　大数据时代来临 /32
　　一、大数据的含义及其兴起/32
　　二、大数据的特征标签/34
　　三、大数据改变广告运营模式/36
　第二节　融媒体时代的消费者行为新模式 /39
　　一、融媒体时代消费者新型沟通模式/40
　　二、融媒体环境下消费者行为模型/42
　第三节　基于大数据挖掘的消费者洞察 /48
　　一、融媒体环境下消费者的媒介行为洞察/51

二、融媒体环境下消费者的消费行为洞察/54
三、融媒体环境下消费者的生活习惯行为洞察/56

第三章　广告投放目标与预算/63

第一节　广告投放目标类型/64
一、广告投放目标的概念/64
二、广告投放目标的类型/65
三、影响广告投放目标的主要因素/71
四、广告投放目标的设定/72

第二节　广告投放预算/76
一、广告投放预算的概念/76
二、广告费与广告投放支出/77
三、影响广告投放预算的主要因素/78
四、广告投放预算的分配/80

第四章　媒体广告价值评估/83

第一节　媒体广告价值评估理念/84
一、商品的生产和销售过程/84
二、媒体出售的商品形式/85
三、媒体广告价值的本质/86
四、广告价值评估的理念及变化/86

第二节　媒体广告价值评估的根本要素/88
一、广告媒体能够接触多少人/88
二、广告媒体能够接触到什么人/89
三、广告媒体凭借什么去影响人/92
四、广告媒体的效率/94

第三节　网络媒体的广告价值评估/94
一、评估的要素/94
二、评估操作/96
三、融合背景下网络媒介广告价值评估变化/96

第四节　广电媒体广告价值评估/99
一、评估的基本要素/100
二、评估操作/105
三、融合背景下电波媒介广告价值评估变化/106

第五节　报刊媒体广告价值评估/106
一、评估的基本参数/106
二、评估操作/108
三、融合背景下报刊媒体广告价值评估变化/108

第六节　户外媒体广告价值评估/110
　　一、评估的基本参数/111
　　二、评估操作/113
　　三、融合背景下户外媒介广告价值评估变化/113

第五章　视听广告投放及优化/116

第一节　广播电视广告的发展演变及现状/117
　　一、广播广告的发展演变/117
　　二、电视广告的发展演变/119
　　三、广播电视广告的现状/120
第二节　融媒体背景下广播电视广告的新特征/122
　　一、广播电视广告的数字化转型与重构/122
　　二、广播电视广告的受众分流与重聚/124
第三节　融媒体背景下广播电视广告的类型/125
　　一、融媒体背景下广播广告的类型/125
　　二、融媒体背景下电视广告的类型/129
第四节　融媒体背景下广播电视广告的优劣势/131
　　一、融媒体背景下广播广告的优势与劣势/131
　　二、融媒体背景下电视广告的优势与劣势/134
第五节　融媒体背景下广播电视广告投放的优化/136
　　一、广播广告投放的优化策略/137
　　二、电视广告投放的优化策略/139

第六章　图文广告投放及优化/141

第一节　报刊广告的内涵、现状及发展趋势/142
　　一、报刊广告的内涵/142
　　二、报刊广告的现状/143
　　三、报刊广告的发展趋势/145
第二节　融合背景下报刊广告的新特征/154
　　一、广告类型多元化/154
　　二、广告资源整合化/155
　　三、广告内容多媒化/156
　　四、广告渠道立体化/156
第三节　融合背景下报刊广告的优劣势/157
　　一、融合背景下报刊广告的优势/158
　　二、融合背景下报刊广告的劣势/158
第四节　融合背景下报刊媒体投放的优化策略/159
　　一、报刊媒体广告投放的组合策略/159

二、报刊媒体与新媒体融合投放策略 /162

第七章 家外媒体投放及优化 /168

第一节 户外广告的内涵与投放 /170
一、户外广告的新内涵与特征 /170
二、户外广告的投放 /171
三、户外广告的整合投放 /179

第二节 融合背景下新兴户外广告的类型 /181
一、定点户外广告 /181
二、移动户外广告 /187
三、交互式户外广告 /189

第三节 融合背景下户外广告的投放策略优化 /194
一、整合户外媒体资源 /194
二、创意户外广告设计 /196
三、开发户外广告载体 /199

第四节 融合背景下户外广告产业的发展机会和潜力 /203

第八章 互动广告投放与优化 /206

第一节 网络广告的发展及形式 /207
一、网络广告的发展 /207
二、网络广告的展现形式 /209
三、网络广告的创新运用 /211

第二节 网络广告投放的产业链构成 /212
一、广告网络的形成及其分类 /212
二、国内广告网络的价值构成 /213
三、国内网络广告的产业链构成 /214

第三节 融媒体背景下的网络广告投放 /217
一、融媒体背景下的网络广告 /217
二、网络广告投放策略的拟定 /223
三、网络广告投放的未来趋势 /229

第九章 媒介组合与跨媒介互动 /232

第一节 媒介组合及其局限性 /233
一、媒介组合的内涵 /234
二、融合背景下媒体载具的选择 /236
三、融合背景下媒体优化组合及其操作流程 /239

第二节 跨媒介互动与缝隙 /245
一、跨媒介互动的本质 /247

二、跨媒介互动的意义/247
三、跨媒介互动的四种驱动力/249
四、跨媒介互动的操作/250

第十章　广告媒体的购买/253

第一节　媒体广告的价格与促销/254
一、媒体广告产品价格基础/255
二、广告媒体促销方式及促销策略/258

第二节　广告媒体的购买形式与策略/263
一、广告代理与购买执行/263
二、广告媒体购买策略/270

第十一章　广告投放的效果评估/276

第一节　广告效果概述/277
一、广告效果的内涵/277
二、广告效果评估的理论基础/279
三、广告效果模式的演进/285

第二节　融媒体下的广告效果评估操作/287
一、评估指标体系的确立/287
二、广告效果评估的具体方法/289

第三节　融媒体下广告效果评估的新趋势/291
一、整合化/291
二、科技化/293

第十二章　广告投放计划书的编撰/296

第一节　广告投放计划书/300
一、广告投放计划的作用/300
二、广告投放计划的分类/303

第二节　广告投放计划的内容/306
一、标题、摘要和目录/307
二、广告投放背景/308
三、广告投放目标/311
四、受众分析/312
五、广告投放策略/313
六、广告投放计划/313
七、总接触人次分析/314
八、广告投放方案比较与决策/314
九、媒体购买与执行/314

第三节　广告投放计划的程序/315
　　一、前期市场调查/315
　　二、中期投放执行/317
　　三、后期监测维护/318
第四节　融媒体下广告投放计划书撰写要点/319
　　一、排版整洁、形式美观/319
　　二、数据支撑、图文并茂/319
　　三、结构严谨、过渡自然/319
　　四、与广告目标紧密挂钩/319
　　五、对客户业务的充分了解/319
　　六、分析不同媒体的主要特征/320
　　七、提出不同媒体预算的考虑与变化/320
　　八、展示有创意的媒体计划和提案风格/320
　　九、使用客户的语言全方位沟通/320
　　十、根据去年的广告行为做合理的延伸/320
　　十一、关注新媒体广告投放/320

绪论

打造广告精准投放的 6R 模式

在融媒体时代,广告投放在内容、形式、流程与策略等各个方面都发生了革命性变化。广告投放不但决定一则广告是否有效,还将决定广告策划、创意和制作等环节的科学有效性,而科学的广告投放还能倍增广告效益。做好广告投放是整个广告战役中非常关键的环节,在融媒体时代尤为如此。在融媒体时代,广告与媒体之间的关系,不只是累加关系,也不只是组合关系,它们之间的互动与互通更加明显和重要,只有从整合战略到缝隙战略,广告费用的边际效益才能最大化。让每一个广告活动都能做到准确定位,精确传播,得到确切效果?这曾是一个理想,借助于大数据技术,这一理想终可实现。在融媒体时代,应用大数据技术,基于经典的 5W 传播模式,针对适切的受众,由适合的传播者,在适当的时间,以适宜的内容,通过适应的渠道,与之沟通,可以实现达到适度的效果的 6R 传播模式。

从 5W 模式到 6R 模式,关键是如何实现 6 个"恰恰好"。有些成功的广告活动靠经验做到了。但实际上,借助于大数据挖掘技术,每个广告活动都可以做到准确定位,实现精确传播,得到确切效果(3 Accurate,即 Accurate Targeting, Accurate communication and Accurate effects),每一次传播活动都可以实现应需、应时、应景(3 On,即 On-demand, On-time 和 On-decent)。

一、6R 传播模式的提出

传播是一个信息动态流动的过程。而且,这个过程是复杂多变的。传播模式作为一种结构化的研究方法,可以简化并再现传播过程,揭示传播要素及其关系;可以帮助解释传播现象;可以启发人们深入探究未知事物,并能预测传播发展的方向与结果。基于对传播模式的重视,多年来,不少研究者提出了上百种传播模式,其中最经典的是拉斯韦尔的"5W 模式"。

1948 年,拉斯韦尔在《传播在社会中的结构与功能》一文中,提出了五种传播要素:谁(who),通过什么渠道(in which channel),向谁说(to whom),说了什么(says what),有什么效果(with what effect)。并按照此结构顺序将五大传播要素进行排列,后人称之为"拉斯韦尔模式"。该模式起源于亚里士多德的演讲传播模式,它指明了传播的基本要素，厘清了传播的基本过程，为传播学研究界定了基本领域，后人在该模式基础上提出了上百种新传播模式。由于该模式简单且全面，不但在研究范式上具有规范性，在指导传播实践上也有明确的指向性，所以，拉斯韦尔模式在传播学史上具有里程碑的意义。大众传播学研究的五大领域，即主体分析、内容分析、媒介分析、受众分析和效果分析，由此得以界定。

但该模式也存在不少问题。它假定信息是单向地从信源流向信宿，是一个单向线性模式，缺少互动反馈环节，故常被诟病。传播过程的本质是变动，即各种关系的相互影响和变化。于是，有研究者提出新的模式弥补该模式的缺陷，如布雷多克的修正模式、香农-韦弗的数学模式、德弗勒的互动模式、施拉姆的大众传播模式、格伯纳的传播总模式等。这些模式越来越复杂化，偏离了模式研究方法的本意。而且，作为大众传播时代的研究产物，这些传播模式已不能涵盖当代的传播实践。尤其是当下社交媒体的发展令媒介互动更频繁，互动过程中留下的数字痕迹渗透到各个传播要素、各个传播环节。由此进行数据分析，可使传播目标、传播方式和传播效果的"精准化"逐渐成为现实。

基于大数据挖掘的广告投放6R模式，即通过对消费者数据的全面记录、动态追踪、立体关联和深度挖掘，找到适切的受众，由适合的传播者，在适当的时间，以适宜的内容，通过适应的渠道，与之沟通，达到适度的效果（见图0-1）。该模式简洁明了，既提出要求，又提供了工具，将有助于减少传播成本、提高沟通效率、提升传播效果。

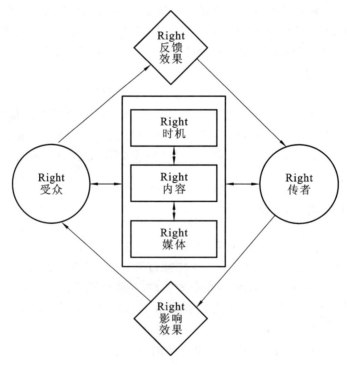

图 0-1　6R 传播模式示意图

二、6R 传播模式的内涵

6R 传播模式相对于 5W 传播模式,基本要素的数量增加了,要素的内涵也发生了变化,随着要素之间的关系相应变化,它们之间的结构和顺序也必须进行调整。6R 传播模式对广告指导作用尤为明显。以下从广告的角度分析 6R 传播模式的内涵,其他类型的信息传播也同样适用。

1. 适切的受众(right whom)

广告要做到精准传播,首先要找到适切的受众。在大众传播时代,广告主的目标消费者与媒体的受众、广告的受众,三者往往不会完全重合,这就导致广告费用的浪费。在大数据时代,通过分析目标消费者在消费过程中留下的海量消费数据,如在线下大专场、大超市、连锁超市,或线上网购时留下的购物品牌、品类、数量、金额、时间、位置等消费数据;通过分析目标消费者接触媒体的数据,如在数字电视机顶盒、网站 Cookie 等留下的其喜欢的媒介内容类型,阅听时段、时长,人物偏好等海量媒介接触数据;通过分析目标消费者的日常生活数据,如交通、教育、健康、运动、工作或社交等海量生活数据,就可以精确计算出目标消费者的消费习惯、媒介习惯和广告喜好,进而进行精准定位。再据此,在有需求的目标消费者常用的媒体上投放其感兴趣的广告。这样就可以大大提高广告传播的针对性和有效性。尤其是通过分析目标消费者的社交关系,找到可以影响他们的人群及人群内部的结构,比如,通过打动具有积极性和主动性的"粉丝",再由他们带动被动的大多数,可以提高二次传播的可能性。

2. 合适的传播者(right who)

合适的传播者,即信源直接影响广告传播的劝服效果。受众对广告的理解往往会随广告代言人的可信度而变,并由此形成特定的广告态度和品牌态度。代言人越可信,受众对广告的理解,对广告的态度,对品牌的态度就会越正面。合适的传播者在广告传播中扮演重要的线索启发角色,对广告效果具有决定性影响。而在一则广告中,一般只能由名人、专家、典型消费者、企业老总或员工之一来扮演传播者,那么到底应该选谁呢?这与产品特定类别相关,也与目标消费者的背景相关,更与传播的情景相关。传统上,我们靠经验,靠有限的数据分析来决定广告代言人。在大数据时代,除可以计算出匹配三者的代言人外,还可以找到"关键消费者"进行口碑传播,找到粉丝的"痛点"进行病毒式传播。

3. 适当的传播时间(right time)

传统广告往往以年度、季度、月份或星期作为传播周期,很难控制广告传播的最佳时机,所以,在 5W 传播模式中,没有时间或时机这一要素。但在新一代信息网络技术条件下,广告的传播周期完全可以做到以分、以秒为单位。广告投放的时机稍纵即逝。利用大数据挖掘技术,广告主可即时优化广告投放时机,通过自动购买媒介时间或版面,跨媒介、跨屏幕、跨形式地实现自动传播,可将广告即时精准地在受众需要的时间点自动呈现出来。

4. 适宜的传播内容(right content)

最有效的广告是最不像广告的广告。广告信息除了传统的商业属性赋予的商务信息外,可以是公益的、资讯式的,也可以是用户生成内容(UGC)。那么到底哪种内容与形式是最适宜的呢？在当下广告过度传播的背景下,消费者被海量的广告轰炸,其有限的注意力只能停留在与其相关、应其所需、投其所好,并以其偏好的形式呈现的内容。在大数据时代,广告内容和形式不但能根据产品特征、受众心理和行为习惯和传播平台的属性进行精确匹配计算,还能自动编辑、自动优化,与媒介内容有机融合。如雅虎的原生广告系统可以做到"一材多用"和"天衣无缝",即广告素材可自动生成可跨平台呈现的广告,广告内容与媒介内容完美融合,不干扰消费者的浏览体验。

5. 合适的传播渠道(right channel)

日常生活中,人们的媒介接触往往本身就是跨媒体、全媒体的。但在分析时,往往会被人为地分成读者、听众、观众、网民等不同的身份。这些身份之间存在片断化、交叉化和重复化特征,常常被切割,因而广告主难以得到受众真实的媒体接触全貌。据此片面资料而进行的广告媒介组合,不但会浪费资源,还会产生不同媒体版本广告之间的冲突。通过大数据挖掘,广告主可以得到消费者接触媒体的连续数据,这些数据可从整体上洞察消费者连续性的整体媒介行为模式。基于消费者媒体接触的整体数据,可以同时掌握消费者不同媒体形式广告接触的具体情形,不同传播渠道彼此合作,协同传播,互文强化而不是相互冲突内耗,则可以提升整体广告效益。

6. 适度的传播效果(right effect)

适度的广告可在合理的广告预算下帮助广告主提高产品或服务的认知度、美誉度和忠诚度。但过度的广告传播不但会浪费大量的广告费用,还会引起人们的反感,过犹不及。如何把握这个"度"？通过即时数据整理,如销售额、广告费、转换率、转换成本、曝光度、毛评点等,这些数据代表销售业绩与广告成效的关系。结合竞争对手的状况及产业发展趋势,如台湾的一家电商公司,每三个小时就进行一次广告即时业绩数据分析,据此,适度、适时地调整广告投放方式与内容。尤值一提的是,通过大数据挖掘,分析传受双方互动过程中留下的蛛丝马迹,并将这些数据与寻址技术、物联网技术等相连接相匹配,可以精准计算、记录、鉴别、追踪每个环节、每个媒体对影响效果和反馈效果的贡献,依据贡献率进行分解,可寻找实现购买行为最关键的那次广告暴露,并强化之,则可以提高有效到达,最大化强化传播效果,而不增加多少广告费用。

综上所述,以消费者为中心,利用大数据挖掘消费者的消费、媒介和生活习惯,由此制定精准广告传播策略,使广告主在大数据思维指引下真正实现适人、适时、适媒、适配和适度传播,更加人性化地满足目标消费者的需求;6R传播模式就是这一整套传播规律进行总结的成果。

三、6R 模式的大数据例证

《穹顶之下》尽管号称是一个纪录片,但它并没采取严格的客观立场。不但人物个性张扬,自我表现欲极强,且极力推销一种观念,一种解决方案。其本质可以说是一个纪录片形式的公益广告片。但它做到了 6 个"恰恰好",得到了卓越的传播效果。以下,本书基于常用大数据资源和分析工具对之进行分析,可资为其他传播活动实现 6R 传播提供思路和工具。

1. 基于大数据的受众图谱

依靠百度、谷歌等公司公开的海量公共信息,及其提供的百度指数、谷歌指数等大数据分析工具,可以方便而精准地构建关注环保、雾霾议题的目标网民的特征图谱。

由于目标受众主要是华人,本文采用百度指数作为分析工作。2014 年 1 月到 2015 年 1 月,关注环保、雾霾议题的网民的年龄段主要集中在 20~39 岁,尤其是 30~39 岁的中青年人,占总数的 50% 左右(见图 0-2);性别以男性为主,比重超过 75%(见图 0-3);他们的兴趣以影视为主(见图 0-4)。据此数据,可以得出这样的结论:由中青年男性喜欢的知性女名人主导开发的,以视频形式呈现的环保、雾霾议题媒介产品,更有可能成功。

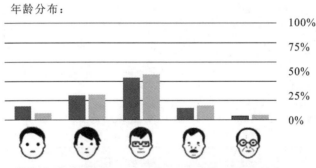

图 0-2 关注环保、雾霾议题的网民年龄结构

(数据来源:百度指数)

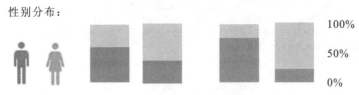

图 0-3 关注环保、雾霾议题的网民性别结构

(数据来源:百度指数)

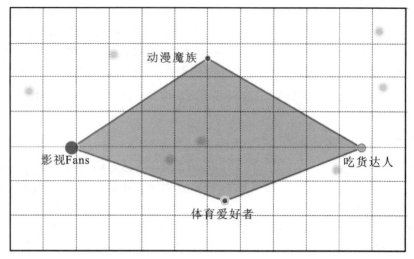

图 0-4 关注环保、雾霾议题的网民兴趣结构

（数据来源：百度指数）

2. 基于大数据的传播者选择

目标受众定位之后，下一步工作是如何找到合适的传播者。在此，有三位著名的知性女主持人可供比较，我们对三人的受众结构与目标受众的年龄、性别及兴趣结构进行拟合发现，柴静的受众的年龄结构最接近关注环保、雾霾议题的网民的年龄结构（见图 0-5）。从性别结构来看，吴小莉的受众性别结构与目标受众更吻合，柴静次之（见图 0-6）。但柴静有更多的环保报道经历，与议题的吻合性更高。兴趣结构的拟合度虽比较分散，但影视是最集中的（见图 0-7）。柴静的工作也主要与影视相关，所以，数据支持柴静成为首选传播者。

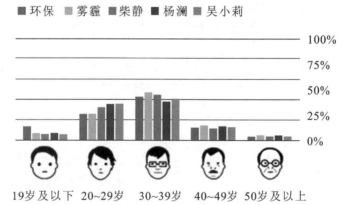

图 0-5 受众年龄结构比较

（数据来源：百度指数）

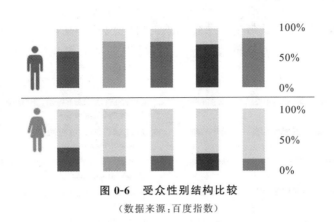

图 0-6 受众性别结构比较

(数据来源:百度指数)

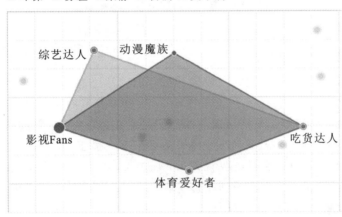

图 0-7 受众兴趣结构比较

(数据来源:百度指数)

3. 基于大数据的时机甄别

基于历史数据,2014年1月到2015年1月一年之间,雾霾舆情高涨的时间节点,一是2014年北京APEC会议期间,但这一时机无法预计;二是2014年"两会"前后(见图0-8)。从2014年"两会"前后雾霾舆情高涨,可以预见2015年"两会"前后也会出现这样的机会。

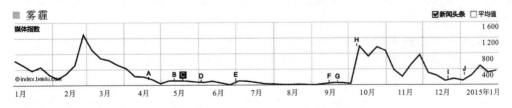

图 0-8 雾霾舆情高涨的时间节点

(数据来源:百度指数)

4. 基于大数据的内容结构

2014年1月到2015年1月,媒体转载频率最高的新闻主要有:对政策的质疑、对雾霾产生原因的追究以及与个人息息相关的"防雾霾"产品的报道。(见图0-9)。如果在媒介内容中加大这三方面的比重,将更容易得到其他媒体的转载,提升二次传播效应。

A	环保法修改进入四审 进一步细化雾霾治理 搜狐证券 2014-04-21	51条相关>	F	多品牌"防雾霾"口罩涉嫌虚假宣传被调查 新华网 2014-09-15	128条相关>
B	大红门投资商回应外迁保定:我们会导致雾霾… 新浪财经 2014-05-12	11条相关>	G	用了刷鼻器,能减少雾霾侵害 凤凰网 2014-09-22	19条相关>
C	多数城市规划未考量雾霾 上海等欲引风吹霾 新浪 2014-05-19	169条相关>	H	为缓解北京雾霾天气廊坊出台临时限行新规 凤凰网 2014-10-08	22条相关>
D	习近平称着力解决雾霾等一系列问题 受益… 网易财经 2014-06-03	31条相关>	I	中央气象台:12月下旬中国多地将频现雾霾… 国际在线 2014-12-22	73条相关>
E	年内35城市将公布雾霾"元凶" 凤凰网 2014-07-01	139条相关>	J	夜间雾霾将加重 冷空气明晨来京"救场" 新浪 2015-01-04	8条相关>

图0-9 雾霾报道的媒体转发情况

(数据来源:百度指数)

5. 基于大数据的渠道选择

因资料源有限,在此无法做到大数据分析。但仅从已有公开数据也可以做出最佳渠道选择。以同为纪录片的《舌尖上的中国》第二季为参考对象。根据艾瑞IVT数据提供的《舌尖上的中国》第二季网络播放的历史记录,其在主要视频网站的总播放次数为1.9亿次。另据中央电视台公布的数据,在CCTV-9播出的《舌尖上的中国》第二季平均收视率为0.4%,如果换算成收视人口,不过0.05亿人。排除网络播放的累积效应,两者的相距可能不大。但考虑到在央视播出要付出的代价和努力更高,网络视频平台比电视台审批更容易、更快速,反复观看更方便,二次传播更便捷,后者成为首选。

6. 基于大数据的"度"的把握

从2015年2月28日10点30分《穹顶之下》正式发布上网,在24小时之内,点击次数突破亿次。各大视频网站播放数据如下:腾讯视频7426万次、乐视1063万次、优酷1006万次、搜狐视频203万次、爱奇艺109万次、凤凰视频69万次、土豆63万次,合计播放9939万次,还有其他视频网站没计算,全部播放次数超过亿次。雾霾舆情也于这一天达到顶峰(见图0-10),随后急速下降。这时,是应该再度力挽狂澜,还是见好即收呢?事实证明,此后的负面报道激增,暂不论及其原因,仅从数据来看,过度演绎、过度传播会引起人们的反感。

基于大数据资源和分析工具,广告主终于可以把每一分钱都花在最具效果的传播要素和传播环节上了,以最高的性价比、尽可能精准地寻获目标消费者,进行实时化、个性化、自动化的广告投放,向特定的受众传播极具针对性的广告,达到传播效果最优化的目的。精准广告能在适宜的时间根据受众的媒介接触习惯呈现他们需要的、感兴趣的内容,将对其生活的干扰最小化。总之,6R传播模式提倡的适人、适时、适地、适宜、适度等主张,契合广告主与消费者双方的要求。通过大数据分析,既可以保证良好的广告效果,又不影响消费者的体验,这的确是一种值得推崇的广告精准投放模式。

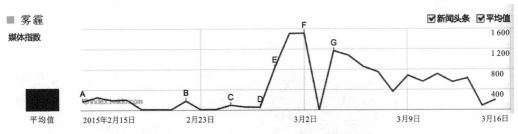

图 0-10　《穹顶之下》发布前后的雾霾舆情

（数据来源：百度指数）

第一章 广告投放概述

本章导言

1. 了解传统广告投放类型。
2. 掌握融媒体时代广告投放的变化。
3. 掌握融媒体时代广告投放原则。

广告投放是实现广告策略、催生广告效果的重要环节。对于广告主来说,广告投放又是一个需要慎重考量、比较、分析才能做出的决策。本章通过对广告投放的整体介绍,使读者了解传统媒体和融媒体时代广告投放的不同之处,促使读者对融媒体广告投放进行全新思考。

本章引例

欧派联手金鹰艺术节,打造收视关注双丰收

由湖南卫视主办的金鹰电视艺术节自2000年开播以来影响力不断攀升,成为电视领域极具吸引力的盛事。2014年第十届金鹰电视艺术节颁奖晚会,欧派集团就凭借金鹰节颁奖晚会的冠名活动顺利将"有家有爱有欧派"的品牌形象传送到了每一位观众的心中。除了2条15秒硬广告外,欧派抓住了节目播出过程中一切可以进入观众眼球的细节进行品牌宣传。无论是片头片尾中节目联合Logo的内容演绎,还是"欢迎进入'欧派第十届金鹰节闭幕式暨颁奖晚会'"的配音,欧派的品牌名称随着节目被反复提及。同时,在长达160分钟的节目播出过程中,欧派与金鹰节的联合Logo全程在节目右下方出现;舞台灯箱广告位、观众席灯箱广告位、主持人台广告位等现场布景也都精心嵌入了欧派的品牌Logo。除有效植入镜头外,为提升欧派的品牌形象,节目颁奖环节设置为欧派集团姚总与台长共同颁奖。

电视收视方面,周末三天金鹰节颁奖晚会同时段全国上星频道排名第一,通过颁奖晚会的系统传播,累计影响人次高达6.2亿人次。网络部分,新闻曝光篇数达7120篇,微博话题阅读量达4.6亿次,金鹰节颁奖晚会正片总播放量923万次。不仅线上资源表现突出,欧派集团前期开展的节目门票派送活动与金鹰节颁奖晚会当天会场外广告宣传也进行得相当到位。整个冠名活动结束后,欧派品牌关注度上升了123%。

思考

欧派为什么选择金鹰节晚会作为广告投放平台?

第一节 传统的广告投放

广告界有一句名言:我知道广告费浪费了一半,但我不知道浪费在哪。其中一个重要原因就是广告在错误的时间,在错误的媒体,针对错误的对象,投放了错误的广告。那么,如何有效而精准地进行广告投放?学界和业界总结出了不同的广告投放理论,形成了不同的广告投放形式。

一、广告投放理论

广告投放的本质是广告信息的传递与接收,在效果不可准确估计的情况下,它是一种十足的投资行为。了解广告投放理论更能客观地对广告投放行为进行分析。

(一)信息传播论

从传播学角度出发,广告的基本功能是与消费者沟通,传播商业信息,争取产品市场。广告从本质上来看是一种信息。这种信息一方面在生产者、销售者、消费者之间进行贯穿和沟通,优化社会资源配置;另一方面,广告信息可以帮助品牌提高知名度,减少信息的垄断可能,这又从另一方面促进了市场的良性竞争。因此,广告的关键在于信息传播。

传统广告只有单向"展示"的效果,而大众传播媒介日新月异的发展为广告信息的传播提供了更加丰富的形式与便捷的渠道。作为传播者的广告主不但可以采用互动来获取消费者的即时反馈,还能对信息传播的每一个环节进行科学分析与高效管理。消费者也不再是广告信息传播的终点,只要消费者喜欢,他们可以对广告信息进行二次加工并传播。

(二)广告投资论

经济学者认为,由于广告具有长期效果,因此,广告投放也是一种广告主的投资行为,在这个过程中广告主通过各种手段提高广告投放的科学性以期达到良好的收益效果。广告支出的累积不仅会引出当期销售收益的增倍,也会带来将来销售收益的增加。

另外，广告投放还可以促进企业和品牌知名度的提升，形成无形资产的积累和增值，这无疑是企业获取长期收益的潜在源泉。因此，广告投放能带来长久的投资收益，是一种十足的投资行为。

从产销层面来看，广告的直接目的是促进销售。在这个过程中，刺激产品的销售所得的收益是一种对于广告投资的回报。有些时候，广告并不只是为了增加销售，还有可能同步带动产品关注度、口碑的提升，除此之外，品牌的自我个性、品牌的对外形象也有可能牢固树立，而关注度、口碑、品牌形象又会反过来带来销售的增加、融资渠道多样化等收益。这些都可以看作是广告投资带来的收益。认识到广告实质上是一种投资行为，才能用一种比较标准、严格和统一的尺度来判断广告花费的效益高低，制定广告预算。[①]

二、传统广告投放类型

受传统媒体特性的制约，广告投放在沟通受众方面有着较强的市场地域性。通常来说，广告预算及媒体选择依据企业营销目标、产品销售范围、市场获益潜力来制定。

（一）媒体级别导向型

产品市场有全国、区域之分，媒体级别也有全国、省级、地市县级的差异。如在报纸媒体中，有《人民日报》这样的全国性党报，也有《潇湘晨报》这样的区域性都市报；电视媒体中，有央视这样的全国性电视媒体，也有湖南卫视这种省级电视媒体，当然还有市级、县级等地方台；另外广播、杂志也有地域的不同分类。这些不同级别的媒体组成了点、线、面，广告主在进行传统媒体投放时，可以根据侧重点不同选择不同的组合方式。主要投放策略可分为以下4种：

1. 全国、地方无缝覆盖型

"全国+地方"模式主要是广告主在进行全国范围内广告投放时经常采用的模式。这种投放模式不放过任何缝隙，用全国性的媒体进行覆盖，同时用区域性的媒体传播广告信息进行补充。这种模式一般旨在打响产品或品牌知名度，或者是新产品刚进入市场时进行市场开拓。这样的广告投放模式在时间上战线拉得长，在经济上需要大量资金投入，而在货物储备上需要在全国地区均有铺货。这种投放模式受众面广、影响力大，能在较短时间内将广告信息传播到全国市场中。但是这种模式对于广告主时间、金钱方面要求较高，且因其不分主次，比较适合大众常用的日消品广告投放，因此，广告主在选择这种广告投放方式时应慎重考虑。

2. 以省级媒体为主，中央媒体为辅型

选择该模式进行广告投放，明显有主次之分。省级媒体为主，一般表明广告信息目标受众、产品目标市场暂时是区域性的。省级媒体在覆盖面等方面虽然不及全国性媒体，但省级媒体价格相对较低，而且对于本区域居民来说到达率可能更高。另外，在省级媒体进行重点广告投放更容易进行受众调研，这也是考虑到了目标市场到达的精准

[①] 姜明.不同市场结构下广告投放问题研究[D].长春:吉林大学,2007.

度的问题。同时,中央级媒体为辅,可以有效地将产品信息进行全方位的传播,省级媒体为主又可以为开拓重点区域市场发挥效力。

3. 以省级媒体为主,地市级媒体为辅型

我国广告市场在改革开放后的很长一段时间内迷信中央级媒体的宣传能力,认为只要花大价钱把广告投入到中央媒体中就一定能使产品或品牌在市场中大获全胜,这使得很多企业在当时不顾一切参与央视"招标",为了夺标愿意花天价。但后来的实践证明这种观念是不科学的,因而渐渐被淘汰。

在商业中有"红海市场"与"蓝海市场"两种概念,同样的,在媒体的选择上,区域市场的广告投放有"媒体金牛市场"理念。该理念认为,广告主在选择广告投放媒体时,不应拘泥于大家热烈争夺的大型媒体,选择启动经济中等偏上、同时存在着明显媒介机会的"金牛市场"也是一种投放策略。选择省级媒体与地市级媒体,往往是将"片"与"点"结合起来,利用省内资源优势提高广告传播的效果。同时选择这种模式也可以在一定程度上降低广告投放所需的资金,重点培养并巩固省内市场。

4. 以地市县级媒体投放为主型

按照地域来看,地市县级媒体处于媒体格局中的底层,它们是与二、三级市场消费者进行接触的最直接桥梁。地市县级媒体往往只有本地市县区居民才能接触到,因此具有精准特点和封闭性特点。地市县级媒体由于贴合本地人民生活和文化,往往收视率并不低,在地市县级媒体中投放相应的广告,能在较低的预算情况下获得不错的传播效果。除此之外,直接购买类广告往往能吸引地市县级居民,其销售终端也能跟上广告信息的脚步。随着农村逐渐成为消费潜力巨大的广阔市场,众多企业,包括国内外大型企业都步入到开垦行列。也曾有广告公司整合农村媒体市场,称之为中国县(市)级电视广告网(简称CCTN),为开发农村市场的企业提供服务。这种广告投放模式一般适合中小企业进行促销。

(二)媒体类别导向型

不同的媒体有自身不同的特点,广告主通常根据产品特质、广告信息内容、目标消费者等因素进行媒体选择。

1. 电视媒体为主的投放模式更适合快速消费品行业

快速消费品使用频率大、周期短,一般是家庭生活常备物品,有着消耗量大且必需的特点。除此之外,快消品行业往往竞争激烈,因此,快消品牌需要大规模进行广告投放。

电视媒体集视听双重感官刺激于一体,声画结合的传播方式更容易使人记住广告传播的信息。另外电视媒体往往以感性诉求为主,力求能在瞬间打动消费者,希望通过电视广告向受众传达产品特性和品牌形象。因此,电视广告往往适合那些单价不高、购买时不需要过多考虑的产品,而快消品也确实总是选择电视媒体进行广告投放。

近年来,电视广告也有节目中插播广告、植入广告、冠名广告等等方式,对于产品信息的宣传发挥着不遗余力的作用。虽然在网络广告上升势头的境遇中电视广告比重有所下降,但电视媒体为主的投放模式更适合快消品牌。

2. 侧重平面媒体的模式利于对产品功能进行深度诉求

电视媒体往往因为时间和价格的限制不能具体说出产品的卖点和带给消费者的利益点，也就是说电视媒体不能满足广告主的深度诉求。但是报纸与杂志这种平面媒体价格较低，版面投放广告的模式利于对产品功能进行深度诉求。

集体来说，报纸价格比杂志低，但报纸可以广泛覆盖其发行的区域，能够为品牌传播打下广度基础。杂志因其排版精美、印刷质量高等因素价格稍高于报纸。杂志往往受众较为精准和稳定，可以根据杂志的性质和受众人群特征进行深度诉求，其广告效果的偏差也不会很大。在专业杂志上刊登广告，更能做到有的放矢，增强广告效果。

除此之外，平面媒体的广告投放也不仅局限于普通的文字广告，通过创意的排版、连载、构图等技巧更使广告信息吸引受众的眼球。

3. 户外媒体是提示性广告的最佳载体

随着城市规模的扩大，中心城市的人们用在户外的时间越来越长。加之现代都市人越来越喜爱旅游和运动等户外活动，户外广告的接触概率也大大增加。在新媒体的冲击下，传统媒体广告份额均受到一定影响，但户外媒体的广告投放份额却稳定增长。其优势在于高接触概率和稳定的接触频次、较强的地理针对性、较低的千人成本（CPM）、容易与产品售卖场形成互动、能有效配合电视广告或促销活动。户外媒体的对象是流动着的行人，它与周边环境相互协调的亲和力形式成为对消费者进行"告知"并促成最终购买行为的提示性载体。

（三）集中与分散型

从时间、受众群体、广告投放种类的集中与分散的维度来看，广告投放还可以划分出以下三种模式。

1. 时间安排上的集中与分散

在其他因素固定不变，即广告投放的地域、媒体类别、媒介组合不变的情况下，媒体投放时间的不同会产生不同的广告效果。从投放时间角度，我们把广告投放分为不同模式如连续型、间歇型、脉冲型。

连续型排期：广告以稳定频次持续出现在消费者面前，广告投放涵盖整个产品生命周期。采用这种模式的主要是食品、日用品等快速消费品以及餐饮、零售业，它要求企业有充足的广告预算，并且产品的消费季节不明显。

间歇型排期：间歇性排期是指，在产品销售旺季或品牌需要密集曝光的时间段重点进行广告投放，其他时期暂不或较少进行广告投放。这种方式适合季节性或周期性产品，同时也可以节省广告投放费用。比如羽绒服这种冬季需求量猛增的物品一般在冬季进行大量广告投放。依据竞争需要，企业可以机动性地选择最佳曝光时期，集中资金进行广告"轰炸"。

脉冲型排期：是持续型排期和间歇型排期的结合体。广告主持续进行广告投放，但在某一特殊时期会适时增加广告投放量。这一时间段往往是产品销售的重要时期。如可口可乐几乎全年进行广告传播,但在春节期间会密集播放有年味儿的广告增加曝光,以在节日期间增加销售。

2. 针对受众群体的集中与分散

针对受众群体的集中和分散,表现在广告主的广告投放上就是精确型广告投放模式和大规模广告投放模式。

精确型广告投放模式往往是建立在大量的消费者调研的基础之上的。精确型广告投放是要找到正在使用、想要使用、寻找这类产品或者对产品流露出兴趣的目标消费者,找出他们的人口统计学特征如年龄、性别、收入等,了解他们的消费心理和消费偏好,定位他们的媒介接触习惯,根据这些信息制定广告投放策略。这种投放模式力求直击目标群,提高广告到达率。精确型广告投放模式规避了非目标受众的广告投入,使广告投放的"每一分钱都用在了刀刃上"。

大规模广告投放模式不是只针对目标消费者进行广告投放,而是以多类受众或整个社会大众为广告受众,广泛宣传企业、产品信息。这种广告传播方式不仅为卖出产品,更重要的是在业界树立品牌,在内部建立自信,在外部吸引投资与促进销售等。除此之外,这种大规模的广告投放能够有效对竞争对手的广告传播形成障碍,提高市场进入的门槛,淹没竞争者的广告投放渠道。

3. 广告投放种类上的集中与分散

广告主进行广告投放,在处理广告与广告环境的关系上存在两种倾向:

集群——一产业内的不同产品或品牌的广告信息同一时间在各类媒体中扎堆出现,出现了"集群"效应。

首先,这种集群效应能够使整个行业受到关注,促进整个行业的销售的增长。如在小儿退热贴还没有进入大众视野时,各个儿童退热贴品牌在同一时间进行广告传播就能够通过"聚合"效应扩大这一类产品的知名度,让受众知晓儿童发烧时还可以选择退热贴帮助退烧。这种聚合效应既能增强整个集群广告传播的冲击力,增强广告记忆效果,又能为整个行业造势。此外,集群式广告投放产生的连带效应,还可以引发消费者从某一品牌到另一品牌的联想,使自己的品牌加入到强势阵营中去。

但是在"集群"环境中投放广告有着存在自身广告信息被淹没的风险。因此采取这种广告投放战略的广告主应在集群广告环境中通过创意、消费者洞察等方式使自己的广告信息脱颖而出。

区隔——竞争者之间的广告不同时同地的出现,避免广告信息的相互抑制和干扰。

广告投放的区隔是指同一行业的不同产品或品牌不在同一时段扎堆进行广告投放,而是选择不同时段区间投放。这样做可以避免自己的广告信息在众多同类产品广告中被忽视。

(四)常规与特殊型

用常规和特殊的维度来划分广告投放模式,着眼点在于广告主投放广告的季节性、投放时段及广告形式的独特性等。

1. 旺季投放与淡季投放

很多产品的销售具有明显的季节性特征,旺季销售量大增,淡季却门可罗雀,如冰淇淋、羽绒服等商品。这个时候广告主要针对旺季、淡季进行不同的广告策略。一般来说,销售旺季广告投放较多,广告信息与产品销售同时进行。这个时候,广告通常起到提醒消费者注意力、唤起消费者行动的作用。而在淡季,可能不需要投入过多的广告,但要做好基本的工作如进行调研、走访等。但一种理论认为,在淡季时,同类产品都没有广告投入,这时抓住机会能以较少的预算赢得受众的注意力。当然,这是一种比较理想的假设,能否实现还需要根据实际情况进行策略调整。

2. 黄金时段与垃圾时段

广告投放时段从价值出发,可以将其分为黄金时段和非黄金时段,其中非黄金时段还包括垃圾时段。黄金时段是广告信息传递的理想时机,通常可以产生较好的广告效果,通过黄金广告时段"一炮打响"的广告主数不胜数。因此,黄金时段的广告价格相对较高。垃圾时段通常是目标消费者注意力稀缺的时段,价格较低,但长期的累积效果也不容小觑。

3. 一般的广告形式与特殊广告形式

一般广告形式与特殊广告形式最主要的区别在于是否具有排他性。一般的广告形式不具排他性,如普通的插播广告,广告主只要有投放广告的需求,就可以进行广告投放,缺点是容易引起受众反感情绪。

特殊广告具有对广告资源的排他性占有,比如,重大赛事的冠名,各种电视剧娱乐节目的特约播映,等等。这一形式往往是"独家"的方式,因此可能需要很多投入。但是这种资源的独占可以最大限度地向受众传达广告信息。除此之外,当合适的品牌与优秀的电视节目或者重大赛事合作,品牌通常能和节目或赛事融为一体,从而迅速提升自己的品牌和形象。如湖南卫视《爸爸去哪儿》第一季由999小儿感冒药冠名播出,由于品牌与节目的契合度较高,且节目好评不断,观众自然而然把对节目的喜爱转移到冠名商身上。999小儿感冒药可谓是打了一场完美的广告投放战。

第二节 融媒体广告投放

在融媒体时代,传统的广告投放模式还是继续运行,但其不足的方面已十分明显,必须构建与融媒体时代相适应的广告投放模式。当然,变化之中也有不变的规律,即融媒体时代,广告投放的目标指向仍然是如何有效而精准地达到受众,能达到这一目标的某些广告投放模式仍然是适用的,但必须根据融媒体时代新要求进行优化升级,才能既利用媒体融合的广告机会,又提升广告的效果。

一、广告主客体的变化

广告主体(advertisement subject)在广告活动中通常以广告组织的形式出现,主要包括广告主、广告经营者和广告发布者三种。它们通过对广告活动进行计划、实施和调节来有效管理广告工作,以更好地完成各项广告业务。广告客体即广告信息的接触者。以往我们总爱说"受众",认为广告信息接触者是被动地接受广告主体传达的信息,但在融媒体时代,我们不妨称广告客体为"用户(users)",即媒介的使用者和信息的二次制造者。

传统大众媒介基本上是线性传播。即传播者发布信息传递给受众,受众被动地接受信息,即使存在受众反馈,这种反馈也往往因为没有合适的渠道或者说传者受者之间掌握媒体资源的严重不对等而弱小得几乎可以忽略不计。但在媒介融合背景下,各种交互媒体形式的出现、便携式的网络终端的发展,信息的传播不再是单向度的。受众不再是被动地接受信息,他们因反馈渠道的拓宽、电子终端的多样化而实现了传播过程中的双向互动。在传播过程中,每个人都是一个传播节点,人人都有话语权。更为重要的是,受众不仅可以通过自己手中的接收终端获取信息,还可以通过它创作和发布信息,从而使得每个接收终端还成为一个信息创作和发布的始端。也就是说广告信息逐渐变得没有主客之分,用户不再是广告信息传播过程的终点。

数字新媒体的出现提供了海量的信息资源的同时,传受双方的互动也更为便捷。不同媒介间的融合不仅推进了传播的民主化,也激发了用户的创造性与能动性,他们可以平等地使用资源以满足自身对信息的需求。广告主体与客体的距离也随之拉近,回归用户本位。

二、广告媒介的变化

正如麦克卢汉所说:"媒介即讯息"。人类使用媒介的进化发展体现了人类文明的进程。从口语时代到文字的出现,从印刷媒介到广播电视,再到如今的网络媒介,我们看到人类媒介的发展已经挣脱了时间、空间的限制,向海量化、高效化、互动化发展。媒介本身形式与功能的变化都值得我们思考。

许许多多新媒介的诞生直接得益于数字技术和网络技术的飞速发展。IPTV、手机电视、车载移动电视、播客、微博、微信等新媒介的诞生迅速摆脱了以往媒介传播受制于时间和空间的境况,体现出更易使用、功能融合的优点。这些媒介的出现为广告的投放开辟了新的天地。广告投放媒介不再局限于纸上、电视上或广播上,增强现实、信息流广告等技术的应用开拓了广告的形式,越来越多的互动广告出现,人们有时甚至识别不出那就是一则广告。

三、广告信息的变化

广告信息即广告传播的信息,它包括直接信息(亦称显性信息)和间接信息(亦称隐性信息),前者是指用通用符号传达的广告信息,后者是指广告作品具体的表现形式所带来的感觉上的信息。

Web2.0时代每个人都是一个自媒体,信息资源垄断在传播者手中的时代一去不复返。而媒介用户个人需求和自由的觉醒更加刺激着媒介市场提供个性化的信息。用户不只是接收广告,他们会对广告信息进行反馈,他们也通过自己创造(用户产生内容(UGC))完成广告信息的二次或者多次传播。用户这时候已经成为广告活动的重要角

广告投放

色,他们的能动性和个性化发展决定了广告主不能像往常一样提供千篇一律的信息。

正如尼葛洛庞帝在《数字化生存》一书中提到的,"在后信息时代,大众传播的受众往往是单独的一人,所有商品都可以订购,信息变得极端个人化"。广告信息的这种变化,媒介技术的发展使得利用大数据进行精确的广告投放成为可能,通过数据分析提供定制化的个人信息,满足消费者个性化的需求。

经典案例 1-1

招商银行首推微信客服号可查询账户余额

自微信开放了公众平台消息接口后,很多有趣的玩法开始启动。有嗅觉的企业,也已经在开始利用消息接口开展相关业务方式的探索。招行信用卡中心的微信公众号在2012年推出微信客服号可查询账户余额。

有网友发现,招商银行信用卡中心近日联合著名手机客户端微信,推出了获得官方认证的微信客服机器人。用户通过把自己的卡号或者身份证号码同微信绑定,进而可以进行一些简单的如查询余额等操作。绑定了自己的微信号和信用卡信息(通过弹出页面提交身份证、护照等其他证件)后,这个简单的机器人已可实现电话银行的部分服务。

查询"金额"可以查询信用额度,同时该账号还能返回带有部分关键字的相关交互内容。据业内人士介绍,此次招商银行采取的不单单是开立一个微信机器人,而是把内部系统开放出一部分同微信直接打通,这种开放程度在国内银行中并不多见。

在被工商银行抢去中国第一大发卡行的地位之后,招商银行的整体服务水平似乎也在呈下降趋势。不过此次招商银行这一举措的确是一次不错的尝试,或者说冒险,还需要加强安全管理。

很大程度上,这个微信机器人只是承担了部分客服如金额和业务查询的功能,虽然绑定了个人账号,但是尚不能进行支付操作。一些后台的查询交互也未能优化。

但是,我们可以看到招行在利用新技术方面的触觉,它带给我们的掌上便利。当然,还有微信在涵盖人们日常生活服务平台上更大的想法,人们会喜欢和拥抱这种服务所可能带来的各种变化,而对于很多竞争对手来说,这也是一个很有冲击力的开端。
(资料来源:互联网的那些事儿 http://www.alibuybuy.com/posts/78244.html。)

思考
为什么说招商银行这次在微信上的动作对竞争对手来说是一个冲击?

四、融媒体时代的广告投放

融媒体时代,媒体格局发生了变化。一方面,新媒体因其互动性、即时性等特征深受用户喜爱,因其精准性等特征受到广告主的青睐,新媒体逐渐分流传统媒体的广告市场。这形成"分"的趋势。另一方面,在新媒体的压力之下,传统媒体纷纷寻找出路。有的是以原有的媒介内容搭配新的媒介形式,如电子报出现在大众视野,还有的是制作展出平台相分离,使媒介各个部分都专业化、精英化。这些结构的调整又体现了新旧媒体"合"的趋势。再分合的媒介环境之下,广告投放应该找一条新的道路。

在"分"的一面,广告主应该调研各种媒体不同的特点、优势以及劣势,针对自己的广告目标进行相应的广告投放。不能认为新媒体广告一定是好的,广告主应找到适合自己广告信息的投放途径。另一方面,针对"合"的趋势广告主应该分析目标受众的媒介接触习惯,既要注意到如今的媒介生产、消费、交易都已过渡到数字平台上的事实,又要注意到各种分发渠道自身的优势劣势以及受众媒介接触的差异性,统合多种信息发布方式并选择最优路径;平衡好不同媒介之间的关系。

具体来说,传统广告投放是依托消费者为中心的,各种媒介都围绕消费者进行传播。在以往单纯的媒介环境下,消费者能接触从四面八方来的信息。媒介的关系呈现出一种以消费者为中心的平行的传播模式(见图1-1)。广告主体选择发布媒介的主要依据是目标消费者的媒介接触习惯。

但是随着新媒体的出现,媒介环境日益复杂。信息向消费者传播的过程中受到各种渠道的分流,传播效果不再集中和直接,媒介的碎片化使广告信息的传播大受干扰。融媒体时代一个显著的特点是无论哪种媒介都依托于互联网,媒介之间的关系已经不再泾渭分明。为了更好地发挥媒介的协同作用,广告发布平台应与时俱进,形成有机配合的网络化的平台(见图1-2),在各媒体间产生协同作用,产生整体大于部分之合的效果。

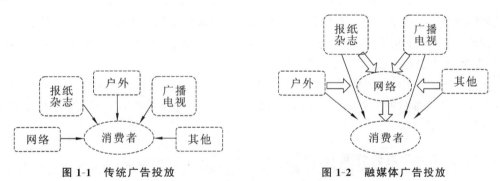

图1-1 传统广告投放　　　　图1-2 融媒体广告投放

融媒体时代,传统媒体广告投放的规律依然发挥着作用,但是网络使媒体间变得你中有我、我中有你。基于融媒体环境,广告主体需要整合自身媒介资源,有针对性地利用现有媒介形式,将广告信息与不同媒介载体有机结合,力争覆盖更多目标消费者。

第三节　融媒体广告投放的基本原则

融媒体时代重点在于"融"。在信息发展迅速的当下,各种媒体通过互联网进行整合形成媒体传播网络。尽管整合过程中产生的一系列连锁反应使广告投放环境日益复杂,但是广告投放活动并非无章可循。若能掌握融媒体背景下广告投放的基本规律,广告人依然能在瞬息万变的市场中运筹帷幄。

融合原则主要是为了有效应对广告投放环境的复杂化,它的目的是通过网络节点对媒体进行整合从而挖掘出更好的传播路径,使信息到达想要到达的人,得到更好的传播效果。融合原则通常体现在跨媒介沟通、跨屏互动等媒介的交互使用上,随着信息技术的发展,广告投放也在寻找更多不同的融合方式。

一、互动原则

许多消费者早已厌倦并躲避广告,因为无论在现实中还是心理上,大多数广告都是以单向的模式进行传播,它们披上外表华丽且富有情趣的糖衣炮弹,却始终与消费者保持距离。

(一)受众接受互动性广告的心理因素

一般来说,受众通过两种形式投入和参与互动广告。一是对广告文本的参与和体验,这种参与自有广告以来就存在;另外是广告活动的参与和体验,这种参与可以为受众带来与文本体验迥然不同的愉悦感受。

不管是哪种参与方式,受众都成为广告作品或运动的生产者,他们生产了融入个人情绪、感受、智力的次文本和新的广告运动。当然,这种广告生产是广告消费的伴随行为,其生产的成果或体验感受有时是受众不能自觉的,是属于下意识的行为。但是,通过回味或被人为地激发后,消费者能从中获得更多的乐趣和满足;而且与被动接收的信息相比,消费者还能够感觉到,那些他们曾参与的广告产品更加真实、更加可靠一些,因此,也会更愿意去购买它们、宣传它们。

在互动广告中,为了使受众与广告更多更持久地互动,广告创作者总会想方设法设计出受众易于参与的广告活动。例如网络视频中的病毒营销广告、以受众体验为主导的现场广告活动等。

(二)互动原则的特点

互动性不仅是融媒体时代广告投放的关键因素,也是广告行业的发展趋势。由于互动化是整个媒介环境的大势所趋,广告的某些重要特征也随之发生了变化。

1. 强调广告主与消费者对广告信息传播控制权的分享

传统广告观念通常从广告主的角度来思考如何到达并说服或诱导消费者,消费者处于被传达、被说服、被诱导的被动位置,广告主垄断了信息资源,牢牢地进行信息控制。而互动广告深谙消费者的心理动机、媒介接触习惯、利益点与兴趣,广告主可以根据这些信息通过技术因素实现契合消费者心理的互动渠道,以服务之满足之。所以,互动广告应该是广告主与消费者共享信息传播控制的广告传播模式。如前所说广告传播已无主次之分,广告主、广告公司、广告媒体、广告消费者都是传播过程的重要参与者。"互动"赋予了人以一种选择和控制的权利——选择和控制我们所要的和我们所不要的权利。

2. 强调互动传播技术在广告中的作用

互动广告必须借助互动媒体或数据库才能进行。现有互动媒体已普遍实现数字化和网络化，基本上应用了计算机技术和数据库技术。这些互动传播技术可以帮助广告主了解个体消费者并满足其个人所需，而且它大幅度减少了广告主与消费者进行信息或实物交换的交易费用，增强了与消费者的沟通，可以帮助广告主即时改善形象、提高声誉，能获得更多的消费者信息。这也加强了对与消费者的互动过程进行衡量和评估的能力，为完善消费者服务提供技术支持，使消费者的疑问或多或少可以得到即时的答复，并及时修正。尤其重要的是，这种开放式的互动技术为消费者提供了参与广告创作与传播的机会。

3. 强调广告传播过程中互动体验

互动广告包括广告主与消费者的互动，与相关利益人的互动，与社会文化的互动等。其中，广告主与消费者的互动是基础。这些互动不仅仅是双向的交流与传播，更是动态循环的传播过程。借助于互动传播技术，广告主与消费者，与相关利益人，与社会文化之间形成一种互动场。在互动场中信息的交换与价值的交易同时进行。而且，在参与过程中，消费者借助互动技术，对广告内容渗入参与、体验、互动、消费和生产。一旦人们完全投入到广告文本建构的情景当中，集中全部注意力，过滤所有不相关知觉，就会处于一种沉浸于其中的体验状态。这种沉浸体验带来的快感和满足正是人们为什么愿意继续参与互动广告活动的原因。因为人们在广告体验过程中感受到极度的享受、愉悦和广告控制感。

4. 强调精确的寻址与响应

互动技术基于这样一种基础，即可以通过大量的数据和高速的运算来发现消费者的需要，并基于这种需要借助于互动传播技术针对个体消费者的兴趣、爱好、需要、媒体使用情形做出适当回应。这个特性说明互动广告可以即时实现两个重要目的——可寻址化与回应，以此来提升广告服务的效果和效率。

（三）互动广告的整合发展策略

整合式互动广告与电子商务有很多相似之处，都追求商品销售、信息传播和消费服务的一体化，但电子商务更强调商品销售与消费服务，而整合或互动广告更重视信息的传播。

1. 互动广告与营销渠道的整合

广告的本质是信息传播活动，自从广告专业化发展以来，广告虽始终以促进销售为最终目标，但其主要负责的内容集中于信息的传播。这种差异使得广告公司制作的广告与广告主的营销系统之间经常出现脱节的问题，制作出来的广告不能很好地融入广告主的公关、直销、销售促进、人员推销等营销子系统中去。广告对于销售的贡献也因受到多种干扰因素的影响而无法精确地衡量。

目前，这种状况通过互动广告与营销渠道的整合将得到极大的改观。叶茂中曾提出"终端媒体化，销售传播化"的主张，建议从信息传播的角度，将"终端售卖"这一销售环节,整合成为一个重要的媒体,并在此进行产品核心价值信息的互动式集中传播。互动广告不仅仅是一个吸引消费者注意力的手段,其互动技术更可以令其成为一个良好的营销渠道。这样,就可以精确统计广告对于营销到底有多大的贡献。广告主还可以通过互动广告了解受众接收广告的时间和地域分布,据此,制定更加有针对性的广告策略,制作更加个性化的广告作品。同样,营销渠道也是互动广告的媒体。

2. 互动广告与购买平台的整合

传统广告对消费者的购买行为的影响往往存在着时间上的滞后性。造成这种滞后的因素比较的复杂,既有经济、文化方面的因素,又有社会风俗习惯、心理等方面的因素。广告对大多数广告受众的影响是有限的、短暂的。有时,消费者虽被激起了购买欲望,但由于不能立即购买,而使已经产生的购买欲慢慢消失。这种传统广告起作用的滞后性严重影响到广告的效果。

而互动传播技术不但赋予互动广告以互动传播的机制,还把广告主的广告与消费者的购买无缝连接起来。互动广告不但方便了消费者搜索其需要的信息,还方便消费者购买广告中的产品。互动广告不仅是信息传播的媒体,更是消费者购买的平台。例如,网络互动广告中往往会有通向即时购买系统的超级链接,十分简单、快捷地把为广告所吸引的网民引向即时购买平台。

3. 互动广告与传统广告的整合

数字和网络传播技术为互动广告与传统广告的整合提供了技术基础,很多广告公司在进行广告策划时,都必不可少的要求考虑互动广告与传统广告的整合策略。目前主要有两种整合策略。

一是根据产品所处生命周期进行针对性整合。一个产品在市场上要经历其生命周期的四个阶段:导入期、成长期、成熟期和衰退期。产品的发展阶段决定了广告传播的内容与形式,广告传播的策略也应随之变化。在产品导入期,一般采用告知性广告策略,所以应该选择传统的大众广告吸引消费者的注意,此阶段互动广告的作用不大;产品的成长期目标是抢夺替代性产品的消费者,应该采用扩张性大众广告策略,增加广告影响广度。可以配合互动广告,以增强广告影响的深度;产品的成熟期,品类消费者稳定,不再增长或增长慢。此阶段以抢夺竞争品牌的消费者为目标。应采取竞争性传统广告策略,加大互动广告的力度,因为互动广告的互动性可产生很高的吸引力和黏着力;在产品的衰退期应该投放适当的大众广告以维护原有利润,继续投放互动广告,维持现在消费者,使之把对现有产品的认同转移到新的转型产品身上。

二是根据消费者信息处理的不同环节,进行互动广告与传统广告的整合。在消费者信息处理的注意环节或者说需求意识环节,用传统广告引起大众的消费者关注、激起品牌意识和扩大兴趣是很有帮助的。消费者一旦进入渴望和购买阶段,最好的媒体策略是选用互动媒体。越是接近购买阶段,越需要传递个性化的信息,越是个性化的信息和媒体产生的影响越大。购买阶段之后,互动广告的作用更加突出。因为,通过互动,广告主可以有效引导难以预期的消费者之间、第三方与消费者之间的口碑传播。

经典案例 1-2

宝马 MINIGETAWAY 城市活动

宝马 MINI 新款车型 Countryman 上市不久后,开展了一场综合运用 App+LBS+AR 的新品营销活动,在斯德哥尔摩城市某处设置了一台虚拟新款汽车,如图 1-3 所示。参与者先下载 App,通过 App 查看虚拟的 MINI 所在的位置,抢夺这辆虚拟的 MINI,最后一个抢到并保留这辆虚拟 MINI Countryman 的参与者可以获得一辆真实的 Countryman 作为奖励。

图 1-3 宝马 MINIGETAWAY 城市活动

作为当时世界上最大的 Reality Game (世界上最大的 iPhone 虚拟现实游戏),MINI 通过丰厚的奖励吸引了众多参与者,这些参与者分别来自 90 个国家,在瑞典,到游戏结束后的首季度,MINI 的销量上涨了 108%。活动结束后,利用参与者在社交网络的积极互动及口碑传播,MINI 不仅使品牌得到了广泛的宣传,使新产品得到了推广,也培育更多的产品文化传播者。

AR 指 Augmented Reality,翻译为增强现实,也叫混合现实,是指透过影像处理技术将虚拟 3D 和现实影像融合,使真实的环境和虚拟世界实时地叠加到了同一个画面或空间同时存在。

LBS 则是 Location Based Service 的缩写,可理解为基于位置的服务,指通过电信移动运营商的无线电通信网络如 GSM、CDMA 或 GPS 等外部定位方式获取移动终端用户的地理坐标等位置信息,在地理信息系统(Geographic Information System,GIS)平台的支持下,为用户提供相应服务的一种增值业务。(资料来源:互动中国 DAMNDIGITAL http://www.damndigital.com/archives/28776。)

思考

宝马是如何将互动原则运用到营销中的?

二、精准原则

融合媒体时代,精准原则可以说无处不在。无论是用户的位置、浏览痕迹、用户习惯等信息都可以通过大数据技术,GPS 定位技术,基于地理位置的 LBS 技术的进行追踪和搜集。用户只要使用互联网就会"无处可躲"。精准原则导致这样一种情形:在合适的时候合适的网页就出现了你想要的信息,就好像计算机"窥视"了你的心理。而精准原则通过对目标消费者的精准定位、消费需求的精准预测、广告投放过程的精准可控、广告效果的精准评估四个方面体现出来。

（一）目标消费者的精准定位

对于广告主来说,传统广告投放中找目标消费者通常靠大量的调研和一点"运气"。其目标受众的身影是模糊不清的,没有能够大量的追踪他们行为方式的数据库。这种情况下,广告投放一般是相对精准,有一部分的广告预算浪费在了根本不是目标受众的人身上。

而在互联网时代,各种信息技术让消费者的身影变得越来越清晰,越来越具体化、个性化。首先,大数据技术可以挖掘个人的人口统计学信息,如通过你经常浏览的网站判断你的性别、年龄、社会阶层、工作收入等信息,这些信息可信度非常高。除此之外,移动互联网平台还可以根据你的社交情况、互动记录等了解消费者的消费习惯、媒介接触行为。这些信息无疑给广告主提供了"一个萝卜一个坑"的精准感。除此之外,基于地理位置的定位技术会时刻知道你在哪,这个时候互联网可能会根据你当下的情形向你推荐合适的信息。这就是融合时代"找对消费者"。

除了精准地找到消费者,还需要准确判断其在特定时间的消费情景。消费情景可以说是搭建了一个虚拟中的消费过程。判断消费者的消费情景可能需要通过"定位"知道他在哪里,通过"百度搜索"知道"他正在找什么,急需什么",通过博客获知"只要能买到合适的对于价钱不敏感",通过新浪微博推断"哪几个人是他的好友、谁在他的生活中扮演意见领袖角色"等信息。这种消费情景的精准定位就需要互联网通过多维度的比较、综合和分析。当所有的信息指向一个人时,那么个人的消费情景就能够勾勒出来。比如某女大学生"长沙一本大学、喜欢健身、常用团购软件、爱吃美食等"或年轻妈妈"长沙雨花区、急于寻找育儿经验、忙于家庭对目前生活现状不满"等等。

基于目标消费者及其消费情景的精准定位,可以实现适时、适地、按需推送,收到更具有针对性和匹配度的广告效果,即"找对人"、"找对时间"、"找对地方"、"找对需求"。[①]

（二）消费需求的精准预测

融媒体时代人们已经无法脱离互联网而自在的生活了。消费者的真实生活与互联网的使用高度重合,已分不清虚拟与现实。生活中的"线上"与"线下"频繁发生交集,人们的消费需求直接暴露在广告主的面前。在互联网的使用中,移动通讯的记录、电子商务中购买记录、搜索引擎中的搜索痕迹、社交媒体中的评论转发行为等都显示了消费者的消费需求。物联网的出现和发展,更是使虚拟与现实进一步融合,人们在线上的需求很有可能就是线下需求的真实写照。

具体到广告传播上,根据消费者的"行为轨迹",分析其消费需求,能够进一步判断其关联需求,深挖其内在需求,通过合理的关联或捆绑完成促使消费的行为。比如,零售业巨头沃尔玛通过大量消费者购买记录分析,发现男性顾客在购买婴儿尿布时,常常会顺便搭配几瓶啤酒来犒劳自己,于是推出"啤酒和尿布"捆绑销售的促销手段,直接带动这两样商品的销量。[②] 这已经成为大数据精准推算需求的经典案例。

---

① 倪宁,金韶.大数据时代的精准广告及其传播策略[J].现代传播,2014(2).
② 汪向勇,刘长松.在平坦的世界里如何卖东西[M].大连:东北财经大学出版社,2009.

作为直接进行买卖的电子商城，用户留下的购买数据更是多如牛毛。电商网站通过这些大量的数据推测用户的需求和购买习惯一般来说颇为精准。通过对数据的分析，推荐适合消费者收入情况的产品，还可以根据搜索浏览进行搭配推送，通过售后回馈情况的数据分析判断用户的购买习惯并在此基础上调整服务质量。在这种精准推算下，电商更是能够牢牢扣住消费者的心理。比如亚马逊的推荐营销系统，销售转化率高达60%。亚马逊的网站，从首页推广到各品类商品展示，再到点击某个商品详情，最后到加入购物车、下单结算，整个在线购买流程的各个环节，都嵌入其针对特定用户的商品推荐。再比如，数码爱好者和年轻妈妈登录亚马逊看到的是不同的商品，前者看到的是数码新品，后者看到的是母婴促销；跟随用户浏览商品的行为轨迹，"同类人气排行"、"搭配商品套餐"、"浏览了该商品的用户还购买了其他商品"等形式多样的推荐随处可见；此外，亚马逊还拥有功能强大的邮件营销系统，根据用户曾经的浏览和购买行为，推送最符合其消费需求和能带来最高购买率的商品目录和打折信息。亚马逊抓住一切机会让"推荐转化率最大化"、让"购买机会最大化"，挖掘和预测其消费需求，提升广告投放效果。

（三）广告投放过程的精准可控

在广告投放的初期，互联网技术已经帮助广告主"找对了人"，"找对了需求"，下一步也就是"找对投放方法"。融媒体时代，广告投放方式不再像传统媒体，钱投进去效果好不好一半看运气。互联网技术发展背景下，广告投放可以做到广告自动购买，而投放过程中最重要的特点就是精准可控。搜索引擎广告、重定向广告等广告技术就是其典型应用。

搜索引擎广告顾名思义是基于搜索引擎进行的。在Web2.0时代，用户越来越愿意表达自己的个性，也越来越想要找到属于自己的"定制信息"。而在这个过程中，他们往往依赖搜索引擎进行。搜索引擎由于其巨大的储存能量，可以将大众化的需求和个性化的"长尾"需求都集结起来，满足用户需要。广告主要做的就是根据自己的产品或服务设定关键词，自主定价投放广告，当用户搜索到该关键词时，根据竞价排名原则展示相应广告，并在用户点击广告后收费。这个过程中，一方面广告主可以根据用户的搜索内容不断优化搜索关键词，拟定创意广告语，增加自己的广告展示在用户面前的机会。另一方面，广告主通过自由竞价和按点击付费的机制，可以灵活掌握和支配广告预算，在投放过程中，根据点击效果优化关键词策略，根据预算调整广告投放量，提升每笔广告预算的投资回报率（ROI）。搜索引擎广告的发生过程是基于用户的主动搜索，因此其投放过程较为精准。

重定向广告是将用户的浏览行为记录在案（用cookie记录和定位），在用户浏览网页时把相关信息推送到他的网页上。这种投放方式往往体现在电商中，如在淘宝或京东搜索"化妆水"，用户打开其他网页时如浏览百度网页时网页上往往会有用户搜索过的化妆水广告。这种投放方式精准地找到了用户的需求，并通过对其曾经购买过的同类商品进行重复推广，从而显著提升广告从点击到购买的转化率，提升每笔广告预算的投资回报率。

（四）广告效果的精准评估

广告销售效果是广告的终极目标，却是传统广告最难衡量的环节。融媒体时代的大数据将广告传播效果和销售效果的量化评估提升到前所未有的高度。广告业界对互联网广告效果评价指标主要是"点击率"（CPC）和"转化率"（CPA）两个基本指标，点击率是衡量广告是否有吸引力和说服力的基本指标，聚焦于广告的传播效果，是广告传播对消费者认知和心理层面产生效果的直接体现；而转化率是指受广告影响而形成的用户购买、注册或信息需求（比如询问或搜索），转化率已经相当接近于广告的销售效果。大数据能够量化从广告展示到用户点击再到下单购买的数据转化，精准核算出广告投入总量的效果转化率，从而帮助广告主优化广告传播策略，降低广告预算的无效损耗，提升投资回报率（ROI）。

此外，利用大数据还能记录和分析某个（某类）用户在不同时间、不同地点、接触的不同媒介渠道、不同广告形式和广告内容等行为轨迹。举例来说，用户可能先看到门户网站的展示广告获得了品牌信息，接着到搜索引擎进行产品和价格搜索，然后通过搜索进入品牌官网，或者通过搜索直接到电商网站下单购买。通过大数据技术，将用户接触媒介和接触广告的行为进行全面收集和系统分解，再和产品的终端销售数据进行比对，从而计算出不同媒介渠道和不同广告内容的广告效果贡献率。全球最大的媒介购买集团之一，浩腾媒体（Optimum Media Direction，OMD）2012年构建了倒推分析式"Attribute Modeling"的广告效果衡量模型，研究促成订单之前，用户都接触到什么，通过对用户每一步媒介接触点的分析，计算每个媒介渠道在促成广告主销售目标的道路上，贡献了多少价值，从而帮助广告主实现营销过程的全程精准、持续优化。

三、融合原则

随着新的媒介技术与网络技术的不断发展，媒介形态从孤立向融合的"大媒介"形态发展。媒介融合就是指在数字技术和网络技术的背景下，以信息消费终端的需求为指向，由内容融合、网络融合与终端融合所构成的媒介形态的演化过程。基于媒介才能生存的广告在媒介融合时代同样表现出不同的发展趋势，这种趋势接连着广告主、媒体、受众、消费者，使广告投放也进入一个全新的时代。

（一）大规模与个性化并驾齐驱

媒介融合时代，无论是媒介形态、媒介内容等都出现了融合的趋势。这是技术发展、经济需要、市场导向共同推动的结果。技术层面，现代通信技术、定位技术、网络技术等使媒介间的联通融合成为可能；经济方面，规模经济的发展必须依赖产业间的协同合作；市场层面，市场要想做大做强必须整合现有媒介资源，进行专业化的分工合作。这就必然导致了融合媒介的发展。

但媒介融合绝不仅只有"融"的趋势，事实上，大规模的生产作业环境更加凸显个性化的重要作用。技术发展、经济需要、市场导向不仅催生了大规模趋势，更是个性化的温床。融媒体时代，传统媒体获得受众注意力的能力不断下降，受众媒介接触习惯逐渐倾向于新媒体,在这种情况下,传统媒体必须设法找到与消费者沟通的接触点。这样一来,传统媒体向新媒体靠拢,形成融合媒介。但是这不意味着传统媒体依靠新媒体就万事大吉,原来的媒体内容在新媒体上进行展示仍然是"换汤不换药"。融合思维不能是表面功夫,而是在于媒介传播的每一个环节。

Web2.0时代,用户掌握使用媒介的主动权,他们不再像往常一样接受来自传统媒介的统一的无法选择的媒介内容。他们对于媒介的使用越来越碎片化,因此他们想要找到自己想要的信息。广告投放在这时应该意识到的不仅是投放媒介的问题,还应该看到碎片化时代媒介内容的个性化趋势。广告传播也同样有了"小众化"了的、对象明确的受众。如美国广告媒体专家悉克·Z.西瑟斯所言:"媒体必须经过精心挑选才能到达产品的最佳目标受众群。媒介企划者们对传统媒介不满因为它们是大众传播媒介,而且在文化变迁的年代,这种大众传播媒介正在被细分。因此与过去相比,我们必须更加精确地定义市场。"因此,在"大规模"与"个性化"的框架下,各类媒介可以通过各种方法接近用户,扩大自己的用户规模。在这种"大规模"的基础上重新集聚分化,定位媒介。广告主这时可以根据媒介定位进行个性化、差异化传播与投放。

(二)低成本运作与人性洞察

媒介融合使媒介尽可能为信息消费者即受众提供"一站购齐"式的服务。这成为媒介融合的动机之一,同样也是媒介融合发展的必然趋势。在信息社会,用户想要更加方便快捷地得到想要的信息,对于媒介的运作提出更高的期待和要求。顺应这些要求,融合媒介会努力研发给用户提供全方位的信息服务。而网络空间的即时性、无限包容性使得这种服务变得更加快捷,极大地降低了信息产品的制作成本,提升了规模效益。

因此,融媒体时代广告投放方式可以在很大程度上压缩广告主所需的费用,但是融媒体环境下的媒介投放更需要广告主考虑人性的因素。直击用户"痛点"的投放才是好的广告投放。利用新技术跟消费者保持深度沟通、拉近消费者与品牌的距离、形成多种接触点的广告投放方式应时而生。与其说它是一种具体的投放方式,倒不如说它是一种思维模式,它要求广告传播者必须时刻从消费者的角度出发,掌握并调节消费者需求,在与消费者的沟通中,促使其主动接近企业、品牌和产品,从而实现营销沟通的跨越式迈进。也就是说广告主不应该让技术领导投放方式,而是从人性角度出发引领广告投放,技术和数字沦为支撑,这也是融合媒体时代的常态化表现。

经典案例 1-3

戛纳电影节 Uber 叫直升机

Uber 似乎一直想告诉消费者,它不只是专车。一键呼叫 CEO,用 Uber 找工作,找对

广告投放

象,送外卖,领养小动物,这些都是 Uber 曾经展开的广告活动,而在纸醉金迷的终极名利场——第 68 届戛纳电影节,Uber 再次将服务升级,推出了直升机送客项目,如图 1-4 所示。

图 1-4 用 Uber 叫直升机

直升机业务主要是往来机场和戛纳电影节的主会场(影节宫)之间,这也是每一位来参展旅客的必经之路,两地在不堵车的情况下,走高速大约 40 分钟,但是电影节期间,小城戛纳和机场大约要接待 20 万名远道而来的客人,拥堵状况不可避免,而乘坐直升机,只需要 7 分钟即可到达。Uber 价格大约在 180 美元,一次可乘 4 人,虽然换算人民币还是有点贵,但据悉一般乘坐出租车往返于机场和戛纳影节宫,也需要人民币 800 元,这样算下来,直升机只是贵了 400 元而已。对于明星而言,钱不是重点,如此霸气的出场方式值得拥有,而对 Uber 来说,通过这次活动盈利不是重点,通过明星引发社交媒体关注才是目的。明星斗秀的名利场,也是品牌扎堆的地方,Uber 此举撬动了投资回报雪球滚动的第一步。

思考

Uber 这次活动抓住了人性的什么特点?

(三)广告投放技术形态的多元化

传统媒体与新兴媒体融合发展,大致经历了三个阶段。第一阶段是十多年前最初的报纸电子版阶段。二是网络阶段,比第一阶段的电子版有所拓展和拓宽,增加了相关的内容和信息。三是全媒体阶段,微博、微信、二维码、手机报、手机客户端、电子屏、网络电视等一齐上。全面数字化,导致技术形态上的多元化,不同平台和终端,形成汇合性的产品。

近年来随着技术的发展,广告投放的方式越来越多样化和创意化。多屏时代的开启使跨屏互动成为可能。数字广告也不再是传统意义上的楼宇广告、网页广告等形态,媒介融合趋势下广告投放方式变得"没有做不到,只有你想不到"。

在这样的环境下,广告主有了更多可能的选择。当今消费社会的消费者已不再单纯地满足于物质层面的消费,而更倾向于精神层面的消费。目前广告投放的多元形态正迎合了消费者消费需求的转变,并逐渐演变成为一种新型的消费文化。这一切在融媒体时代成为现实。

"宝贝回家"：Wi-Fi 寻找失踪儿童移动营销

中国每年约有 20 多万儿童失踪，许多家长都是通过自己的努力去找孩子，而只有 0.1‰ 的孩子能够被找回来。最大的问题就是失踪儿童的信息没有被广泛扩散。如何去帮助他们呢？中国有 6 亿手机用户，无论在哪里，他们都习惯寻找 Wi-Fi 上网。我们希望利用手机平台，快速扩大影响力。

以公益之名创造特殊 Wi-Fi

TBWA 创造特殊 Wi-Fi 信号，当人们搜索 Wi-Fi 信号时，看到的 Wi-Fi 信号变成了许多失踪儿童的求救信息，如图 1-5 所示。用户点击每个 Wi-Fi 信号后，会打开一张失踪儿童的信息，将这个信息发送至微信朋友圈或微博后，就能连上无线网络免费上网。不同的 Wi-Fi 点会接收到不同的失踪儿童信息。我们借助 6 亿手机用户一同帮我们寻找失踪儿童。

这也是 2015 年戛纳国际广告节中媒体类金奖的获得者。

图 1-5　Wi-Fi 寻找失踪儿童

（资料来源：http://people.cnad.com/html/Article/2015/0708/20150708101227815.shtml。）

思考

在你看来，这种广告投放是新形态吗？

广告投放　advertisement putting
广告投资论　theory of advertising investment
信息传播论　theory of information communication
跨媒体沟通　cross-media communication

思考题

1. 如何理解广告投放?
2. 融媒体时代对广告投放提出了哪些新要求?
3. 融媒体广告投放有哪些基本原则?

推荐阅读书目

莫梅锋:《互动广告发展研究》,新华出版社,2012年版。

CHAPTER 2 第二章 大数据与消费者洞察

本章导言

1. 了解大数据含义和特征。
2. 掌握融媒体时代新型消费者沟通行为模式。
3. 掌握消费者行为的 AISAS 模型和 SIVA 模型。
4. 掌握基于大数据技术的消费者行为洞察。

消费者的生活数据、消费数据、媒介数据等汇成大数据,大数据挖掘可以揭示消费者行为的全景地图,这是一张蕴含巨大商业价值的藏宝图。本章对大数据的含义和特征、融媒体时代新型消费者沟通行为模式、具体的大数据消费者洞察方法等,进行了详细的阐述。

本章引例

大数据数字化营销时代来临

2015 年 1 月 14 日,中国最大的多屏整合数字广告平台易传媒(Ad China)集团宣布,阿里巴巴集团将战略投资并控股易传媒。控股后,易传媒仍保持独立运营,与阿里巴巴集团旗下营销推广平台阿里妈妈一起,推动数字营销程序化在中国的发展,并逐步实现大数据营销能力的普及化。

依托于易传媒的 Trading OS 平台以及阿里的大数据和云计算能力,通过双方数据的打通,双方将合作建立端到端的数字广告技术和大数据营销基础设施平台,帮助网络媒体更好地提升流量变现能力,向广大商家及第三方专业机构提供领先的技术和数据产品。

易传媒专注于品牌广告和企业级市场,阿里专注于淘宝、天猫等电商客户,阿里巴巴战略控股易传媒之后,将会与易传媒进行数据的全体系打通,从电商客户拓展到品牌广告主。此次合作不仅对易传媒的发展具有里程碑式的意义,对中国数字广告领域也会产生深刻且深远的影响。易传媒研发运营的 Trading OS 平台,服务于上百家大中型网络媒体、代理公司、广告主、第三方专业机构等,跨屏覆盖 PC 互联网、移动互联网、互联网电视,是目前中国市场占主导地位的数字营销程序化交易操作系统平台。在与阿里巴巴结盟前,易传媒与国内三大巨头 BAT 都有接触,但最后易传媒选择了能实现多重优势互补的阿里巴巴集团。易传媒专注品牌和优质大中型媒体资源,阿里专注电商和相关资源。同时,易传媒依托于 Trading OS 平台与企业级大数据管理平台 DMP 的连通,搭建了一个从媒体到广告主/代理公司的端到端平台,这个平台对于阿里而言非常重要,"以前阿里的数据不敢开放,现在可以把这些数据在易传媒的平台上进行流动、经营,这会是一个安全的绿色通道"。在阿里云和易传媒企业级平台的基础上,阿里云会提供基础的运算和存储的能力,易传媒的 Trading OS 和 DMP 平台则提供针对数字营销的专业能力。双方此次合作的意义重大,大数据、互联网金融、广告对于阿里来说都是很有利的,易传媒的营收也或将达到目前营收量级的 10 倍。最重要的是,这次合作真正拉开了大数据时代的帷幕。(资料来源:《阿里巴巴集团战略投资易传媒拉开大数据时代帷幕》,载自《中国经营报》,2015 年 1 月 24 日。)

思考

如何实现跨屏营销和闭环营销?

第一节 大数据时代来临

大数据蕴藏着巨大的商业潜力和价值转换,目前我们探索利用的仅仅是冰山一角,大数据已经向我们展现了一个全景的消费者行为图卷,如何挖掘、分析、处理、利用大数据是广告主、广告公司、媒介等机构转型升位的趋势和方向。

一、大数据的含义及其兴起

最早提出"大数据"时代的是全球知名咨询公司麦肯锡,麦肯锡称:"数据,已经渗透到当今每一个行业和业务职能领域,成为重要的生产因素。人们对于海量数据的挖掘和运用,预示着新一波生产率增长和消费者盈余浪潮的到来。"[①]互联网数据中心(IDC)发布了新的数字宇宙研究报告——《从混沌中提价值》。这一报告显示,世界数据总量以惊人的速率成倍增长。例如,2011 年世界范围内被创建和被拷贝的数据总量是

---

① 维克托·迈尔-舍恩伯格.数字时代被遗忘的价值[M].杭州:浙江人民出版社,2013.

1.8ZB。随着全球范围内个人电脑、手机、监控设备、智能终端的普及,新产生的数据以几何递增方式呈直线上升态势,2016年全球数据总量达到惊人的25ZB。未来10年全球数据量将以40%的速度增长,IDC预计到2020年,大数据规模将超出预期,达到40ZB,这意味着全球数据快速驶入"大数据"时代!

什么是大数据呢?即巨量资料(big data),或称大数据、海量资料,指的是所涉及的数据量规模巨大到无法通过现有软件工具,在合理时间内达到撷取、管理、处理、并整理成为能够帮助企业经营决策更积极目的的资讯。①

大数据机会存在于各行各业中。比如对于新闻电视行业大数据也许正悄然改变着传统模式,Netflix电视台推出的网络剧《纸牌屋》热播,就连美国总统奥巴马也是该剧的粉丝,花旗(Citi)分析师马克·梅(Mark May)和凯文·阿伦(Kevin Allen)发布了一份报告,对有关《纸牌屋》和网飞的谷歌趋势数据进行了分析,搜索词"纸牌屋"的出现次数比去年同期增加了76%。人们搜索"网飞"的次数也比去年同期增加了15%。网飞股价盘中一度上涨至441.24美元的历史新高。为什么该剧如此受人追捧?源于该剧最大的特点在于这部剧从诞生之初就是一部根据"大数据",即互联网观众欣赏口味来设计的产品。具体来说,网民观众喜欢哪些演员,导演都是从大数据中分析得出,什么样的剧情更引人入胜,观众在什么时候暂停、重播、下载都通过大数据处理分析,从而量身打造出符合观众口味的剧本,《纸牌屋》改变了传统电视节目运作流程,是大数据实现了对观众诉求的高度契合。百度大数据甚至为考生预测出2014年高考作文的六大命题方向,包括"时间的馈赠""生命的多彩""民族的变迁""教育的思辨""心灵的坚守"和"发展的困惑"等,这项技术主要基于百度大数据的挖掘和百度大脑的智能分析。百度大数据专家称,百度挖掘了近八年各个省市的高考真题和模拟题,并且结合了近些年的搜索风云热点和新闻热点数据,准确把握当年社会思想的关注与潮流,现有数据和实时数据相结合组成百度作文预测的大数据库,并在它们与高考命题之间建立关联;而后,百度将前面提到的大数据进行智能分析,通过"概率主题"模型算法模拟人脑思维,反向推导出作文主题及关联词汇,从而更加精准地对高考作文进行主题预测。对于消费行业,大数据能够通过抓取Facebook发帖、Twitter留言、社交网站评论、优酷视频、博客评论来进一步了解消费者,通过分析处理消费者地域位置、兴趣爱好、行为习惯、性别年龄等特征精确做出策划决策与广告投放。

大数据告诉你微信红包分布

2015年微信通过春晚"摇一摇"互动、微信红包、摇礼券等丰富的形式陪伴全国人民度过了一个欢乐的羊年春节。大数据显示,羊年春晚微信摇一摇互动总次数超过

---

① 徐子沛.大数据[M].桂林:广西师范大学出版社,2012.

110亿次,央视春晚摇红包创造了全民欢乐互动的历史,让"看春晚""抢红包""摇一摇"成了2015年中国家庭的新年关键词。而微信红包也成为今年春节最受欢迎的祝福方式,"有微信红包才是过新年"由此成为更多人的心声。除夕至初五,微信红包收发总量为32.7亿次,其中除夕当日收发总数达到10.1亿次,创下了历史新高。根据微信团队年初一公布的除夕期间微信用户数据显示:除夕20时至年初一0时48分,春晚微信摇一摇互动总量超过110亿次,春晚微信祝福在185个国家之间传递了约3万亿公里,相当于在地球与月球之间往返370万次。其中,22时34分春晚摇一摇互动出现峰值,达到了8.1亿次/分钟。央视春晚当晚,微信携手众多品牌赞助商派出5亿元现金红包。红包收发最高峰出现在年初一(00:00—00:02),峰值达到每分钟有55万个红包被发出、165万个红包被拆开,除夕至初五微信红包收发总量达32.7亿次。其中,一名来自长沙的男性用户和一名来自沈阳的女性用户斩获4999元头奖,另外有108名来自五湖四海的用户获得2015元大奖。据统计,春节期间发红包最多的省份前10名分别是:广东省第一,其次是浙江省、北京市、江苏省、上海市、福建省、辽宁省、山东省、陕西省、四川省。从沿海至内陆,掀起了一股全民发、抢红包的热潮。此外,在年初一当天,还有7500万用户通过微信摇一摇领取了3.78亿张商家优惠礼券,价值30亿元。微信发放礼券的单张优惠幅度平均达到6折,参与微信礼券项目的商家涉及餐饮、酒店、航空、金融、电商、零售、文化娱乐等多领域,囊括了300多个城市的25000家门店。其中,有6%的商家发券量超过500万元,30%的商家发券量超过100万元。

图2-1 2015微信红包大数据

(资料来源:陈姝:《微信红包春节大数据揭秘》,载《深圳商报》,2015年2月27日。)

二、大数据的特征标签

大数据的显著特征标签可以归纳为4个"V"——Volume, Variety, Value, Velocity。即体量巨大、类型繁多、价值密度低、处理速度快。

1. 数据体量巨大

国际数据公司(IDC)在全球范围内跟踪调研,数据总量已经从TB级别成几何增长跃升至ZB级别。2008年全球产生的数据总量为0.49ZB,2011年增长为1.82ZB,2014年增长为6.16ZB,2016年的数据总量达到25ZB。目前,人类在漫长的历史发展中生产的所有印刷材料的数据总量是200PB,全人类历史上说过的所有话的数据量大约是5EB。全球所有人类文明所累积的知识数据总量的90%是21世纪以后爆发性增长的。IDC最新宇宙(Digital universe)研究表明,预计到2020年,全世界数据存储总量将达到40ZB(相当于1万亿GB字节)。仅就数量而言,40ZB的数据相当于地球上所有沙滩上沙粒数量的57倍。如果把40ZB的数据全部进行存储,所有光盘的重量相当于424艘尼米兹号航母。到2020年,40ZB相当于地球上人均5247GB的数据。

2. 数据类型繁多

随着云计算全球化影响力、渗透力进一步增强,大数据对世界各领域变革产生深刻影响。Gartner数据显示,2016年全球公有云服务市场规模比2015年的1780亿美元增长17.2%。IDC数据显示,2015年全球范围内服务器出货量达到970万台。云存储中的大数据涵盖各个行业领域,数据类型也将发生重要变革。IDC预测,到2020年,占据霸主地位的企业级数据将受到娱乐型数据挑战,预计娱乐型数据将占到总数据量的46.7%,监控数据,嵌入式数据,电商数据等也将爆发性增长。总的说来,数据类型可以分为三种:

一是信息数据,比如浏览数、用户注册数、软件游戏下载量等数据。

二是交易数据。2016年阿里巴巴天猫双十一全球狂欢节,交易总额突破1207亿元,支付宝总成交10.5亿笔。从第一年5000万元的成交额,到2015年的912亿元,再到2016年双十一的千亿时代,是阿里生态从裂变到聚变的发展历程。阿里巴巴天猫、淘宝、支付宝的"服务器资源弹性部署"和"数据中心异地双活"都是基于阿里云计算的大数据处理平台ODPS完成,阿里云ODPS可在6小时内处理100PB数据,相当于1亿部高清电影。大数据告诉你在哪个区域什么人在什么地方购买了什么产品,这些数据类似传统商店和超市的结构化数据。

三是搜索数据。搜索数据揭示了消费者意图的海量信息,他们对什么感兴趣?他们在哪些品牌中抉择?百度每天产生50亿次搜索和60万家联盟网站每天所产生的50亿PV(页面浏览量)。每天发生的海量搜索数据如何发挥其潜在的商业价值?百度开发的百度指数在利用搜索大数据方面有了很好的运用。百度指数是以百度海量网民行为数据为基础的数据分享平台,是当前互联网乃至整个数据时代最重要的统计分析平台之一,自发布之日便成为众多企业营销决策的重要依据。百度指数能够告诉用户:某个关键词在百度的搜索规模有多大,一段时间内的涨跌态势以及相关的新闻舆论变化,关注这些词的网民是什么样的,分布在哪里,同时还搜索了哪些相关的词,帮助用户优化数字营销活动方案。比如,输入"变形金刚4"这个关键词,截至2014年8月4日百度指数利用大数据平台分析处理出整体搜索指数163357,移动搜索指数66844,整体同比上升100%,整体环比下降50%。在热点趋势图表中,7月28日搜索指数达到最高值445976。在百度指数需求图谱中,"变形金刚4"上升648%,在媒体指数中7月28日平均值是20,8月4日媒体关注值就下降为5。全国范围内哪些地区关注"变形金刚4"呢?大数据告诉你依次排名为广东、浙江、江苏、山东、河南、北京、河北、四川、湖南、上海。什么样特征的人更感兴趣呢?依次为动漫爱好者、影视达人、体育爱好者和吃货达人。什么年龄的人在关注呢?20~29岁的达到33%,30~39岁的达到42%。88%的男性更持续关注,只有12%的女性关注。海量的搜索数据蕴藏着巨大的商业价值,它将为各行各业的决策与运营提供传统调研无法比拟的大数据优势,海量样本、精确行为、快速处理这是传统调研无法达到的高度,搜索数据的开发与运用将是今后大数据发展的趋势。

3. 价值密度低

互联网、移动终端、智能设备、云存储所收集和存储的大数据种类繁多,非结构化,导致大量数据无法深度挖掘与分析利用,其价值密度较低。IDC数字宇宙报告《大数据,更大的数字身影,最大增长在远东》报告显示,尽管全球每天以几何级增长产生大量数据,但仅有0.4%的全球数据得以提取、分析、存储和利用。大量有效性数据也正在以几何级速度丢失。大数据的价值和前景取决于从大量未被开发的数据中提取价值。事实是,目前绝大多数大数据是基于尚未标记的非结构化、非意义的多元化类型数据。如果对海量数据进行归类标记和深入分析,全球大数据显示将有23%的数据成为有效利用价值数据。但目前大数据挖掘标记利用率不到1%。因此,如何有效开发大数据内在价值,提高利用率是全球经济增速的隐形原动力。

4. 处理速度快

"1秒定律"或者秒级定律,强调大数据的处理速度要快,一般要在秒级时间范围内给出分析结果,时间太长就失去价值了。这个速度要求是大数据处理技术和传统的数据挖掘技术最大的区别。一分钟内,微博上新发的数据量超过10万;社交网络"脸谱"的浏览量超过600万,如果要快照抓取受众目标就需要撷取、处理、并分析成可视数据。对大数据进行深度价值挖掘需要一定的流程,包括数据采集、预处理、存储、管理、分析挖掘、展现与运用。首先是针对一定时段的大数据采集工作。包括互联网交互式数据和移动互联网数据。第二步是对海量数据进行去噪处理,也就是对大数据进行初步的辨析、抽取和清理。第三步是对海量数据的存储,大数据存储技术路线最典型的共有三种:第一种是采用MPP架构的新型数据库集群。第二种是基于Hadoop的技术扩展和封装,围绕Hadoop衍生出相关的大数据技术。第三种是大数据一体机,这是一种专为大数据的分析处理而设计的软、硬件结合的产品。第四步是对一系列的非结构数据进行分类处理,并对处理结果进行合并。第五步是大数据的可视化展现。最后呈现出图表、结构化数据为企业决策提供战略支持。

三、大数据改变广告运营模式

大数据时代的来临,对传统的广告运营模式产生了巨大的冲击。大数据使广告主、广告代理商更加重视对消费者心理与行为的深度洞察,推动了广告主内部的转型,改变了广告营销模式。

1. 大数据推动深度洞察消费者

广告主、广告代理商一直都希望能全方位、深层次了解消费者,我们都非常熟悉这样的街头调查场景;市场调研人员敏锐地观察搜索着代言产品的目标消费者,一般情况下精心挑选目标消费者出现的地点,推算时间,通过目测(依据着装)判断目标受众,然后快速上前简明扼要地说明调查目的并送上礼品,"目标消费者"在人潮拥挤的大街上、在调查人员的注视下开始做问卷调查,许多消费者是仓促填完问卷撤离。"你被代表了吗?"这是传统调查比较典型的问题,跨地区和大量样本需要较高的人力、物力、财力,传统做法是运用抽样调查法以点代面地典型化消费者。传统洞察消费者的调研方法具有四个特征:一是概括化。抽样调查只能对其中一小部分人的行为进行可视化描述,以此类推其他消费者的行为,这在统计学上具有一定的科学性。但毕竟不是全样本描述,存在诸多不足。二是单一性。传统调查由于时间空间限制,对消费者的调查往往只能涉及较小的层面,主要是消费者与产品的关系调查,涉及消费者其他方面,比如价值观、社交行为、宗教信仰、文化品位等等都是无法了解的。三是假设性。消费者调查时大多是假设自己在特定环境下可能做出的行为和决策。心理学经典的"言行一致"实验表明,人的态度与行为在一定情景下不一定一致。也就是说消费者调查问卷上的态度不一定导致行为的发生。四是定格化。传统调查理论分为事前调查、事中调查和事后调查以洞察消费者的认知、情感、态度与行为。但消费者是变化的、复杂的、多维度的,定格消费者并不能全面揭示消费者丰富多彩的生活行为。

我们再来看看这样的情景:职场白领阿美下班后,和几个闺蜜吃了前几天糯米网的团购美食,然后又去了 KTV 唱歌,当然也是在网上团购的。回家时已经是 12 点了却没有睡意,打开电脑搜索了一部正在热播的电视剧,这时,手机上 QQ 和交友社区头像闪烁不停。第 37 次《中国互联网络发展状况统计报告》显示,截至 2015 年 12 月,中国网民规模达 6.88 亿,互联网普及率达到 50.3%,手机网民规模达 6.20 亿。手机超越台式电脑成为第一大上网终端,中国互联网进入了移动互联网时代.人们的生活已经深度与互联网连接,人们的衣、食、住、行、娱每天都在互联网上留下行动的轨迹,铺天盖地的大数据描绘了消费者绚丽多姿的精彩人生。广告主与广告代理商敏锐地嗅到了深度洞察消费者的利器:大数据。大数据与传统调查相比有以下四个显著特征。

一是全面化。大数据是全样本数据,它记录了所有消费者的生活消费全部信息,广告主既可以整体化描绘消费者,也可以追踪个体消费者传达特定的产品信息。全样本信息更精确、全面,而不用担心小样本是否能代表广告主庞大的消费者群体。

二是多元化。大数据不仅能捕捉消费者关于广告主产品、品牌的态度、意愿与行为,而且还能了解这些消费者的其他兴趣爱好、价值观、信仰和行为习惯。这弥补了传统数据的单一性缺陷,拓展了媒体投放渠道路径。

三是真实性。消费者每次打开网站浏览信息、搜索目标对象都是心中最真实的需求动机体现,大数据记录了消费者每次真实的需求,这是在传统调查中无法企及的深度。

四是动态化,大数据是运用大规模并行处理(MPP)数据库,数据挖掘电网,分布式文件系统,分布式数据库,云计算平台,互联网和可扩展的存储系统全程追踪消费者信息,具有持续性和动态性,全方位立体化洞察了消费者意愿与行为。

2. 大数据推动广告主转型

过去广告主十分热衷黄金时段,即电视媒体 19:00—22:00 时段。2013 年剑南春以 6.03 亿元勇夺央视黄金时段整点标王。2014 年 11 月 8 日,中国新能源领军企业太阳雨摘取央视 2015 年黄金资源广告标王。毋庸置疑传统媒介在过去创造了举世瞩目的奇迹,使众多名不见经传的企业一夜成名,比如太阳神、健力宝、秦池、脑白金等,在以前媒介拥挤度相对较低的年代企业只要重视产品的宣传就能打开市场。如今,传统媒体与新媒体并存,消费者不再是白天看报,晚上看电视的单一群体,消费者受众的注意力正在被新媒体吸引并彻底改变着他们的生活方式。互联网全天24小时运转,消费者随时随地在现实与网络中穿行,这使企业原来的时空掌控感消失,以前确定好消费者的收看时段,定点投放就可以高枕无忧,现在企业要面临的是全天候的互联网时空。"8小时企业"已经无法提供和满足融媒体时代消费者的需求了。能迅速转型以适应并提供"24小时服务"的企业才能在竞争中获胜。

不仅如此,企业还要进行生产、经营、管理的一系列转型。过去企业的生产销售模式是市场规划→产品研发→批量生产→推广销售。这种传统模式从规划到产品研发都是以企业为中心,生产出来的产品是否畅销要凭借企业经验与推广力度和运气。大数据时代下的企业生产销售模式将进行革命性的转型,企业能利用大数据平台及其快速的数据处理分析能力真正实现以消费者为中心,为其提供定制化服务。第一,企业要改变过去以企业和产品为中心的营销导向,转变为以服务和消费者为中心的营销导向。第二,在企业运营管理方面,企业要改变以年度、季度为阶段的营销方式,改变为以日常传播和随时随地快速反应的营销方式。第三,企业要改变单纯依靠研发团队设计产品的模式,改变成研发团队与消费者共同参与创造模式。第四,企业要改变传统的规模化大生产模式,改变成个性化定制与批量化生产相结合模式。第五,企业要改变单向的传统广告传播模式,改变成与消费者互动的双向沟通传播模式。第六,企业要改变传统的渠道终端销售模式,改变成线下通过渠道终端销售与线上企业直销相结合的模式。

海尔集团顺应互联网大数据时代需求,顺势推出统帅定制家电以满足消费者的个性化需求。统帅电器本着"你设计我制造;你需要我送到"的品牌理念,精准地满足了互联网大数据时代消费者的个性化家电需求。统帅电器通过互联网以模块化的手段实现了消费者个性化的需求,通过搭建网络平台为消费者展示了可供选择的各种模块,让消费者自主选择五大模块——规格、背光、外观、功能、底座,然后进以不同模块组合出自己喜好的个性化彩电,让消费者真正拥有了一台"自己的电视",统帅成为全球范围内消费者真正直接参与设计的首个家电品牌。有专家认为,与此前单向的"制造企业—渠道—消费者"的产业流程不同,互联网大数据时代要求整个产业形成"消费者—制造企业—渠道消费者"的双向产业流程,由以前供应经济时代的被动接受变成需求经济时代的按需定制。这种变化带来的最大影响就是真正解放了消费者,广告主必须颠覆原有的发展模式才能适应这一变化。

3. 大数据颠覆广告营销模式

传统广告营销模式中广告代理商、广告主在整个系统流程中起主导作用,整个广告目标的制定是广告主、广告代理商在合作之初共同确定的,是站在广告主立场,以广告主为中心展开的广告营销计划。一般4A广告公司利用专业调查机构进行市场调研,主要采用传统抽样调查法、访谈法、试验法、观察法等,即使采用网络调查法,也是按照传统思维设计问卷,网络问答,回收分析等流程。在获取专业市场调研分析报告后,广告公司进行策划创意,形成关于达成广告目标的策划方案并与广告主共同商议并形成最终广告策划案。接下来,为圆满完成广告目标,在资金预算范围内,整合媒介资源,进行媒介购买。广告公司通过媒介平台以及长尾联盟最终传达到消费者,如果广告目标和创意策划与广大消费者的需求、动机吻合，媒体路径也与消费者接触媒体习惯吻合并实现预定到达率，其中一部分消费者实现了需求转换，这就是成功的传统广告营销模式（见图2-2）。

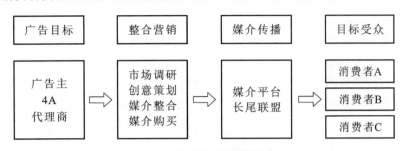

图 2-2　传统广告营销模式

大数据挖掘技术对传统广告营销模式提出了挑战，传统广告营销模式是从广告主出发，以广告主为中心而制定广告营销方案。而大数据通过全样本采集，云计算平台全程追踪消费者生活、消费信息，通过对海量数据进行去噪处理，经过初步的辨析、抽取和清理，并对一系列的非结构数据进行分类处理与合并，最后呈现出图表、结构化的数据。广告主通过俯瞰全样本的可视化数据就能深度洞察消费者需求，还能了解到消费者关于产品的相关信息，比如使用效果，评价与期望。广告主通过大数据可以追踪到消费者通过什么网站、渠道了解并购买自己的产品。在真实海量的大数据分析图表面前，广告公司是时候制定整体解决方案了，广告公司再也不是管中窥豹似的审视消费者，而是有的放矢地直接满足消费者深层动机需求，创意策划水到渠成。媒介投放方案也是根据大数据记录消费者生活数据而来，大数据呈现出一幅消费者全方位、24小时动态的行动轨迹，广告公司要做的就是整合已有媒介渠道，铺设新渠道。最后就是在关键时刻在正确的时间，正确的路径投放消费者需要的广告，这就是基于大数据的崭新的广告运营模式（见图2-3）。

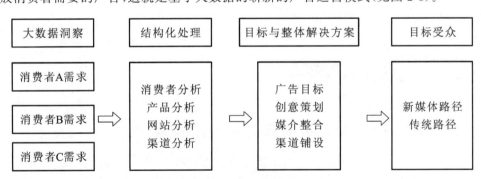

图 2-3　基于大数据挖掘的广告运营模式

第二节　融媒体时代的消费者行为新模式

基于大数据挖掘技术，我们对广告主与消费者的沟通模式有了新的认识，可期构建新型消费者沟通模式，以更好的洞察消费者心理与行为。

一、融媒体时代消费者新型沟通模式

融媒体时代消费者信息沟通模式发生了巨大变化,首先,媒介与消费者之间双向互动沟通模式建立。媒介信息传播再也不是单向的纵向性传播,消费者再也不是被动的、封闭的信息接受者,媒介与消费者之间通过大数据网络技术建立起一个信息传播回路,媒介把信息传递给消费者,消费者通过网络、移动终端等数字技术把信息反馈给媒介,从而使媒介对自身信息产品进行校正和完善。其次,消费者与消费者之间开放互动沟通模式建立。传统模式下,消费者接受信息后处于一种封闭的信息通道,消费者与消费者之间无法进行信息共享和讨论,信息的传播效应也容易衰减,大数据互联网环境下,消费者在接受信息后可以马上就信息本身发表言论,其他消费者也可以参与到讨论与转播,从而形成次级传播效应。最后,消费者之间、媒介之间全方位多维度互动型沟通模式建立。在融媒体环境下,媒介与消费者之间、消费者与消费者之间构建起互相连通、全方位多维度互动型的信息沟通模型。信息无论从哪一个点开始,都可以快速地传递到整个信息网络,每个网络节点都可以对信息进行再次加工和再次传播,权威媒介与自媒体共存共荣。融媒体时代开放式互动型沟通模式,如图2-4所示。

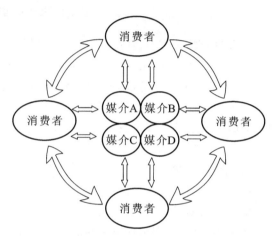

图 2-4 融媒体时代开放式互动型沟通模式

微信朋友圈信息流广告来了

2015年微信朋友圈广告终于有了正式的商业化版本。1月25日,微信朋友圈首批三条广告上线。宝马、vivo、可口可乐三条广告引爆了整个微信朋友圈。微信不是"第一个吃螃蟹的人",信息流广告这种形式第一次被运用是国外社交平台 Twitter,随后 Facebook、Instagram、Pinterest,乃至短视频社交应用平台也都出现了信息流广告的身影。国内的新浪微博、QQ空间也都相继加入了信息流广告。来自企鹅智酷《微信朋友圈广告首份用户研究报告》的调查数据显示,72.1%的用户曾在其他社交产品里看到过信息流广告。业内曾有人质疑微信朋友圈信息流广告会伤害到用户体验。对此微信团队也特意发表声明称,朋友圈广告上线后仍然将用户体验放在第一位,并在商业化探索和用户体验方面取得最佳平衡。那么,微信朋友圈广告究竟能不能让用户买账呢?据腾讯科技观察,1

月 25 日朋友圈广告不仅被大多数用户接受,还引发了一系列二次传播乃至三次传播,首次发布微信朋友圈广告因为评论好友可见的原因,不仅自身成了朋友圈内的社交子平台,还因广告匹配等问题逐渐变成了公共议题,引发了大量用户参与。

依托社交关系链互动传播

据了解,朋友圈广告会通过微信广告系统进行投放和管理,广告本身内容将基于微信公众账号生态体系,以类似朋友的原创方式进行展示,在基于微信用户画像记性定向的同时,通过实时社交的混排算法,依托关系链进行互动传播。简单来说,只要你的好友在该条广告下面评论或者点"赞",你都可以看到。微信的成功源自"熟人社交",而新浪微博看起来更像是"广场",任何人都可以在推广下面发表评论,而用户无法判别信息的真实性和准确性。

和新浪微博相比,微信好友属于强关系链,在平日的生活里相对紧密,好友对广告的评价在一定程度上将影响你的购买决策;与此同时,你也可以看到好友对产品的真实评价。基于这种熟人社交带来的信任感,如果你好友看到广告,并对广告评论或点赞,那么你看到该条广告的概率就会提升。同时,广告引擎还会选出高品质的种子用户作为广告的第一批曝光对象,以此为点挖掘出和他们兴趣相同的高质量好友。

成为公众话题引发次级传播

在朋友圈广告亮相后,用户也自发思考出了很多有趣的现象和玩法。

有用户调侃,微信朋友圈广告出现的概率来自大数据分析,比如分析用户朋友圈语言特性和朋友圈图片内容,识别分类如下,年收入 100 万元以上消费能力强,收到的是宝马广告;买不起 iPhone6 但买得起小米的,收到的是 vivo 的广告;连小米甚至红米都买不起的,收到的是可口可乐的广告。

基于这种猜测,不少收到可口可乐广告的用户被调侃为"屌丝",而收到宝马广告的用户则被称为"土豪",甚至有些收到广告的用户会在自己的朋友圈里截图转发,在无意中形成了品牌广告的二次传播。

同时基于在朋友圈广告下评论所有收到同一广告的好友都可见的特性,不少人还在评论区搭车发布信息,还有网友改名宝马、可口可乐或 vivo 发布各类信息,俨然有当年凡客体肆虐之势。微信朋友圈广告,如图 2-5、图 2-6 所示。

图 2-5　微信朋友圈广告(1)　　　　图 2-6　微信朋友圈广告(2)

(资料来源:http://henan.china.com.cn/finance/2015/0126/166323.shtml。)

二、融媒体环境下消费者行为模型

在融媒体时代,消费者的行为模式发生了巨大变化,为了分析新环境下消费者的行为,必须采用新的分析模型。

(一) 从 AIDMA 模型到 AISAS 模型

1. AIDMA 模型

AIDMA 是消费者行为学领域很成熟的理论模型之一,由美国广告学家 E.S.刘易斯在 1898 年提出。该理论系统形象地描绘了消费者在传统媒介环境下从接触到信息到最后达成购买的 5 个行为阶段,即 AIDMA 模型。

Attention(引起注意)——利用传统媒介传播方式,从图形、文字、色彩、布局和音效等多种手段引起消费者的注意和感知,使信息进入消费者的感官通道。

Interest(引起兴趣)——从内容和创意上引起消费者的兴趣,避免消费者从大量摄入信息中被过滤掉。

Desire(唤起欲望)——通过把握目标消费者的内在需求和精准的广告定位与创意表现,激发消费者的购买欲望。

Memory(留下记忆)——强烈的感官刺激、直击内心的动机激发加深了消费者对于广告主品牌和产品功效的记忆,使信息通过记忆通道,由短时记忆逐渐向长时记忆转换,并存贮到消费者大脑记忆库中。

Action(购买行动)——当消费者实际需求产生时,面对众多品牌进行选择,即会启动大脑记忆库关于某一品类的品牌记忆,一般情况下是择优按记忆强度进行选择。

经典案例 2-3

益达口香糖"酸辣苦甜"篇

益达口香糖系列 Campaign 主创人员——BBDO 广告公司华南区执行创意总监曾德龙(Arthur Tsang)、BBDO 广州创意合伙人莫浩贤(Howard Mok)以及 BBDO 广州业务总监周峻林(Eric Zhou),为我们揭开酸甜苦辣的三年创作之路。2010 年桂纶镁与彭于晏邂逅的沙漠篇播出以后,产生了像电影一样的传播效果,观众对剧情发展产生了强烈的好奇,反响热烈,这让主创人员从中看到了创意放大的机会,于是有了酸甜苦辣的延续。由于结果更令人惊喜,反响也更为热烈,便继续创作了酸甜苦辣Ⅱ。这一系列广告演变成了一个剧情在不断变化和情感在不断挖深的微电影。酸甜苦辣的故事将人生的味道和食物的味道结合在一起,这源于 Arthur 很棒的洞察——无论是谈恋爱、结婚、分手,中国人的情感关系都在饭桌上。所以,"吃"对中国人来说不仅仅是获取食物,还印刻着许多人的情感经历。早些年前,益达的广告并不是这样充满了浓浓的人情味的,而是略似牙膏广告,走功能性诉求的路线,突出其帮助平衡口腔酸碱度的功效。后来,BBDO的创意人员转变以往的广告策略,并认为更需要让消费者感受到这个口香糖品牌对于他们口腔健康的关怀,但是这个"关怀"必须是长远的、情感性的。随后就出现了"便利店篇"广告,开始用一种讲故事方式去贴近年轻人、贴近生活——一个商业导向的brief(创意简报)就在创意人员的手中完成了一个品牌和消费者进行情感沟通的大逆转!现如今,当看到超市里琳琅满目的益达,也许你就会不由自主地想起那个"兄弟",抑或是那首别致的《给我一个吻》,甚至是那句"对牙齿好哦"。由桂纶镁和彭于晏所出演《酸甜苦辣》系列广告则帮助益达超越绿箭,登上了口香糖市场第一品牌的位置,要知道绿箭进入中国市场已经20年了!广告主一直希望向消费者传达出"吃完喝完嚼益达"的概念。在酸甜苦辣系列广告推出后的8个月内,调查显示,消费者对这一诉求的认知增长了40~50个百分点。"这一结果明确地达成了我们的创意目标,所以这次campaign不仅是在广告行业里的成功,在市场上同样也取得了商业上的成功。"Howard指出,"我们不是单纯地把产品摆在整个故事里,而是让每一条片子里最有戏剧性的东西总是发生在益达身上,也总是和产品诉求相关,比如吃益达对牙齿好,比如还得两颗一起吃……"《酸甜苦辣》不仅叫座而且叫好,除了斩获亚洲实效营销金奖、艾菲实效营销金奖外,还拿下了微电影金瞳奖等诸多奖项,这无疑又给商业微电影广告树立了一个新的标杆。调查显示,有70%的消费者希望知道接下来的剧情是如何发展的,但《酸甜苦辣》这个系列是否会接着展开?桂纶镁和彭于晏是否还会继续走下去?BBDO的主创人员表示他们自己也都无从知晓。唯一能确定的是,益达的广告还会将这种讲故事的方式延续下去,所以益达明年会带来什么样的惊喜,我们拭目以待。

益达口香糖电视广告《选择篇》深谙AIDMA模型理论,首先品牌选择了人气影视明星桂纶镁和彭于晏拍摄广告,吸引18~35周岁核心消费群体,热闹的客栈场景,服务员(女主角)与旅客(男一号)四目相对,流露出惊讶与尴尬,原来是一场巧遇(见图2-7)。达到了AIDMA模型的前两个阶段目的:引起注意(Attention)与引起兴趣(Interest)。男二号(店老板)见两人相识亲自送上一大盘云南洱丝,男一号一口气全盘吃光,女主角走过来没看男一号一眼,只放了一瓶益达"你的益达!"观众这时奇怪两人的关系和行为,对突然出现的益达也很纳闷。男二号不明白两人的关系连忙解释服务员的行为:"餐后嚼益达,对牙齿好。"男一号不甘示弱地说:"要两粒在一起才最好!"这时观众豁然明白三者微妙的关系,同时对益达的产品特性印象深刻:餐后嚼益达,要两粒效果更好。成功达到了AIDMA模型的后两个阶段:Desire(唤起欲望)和Memory(留下记忆)。广告播出后笔者在网络上进行了广告效果调研,调查结果显示:对于多个竞争品牌广告消费者对其排序为:益达、绿箭、曼妥思、炫迈、雅客。其中对益达选择篇的认知率和喜好率高达71.43%和97.5%。消费者对广告的故事情节记忆率为42.8%,对广告词的记忆率为57.1%。通过观看广告而可能转化的购买意向率为85.7%,不会购买的为14.3%。至此AIDMA模型的最后阶段Action(购买行动),消费者面对多个竞争品牌,益达将以较高的记忆率、认知率、喜好率转化成购买率。

图 2-7　益达口香糖电视广告

(资料来源:http://www.domarketing.org/html/2012/fmcg_1123/6925.html。)

2. AISAS 模型

随着互联网大数据时代的到来,信息沟通环境已经从传统媒介单向传播路径转变为多向互动式循环传播路径,消费者行为也在迅速发生着巨大变化。以前,消费者通过各种途径接触到商品信息、服务信息、广告信息后,通常不能马上付诸行动,而是存储信息记忆,在时机成熟时提取记忆实现购买。现在,消费者接触到信息,如果产生了兴趣,马上可以利用网络或者移动终端进行自主搜索和信息挖掘,并且关注他人关于商品或者服务的评价,基于其他消费者的分享做出购买决策,以后还会进行评价和信息分享。也就是说,从广告主(信息发送方)到消费者(信息接收方)的信息传递之外,消费者自主进行的信息搜索与信息分享这两大行为特征对最终决定购买起到越来越重要的作用。基于这样的变化,一种全新的消费行为模式——AISAS 理论由此产生。

AISAS 模式是由电通公司针对互联网与无线应用时代消费者生活形态的变化,而提出的一种全新的消费者行为分析模型。

Attention——创意引发受众兴趣(注意力)。

Interest——创意的互动性让受众产生参与的兴趣。

Search——用户开始思考、搜索、寻找,与诉求相关的信息,包括搜索引擎、品牌官网、购物网站的站内搜索,如淘宝、京东、一淘(购物搜索、比价),还有导购媒体等。

Action——在对品牌(诉求)有足够了解后,产生互动参与行为(购买行动)。

Share——最后分享产品的消费体验,形成口碑。可以以 share 出发做体验(互动设计),吸引媒体以新闻、事件的方式报道,形成媒体与消费者个人交换传播。

3. AIDMA 模型强调心理过程,AISAS 模型强调行动过程

AIDMA 模式强调的是 A→I→D→M→A 的过程,必须一步步有阶段性地推进。AIDMA 模式演绎了消费者从认知到实现购买的全过程,其中从 A→I→D→M 属于消费者的心理变化历程,传统媒介环境下,消费者可能因为广告对某品类、品牌产生关注,进而引发兴趣和需求动机,在未购买的时间里,这种对商品的需求越来越强烈和渴望,

同时商品的信息和推广主题在消费者记忆里进行存储。这就是递进式的心理演变过程,因此广告应该针对每一个环节进行影响和激发。AIDMA 模式大众媒体是前提,目标是到达率最大化,消费者心理认知是其效果指标,目标受众以"人口统计变量"进行界定:性别、年龄、学历、收入等。而 AISAS 模式缩小了消费者的心理变化历程,加大了行动环节过程,这是与新媒体大数据的环境相适应的。当消费者对某品类、品牌产生关注并引发兴趣,就可以马上使内心的强烈需求动机变为现实,消费者利用网络和移动终端快速地搜索最新商品信息、比较分析各品牌的功效优劣、浏览官方网站或者点评类网站的分享信息,然后做出购买决策并实现网络、手机平台的支付。这一过程从关注到购买由原来的数月缩小到几小时甚至更短。AIDMA 模式一般实现购买就结束了,只向少量的向亲戚朋友分享心得,但 AISAS 模型还没有结束,行为过程中还有一个向大众分享信息的环节,现在越来越多的商家注意到分享会引来更多的关注和购买,于是他们利用返现激发消费者进行评价和分享。在传统媒介环境下 AIDMA 模式利用广告循序渐进、潜移默化地影响消费者促进购买的达成,而在互联网融媒体时代 AISAS 模型利用信息技术实现了消费者在自主搜索、购买与分享。传统的 AIDMA 模型向新型的 AISAS 模型转换,如图 2-8 所示。

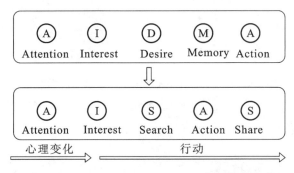

图 2-8　传统的 AIDMA 模型向新型的 AISAS 模型转换

4. 漏斗型的 AIDMA 模型特征与沙漏型的 AISAS 模型特征

AIDMA 模型是典型的漏斗型,上大下小,广告信息通过大众媒体广泛传达到消费者,我国电视人口综合覆盖率为 95.81%,有效覆盖率和到达率将引起数量可观的消费者的关注,其中一部分消费者对品牌和产品的价值、功能主张产生兴趣,由于其他因素影响,比如价格、购买渠道、个体习惯等,又一部分消费者转化为潜在消费动机,最后只有少数消费者完成实际购买行为。AIDMA 漏斗模型形象地诠释了大众媒体环境下的消费者行为模式。而 AISAS 模型则是典型的沙漏型,上下大中间小。消费者在电视、户外、车体、电梯、报纸、杂志、网络、微博、微信上关注到某品牌的一款轿车,他会充满兴趣与激情地在搜索引擎、专业网站、贴吧等路径进行搜索,详细了解该车的技术指标和专业性能,同时浏览使用者关于这款轿车的真实评价和负面信息,其中一部分消费者进行详细的比较、权衡,最后做出决策。当购买以后一部分消费者会在社区、微博、专业网站上分享他对产品的看法和希望。当信息被发布到互联网上时,就开始被信息分享(Share)了,之后再由其他人主动搜索(Search),在 AISAS

的模式中,一旦两个S之间发生循环,就会产生口碑效应。SAS的每一个行为形成循环,S(Share分享)行为所产生的内容又将进行二次(多次)传播,产生口碑,形成闭合循环。口碑既有自发性的,也有人为的,后者就被称为口碑营销。在融媒体时代,口碑的影响力逐渐提高。信息的传播速度惊人,一旦与人信息分享,转眼间信息就能得到广泛迅速传播。在这样的状况下,为了有目的地营造口碑,将那些对商品关注度高、信息传播能力强的人,也就是能更大程度地影响他人的意见领袖设定为战略目标人群,通过活动策划设计,或者利用某种技术,创造一个技术产品体验,利用意见领袖进行信息分享将得到比普通消费者更大的传播效果。传统的AIDMA模型与新型的AISAS模型,如图2-9所示。

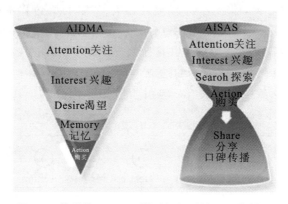

图 2-9 传统的 AIDMA 模型与新型的 AISAS 模型

(资料来源:陈刚,李丛杉,《关键时刻战略.激活大数据营销》,中信出版社,2014年版。)

经典案例 2-4

可口可乐的昵称瓶口碑分享传播案例荣获中国艾菲奖全场大奖

"大咖?和我有关吗?不是应该土鳖吗?正在《岳飞》MV拍摄现场找回当英雄的感觉,就收到了可口可乐的特别礼物。以后是都要用这个'大咖'瓶装喝的吗?吼吼。"这是演员黄晓明在2013年5月发出的一条微博,引来众多围观。他确实是在完全不知道的状况下收到了可口可乐公司为他量身定制的、瓶身上印有"大咖黄晓明"字样的"昵称瓶"可乐。他到微博上"晒瓶子",希望能得到答案。网友做了大量的转发和讨论,但可口可乐公司没有任何回应。知名歌手林俊杰在6月2日也发出一条微博,他和黄晓明一样收到了可口可乐公司寄送的"昵称瓶",他的昵称是"有为青年"。紧接着,王心凌、蔡少芬、林更新、姚笛、汪东城、炎亚纶、辰亦儒、陈建州、星座小王子……纷纷在微博上"晒瓶子"。在5月底6月初,网上一共有2430位各路明星和意见领袖在各自的社交网站上分享了自己收到可口可乐"昵称瓶"的惊喜和疑惑(见图2-10)。

其实,可口可乐在活动事件启动后尽公司所能搜集各路明星和意见领袖的联系方式,

图 2-10　可口可乐"昵称瓶"推广

（资料来源：http://x.bab720.com/html/2013/News_1029/2407.html。）

在事先没有任何沟通的情况下,陆续向他们寄出量身定制的"昵称瓶"。寄送的对象主要有四类:可口可乐社交平台账号的忠实粉丝(微博、微信、人人);媒体、代理商;明星、艺人;有影响力的社交媒体意见领袖。所有首批收到定制"昵称瓶"的人同时会收到一张小卡片,邀请他们在 5 月 28 日到社交网络分享自己收到的礼物("晒瓶子")。5 月 29 日,可口可乐在官方微博正式宣布推出"昵称瓶"包装,发布全新包装的新海报,悬念揭晓！但事情还没完,网友对可口可乐换装产生激烈的讨论。一时间,可口可乐换装的消息遍布微博、豆瓣、天涯、人人等平台。随后,大量传统媒体也跟进报道。从 6 月初到 7 月底,"昵称瓶"可口可乐在华销量较去年同期增长 20%,并荣获中国艾菲奖(大中华区)全场大奖。

（二）大数据时代以消费者为中心的 SIVA 模型

整合营销之父唐·舒尔茨说:"过去的营销者喜欢控制一切,他们控制包装设计、广告、促销、公关和新闻媒体,但是今天我们已经无法再这样控制下去了,因为借助互联网,……整个市场的控制者已经由品牌变成了消费者,我们无法全盘控制也就意味着营销需要改变了。"现在利用搜索、利用大数据深度洞察消费者需求动机和行为是现代企业必须面临的转型问题。一般来讲,消费者的购买决策心理路径是个体的需求被激发,内心充满实现需求的内驱力,表现为迫切实现需求的紧张,然后采取通过提取信息、搜集信息、方案比较,最后做出购买决策采取行动,最终消费者需求满足。在这一过程中,以前消费者提取、收集、比较信息主要是通过电视、报纸、杂志、户外等传统媒体以及推销、朋友意见和个人经验来实现的。大数据时代来临了,消费者可以随时随地获取信息、浏览评价及时支付。大数据真正实现了以消费者为中心的营销理论,传统以说服为主、以企业品牌为主的线性传播模式已经越来越无法适应当今的环境,消费者从被动接受变成了主动搜索,消费者决策体系实现了由点到面继而立体的转变,广告主不仅要洞察消费者的需求还要洞察消费者的行为轨迹、生活习惯、价值去向,大数据将记录并帮助广告主在消费者碎片化的需求购买过程中,在关键时刻适时出现,提供给消费者所需要的信息和评价甚至组合方案,完成消费者个性化的需求。

基于大数据时代的来临和广告主面临的变革,唐·舒尔茨提出了一个以消费者为中心的消费者行为模型:SIVA 模型。

S(solution)是一个寻求综合解决方案的行为,该阶段表现为消费者有一个内在的需求,通过搜索引擎、官方网站、专业社区等途径急迫寻求一个可行可信的解决方案,消费者在这一阶段主要体现在提出搜索问题,指向某一领域、某一品类,一般还没有涉及具体品牌。比如,天气转冷户外旅行穿什么?西安旅行哪里好玩?

I(information)是消费者继续搜索解决方案的详细信息,不断修正解决方案的过程。详细信息是指解决方案的利益点和成本等,包括产品性能、外观、材料、价格、技术等。这时,消费者根据自身的需求和付出成本寻找符合要求的多个品牌和具体信息,以便在多种解决方案中进行合理的价值评估。

V(value)即消费者在不同解决方案之间评估权衡,评价各个方案对其自身产生的价值。这一阶段体现在对品牌的价格搜索和商品之间的比较型搜索。

A(access)是消费者寻找相关渠道实现解决方案的过程。这一阶段消费者主要目的是在确定了品牌和产品后寻找最佳的购买渠道并付诸实施。

SIVA模型清晰呈现了消费者在融媒体时代的行为路径模式,在S阶段广告策划公司和广告主可以通过挖掘分析海量大数据洞察广大消费者真正的需求,他们在寻找什么?需求量有多大?这个阶段可以有针对性地根据消费者需求研发新产品、根据消费者内在需求制定广告主题。I阶段广告策划公司和广告主可以通过大数据分析洞察出消费者的习惯偏好,比如价格偏好、渠道偏好、性能偏好等。V阶段广告策划公司和广告主可以通过大数据掌握消费者在哪些品牌上进行比较和抉择,竞争对手的定位、价位、份额等参数更加直观精确。A阶段广告策划公司和广告主通过大数据可以洞察消费者的购买渠道,有利于渠道铺设和媒介投放。

SIVA模型虽然全面呈现了消费者行为路径,但不是每个行为都必须经过全部模型步骤。消费者可能由S(solution)直接进入I、V、A的任何一个阶段,甚至直接购买消费。消费者也可能直接进入SIVA模型的任何一个阶段。比如,消费者不经过搜索一般问题,直接进入A(access),通过渠道实现购买。也可能消费者直接进入V(value),消费者已经有两个备选品牌,直接搜索既定的品牌比较,然后再进入A(access)。舒尔茨SIVA模型,如图2-11所示。

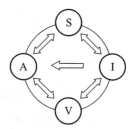

图2-11 舒尔茨SIVA模型

第三节 基于大数据挖掘的消费者洞察

经典案例2-5

《爸爸去哪儿第二季》数据揭秘

自首播以来,第一站重庆武隆天坑总播放量高达9016万次。第二季节目直播次日的播放量超过 1300 万次。观众更偏爱哪些明星？更喜欢什么桥段？国双数据中心基于自主创新的大数据视频分析平台，结合湖南卫视芒果 TV 的用户观看以及微博的相关热议，发布了大数据分布图从而揭开节目收视特征和用户喜好的面纱。大数据显示：从《爸爸去哪儿第二季》用户黏度分析板块 24 小时播放数据来看，周末选择观看综艺节目具有聚集性。中午 12 点左右形成显著的收视午高峰，下午直至晚 10 点左右形成持续的播放曲线。值得注意的是，凌晨 1 点左右有一次小的波峰，数据表明有一批错过直播节目的忠实粉丝会坚守芒果 TV 官网第一时间抢看点播视频。2 点至 7 点收视处于低位。从用户观看时长分布来看，平均每次播放时长近 1 个小时。2/3 的用户观看时长超过 1 个小时，其中超过 1/3 的用户完整观看整个节目，说明芒果 TV 网络收视用户的黏性很高，节目吸引力很强，如图 2-12 所示。

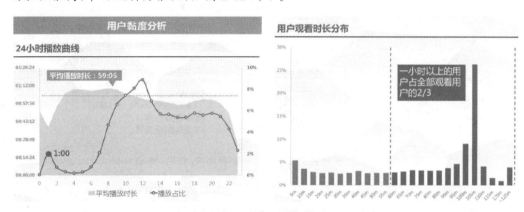

图 2-12　《爸爸去哪儿第二季》用户观看时长分析

用户回看行为曲线代表观众对某些具体情节的关注喜爱和认可程度。从芒果 TV 视频用户的回看情况看，回看分布呈现多时段分散分布的特点，说明节目情节跌宕起伏、生动有趣，多个情节令人意犹未尽。综合用户回看的高点分析统计：乖巧多多天真无邪吐槽"丢内裤"、曹格一双儿女闹不和、爸爸们换好衣服集合、黄磊陆毅合体变成"矿工夫妇"、宇哥牵错儿子以及下集看点等都是回看相对较高的情节，如图 2-13 所示。

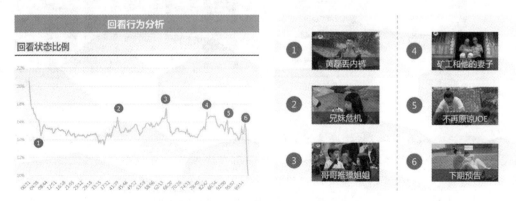

图 2-13　《爸爸去哪儿第二季》用户回看行为分析

观看用户地域分析大数据显示:从地域分布来看用户主要以华东、华北地区为主,逐渐辐射全国;从省份上看,东部沿海省份表现突出,广东、福建、江苏、浙江、山东等超过330个城市都有大量用户观看。在《爸爸去哪儿第二季》开播以来,微博上对其关注和讨论也盛况空前,其中"爸爸去哪儿"话题的阅读量多达:33.6亿次。那么究竟是什么样的人在讨论"爸爸去哪儿"?大数据分析显示,有超过六成的讨论者为女性,表明女性群体对亲子节目的格外钟爱。此外,从兴趣角度来看,男女受众都喜爱娱乐、音乐和旅游。在对美食的关注度方面,女性热议网友比男性更偏好美食,而男性网友则更偏好科技和体育和搞笑,如图2-14所示。

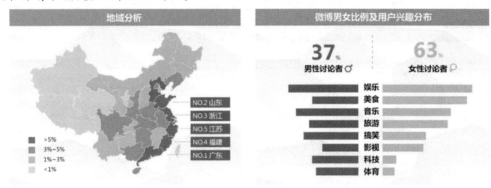

图 2-14 《爸爸去哪儿第二季》用户观看地域、性别、兴趣分析

节目直播和非直播时段,微博用户的参与终端存在极为明显的差异:在非节目直播时段,PC端的微博发文量约为移动端的2.3倍;但在节目直播时段,移动端的发文量则蹿升至PC端的2.4倍。可见节目直播时段,微博用户边看边讨论的双屏互动热情极为高涨,如图2-15所示。

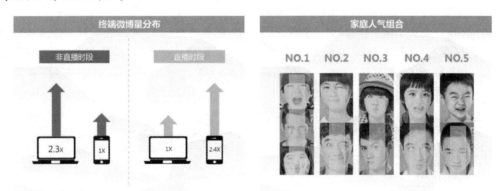

图 2-15 《爸爸去哪儿第二季》微博量终端分析

《爸爸去哪儿第二季》大数据显示,开播电视收视率为2.79,开播当周网媒关注度达11283条,视频点击量达约8680.8万次,位列当周在播综艺栏目视频点击量之首。可以看出,2014年6月20日播出当天的网媒关注度最高,其他时间相对平稳。6月16日至20日《爸爸去哪儿第二季》微博提及量合计257.2万条,从微博小时提及量走势可以看出开播后微博话题讨论比较热,主要集中在22点至24点,内容主要针对明星、孩子教

育等相关话题讨论,有时还会对比第二季和季一季哪个拍得好。微博提及量主要来源于新浪微博,占总体微博提及量的93%。爱奇艺的首期节目点播数则达到6000万次,创下单平台新纪录,至今已突破12亿次。《爸爸去哪儿第二季》的每期电视节目播出后都能在自媒体微博上引起轰动。9月19日晚,节目第七站正式亮相,继郭涛和张亮带着石头与天天"天降"伊利呼伦贝尔牧场后,第一季人气父子林志颖也带着Kimi回归,"黑米哥哥回归"的话题瞬间登上微博热门榜。《爸爸去哪儿第二季》网媒关注度12期累计87903条,微博提及量累计达7782563条,视频点击量累计超过21.09亿次,再创历史新高(见表2-1)。消费者在新媒体、传统媒体并存的融媒体环境下,逐渐形成新的观看、关注、评论等生活行为习惯。

表2-1 《爸爸去哪儿第二季》在播期间网络传播指数周趋势

在播期数	网媒关注度(条)	微博提及量(条)	视频点击量(次)
第1期	3 573	1 251 040	6 080 468
第2期	6 945	2 317 434	45 804 195
第3期	8 995	2 917 186	92 654 575
第4期	7 057	4 875 753	135 362 735
第5期	8 116	8 051 538	133 505 533
第6期	6 422	5 588 962	123 176 288
第7期	6 665	6 786 341	91 707 678
第8期	5 871	8 402 231	325 040 085
第9期	8 357	11 618 113	304 253 565
第10期	7 944	11 511 958	296 530 915
第11期	8 709	6 414 161	370 507 511
第12期	9 249	8 090 946	185 168 017
合计	87 903	77 825 663	2 109 791 565

(资料来源:http://soft.zdnet.com.cn/software_zone/2014/0718/3027594.shtml。)

一、融媒体环境下消费者的媒介行为洞察

中国新兴媒体正在加速向移动化、融合化、社会化发展,国家战略强力推进中国迈向新兴媒体强国,为新兴媒体提供了巨大发展空间。2014年堪称"中国媒体融合发展元年",传统媒体与新兴媒体在融合发展中奋进激荡,融媒体时代已经来临。呈几何裂变增长的网络用户通过多元化终端平台大量输出数字化内容,驱动整个互联网世界进入"大数据生活"。海量数据的存储、分析与利用已经成为未来竞争和行业增长的基础。分析用户行为特征、洞察消费者心理、增殖广告主业务价值和提升核心竞争力将通过大数据得以实现。

我们再来看职场阿美的融媒体生活:6:00—7:00点边浏览手机新闻边吃早餐,7:00—9:00点上班途中在公共交通工具上使用手机访问微博微信,9:00—12:00点运用电脑、平板、手机处理工作事宜,12:00—14:00点主要运用手机、电脑打发午休时间,

14:00—18:00点运用电脑、平板、手机处理工作事宜,18:00—19:00回家途中运用手机回复交友社区、QQ、微信,20:00—24:00观看电视、运用手机、平板进行微博评论、搜索热播视频。据DCCI互联网数据中心2013中国网络视频用户行为调查报告显示,消费者在一天中平均使用电脑时长5.16个小时,使用智能手机2.99小时/天,使用平板电脑1.36个小时/天,观看电视1.5个小时/天,阅读报纸杂志0.51个小时/天,收听广播0.66个小时/天,接触户外广告0.42个小时/天,其中,移动互联网在12:00—13:00时间段达到48.2%的峰值,晚上21:00—23:00使用移动互联网达到53.5%和48.7%两个高峰值。

1.融媒体环境下消费者的媒介运用

融媒体环境下手机和平板互联网终端占比增长强劲,电视用户有所下滑PC保持稳步增长。DCCI互联网数据中心2014中国互联网调查报告数据显示:截至2013年下半年电视用户占比从2009年98%下滑至82.5%,其中,64.8%的人不再通过电视或者电影院观看电影和电视剧,而是通过互联网视频网站观看(见图2-17)。PC视频用户从2009年的61.1%平稳上升至91.9%。最令人瞩目的是移动手机视频用户从2009年的8.1%上升至75.4%,平板视频用户也从5.3%上升至43.9%。随着4G的普及和Wi-Fi的覆盖,消费者对移动终端黏度增强,移动互联网终端将有可能超越PC终端,其广告投放价值将进一步突显。

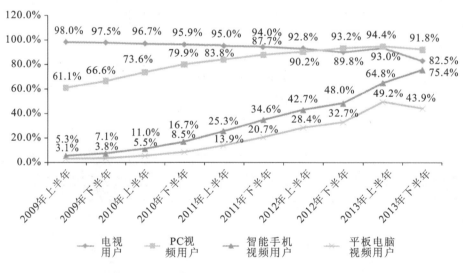

图2-17 DDCI互联网用户中不同终端用户占比变化

2.消费者跨媒介多屏使用行为习惯

DCCI互联网数据中心2014中国互联网调查报告数据显示:2013年下半年,三屏以上使用用户已经占到75.7%,比2012年上半年高出42.5%(见图2-18)。通过消费者接触媒体行为习惯来看,全天候时段占比中PC、电视、手机各占6个时段,而电视优势时段只占2个。周视频观看小时数比例依次为:PC(12.6)、电视(9)、平板(8.3)、手机(7.2)。同时,跨屏观看趋势日益明显,消费者在观看电视时,同时运用手机终端进行分享评价,或者在用平板观看视频时运用手机进行参与互动,甚至电视、PC互联网、手机同时使用,不同终端重合用户比例渐增。电视、PC、平板、智能手机将对用户进行全天候无缝式跨媒介覆盖,跨屏融媒体营销组合将成为最佳融媒体整合策略。

图 2-18 DDCI 互联网视频多屏用户占比

3. 消费者向移动终端转移

依据大数据互联网思维,DCCI 互联网数据中心 2014 中国互联网调查报告数据显示:消费者在进行社交聊天活动时,76.9%的人选择移动智能设备,23.1%的人选择电脑互联网设备。通过智能手机访问微博的用户已达 89.35%。在线阅读小说和专业书籍时,74.5%的人选择移动智能设备,25.5%的人选择电脑、笔记本设备。在获取新闻资讯方面,68.6%的消费者选择移动智能设备,31.4%的消费者选择 PC 互联网。在进行游戏休闲时,消费者选择基本持平,在选择使用搜索引擎方面,57.6%的消费者选择 PC 互联网终端,42.4%的消费者选择移动互联网终端。在观看电视剧等视频方面,57.8%的消费者选择 PC 互联网终端,2011 年消费者在这一类别选择中,选择电视观看的占 22.6%,PC 互联网终端观看的占 25.7%,手机移动终端观看的占 10.5%。2014 年选择手机移动终端观看视频用户就达到 42.2%。在团购预订方面,66.5%的消费者选择 PC 互联网终端,33.5%的人选择移动互联网终端。总的来说,消费者在社交、阅读、新闻咨询方面更青睐移动互网,在搜索、视频、团购方面更青睐 PC 互联网终端。如图 2-19 所示。

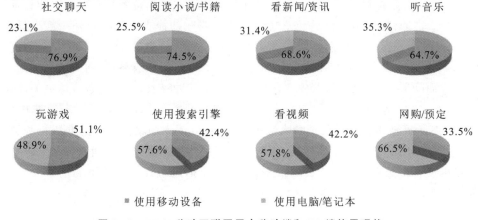

图 2-19 DDCI 移动互联网用户移动端和 PC 端使用现状

二、融媒体环境下消费者的消费行为洞察

融媒体环境下基于大数据技术使消费者的购买行为可以直观海量地呈现在我们面前,比如淘宝指数、阿里指数、京东指数、苏宁数据中心等商业网站提供的消费指数大数据,它们为我们展现了一幅幅消费者购买行为的历史画卷,我们可以随时调取消费历史记录和趋势图表,洞察某一行业或者某一品牌的消费大数据。

淘宝指数是淘宝官方打造的免费数据分享平台,于2011年年底上线,用户可以通过它抓取淘宝购物数据,了解淘宝购物趋势,而且产品不仅仅针对淘宝卖家,还包括淘宝买家及广大的第三方用户。首先,淘宝指数可作为买家购物决策的参谋,全面了解时尚流行趋势,了解同一类人的购物倾向及特点。其次,淘宝指数为卖家提供一个免费的市场消费行情晴雨表,通过淘宝指数卖家可以看到什么类别什么品牌卖得最火,以及目标消费者人群画像和兴趣特征是怎样的,便于更加精准地制定促销方案。最后,淘宝指数为第三方机构提供了一个共享的消费指数大数据库。淘宝指数为第三方机构提供长周期购买走势图谱,让第三方机构动态全数据了解行业走势;同时淘宝指数提供人群特征画像,全方位展示购买者兴趣爱好特征以及曾经购买行为特点;而且淘宝指数提供基于淘宝搜索和成交记录的成交排行榜,为第三方机构洞察竞争对手品牌销售提供参考数据;第三方机构将利用消费指数大数据分析整体行业销售情况与特定品牌销售情况,确定CDI品类发展指数与BDI品牌发展指数,进行精准市场动态与趋势分析,针对金牛市场、明星市场、问题市场和瘦狗市场进行专业有效的品牌推广策划。

比如,通过淘宝指数搜索骆驼冲锋衣,淘宝搜索指数图表为我们展示从2014年10月到2015年3月,搜索热点月份集中在10月、11月和12月,对应阿里购买采购指数图,我们发现这三个月的成交购买指数也趋于高位,特别是"双十一"购物狂欢节期间,搜索指数和购买指数出现峰值,通过搜索与购买指数分析,骆驼冲锋衣品牌发展指数CDI与品类发展指数BDI发展同步,属于明星市场。什么样的消费者喜欢骆驼冲锋衣呢?淘宝指数人群定位图谱告诉我们关注骆驼冲锋衣的消费者中有54%的男性和46%的女性。其喜欢度随年龄的增加而递增,18岁至29岁的喜爱指数是85,30岁至34岁喜爱指数为95,35岁至39岁喜爱指数为115,40岁至49岁喜爱指数升至120,50岁至60岁喜爱指数达到125。关注喜好骆驼冲锋衣的消费者具有哪些兴趣特征呢?淘宝指数人群脸谱显示:户外运动爱好者更关注骆驼冲锋衣。其中户外一族喜好度指数达125,运动一族喜好度指数达125,健美一族喜好度指数达105,摄影一族喜好度指数达100,数码一族喜好度指数达85。淘宝指数的消费者层级显示:购买该品牌随买家等级增高而降低,新手和初级买家更偏向于购买骆驼冲锋衣,中等消费群体更关注骆驼冲锋衣,其中,中等消费群体占47.5%,中等偏高消费群体占34.5%,高消费群体占10.5%。基于商业平台提供的消费大数据,我们可以深入洞察消费者的购买行为轨迹,深挖消费数据后的消费者特征属性,我们可以无比清晰地看到群体画像甚至个体特征,第三方机构不再是雾里看花的策划推广,而是可以通过融媒体环境下的消费大数据实现精准广告营销,如图2-21至图2-25所示。

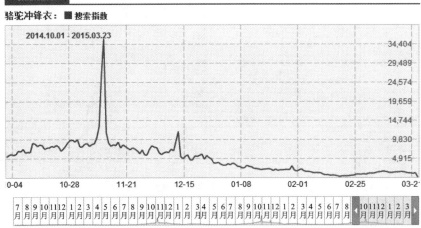

图 2-21 骆驼冲锋衣淘宝搜索指数

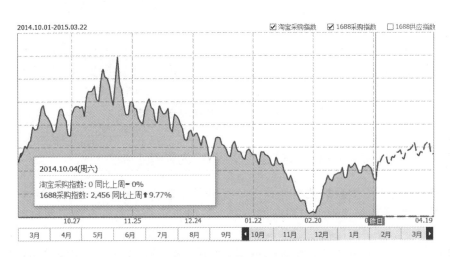

图 2-22 骆驼冲锋衣阿里指数

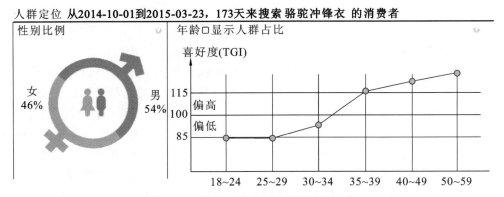

图 2-23 骆驼冲锋衣淘宝人群定位指数

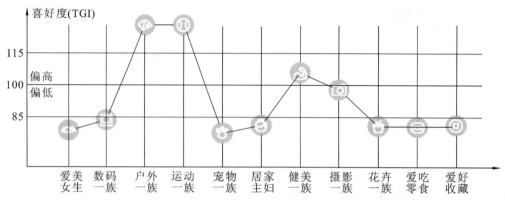

图 2-24　骆驼冲锋衣淘宝脸谱指数

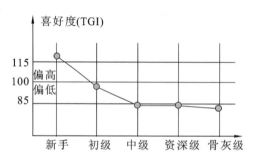
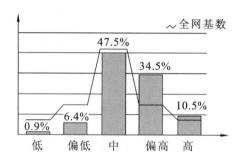

图 2-25　骆驼冲锋衣淘宝消费层级指数

三、融媒体环境下消费者的生活习惯行为洞察

融媒体环境下的大数据技术为我们呈现出了海量消费者的娱乐生活画卷。目前,百度指数、谷歌指数等搜索引擎网站推出的大数据分析共享平台反映了网民的生活习惯轨迹。百度指数是用以反映关键词在过去 30 天内以及最近几年的网络曝光率及用户关注度。它能形象地反映该关键词每天的变化趋势!指数是以网页搜索和新闻搜索为基础的免费海量数据分析服务,用以反映不同关键词在过去一段时间里的"用户关注度"和"媒体关注度"。

在百度指数信息分析平台可以发现、共享和挖掘互联网上最有价值的信息和资讯,直接、客观地反映社会热点、网民的兴趣和需求。比如,我们利用百度指数来了解最近 30 天甚至几年人们对于旅游的关注行为分析,指数显示最近 30 天整体搜索指数为 205,移动搜索指数为 118,整体同比下降 7%,整体环比上升 3%,移动同比下降 12%,移动环比增长 4%。说明在 2015 年 4 月同比 2014 年 4 月关注度有小幅下降,但与上一月相比略有上升,移动搜索与整体搜索指数趋势相同。从 2011 年至 2015 年纵向趋势来看,关注旅游的消费者呈现逐年递增趋势,2012 年递增明显,之后略有起伏。哪里的消费者更关注旅游休闲生活呢?大数据告诉我们江苏、浙江、河南、广东、上海等地域的消费者更注重生活品质,计划出行旅游。这些关注旅游的网民都具有什么样的特征面貌和兴趣爱好呢?他们都经常浏览什么网站、关注什么新闻娱乐资讯呢?大数据告诉我们关注旅游的消费者同时对影视资讯十分热衷,他们浏览各大影视娱乐网讯,长时间观看影视视频,同时在手机移动终端也异常活跃,是一群懂生活、追时尚、重品质的人群。

同时大数据还发现关注旅游的人群还有一部分是体育户外爱好者,他们关注体育新闻、热衷运动健身,提倡健康的生活方式,喜欢和朋友以及家人定期进行户外活动,他们积极倡导健康的高品质生活追求。大数据搜索发现爱车一族也是旅游爱好者的中坚力量,他们喜欢在路上的自由与探索体验,自驾旅游是这一部分人的最爱。大数据同时抓取了活跃在各大美食评论分享的吃货达人,他们同样爱好和关注旅行,美食美景是这一类人热衷探讨的话题。这些关注旅游的消费者具有什么样的年龄、性别特征呢?大数据告诉我们19岁及以下的占17%,20岁至29岁的占48%,30岁至39岁的占24%,40岁至49岁的占9%,50岁及以上的只占到2%。其中男性占63%,女性为37%。融媒体大数据环境下的消费者生活行为洞察再也不是传统的访谈式获取信息,而是通过大数据存储、分析、可视化呈现出动态连续性、海量全面性、目标精准性等特征。消费者在互联网和移动终端上的任何行为轨迹都可以运用大数据技术进行捕捉,我们可以通过消费者的行为轨迹数据深度洞察消费者的生活行为习惯,为产品研发、商业营销、广告策划等提供有价值的信息。如图2-26至图2-29所示。

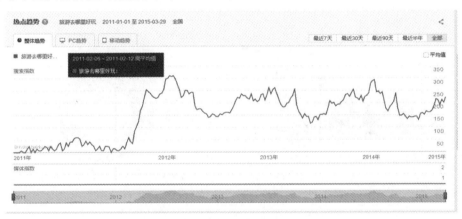

图2-26 关注旅游的消费者行为轨迹

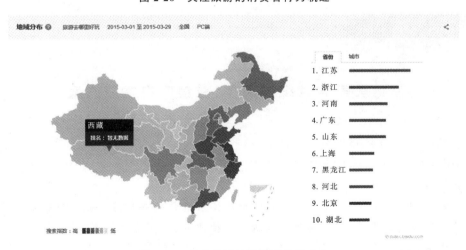

图2-27 关注旅游的消费者地域分布

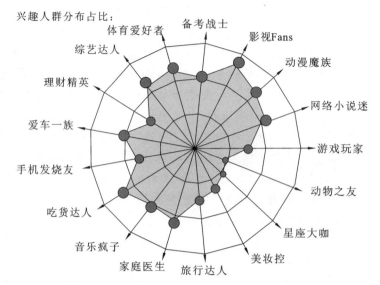

图 2-28 关注旅游的消费者生活习惯和兴趣爱好

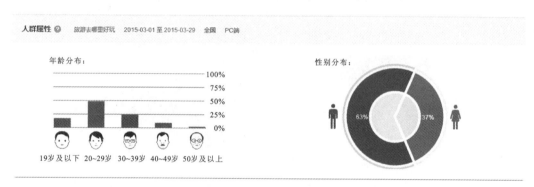

图 2-29 关注旅游的消费者年龄、性别分布

经典案例 2-6

聚信美家居世纪城微博、微信广告推广方案

1. 预热期（5月14—15日）

标题：大船！大纸船！全球最大纸船！

摘要：青春！致青春！集结重庆崽儿妹儿一起致青春！

517，我们集结聚信美，乘青春号大纸船，向青春告白！

内容：5月17日，由德国木地板品牌菲林格尔创作的全球最大纸船"青春号"即将空降重庆聚信美家居世纪城，届时诚邀所有小伙伴参加"集结青春的坚持"主题酒会，同时可以关注聚信美家居世纪城官方微博，参与"致苦逼的往事，集结青春的坚持"的话题接龙、晾晒你缠绵的青春、自嘲你青春的不羁与放荡、重拾你青春的梦想与坚持,愿 70 后、80 后的青春永不落幕,90 后、00 后的童年永不退场。

推广方式:

(1) 微博:本土微博大号(50 万粉丝)(山那边)+电台红人转发+品牌商家联动。

(2) 微信:发布相关图文消息。

① 上午 10 点,11 点两个大号分两个时间点发布头条。

@人人爱重庆@吃在重庆内容:看大船哟,全球最大的船哟!去朝天门?去李家沱?在长江?在嘉陵江?No!引起轰动的世界第一大纸船,从上海滩驶抵重庆聚信美家居世纪城,看"火星飞船"全球巡展。

② 下午 1 点,第一波制造话题。

@聚信美家居世纪城博文内容:小美我的理想是和爱人环游世界,我现在连国门都还没有踏出去,所以我决定背上背包马上出发,带上老爸和老妈!你的青春又是怎样的呢?关注@聚信美家居世纪城,转发此话题,加上您的青春宣言,@三位好友,即可参加神秘礼品的抽奖,16 日公布获奖名单哦!

③ 晚上 9 点,第二波制造话题。

@聚信美家居世纪城博文内容:小时候我就只想吃光隔壁小卖部的所有零食,现在的我实现了当年的目的自己开了个小超市,将来,我想瘦成一道闪电!

@聚信美家居世纪城博文内容:我曾经和她山盟海誓,现在相亲 101 次未果,我决定去泰国,回来再和那个她永结同心!你的青春又是怎样的呢?关注@聚信美家居世纪城,@菲林格尔 vohringer 转发此话题加上你的青春宣言@三位好友,100 份价值 88 元的礼品将在明日送出哦!赶快转发吧!

2.高潮期(5 月 16—17 日)

推广方式:

(1) 微博:本土微博大号(50 万粉丝)(山那边)+电台红人转发+品牌商家联动。

(2) 微信:发布相关图文消息。

微博文:#聚信美等你一起集结青春的坚持#

公布活动主题:5.17 青春集结会,引出"青春号"大船

活动地点:重庆聚信美家居世纪城

粉丝参与形式:

(1) 现场参与:带上写着你的青春宣言的纸船即可入场。

(2) 微博参与:将你的青春宣言私信给@重庆聚信美家居世纪城,我们将打印出来折成纸船(建议优先发送的 50 名)。

(3) 集结方式:将所有的纸船投入活动现场的大船,这艘大船将载梦远航。

① 上午 11 点,发布邀请。

聚信美家居世纪城博文内容:@聚信美家居世纪城博文内容:明天菲林格尔-青春号就要开船了,登船地点:重庆聚信美家居世纪城(轻轨 3 号线鸳鸯站),将你的青春宣言写在纸上折成船,作为登船凭证,船票就在你的手中,上"船"后有惊喜哟!欢迎关注聚信美家居世纪城官方微信:juxinmeijiaju,菲林格尔官方微信:菲林格尔。

② 下午4点,公布活动节目单。

@聚信美家居世纪城博文内容:菲林格尔集结青春号,起航码头:重庆聚信美家居世纪城,起航时间:2014-5-17,晚上7点,船票:写出你的青春宣言,折纸成船,凭此登船,梦幻纸船影院,各种cosplay,各种美食,各种美女,还有随船礼品相送,赶快准备登船啰!

③ 现场微博直播。

推广方式:聚信美官方微博发布活动现场图文消息,做落地活动准备,直播活动新闻现场。

④ 下午5点,发布现场准备图文。

@聚信美家居世纪城博文内容:起航时间倒计时,等待乘客集结,承载所有过往的方舟-青春号大纸船静待起锚。

⑤ 晚上7点,发布开场图文。

@聚信美家居世纪城博文内容:一切就绪,小伙伴们准备好了吗?把青春的所有爱恨情仇都宣泄出来吧!

根据现场情况配发图片信息。

⑥ 晚上7点30分,发布现场高潮图文。

@聚信美家居世纪城博文内容:开船了!起帆!远航!

3. 强化期(5月18—19日)

① 下午1点,发布总结性博文。

聚信美家居世纪城博文内容:大纸船载着70后、80后的坚持与执着,事业与家庭,载着青春所有的爱恨情仇,扬帆起航!活动现场的青春歌舞,露天电影都充满了青春记忆,带着我们一起致敬青春,让我们一起期待6月14日六大移动工厂菲林格尔地板、TATA木门、楚楚吊顶、诺贝尔瓷砖、玛格定制家具联袂巨献的70后、80后家装盛汇!

② 公布后续活动详情。

@聚信美家居世纪城博文内容:出海了!聚信美诚邀@重庆晨报携手六大移动工厂菲林格尔地板、TATA木门、楚楚吊顶、德国艾仕壁纸、塞尚·印象瓷砖、玛格定制家具联袂让利,直击价格底线,现场返现+送礼+换购+抽奖,惊喜不断,赶快关注聚信美家居世纪城官方微信:juxinmeijiaju了解活动详情吧!如图2-30所示。

图2-30 重庆山那边广告公司策划聚信美家居世纪城双微推广活动

以聚信美家居世纪城双微推广活动为例,聚信美家居世纪城是由重庆聚信美家居有限公司投资打造的大型家具、建材综合性购物商场,位于重庆两江新区核心区位——

两江新区金开大道鸳鸯组团,营业总面积超过30万平方米,由国际钢琴大师郎朗倾情代言。聚信美家居世纪城是重庆目前少有的体验式家居艺术购物广场,拥有目前中国规模领先的香港精品家私展示中心。

在经营上,聚信美家居世纪城力求突破,从商业模式上积极创新——聚信美家居世纪城摒弃家居商场常见的"二房东转租经营"模式,并在此基础上为品牌和消费者提供专业、规范、严谨、务实、民主、廉洁、高效、贴心的服务,创造商场、品牌、消费者三赢的格局。除了发挥优势完善服务,聚信美还广纳贤才,建立了西南地区一流的管理团队和运营团队,建立"一站式经营、物流配送、电子商务和信息资源管理"的四位一体经营模式。2010年11月1日聚信美家居世纪城成功举办全球招商大会,签约率超80%。为了持续推广品牌形象和影响辐射更广目标群体,2014年聚信美家居世纪城委托重庆山那边广告公司进行广告推广。重庆山那边广告公司进行了大数据消费者生活、消费、娱乐等行为调研分析,在搜索有关重庆家居几个关键词中,整体搜索指数为118,移动搜索指数为58,移动指数同比增长11%,环比增长52%,在搜索"重庆家具城有哪些"时近期上升126%。大数据说明2014年重庆消费者关注家居问题呈上升态势,重庆地区的家居市场生态环境较好。而且利用移动终端搜索家居卖场有显著提升。其中消费者主动搜索"重庆居然之家"的比例占到71%,"宜家家居"的搜索占比达到69%,搜索"重庆全友之家"的比例占到62%,主动搜索"红星·美凯龙"的比例是13%,"美克·美家"主动搜索率为12%,主动搜索"聚信美家居世纪城"的消费者占比不到2%。研究团队认为聚信美家居世纪城的知名度较低,消费者还没有形成聚信美家居世纪城品牌效应,这与2010年10月15日聚信美家居世纪城招商中心才启动品牌招商工作有关。同时竞争对手的品牌效应较强,而且数量众多,消费者不提及记忆率和主动搜索指数都证明了这一点。重庆山那边广告公司研究发现在搜索人群脸谱中20~29岁的人占28%,30~39岁的人占46%,40~49岁的人占16%。男士占74%,女士占26%。其中70后、80后是关注家居卖场的主力军。这些关注家居卖场的70后、80后消费者都有什么样的生活行为特征呢?通过大数据研究团队发现,他们对电影、游戏、娱乐近乎狂热;他们热爱旅行并热衷于体验分享;他们是手机发烧友,每天花在手机上的时间超过其他媒介,他们大量使用微博、微信关注娱乐新闻、玩游戏、看视频、社交聊天。重庆山那边广告公司最终确定70后、80后为目标消费者,他们是社会中坚力量,品味时尚和引领网络文化潮流的意见领袖。

此次运用大数据进行消费者生活、娱乐、消费行为洞察,实现了聚信美家居世纪城微博、微信推广活动的成功。其中微博推广共覆盖微博粉丝人数达到了400万人次,实现真实阅读量40万次,真实转发量874次,真实评论量581次。本次微博推广结束时(截至5月19日),@聚信美家居世纪城官方微博粉丝达到10317人,比推广前(7068名粉丝)自然增长了3249名。微信共撰写发布图文内容5条,实现真实阅读量3187次,真实转发总量307次。大数据消费者行为洞察确定了广告目标是提升聚信美品牌形象,确定了广告媒介主要是微博和微信自媒体,同时锁定了70后、80后目标消费群,抓取了其兴趣爱好、娱乐方式、社交方式等行为轨迹,通过增加微博和微信媒介的粉丝活跃度和关注度,继而吸引主流媒体、网站对聚信美家居世纪城的新闻报道,形成广泛的关注与热议,提升消费者主动搜索率和路径转化。

大数据时代已经来临,广告主和广告公司已经强烈地感受到了技术变革引发的消费者行为模式改变所带来的紧迫生存压力,谁能在这翻天覆地的变革中迅速转型和紧跟时代步伐,谁就能在日益白热化的市场竞争中获得发展和进步!广告主和广告公司必须以消费者为中心,深度挖掘大数据以洞察消费者不断变化的全天候内在消费需求,并以超出传统营销模式的速度采取适时高效的广告推送模式以响应消费者随时随地实现购买的需求。广告主和广告公司必须站在发展战略的高度上对传统的运营模式进行变革式转型,运用互联网大数据思维、建立广告主大数据中心、与商业大数据营销平台深度合作,从产品研发、组织生产、销售管理、消费者洞察、广告策划、媒体发布等整个业务流程进行商业运营模式的重组。

关键词

大数据　big data
消费者洞察　consumer insight
广告运营模式　advertising operation model
消费者沟通模式　consumer communication model
消费者行为模型　consumer behavior model

思考题

1. 大数据具有哪些显著特征?
2. 大数据从哪些方面改变广告运营模式?
3. 融媒体时代消费者新型沟通模型与传统传播模式有哪些区别?
4. 融媒体环境下消费者行为习惯有哪些变化?
5. AIDMA 模型与 AISAS 模型的衍变过程是怎样的?它们具有哪些显著不同?
6. 以消费者为中心的 SIVA 模型具有哪些特点?
7. 自选一品牌产品,以消费者洞察为中心进行广告微策划。

推荐阅读书目

1. 麦德奇、保罗 B 布朗:《大数据营销:定位客户》,机械工业出版社,2013 年版。
2. 苏高:《大数据时代的营销与商业分析》,中国铁道出版社,2014 年版。
3. GertH N.Laursen:《精确营销方法与案例:大数据时代的商业分析》,人民邮电出版社,2013 年版。
4. 张国良:《现代大众传播学》,四川人民出版社,2008 年版。

第三章 广告投放目标与预算

本章导言

1. 了解广告投放目标的概念。
2. 了解广告投放目标的类型。
3. 影响广告投放目标的主要因素。
4. 广告投放预算的定义与制定。

广告投放目标是广告目标在媒介投放上的具体化，明确而正确的投放目标，对企业的经营目标、营销目标和广告目标的实现意义重大。而合理的广告预算是确保投放目标顺利实现的基础。本章对广告投放目标的概念、类型、影响因素及广告预算的制定等做了详尽分析。

本章引例

洗衣液在整个洗涤产品中的销售额占比从2008年的4%迅速增长到2015年的30%，洗衣液一下跻身于日化行业的朝阳品类。立白洗衣液这几年都是立白集团战略发展的重点之一，而洗衣液市场竞争异常激烈，如何迅速建立立白洗衣液的知名度，如何对"洗护合一"的功能进行定位，就成为摆在立白集团面前的一道命题，也成为立白集团的重要广告投放目标。

立白洗衣液投资1.5亿元独家冠名的《我是歌手Ⅰ》时，洗衣液市场方兴未艾。随着节目播出在荧屏并掀起收视狂潮，成功完成了立白洗衣液的品牌升级。立白洗衣液的销售额同比增长超过30%。2014年，立白集团继续加大了洗衣液产品广告投放力度，立白集团再次和《我是歌手Ⅱ》联合进行广告投放。从2014年1月到4月，立白集团、立白洗衣液搜索热度持续增加，其中，立白集团、立白洗衣液、立白洗衣液价格三个关键词的搜索率，分别上升了68%、67%、66%。立白洗衣液品牌关注度随着《我是歌手Ⅱ》的持续火爆，

广告投放

> 一路攀升。跟踪研究报告显示：立白洗衣液冠名《我是歌手Ⅰ》后，知名度从第四位上升至第三位，冠名《我是歌手Ⅱ》后，知名度从第三位上升至第二位。立白洗衣液在冠名《我是歌手Ⅱ》期间，不仅以纯销量的提升为主，而是高端产品系列在整体销量中的占比从原来的10.74%左右上升到25%以上，这不仅体现了品牌形象的提升，同时也是产品结构上的积极转变。
>
> **思考**
> 如何看待企业花费巨额资金投入广告后，面临的风险问题？

第一节 广告投放目标类型

广告虽有其共同目标，但是不同企业在不同的时期、不同的产品和不同的营销策略要求下，广告投放目标是有所不同的。用不同的区分方法，广告投放目标的类型也有所不同。

一、广告投放目标的概念

所谓广告投放目标就是企业广告战略在媒体上实施投放的具体目的。大体上来说，广告投放目标主要涉及促进销售量、提升品牌形象、增进消费者品牌偏好、改善公众声誉和建立良好公共关系等方面。广告投放目标直接决定着整个广告战略的方向、规模和程度，在整个广告实施过程中起到关键性作用。所以，广告投放目标又对整个企业的经营、营销战略和广告目的等不同层面产生重要影响。

（一）广告投放目标受企业目标的制约

企业进行市场营销的终极目的是通过创造性活动满足消费者的需求以获取利润。其手段主要是营销与创新。但在各个时期和不同阶段企业的目标又有所区别，可以是长期的战略目标，也可以说中期规划性目标，还可以是短期的计划性目标。企业可能因为关注品牌资产的升值而实施广告战略，这时对广告产生影响的企业目标是其战略目标；如果企业因为关注改善形象而实施广告战略，这时对广告产生影响的企业目标就是其中期的规划性目标；如果企业因为短期的促销或者年度营销任务的完成而实施广告计划，这时对广告产生影响的企业目标就是其短期的计划性目标。

（二）营销目标转化为广告投放目标

广告投放目标服务于营销目标。制定广告投放目标的过程就是将营销目标转化为广告投放目标的过程，要实现这一转化，首先就要了解销售额的提高来自哪种购买行为，明确广告主期望促进、强化或改变目标消费者的哪种购买行为。另外，还要清楚广告通过何种途径，沟通什么信息，或通过引起目标受众的何种反应，才能导致这种所期望的行为。

(三) 营销目标指导广告投放目标

广告是市场营销手段之一，是为实现营销目标服务的，因此，广告投放目标就应该以营销目标为基础，并服务于营销目标。但是，广告投放目标又不同于营销目标。广告投放目标通常以消费者的反应变量，如品牌知晓、品牌认知、品牌偏好等来表示。营销目标通常用销售额及其有关的指标，如市场占有率、利润率或投资回报率等指标来表示。例如，某一品牌产品的营销目标是将销售额提高30%，而为实现这一目标服务的广告投放目标应是：①提高品牌知名度90%以上；②提高品牌认识70%；③提高品牌偏好40%；④提高尝试购买35%以上、品牌忠诚(再购买)率达到20%。

对广告经理来说，了解广告投放目标与营销目标的区别与联系是非常重要的。在确定营销目标后，广告经理必须善于将营销目标转化为广告投放目标，或制定出有助于实现营销目标的广告投放目标。

(四) 广告投放目标的特性

一般来说，成功的广告投放目标必须具有下列一些基本特性。

(1) 精确性。广告投放目标要精确地反映出广告所要引起消费者反应的变化程度，如品牌知名度的提高或是销售额的增加。

(2) 具体性。广告投放目标中还应明确说明广告主希望向目标受众沟通什么信息来实现该目标，否则就无法为广告文案创作者提供指导。

(3) 单一性。一般来说，一个广告所要达到的目标应该只有一个，如果目标太多，广告传递的信息重点太多，易使消费者混淆，广告效果将大打折扣。

(4) 可测性。广告投放目标是测量广告效果的标准。如果广告投放目标不能测量，广告主应当知道广告是否达到了预期的目标。广告创作人员也无法判断广告创作是否成功。例如，根据消费者能否说出广告品牌名称，或能说出广告品牌名称的人数百分比，就可测量品牌知名度这一目标的实现程度，判断广告创作是否有助于实现广告投放目标。

(5) 时间性。制定广告投放目标的最后一步是规定广告投放目标要在多长时间内完成。目标实现期限随广告投放目标的大小而定，大多数广告的时间期限都是从几个月到一年。一般来说，提高品牌知名度的广告投放目标可在较短的时间内，通过向目标受众广泛地重复宣传来实现。但是，由于产品重新定位需要改变消费者对广告品牌已有的形象知觉，就需要较长的时间。

(6) 可行性。广告投放目标必须切实可行，在激烈的市场竞争情况下，且在有限的广告经费支持下能够实际达到的目标。如果目标定得太高，不能完成，广告主就会有挫败感，甚至产生广告无用的想法。

二、广告投放目标的类型

设立广告投放目标是进行广告投放的前提，应按照企业的具体情况和市场规律制定广告投放目标。一般来说，广告投放目标主要分为以下几种类型。

（一）从市场营销策略上区分

1. 创牌广告投放目标

这类广告的目的，在于开发新产品和开拓新市场。它通过对产品的性能、特点和用途的宣传介绍，提高消费者对产品的认知程度。

经典案例 3-1

炫迈的创牌之路：根本停不下来

炫迈口香糖计划打入中国市场时，中国是仅次于美国的全球第二大口香糖消费市场，但是中国对口香糖的人均消费较少，还有很大的发展空间。当时中国口香糖市场仍以美国玛氏旗下包括箭牌在内的各品牌为主，不仅占领了大部分市场而且随着时间的增加消费者已经形成了一定的消费者忠实度。而炫迈作为一个市场后来者，一切都要从零开始。

2012年9月9日，Stride炫迈无糖口香糖正式登陆中国，邀请了超人气新偶像——柯震东担任品牌代言人进行电视广告投放，而后又选出最受目标消费者欢迎的年轻偶像华晨宇、郭采洁担任代言人，将品牌炫酷的个性表达得淋漓尽致，使产品"美味持久"的特征深入人心。同时还发起了"Stride炫迈持久日"等活动。

2013年，为了让Stride炫迈口香糖接近更多中国年轻人，鼓励他们持续挑战自己，炫迈在全球首次冠名娱乐节目，与湖南卫视合作。配合《快乐男声》节目推出由品牌代言人、台湾人气偶像柯震东领衔的"弹吉他，根本停不下来"的最新电视广告。在微博上发起的"嚼炫迈，评快男"活动，让观众能边看直播边评论节目，加深了粉丝与节目及品牌的互动。Stride炫迈快乐男声不仅吸引了30万年轻人报名参加，在节目热播期间，Stride炫迈口香糖销量迅速增加，品牌知名度、美誉度大幅提高。

思考

对于新创立的品牌，制定怎样的广告目标最为合适？

2. 保牌广告投放目标

这类广告的目的在于巩固已有市场阵地，并在此基础上深入开发潜在市场和刺激购买需求。它主要通过连续广告的形式，加深消费者对已有商品的认识，使消费者养成消费习惯，让潜在消费者产生兴趣和购买欲望。广告诉求的重点在于保持消费者对广告产品的好感、偏好和信心。

3. 竞争广告投放目标

这类广告的目的在于加强产品的宣传竞争，提高市场竞争能力。广告诉求重点是宣传本产品的优异之处，使消费者了解本产品能给他们带来什么好处，以增强对本产品的偏好度。

（二）从广告的目标区分

1. 信息性广告投放目标

这类广告投放目标的作用一般在产品开拓阶段表现得比较突出，因为只有消费者对产品的性能、品质和特点有所认识，才能对产品产生某种需求。如投放某种保健营养饮料广告，应首先把该产品的营养价值及其多种功效的信息传递给消费者。

2. 说服性广告投放目标

广告产品处于成长或成熟期阶段，市场上同类产品多了，市场竞争也日趋激烈，消费者购买选择余地也就比较大。这时，企业为了在激烈的竞争中处于不败之地，多采用说服性广告，通过说服或具体比较，进而建立某一品牌的优势。因此，在竞争阶段企业对说服性广告的运用越来越重视。

3. 提醒性广告投放目标

当产品处于成熟期阶段，虽然产品已有一定的知名度，消费者已有一定的消费习惯，但由于新产品不断涌现，同类产品选择余地大，所以提醒性广告不仅起"提醒"作用，更重要的是起"强化"作用。其目的在于使现有的购买者确信他们购买这类产品是做了正确的选择，从而加强重复购买与使用的信心。

以上三种广告投放目标的具体运用如表 3-1 所示。

表 3-1　不同广告投放目标的诉求目的

类　　型	诉　求　目　的
信息性广告投放目标	介绍有关新产品信息 推介产品的新用途 价格变动的信息 宣传产品的制造过程 描述可提供的服务 改正错误的印象 减少消费者顾虑 树立企业的形象
说服性广告投放目标	培养品牌偏好 鼓励顾客改用本企业的品牌 改变顾客对产品特性的感知 说服顾客现在就购买
提醒性广告投放目标	维持较高的知名度 提醒人们在何处购买 提醒顾客近期可能需要此产品 淡季时保持产品在人们心目中的印象

经典案例 3-2

可口可乐：我一直在你身边

1886年，可口可乐在美国佐治亚州亚特兰大市诞生，自此便与社会发展相互交融，激发创新灵感。现在，它每天为全球的人们带来怡神畅快的美妙感受。目前，全球每天有17亿人次的消费者在畅饮可口可乐公司的产品，大约每秒钟售出19400瓶饮料。可以说可口可乐已经成为人们的一种消费习惯，但是可口可乐仍然保持着大量的广告投放，不断提醒消费者"我一直都在你身边"，如图3-1所示。

在中国市场，可口可乐一直在做广告投放，在电视广告中通常选择春节等中国从传统节日进行电视广告投放，强调欢聚时刻有可口可乐更幸福的信息，并且邀请中国当红一线明星进行代言，如李宇春、五月天、王力宏等。

除此之外，可口可乐不断做公益慈善事业，并且做出有趣的营销活动，如强制微笑照相机——可口可乐公司在秘鲁投放了30台街头微型照相亭，它可以快速地为人们拍摄各种证件照片，但与普通照相装置唯一的区别就在于，只有当它捕捉到人们嘴角上扬时，才会启动拍照。一直以来，秘鲁在全球幸福指数排行榜中一直名落孙山，用这样一种方式，可口可乐试图鼓励秘鲁人民用微笑传递快乐的情绪。

图 3-1 可口可乐：我一直在你身边

思考

消费者十分熟悉的品牌应如何利用广告投放来巩固其市场地位？

（三）从广告的信息处理过程区分

从广告信息处理模式来看，消费者接触广告以后首先知觉广告，然后认知品牌的属性，或者产生对广告的态度，其结果会引起消费者的购买意图，最后在这些购买意图的驱使下去购买产品。消费者接触广告以后，由于受各种中介因素的影响，因而对广告的反应结果也是不一样的。图3-2概括了消费者对广告反应的中介因素与行为结果因素。

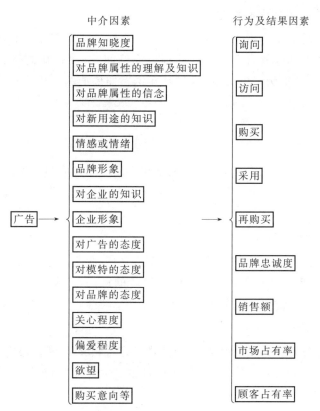

图 3-2 中介因素与行为及结果因素

1. 品牌知晓度

顾名思义,品牌知晓度是指消费者知晓品牌是否存在的程度。品牌知晓度可以由回忆度(recall)和再认度(recognition)来测定,而回忆度又可分为无辅助回忆度(unaided recall)和辅助回忆度(aided recall)。

无辅助回忆度是指在不提示品牌或广告的情况下被测定的。回忆度一般以百分比来表示。例如,调查问题为"昨晚您收看了中央电视台的《新闻联播》了吗?如果您收看过,那么请记录在昨晚《新闻联播》节目前后所播出的广告中能记住的广告"。然后把消费者回答内容以百分比来表示。

辅助回忆度是指在先提示品牌或广告的有关信息(如产品群)后,以开放式问卷的方式来测定的。协助回忆度也以百分比来表示,如问卷内容为"在牛仔裤品牌中您能想起的品牌按顺序记录"。这时消费者第一个想起的品牌的百分比称为最初辅助回忆度(top-of-mind recall)。

再认度是指先提示要测定的品牌或广告,然后提问看过其品牌或广告没有,并把消费者回答的内容以百分比来表示。如调查内容为"在牛仔裤品牌中,您有没有听过尼克斯这一品牌",然后把消费者的回答以百分比来表示。

研究表明,品牌的最初协助回忆度与销售额有更密切的关系,因为消费者在一般的情况下最先回忆起自己最喜欢的品牌。所以,把回忆度作为广告投放目标时,以最初协助回忆度作为广告投放目标比较合适。

2. 对产品属性的知识和信念

对产品属性的知识是指消费者对广告产品属性的掌握程度。对产品属性的信念是指消费者相信某一品牌具有特定属性的程度。例如，消费者知道娃娃哈雪糕不是由奶粉来做的，而是由纯牛奶来做的事实，这是知识。如果消费者相信娃娃哈牛奶是纯牛奶来做的事实，这是信念。一般来看，消费者对产品属性的知识多，对产品属性的相信程度高，购买产品的可能性就越大。

3. 品牌形象

品牌形象也是重要的中介因素，特别是在产品之间的质量、性能等方面没有多大差异的时候，品牌的形象对消费者的购买决策起很大的作用。所以，品牌形象也可以作为广告投放目标。

4. 情感或情绪

消费者通过广告所形成的情感或情绪也会影响消费者对品牌的选择。例如，消费者要选择像宝石、时装、化妆品等带有情感色彩的产品时，就受情感方面因素的影响。所以，针对这种产品进行广告时，就需要强调温馨、趣味、喜欢等情感。

5. 对品牌的态度

对品牌的态度是指消费者喜欢或不喜欢特定品牌的程度。很多研究结果表明，对品牌的态度越好，消费者购买其产品的可能性就越大。所以，提高消费者对品牌的态度也可成为广告投放目标。

6. 购买意向

购买意向是消费者对特定品牌所持有的购买意向。如果消费者对特定品牌持有购买意向，那么实际购买的可能性就很大，即使有时消费者有购买意向，但由于实际原因也许不购买，或者即使没有购买意向，但因受冲动而会购买。但在一般的情况下，购买意向与购买行为之间有较强的正向的关系，所以可以把购买意向确定为广告投放目标。

（四）能引起消费者响应的广告类型

有些广告能直接引起消费者的响应或行为，如广告投放以后消费者会直接打听或询问、访问商店或企业，甚至直接购买广告产品。所以，把这些能引起消费者直接响应或行为的因素可以确定为广告投放目标。

能引起消费者直接响应或行为的广告有以下几种。

1. 直接响应广告

在广告以后直接引起消费者的行为，在广告中提示赠券或要求电话询问、访问的广告。作直接响应广告时，可以把赠券的回收数、询问电话次数、访问者数等确定为广告投放目标。

2. 直接营销广告

通过直接邮递（direct mail）广告、网上购物广告、产品说明书广告等来进行直接营销活动的时候，消费者直接向企业打听或订货。这时可以以订货次数或打听的次数来确定广告投放目标。

3. 宣传活动广告

企业通过一些宣传产品的活动来直接推销产品或者进行广告宣传。例如,化妆品公司在百货商店门口进行宣传产品活动。这时可以把在一定时间内所集合的人数确定为广告投放目标。

4. 销售广告

提供有关零售商店商品的信息或告知一定时间内减价处理产品的信息广告。由于这类广告几乎不会引起时滞效果,所以可以把行为因素或结果因素,如商店的访问者数或销售额,确定为广告投放目标。

5. 共同广告

制造企业不仅直接做产品广告,而且同时替零售企业做广告或者与零售企业共同做广告,或者与原材料供应企业共同做广告,这些广告叫作共同广告。共同广告具体地提供有关零售企业或商品的信息,其直接的目的是短期内提高销售额。所以,这时短期销售额等结果因素可以被确定为广告投放目标。

6. 提醒广告

针对消费者经常购买的成熟期产品,做提醒广告,从而直接引起消费者的购买行为。例如,在炎热的夏天,如果看雪糕广告的小孩马上去购买雪糕,那么这是一则典型的提醒广告。由于提醒广告直接引起消费者的购买行为,所以可以把销售额确定为广告投放目标。一般来看,提醒广告的播放频次较多,但多是 15 秒以内的超短广告。

7. 社会营销广告

政府或社会团体或公民所开展的社会活动和公益广告活动是一种社会营销活动。如普法活动、禁烟活动、环保活动、夏季的节电节水活动等。这些活动的结果马上引起一些人的行为。所以,可以把行为因素,如参加活动的人数确定为这些社会营销的广告投放目标。

三、影响广告投放目标的主要因素

广告活动一个时间段内所预计要达到的广告投放目标并不是可以随心制定的,要制定出正确合适的广告投放目标,就必须系统分析和全面考虑影响制定的因素。这些因素包括企业的经营状战略、产品的供求状况,以及生命周期、市场环境、广告对象等。

(一) 企业经营战略

广告的最终目的是为了销售产品。由此可见,广告是为企业经营服务的。所以,企业经营战略的不同,是会影响到广告投放目标的制定的。企业经营的战略主要有长期渗透战略、集中式战略等等。经营战略不同,相应的广告投放目标也会不同。企业如果采取长期渗透战略,就应该制定长期的广告投放目标,而且还要制定各个相关阶段的短期目标来确保长期目标的实现,运用多种广告形式传播企业和品牌形象。然而当企业采取集中式的经营战略时,广告投放目标多为短期目标,在短时间内运用各种广告传播手段和方法,达到预期效果。

（二）产品的供求状况以及生命周期

市场上的商品供求关系主要有供不应求、供过于求、供求平衡这三种类型。不同情况下广告投放的目标就不同。如果商品供不应求，说明市场需求量大，这时企业应该把广告投放目标定在塑造企业和品牌形象上。而对于供过于求的情况，企业应该先分析产品滞销的原因，再针对原因制定解决滞销问题的广告投放目标。当市场供求平衡时，企业广告投放目标更多的是定在激发市场、扩大市场需求上。

产品的生命周期同样会影响到广告投放目标的制定，不同的生命周期有不同的目标侧重点，在前面讲广告投放目标种类时已经详细说明过，在此不再重复。

（三）市场环境

企业产品销售是处于市场环境下的，因此市场环境的变动会影响到广告投放目标的制定。市场环境是自变量，广告投放目标是因变量。广告投放目标的制定应该针对产品在市场中发展的不同情况而制定，根据市场环境的改变而做出调整。市场环境包括宏观环境，如人口、经济、政治与法律、自然物质环境、社会文化和科技；微观环境，如供应者、竞争对手、营销中介、最终顾客、投资者和公众。这些都直接或间接地影响产品在市场中的发展。所以广告投放目标在制定的时候，应该建立在对市场环境充分分析的基础上。

（四）广告对象

广告对象也称为目标受众，广告只有针对目标受众才会起到传播和销售产品的作用，所以广告对象对于广告投放目标的制定有重要的影响。我们常以产品的认知度、广告的回想率、品牌知名度和消费者行为态度的转变作为广告活动的目标。消费者的购买行为一般要经历认知、了解、信任、行动这个基本过程，这也为广告投放目标的制定提供了方向。

四、广告投放目标的设定

根据企业经营的各种环境、营销的目标、产品所处生命周期和供求情况，以及广告对象的特点来制定广告投放目标，并且应该做到具体化、数量化，也可以理解为广告投放目标应该指标化。例如，某企业广告投放目标是扩大销售、增加利润，其广告投放目标就应在数量上有具体规定，比如销售额增长20%，利润增长20%。没有具体指标的广告投放目标虽有指导性，但流于空泛，不便于操作。

（一）广告投放目标制定的几种代表性观点

广告投放目标制定具有代表性的观点主要有以下几种。

1. 以产品销售情况来设定广告投放目标

企业根据产品的销售情况（如销售数量、销售金额、市场占有率等）来设定明确而具体的广告投放目标。扩大产品的销售规模,意味着企业能从中获得更大的经济收益。这种设定方式简单、易行,特别是对直接营销的商品,其优势更为明显,因为对于直接营销的商品来说,直邮广告、电话广告可以直接与广告受众联系,消费者是否购买可以很快得知。但对于大多数消费品的营销而言,由于广告效果的体现不太明显,因此以产品销量设定的广告投放目标应结合其他因素进行。

2. 以消费者的行为为基准设定广告投放目标

当广告投放目标不能直接以产品的最后销售效果制定时,企业可以引导或改变广告受众的消费行为为目的来设定广告投放目标。某些企业设定的广告投放目标是广告受传者在做出购买决定前采取某明确行动,如向企业索取更详细的产品资料、网上访问该企业主页、电话或信件咨询等,对这类消费者,企业可以采取直接营销方式,由推销人员上门洽谈,从而提高推销访问的针对性和效率。

3. 以传播效果来设定广告投放目标

以传播效果来设定广告投放目标,就是提高产品的知名度,让更多的广告受众了解产品,从心理上接受和偏爱广告产品。这类广告投放目标的设定,从短期看,未必有明显效果,但却是大多数企业经常采用的方式。它以消费者知悉广告内容后的心理效果作为测定广告效果的目标,如广告是否在正确的时间,为正确的对象所知晓,广告受众是否产生了应有的记忆和理解、形成了预期的感觉和联想、建立了对产品有利的偏好等。

(二)确定广告投放目标指标的要求

1961 年,科利(Colley)将广告作用的心路历程描述成如下 4 个层次:注意(觉察到该商标或公司)→理解(理解该产品是什么,它可以为自己做什么)→态度改变(引起购买该商品的心理意向或愿望)→行动改变(掏钱买它)。这一模型也是制定广告投放目标的最常用方法。

科利强调,以传播效果衡量广告是合理的。他认为,一次广告运作,首先要建立广告投放目标,然后针对广告投放目标来测定广告运作的效果。同时,他还明确指出,广告工作纯粹是对限定的视听众传播资讯以及刺激其行动之心情,广告成败与否,应看它能否有效地把想要传达的资讯与态度在正确的时候、花费正确的成本、传达给正确的人士。

科利提出了制定广告投放目标的六大要求。

(1)广告投放目标是记载对营销行为中有关传播方面的简明表述,它表明只有广告才具备这种资格去完成这项特定工作,而不包含联合其他营销手段而产生的结果。

(2)广告投放目标是用简洁、可测定的语句表述出来的。

(3)广告投放目标要得到广告策划者和执行者的一致同意才能确定。

(4)广告投放目标的制定,应当以对市场及消费者购买动机等方面的详尽掌握为基础,并非是毫无事实根据的空想。

(5)基准点的决定是依据其所完成的事项能够测定。

(6)用来测定广告效果的方法,在建立广告投放目标时即应制定。

科利进一步提出"6M"法来界定所要达成的广告投放目标,即商品(Merchandise)、市场(Markets)、动机(Motive)、信息(Messages)、媒介(Media)和测定(Measurements)。

按照科利制定广告投放目标的方法,广告投放目标由以下4个阶段构成。

(1)知名:潜在消费者一定要知晓某品牌或企业的存在。

(2)了解:潜在消费者一定要了解这个产品是什么,能为其做什么。

(3)信服:潜在消费者一定要达到心理倾向并产生购买欲望。

(4)行动:潜在消费者要采取购买行动。

上述4个阶段其实就是前面我们所说的广告对消费者影响的心理过程:注意→理解→态度改变→行动改变。这样,就将广告投放目标分解为有阶段、有层次的渐进过程,而且是可以测定的。

总之,确定广告投放目标指标要注意以下几个问题:

(1)指标的确定要有客观性,要充分了解和分析影响广告投放目标的多种因素,避免主观臆造。

(2)指标的确定要有挑战性。指标既不能定得太高,也不能定得太低,而应略微偏高,经过努力能够达到。

(3)指标之间既有联系又保持相对独立。指标应成体系,把所有指标集合起来应能反映广告的综合传播效果,而单独分析其中一个指标又能看到某一方面的要求。

(4)指标不宜太多,也不宜太少。指标太多会分散精力,增加费用,造成浪费。指标也不能太少,如仅用一个指标,如销售额增长,会导致一些其他问题,制定多少指标应根据具体情况来定。

(三)广告投放目标制定常出现的几个问题

制定合适的广告投放目标对于广告的成功投放有巨大影响。在制定广告投放目标中,常出现的几大问题需特别注意。

1. 广告投放目标与营销目标背离

在前面我们提到,广告投放目标是服务于营销目标的,广告是市场营销的手段之一。所以广告的目标应该以营销目标为基础,并且与其保持一致。但是广告投放目标是不同于营销目标的,广告投放目标通常以品牌知名度、品牌知识与兴趣、品牌态度、品牌形象、激发购买意向等来表示。而营销目标通常用销售额、市场占有率、利润率或投资回报率等来表示。

广告投放目标应是广告作用的直接结果,是通过广告本身就可以实现的目标。营销目标则必须通过促销、公关、广告等营销手段整合来实现目标。

广告活动是营销活动之中的一项,是属于营销活动的,故广告活动不能背离营销目标。

2. 广告投放目标太多、太宽泛

对于企业来说,可能会觉得花一分钱做广告,把所有的广告信息都传达出去才够精打细算。但是作为专业的广告从业人员来说,这是大忌。因为在信息化的社会中,受众

一天接触的信息成百上千,从各个方面来的信息充斥着他们的生活,而大多数信息对他们来说毫无用处,有的甚至成为一种骚扰。所以受众理所当然只会留意自己感兴趣的信息,对于不感兴趣的信息,能记住的极少。

根据这种情况,在确定广告投放目标的时候,应尽可能做到专一。如果无法做到专一,那一定要分清广告投放目标的主次。如此传达出去的信息才会有重点、有力度,容易被记住。

经典案例 3-3

海飞丝:去屑实力派

在这个信息和广告泛滥的年代,人们已经越来越无心去关注复杂冗繁、面面俱到的广告,企业制定广告投放目标应尽可能专一,尽可能让一个强有力的信息击中消费者。

海飞丝自 1988 年进入中国市场以来,已经独霸洗发水市场长达二十多年,几乎成为洗发水去屑品牌的代名词。纵观海飞丝的广告投放之路我们发现,海飞丝一直在紧跟时代但坚守"去屑",如图 3-3 所示。1988 年宝洁公司开始研究如何进入中国市场,经过广泛而缜密的消费者调查发现,当时几乎所有的消费者都有头屑、头痒等烦恼,而当时市场上用于去屑止痒的洗发产品又非常有限。可以说,当时中国的洗发水去屑产品市场几乎是个空白的市场,发展前景无比广阔。海飞丝品牌在 1988 年强势进入中国市场,1994 年含 ZPT 颗粒技术的新配方上市,更好地满足了中国消费者对于去屑、止痒功效的需求,也进一步拉开了海飞丝与其他去屑竞争品牌的差距。基于消费者调查的结果,海飞丝品牌逐渐增加洗发水的品种,1995 年增加到 4 款洗发水,后来又增加到 8 款洗发水;2000 年开始尝试推出海飞丝护发素,目前已经有 5 款护发素;洗发水和护发素合计13 款产品。洗发水和护发素种类的极大丰富,既满足了消费者不断尝试新产品的浓厚兴趣,维护了顾客的品牌忠诚,又因为增加了护发素的产品种类,让消费者在使用洗发水的同时可以继续使用护发素,并让更多的女性消费者成为海飞丝品牌的使用者。

图 3-3　海飞丝:去屑实力派

广告投放

在广告宣传方面,除了继续聘请一线男明星,如梁朝伟、王力宏和甄子丹等代言品牌外,特别聘请很多女明星和女模特代言海飞丝,一线明星王菲、蔡依林和范冰冰等都先后代言海飞丝品牌,充分表现"海飞丝品牌持久去屑,让您更自信和更亲密"的品牌内涵文化。广告代言人性别比例的调整让海飞丝品牌成功转型为男女消费者都喜欢和适合使用的去屑洗发水专业品牌。

海飞丝多年来坚持"去屑"这个诉求点,成功地实现了在消费者心目中"海飞丝=去屑"这个等式。

思考

在消费者注意力资源日益稀缺的当下,如何让广告信息抓住消费者的注意力?

3. 广告投放目标不符合实际情况

广告投放目标是广告活动方向的指导,广告投放目标应该与企业的状况和市场情况水平相吻合,既不要盲目理想化,把目标定得太高,也不要太过小心谨慎,把目标定得太低。目标太高会使策划者失去达到目标的信心,目标定得太低又得不到广告主想要得到的利益,因此,在制定目标的时候一定要合理,既要有可能达到又要保持一定的弹性,留一些余地。

第二节 广告投放预算

广告投放预算不仅是广告计划的重要组成部分,而且是确保广告活动顺利展开的基础。它规定了广告计划期内开展广告活动媒介传播所需的费用总额、使用范围和使用方法。

一、广告投放预算的概念

广告投放预算是广告主根据广告计划对开展广告媒介传播活动费用的匡算,是广告主进行广告媒体宣传活动投入资金的使用计划。根据行业经验,一个企业每次广告活动在媒体投放上花费的预算占据整个广告预算的70%以上,可以说,广告投放预算的合理与否直接影响广告活动的成败。所以广告媒体投放预算编制额度过大,就会造成资金的浪费;编制额度过小,又无法实现广告宣传的预期效果。广告投放预算是企业财务活动的主要内容之一,广告投放预算支撑着整个广告计划,它关系到广告计划能否落实和广告活动效果的大小。

广告媒体投放预算不同于企业的其他财务预算。一般财务预算包括收入与支出两部分内容,而广告投放预算只是广告费支出中媒体费用的匡算,广告投入的收益则是由广告投放目标的不同而有不同的衡量标准,它或许反映在良好社会观念倡导上,或许反映在媒体受众的心理反应上,也有可能体现在商品的销售额指标上。有许多广告主错误地认为,广告投入越大,所取得的效果也就越大,广告策划者通过对大量广告活动效果的实证分析得出,当广告投入达到一定规模时,其边际收益呈递减趋势。美国广告学家肯尼斯·朗曼(Kenneth Longman)经过长期的潜心研究,也得出了类似的结果。他在利润分析的基础上,创立了一个广告投资模式,他认为任何品牌产品的广告效果都只能在临限(不进行广告宣传时的销售额)和最大销售额之间取值。任何品牌的产品即使不做广告也有一个最低销售额,即临限。广告的效果不会超过产品的最大销售额,产品的最大销售额是由广告主的经营规模、生产能力、销售网络以及其他因素综合决定的。朗曼认为,理想的广告宣传活动应该是以最小的广告投入取得最大的广告效果。当广告效果达到一定规模时,再扩大广告投入就是一种资源浪费。

二、广告费与广告投放支出

在企业营销活动支出中,广告投放支出占据较大比例。广告费包含多种类别,它们分别有不同的用途。

(一)广告费及其内容

广告费一般是指开展广告活动所需的广告调研费、广告设计费、广告制作费、广告媒体费、广告机构办公费与人员工资等。有的企业把公共关系与其他促销活动费也记入广告费之内是不合理的,如馈赠销售的馈赠品开支、有奖销售的奖品或奖金开支、推销员的名片、公司内部刊物等的费用,均不应列入广告费。美国权威杂志,将广告费分为白、灰、黑三色,白色单是可支出的广告费,灰色单是考虑是否支出的广告费,黑色单是不可支出的广告费,如表 3-2 所示。

表 3-2 广告费用分类表

分类		主要费用
白色单	可支出的广告费	
	广告媒体	报纸、杂志、电视、电台、电影、户外、POP、宣传品、DM、招贴、展示等
	制作费	美术、印刷、制版、照相、电台与电视设计、与广告有关的制作费
	管理费	广告部门薪金、广告部门事务费、顾问费、房租费,以及广告部门人员的工作旅费
	杂费	广告材料运费、邮费、橱窗展示安装费、其他费用
灰色单	考虑是否支出的广告费	样本费、示范费、客户访问费、宣传卡用纸费、赠品、办公室报刊费、研究调查费
黑色单	不可支出的广告费	社会慈善费、旅游费、赠品费、包装费、广告部门以外的消耗品费、潜在顾客招待费、从业人员福利费等

依据广告费的用途,可以划分为直接广告费与间接广告费,自营广告费与他营广告费,固定广告费与变动广告费。直接广告费是指直接用于广告的设计制作费用,间接广告费是指企业广告部门的行政费用,应当尽量缩减间接广告费,使同样数目的广告预算能用在直接广告费用上。自营广告费是指广告主本身所用的广告费,包括本企业的直

接与间接广告费;他营广告费是指广告主委托其他广告专业部门代理广告活动的一切费用,一般来说,此类广告比前者更为节约,效果更好。固定广告费是指自营广告的组织人员费及其他管理费,这些费用开支在一定时期内是相对固定的;变动广告费是因广告实施量的大小而起变化的费用,如受数量、距离、面积、时间等各种因素影响而变化的费用。变动广告费又因广告媒体的不同,可分为比例变动、递增变动、递减变动。比例广告费是随广告实施量大小全部呈比例变化的,递增广告费随着广告实施量的增加而递增,递减广告费则随广告实施量的增加而递减。

(二)广告投放支出

广告投放支出主要是指广告费用中的媒体投放费用,因为媒体投放费用占整个广告支出费用的70%,所以,广告费用的开支主要由媒体投放费用决定。

三、影响广告投放预算的主要因素

在进行广告投放预算时,除了确定广告费用的范围外,还必须了解有哪些主要因素影响广告投放预算。一般说来,影响广告投放预算编制的主要因素有广告投放目标、媒体广告投放成本、行业市场的竞争状况、产品品牌的市场基础(或市场占有率)、广告频次等。

(一)广告投放目标

在前文中我们探讨了广告投放的目标,广告投放的目标与广告投放预算息息相关。一般来说,一个品牌在打响品牌知名度或推出新产品时,总要大范围地进行广告投放,如电视、网络、杂志、户外整合投放,这时候可能需要大量的广告投放预算。当然,企业应该重视广告投放的策略,争取用最少的广告投放预算得到最好的广告效果。

(二)媒体广告投放成本

不同的媒体有不同的特点,有不同的针对人群,这就决定了不同的媒体在不同的广告投放时段对企业收取不同的价格,如电视有覆盖面广的特点,决定了电视相比于报纸、广播的媒体广告投放的价格更高。在电视频道中,央视可能比省级卫视广告投放价格高,就算在央视媒体中,黄金时段对于广告投放的收费可能会比其他时段的收费更高。

企业不能盲目地向覆盖面广的媒体进行广告投放,应该考虑自己产品的特性,目标人群的特点,目标人群接触的媒体情况等进行广告投放。

经典案例 3-4

加多宝豪赌中国好声音

2012年7月,浙江卫视全力打造的大型励志专业音乐评论节目《中国好声音》正式开播,每一个学员的去留无不牵动着万千观众的心,相比之下,华少开唱的一大段广告词也让无数观众哭笑不得,但就是这个节目使加多宝在更名事件后持续地提升了知名度。

作为四季《中国好声音》的最大广告冠名商,加多宝无疑花费了巨额的广告费。当初以6000万元巨资冠名一个前途未知的节目,是加多宝的一场"豪赌",而节目开播短短的四周,面对《中国好声音》创造的巨大价值,加多宝为自己的提前下注打了"满分"。浙江卫视在省级卫视中率先尝试了制播分离制度,发展势头一路飘红。《中国好声音》购买了《荷兰好声音》的版权,独特的节目形式,四位个性鲜明的明星导师,精良的节目制作使这个节目获得广泛的关注与好评。在首期节目播出后的20天里,《中国好声音》的广告费从每15秒15万元,飙升到每15秒36万元。以每期节目22分钟广告,每15秒广告费36万元计算,一期《中国好声音》的广告费就达3000多万元,加多宝6000万元的冠名费是只赚不赔。冠名成功地为加多宝带来了巨大的品牌效益,使"正宗好凉茶,正宗好声音"的品牌口号深入人心。2014年,加多宝更是以2.5亿元的天价冠名了《中国好声音》第三季,正是看到了浙江卫视这一综艺节目的巨大潜力,加多宝的"任性冠名"钱花得很值,如图3-4所示。

图3-4　加多宝广告

思考

企业如何发现和判断具有广告巨大潜力的广告资源?

(三)市场竞争状况

市场竞争状况也是影响广告费用开支的一个主要因素。同类产品竞争者的数量与实力也影响着企业的广告预算。如果竞争对手进行大规模的广告宣传,本企业必然要扩大广告宣传的规模,广告预算也会随之增加。否则,本企业的广告活动就收效甚微,达不到预期的目标。

目标市场上广告拥挤度的大小也影响企业的广告预算规模。广告拥挤度是指单位时间内,某一特定媒体刊播的广告数量。如果广告拥挤度非常大,那么较少的广告预算则无法与竞争企业抗衡,只有企业的广告是众多广告中最响亮的一支,才有可能引起媒体受众的注意,诱使他们产生购买欲望。比如,在一间有30多位同学的教室里,每一个人都向老师(只有一位老师)诉说,在这种吵闹的、无秩序的环境里,作为学生的你如果想让老师听清你的说话,你的声音必须比其他人的响亮,才能达到你的目的,而"响亮的声音"需要花费更多精力。这个道理在"广告爆炸"的年代里,同样适用。

(四)品牌的市场地位

产品品牌的市场地位也影响企业的广告预算。一般而言,保持现有市场占有率的广告费用远远低于扩大市场占有率的广告费用。如果品牌属于领导型品牌,由于它有成熟的销售网络、较高的品牌知名度和美誉度,老顾客对产品品牌的忠诚是领导型产品独具的一份经营优势,其广告宣传活动的目的只是为了维持老顾客的重复购买,这就决定企业没有必要进行大规模的广告推广。

如果品牌处于挑战型的市场地位,不太高的知名度与不太成熟的销售网络都要求企业需要进行大规模的广告宣传,以提高目标市场上媒体受众对产品品牌的认同意识。对于挑战型品牌的经营者来说,进行广告宣传是企业将挑战型品牌发展成为领导型品牌的主要手段之一,在这一发展过程中,较大规模的广告预算可以帮助企业提高知名度并打开市场。

(五)广告频次

广告频次是指在一段时间内,某一广告在特定媒体上出现的次数。次数越多,其广告支出也就越大。广告频次与广告预算额成正比,较大的广告频次需要较多的广告费用,因为广告需要购买广告时间,广告重复出现的次数越多,广告占用的时间也就越多,就需要花费较多费用。

四、广告投放预算的分配

企业在确定了广告费用总额之后,就要按照广告计划的具体安排将广告投放费用分摊到各个广告活动项目上,使广告策划工作有序地展开,以实现扩大产品品牌的知名度、提高品牌资产、树立企业形象、增加商品销售的目的。

广告策划者在分配企业的广告费用时,可以按时间、地理区域、产品、广告媒体等进行分配。

(一)按时间分配

按时间分配是指广告策划者根据广告刊播的不同时段,来具体分配广告费用。在不同时间里,媒体受众的人数以及生活习惯是不同的,为了取得理想的广告效果,在进行广告投放预算时必须考虑时间因素。广告费用的时间分配策略包括以下两层含义。

1. 广告费用的季节性分配

在不同的季节里,由于市场需求情况的变化,因而要求广告活动的规模要有所侧重。以店面广告为例,在我国每年的12月到次年的2月是零售业的销售旺季,这时的店面广告可以营造一种节日的气氛,调动媒体受众的购买欲望。这一时间段内广告策划者应该扩大店面广告的规模,提高店面广告的艺术品位,加大广告投入;6—8月是销售淡季,商品销售不旺的规律难以改变,这一时间段内,广告策划者应理智地缩小广告规模,否则就是一种非理性的经营行为。

2. 广告费用在一天内的时段性安排

以电视媒体为例,在一天的时间内,大多数消费者都表现出一个明显的生活规律:白天工作,晚上休息。广告策划者在选用电视媒体进行广告宣传时,应该侧重于选择18:00—23:00这一时段,因为大多数媒体受众在入睡以前,常常会看电视,这一时段的电视广告具有较高的关注率,因此大众消费品的广告主在进行广告费用预算时,应重点投放这一时段。

(二)按地理区域分配

地理区域分配策略是指广告策划者根据消费者的某一特征将目标市场分割成若干个地理区域,然后再将广告费用在各个区域市场上进行分配。广告策划者可以根据不同区域市场上的销售额指标来制定有效的受众暴露度,最终确定所要投入的广告费用额。假如 N 企业在全国销售 M 品牌产品,根据产品销售情况可以将全国市场划分为 A、B、C 三个区域市场,N 企业计划投入的电视广告费用为 3500 万元,则 N 企业根据区域市场所做的分配如下(见表 3-3)。

表 3-3　N 企业电视广告费用的区域分配情况

市场名称	占销售总额的比例/(%)	受众暴露度/万次	每千人成本/元	广告费用/万元	费用比例/(%)
A 区域	50	3200	500.0	1600	45.7
B 区域	30	2800	500.0	1400	40
C 区域	20	1000	500.0	500	14.3
总计	100	7000	500.0	3500	100

表 3-3 就是 N 企业根据产品在不同区域市场上的销售比例,制定了有效的受众暴露次数标准,再据以分配不同数额的广告费用。A 区域市场的产品销售份额为 50%,其广告投入为 1600 万元,占总投入的 45.7%;在 B 区域市场上,M 品牌产品的销售份额为 30%,计划投入广告费用为 1400 万元,占广告预算总额的 40%;C 区域市场上 M 品牌产品的销售占总销售额的比例最小,所以计划只投入 500 万元的资金进行广告宣传。

按地理区域分配看起来简便易行,但操作起来很难兼顾各个市场的实际情况,通常的做法是:广告主将几个区域市场的广告费用拨付给某个选定的广告代理商,再由广告代理商根据各个市场的特点进行重新分配,以确保广告投资的效果。

(三)按产品(品牌)分配

按产品分配与按区域市场分配在本质上是相同的,它是指广告策划者根据不同产品在企业经营中的地位,有所侧重地分配广告费用,这种分配策略使产品的广告和销售额密切联系在一起,贯彻了重点产品投入的经营方针。分配广告费用的依据可以是产品的销售比例,也可以是产品的潜在购买力等。

广告费的品牌分配法也属于产品分配法。广告策划者根据经营品牌的某些特征将广告费用进行具体分配,以宝洁公司为例,该公司的洗涤类产品有汰渍、快乐、Gain、Dash、Bold、象牙、Oxydol、Exa、Solo 等品牌,其中象牙品牌是一个成熟品牌,其广告投入可以相应少一点。Exa、Solo 等品牌是新品牌,需要大量的广告推广,以提高品牌的知名度,其广告费用就需要多一些。一般说来,当产品或品牌处于上市期时,需要较多的广告投入;当产品或品牌处于成熟期和衰退期时,其广告费用应该少一些。如果企业使用的是统一品牌策略,如日本索尼电器公司,它的所有产品都只有索尼(SONY)一个品牌,公司在编制广告广告预算时,就应该采取产品分配法。

（四）按广告媒体分配

按广告媒体分配是指根据目标市场的媒体习惯,将广告预算有所侧重地分配在不同媒体上的一种分配方法。在运用这种方法时,首先要考虑产品品牌的特性,其次要考虑目标市场的媒体习惯,使所选用的媒体能够充分展现广告产品的个性,针对这种媒体广告策划者要进行较多的广告投入。

关键词

广告目标　advertising objectives
广告预算　advertising budget
广告信息处理模型　advertising information processing model

思考题

1. 如何制定明确的广告目标?
2. 如何编制科学的广告预算?
3. 如何实现广告预算的最优分配?

推荐阅读书目

塞斯亚·S.史密斯:《小预算　大广告:中小企业如何做广告、促销和公关》,新华出版社,2001年版。

第四章 媒体广告价值评估

本章导言

1. 媒体广告价值评估的内涵。
2. 媒体广告价值评估的根本要素。
3. 不同媒体的广告价值评估要素。
4. 不同媒体广告价值评估方法和应用。

媒体是广告接近受众的重要中介,不同的媒体有不同的广告价值。在融媒体时代,媒体之间的互动和融合日益频繁。谁是实现使广告受众变成商品消费者这一飞跃的关键环节,谁的价值就最大。本章基于媒体广告价值评估的内涵、要素和方法等角度进行媒体广告价值评估,既有单一类别媒体的广告价值评估,又有综合评估。

本章引例

朋友圈的诱惑

2015年1月,第一批朋友圈广告开始上线,宝马、智能手机品牌vivo和可口可乐成为第一批尝鲜者(见图4-1)。

朋友圈广告和微信用户个人发布朋友圈的形式一样,也是由图片和文字构成的,可以点赞和评论,也可以看到自己的好友在下面的互动。不同的只是右上角标有"推广"字样,和"我不感兴趣"的按钮,而如果感兴趣的话,点击下方的查看详情链接,就可以看到具体的广告内容页。

vivo的相关负责人表示,微信朋友圈的社交传播特征较传统广告方式更受广告主青睐,同时通过对用户特征进行精准推送,用信息流的形式穿插在信息中进行发布,微信朋友圈广告可以让广告融入微信用户日常生活之中。

除此之外,朋友圈的诱惑实在是太大了。目前,微信拥有超过11亿的注册用户,月活跃人数4.68亿,信息内容分享每天30亿次……vivo提供的数据显示,自2015年1月25日20:45其在微信朋友圈投放广告以后,至1月27日上午9:00,vivo总曝光量接近1.55亿次;用户点击"vivo智能手机"Logo、赞、评论等行为超过720万次;vivo官方微信增加粉丝22万。

(资料来源:孙冰,《"朋友圈"的初心与野心 微信的商业秘密》,载《中国经济周刊》,2015年第5期。)

图 4-1 首批微信朋友圈广告截图

第一节 媒体广告价值评估理念

为了能够明显地提高广告预算的效率和效益,媒体广告价值评估成为业内人士普遍关注的焦点。最近两年,有关的研究比重持续增加,究其根源在于企业越来越关注广告投放并更加谨慎地进行投资。

一、商品的生产和销售过程

消费者购买商品都是出于自身的某种生理或心理的需要,比如消费者购买一件价值不菲的毛衣可能是因为它质量好可以很好地防寒,也可能是因为这件价值不菲的毛衣可以彰显高贵的社会地位。能够满足生理或心理需要,这就是商品的使用价值。同时,处于不同消费情景中的消费者对同一产品的反应和评价也是不一样的,比如面对营销人员推销产品时,消费者或者是独自购物和接受服务,或者是与朋友在一起,这两种情形必然导致消费者的行为差异。

商品消费的基本前提是商品生产。商品生产是一个社会化的劳动过程,谁生产了商品、在什么样的条件下生产的都最后凝结在整个商品之中,成为商品整体的一部分,也由此构成了商品的价值。马克思认为,人的生产劳动是创造商品价值的唯一源泉,而价值便是凝结在商品中的无差别的一般人类劳动,它体现了商品生产者互相交换劳动的社会关系。

只有在具体的商品生产和销售过程中，一种商品与另一种商品产生的对等互换的关系才能将价值表现出来。商品因其具有使用价值而被消费者需要和购买，在购买的过程中，消费者用等值的其他产品或者能够代表等值的货币来进行交换，等值的产品或者货币就是这个商品的交换价值。

二、媒体出售的商品形式

要弄清楚媒体所具有的广告价值，就必须先弄清楚媒体将什么出售给了广告商。

媒体具有双重属性，即意识形态性和产业性，但本书要探讨的是广告，因此我们在这里只讨论媒体的产业性，从商品经济的角度来研究媒体运营。

商品是商品经济的细胞形式，水果店卖的商品是水果，服装店卖的商品是服装，汽车厂商卖的商品是汽车，那么媒体也应当是有商品出售的。所以在分析媒体运营时，必须首先弄明白的是，媒体的商品形式是什么？

从常识来看，媒体将编辑好的信息内容出售给受众，将报纸版面或者广电时间出售给广告商，这似乎是毋庸置疑的事情。为了论证这一商品形式的正确性，在这里要运用前面所讲的商品生产和销售的过程。以报纸为例，一方面，信息内容作为商品出售，它的价值是凝结在其中的报纸工作者生产信息内容的劳动，使用价值是受众可以获取需要的信息以方便生活和生产，交换得到的则是非常廉价的1元人民币，然而这1元人民币所代表的劳动和生产整张报纸的劳动并不对等；另一方面，报纸版面被当作商品出售给广告商，它的使用价值是广告商可以在版面上宣传自己的产品，但是它的价值几乎为零，因为开辟这种版面几乎不需要报纸工作者的劳动，而广告商往往乐意支付数额颇多的广告费来进行交换。这样的两种交易单独看来似乎都是难以为继的，不相等的价值交换最终导致的就是亏损方的破产。

然而现实中报纸并没有因为受众支付的价格太低而倒闭，广告商也并没有因为付给报纸的广告费太高而破产。因此，从表面上来解读媒体的商品形式的观点并不能成立。

二次销售理论似乎可以做一个比较可靠的解释。二次销售理论认为，媒体销售的产品分为两部分：第一次将有价值的新闻信息销售给受众，交换得来特定受众群的注意力；第二次则将获取的特定受众群的注意力销售给广告商或者广告中介，交换得来广告收益。在这个理论中，媒体的商品形式显然是新闻信息和特定受众群的注意力。那么，受众群的注意力是从哪里来的呢？媒体显然只能腾出时间或空间，只有受众注意到了播放的广告或者刊登的广告信息，受众群的注意力才算真正产生。没有了受众的收看或浏览，广告时间将没有任何价值。因此，受众群的注意力这一商品形式是媒体和受众一起生产出来的，受众为信息内容交换的主要是收看或者浏览广告的劳动，而收视率高、覆盖率广的媒体受众必然也更多，这也可以解释广告商为何愿意支付如此高昂的广告费用了。

三、媒体广告价值的本质

受众的注意力作为一个客观的商品,并不一定能达成广告商心中的理想状态,即收看或者浏览了广告信息的受众都会去进行商品购买。整个媒体广告过程的关键在于受众是否接受了广告商的信息传播。

媒体广告价值归结到根本的层面,其实是广告媒体对广大媒体受众的影响力。这种影响力体现在三个方面:一是广告受众的数量,二是广告受众的质量,三是媒体对广告受众的传播力量(说服力度和深度)。这三者应该是相互统一的,单一的受众人数增加或者说服深度增强都是对广告价值的极大损失。任何媒介理想的广告传播价值应该是在能够接触最大量的广告受众的同时,可以给予受众内心深处的高度认同,通俗地说就是有最大数量的受众被你的广告真正说服进而产生广告期待的效果。

广告受众的数量并不是单纯的人数,而是有更深入、更全面的衡量指标,同样,受众的质量和媒体对广告受众的传播力度也有更加深入而复杂的衡量标准。

四、广告价值评估的理念及变化

广告价值评估并不是与广告相伴而生的。只是由于时代的发展变化,市场的需求和广告主发展的需要,广告价值评估的理念才得以提出并逐渐引起重视。

那么,广告价值评估的意义何在?随着时代的不断发展,广告价值评估理念又有了哪些新的变化?在了解了媒介广告价值的本质之后,我们需要从理念产生的根源对广告价值评估进行解读。

(一)为什么要对广告价值进行评估

广告投资者日益理性,他们也越来越重视对媒体广告价值进行评估,因为这将有助于解开他们心中的困扰:花出去的广告费到底值不值呢?

对于媒体本身来说,进行价值的评估能够客观公正地衡量自身的价值,并以此来确定媒体广告时间的价格。

对于广告公司和广告客户来说,对媒体的广告价值进行科学评估是商品在广告投放选择媒体时的依据,以及对广告效果预期的一种保证。

(二)广告价值评估的理念变化

广告价值评估的理念主要经历了以下几个阶段的变化。

第一阶段,在媒体市场供不应求时,是不存在媒体广告价值评估的。媒体所能供应的时间和空间有限,因此顺利拿到广告媒介把广告发布出去便可。典型时期就是我国改革开放的初期到20世纪90年代初期,当时社会观念保守,媒体本身的市场化意识不强,在媒介上投放广告甚至需要动用各种关系。

第二阶段是简单的量化评估阶段。此时的媒体市场逐步放开,媒体之间有了一定的竞争,对媒体广告价值的评估集中在量的方面,利用千人成本、收视率、发行量等数据对不同的媒体进行比较。由于广告主的目的是让更多的受众知晓自己品牌,因此这种可以很简单地衡量媒体以及成本之间的差异的评估方式受到了认可。这一阶段主要是20世纪90年代中后期,典型的案例是当时中央电视台每年广告招标出现的"标王",如秦池酒、爱多VCD等,红极一时。

经典案例 4-1

秦池酒、爱多VCD:成也"标王",败也"标王"

"标王"一掷千金,梦想日进斗金。但前几年"标王"的好日子都不长,有的甚至走上绝路,如秦池酒、爱多VCD等。

1996年,秦池以6666万元一举成为"标王"(见图4-2)。尝到甜头后,秦池次年更是砸下3.2亿元,蝉联"标王"桂冠。然而两年之后,因为盲目扩大生产而勾兑白酒,尤其是在被媒体曝光之后内外交困,连商标也被法院拍卖。

图 4-2 秦池酒广告图片

之后的爱多VCD更是如此。作为央视1998年的"标王",当时爱多VCD的掌门人胡志标与步步高老总段永平较劲,最终胡志标以2.1亿元胜出。如今,由于产业转型、人才流失等企业内部管理发展问题,爱多VCD早已被消费者淡忘。

央视因其拥有得天独厚的垄断地位和传播优势,在各年的"标王"竞争中都能赚得盆满钵满。但是对于企业来说,拿下央视"标王"看似有足够砸钱的媒介价值,其实并非如此,广告"标王"并不等同于市场"标王",在风光的"标王"背后,是企业高达数亿元的巨额现金投入的巨大风险,一旦在真正的市场上没有正确运作,哪怕遇到微小的挫折,也会导致企业彻底的失败和崩溃。

(资料来源:赵雅文,《广告标王≠市场标王——央视历年广告标王发展透视及理性分析》,载《新闻界》,2010年第3期。)

思考

1. 在此案例中,"标王"所代表的广告价值具有哪些可取性和不可取性?

   提示:可取性,即结合改革开放初期受众市场现状进行分析。

   不可取性,即从媒体广告价值的本质三个方面进行思考。

2. 你认为,夺得"标王"给企业带来的价值表现在哪些地方?可能会带来的弊端是什么?

   提示:价值,即帮助企业扩大产品知名度、塑造品牌、增加销量、展现企业实力等。

   弊端,即可能会导致企业盲目自信、盲目扩大生产等,同时购买"标王"本身就存在巨大资金风险。

第三阶段是质与量的综合考虑评估阶段。媒介市场竞争更加激烈，广告主选择媒介有了更大的空间。再加上前一阶段的惨痛教训，动辄上亿元的广告费用也使得广告主的投资决策不得不慎之又慎，对广告效果的追问也更加迫切。广告媒介自身也意识到要在复杂激烈的媒介市场中成就自身的品牌，因此也主动地进行除了量以外的质的方面的比较。中央电视台就很主动地通过各种手段来提升自己质与量的水准，比如主动减少广告的数量，限制酒类广告，减少插播等。

第四阶段是随着互联网新媒体发展而兴起的行动结果评估法。尹隆认为，行动结果评估法能被广泛采用的主要原因有如下几个：首先，对受众广告接触后心理效果、行动效果的测量在新技术的出现后变得可能；其次，处于发展初期的新媒体在与传统媒体的竞争中处于劣势，必须通过新的定价方法来吸引客户进行广告投放；最后新媒体独特的成本优势和资本运作模式，使得行动结果定价方也能维持生存。行动结果评估法更侧重微观的广告传播效果，导致总体的广告传播效果被低估或忽略，但在网络媒体广告评价体系没有统一和得到广泛认可之前，这也不失为一种可行的评估方式。

第五个阶段是正在进行的融媒体统一评估体系建立阶段。随着移动互联网的发展和移动智能终端的普及，越来越多的年轻人进入了多屏生活，媒介融合的趋势在不断加强，各种传统媒体和新兴媒体都在融合发展。因此，整合传播对于广告客户来说日益重要，他们需要清楚地评价跨媒体、融媒体的广告传播效果和价值，虽然这一评估体系尚未完全建立，但是有很多相关的研究课题都正在进行。

第二节　媒体广告价值评估的根本要素

广告的媒介载体、广告的媒介技术无论怎样千变万化，媒体广告价值的评估要素依然还是要从最基本的层面去考察。任何广告媒体，在任何的时代背景之下，对其广告价值的评估始终脱离不了以下几个方面的内容。

一、广告媒体能够接触多少人

广告媒体在一定的市场区域内能够接触到的总的人口数量，应该是任何一种广告媒体具有价值的最根本评估要素，是媒介具有广告价值的基石。

从宏观上来说，一个媒介拥有的受众数量越多，该媒介的广告价值就越大，反之则越小。因此就评估而言，首先要考察的便是接触的人数，即媒介内容达到的可能人数，而且，应该是具体的人数，而非人次。

从微观上来看，对于某个确定的广告客户而言，在考察总的可能接触人数的前提下，需要进一步考量其中广告客户的目标消费者的数量。因为对于不以追求营销扩张为目的的广告客户而言，非目标受众对广告的接触并不具有明显的广告效果，只有目标消费受众才是可以及时兑现的"真金白银"。

经典案例 4-2

用数据告诉你"跑男"有多火

浙江卫视《奔跑吧兄弟》第二季于 2015 年 7 月 3 日正式收官(见图 4-3)。《奔跑吧兄弟》节目开播不到一年就表现惊人,据节目总制片人俞杭英介绍,第二季平均收视率 4.76%。

图 4-3 《奔跑吧兄弟》第二季海报

截至收官,"奔跑吧兄弟"微博话题的参与量为近 940 万人次,阅读量已达 197 亿人次,还有 115 万多粉丝关注了周边话题。而在收视率上,《奔跑吧兄弟》第二季自始至终都拥有平均 4.76% 的超高收视。

除了网络互动和荧屏火爆之外,由《奔跑吧兄弟》主导的公益活动也在持续升级。作为第一季的"公益跑鞋计划"延续,第二季的"阳光跑道公益健行计划"实施以来,已经吸引了 1.5 亿多网友参与计划,共同完成了长达 508 万公里的全民奔跑。

思考

1.《奔跑吧兄弟》的目标受众是什么特征的人群?

提示:以"90 后"为主的年轻人。

2. 以《奔跑吧兄弟》节目组所主导的公益活动为例,思考媒体广告的价值有什么样的长尾效应?

提示:结合媒体的双重属性,尤其是意识形态属性,进行思考。

二、广告媒体能够接触到什么人

在当前消费主义环境下,人们不再满足于雷同的商品,消费已经走向自主化和个性化,微观层面上消费行为和心理的差异被放大。因此,考量广告媒体能够接触到什么样的人就变得至关重要。

考量广告媒体能够接触到什么样的受众,就是考量不同媒体拥有的受众的特质的差异。通常首要的是媒体受众群体基于人口统计变项所描述的人口特性,比如年龄、性

广告投放

别、教育程度、经济收入等因素。这样的人口特性的描述大致对媒体的受众进行了区分,但是远远不够。消费者被以数字的方式加以定义,然而真正的消费者是各有不同意识形态与情绪的复杂个体,单纯的统计层面的定义不但难以完整地描述消费族群,也将使消费族群的描述限于数据而缺乏生命。① 基于消费者心理层面的特征描述更具有参考价值。事实上,在消费者意识提高,品牌多元化的市场环境中,真正影响品牌使用与品牌选择的因素,更多的是心理层面,而不是过去统计变项所能概括界定的。②

然而,从心理层面来描述某一媒体受众的特征,具有一定的难度并且花费不菲。从操作方面来看,主要可以通过受众群体的问卷访谈、观察、小组访谈、焦点访谈等方法了解他们的心理特征。

不同媒体拥有的广告受众特性的差异,是广告主选择评估媒体的一个重要因素。一个接触不到最有价值的目标受众群体的广告媒体,对于这个广告主来说则是毫无意义的,对其投资的广告费也是浪费了的。所以,追求尽可能多的高质量受众,才能回报投资。

那么如何考量某一个媒体拥有怎样特性的受众呢? 由英国市场研究局提出的 TGI 指数法可以作为一个参考指标。

TGI 指数,即目标群体指数,一般用于在特定的研究范围内目标群体的强弱情况。TGI 计算方法为,用目标群体中具有某特征的人数所占比例(百分比)除以总群体中具有相同特征的群体所占比例,再乘以 100。比如,8.9%的 20~30 岁人群,在过去一年中一直使用 A 产品,而在总体人数中仅有 6.6%的人数使用过 A 产品,那么 A 产品在 20~30 岁人群中的 TGI 指数就是 134.9。TGI 的数值越高,意味着与目标群体越契合。如果能够就考察问题分析出一个媒体的受众的 TGI 指数,那么就可以比较不同的媒体之间受众的特性给客户带来价值的高低了。

经典案例 4-3

教育、旅游、手机成为新浪用户商业价值关注度的前三甲

2014 年 10 月 9 日,缔元信公司发布了题为《缔元信 TGI 评分新浪用户价值》的文章,基于对新浪用户商业价值和兴趣的 TGI(目标群体指数),分析了新浪用户的价值关注度,对新浪能够接触到什么类型的用户有了进一步认识。

这篇文章显示,2014 年 8 月,新浪的全部用户中,在年龄层次上,30~39 岁和 40 岁以上这两个年龄段的用户 TGI 分别高达 140 和 126,而 30 岁以下的用户 TGI 甚至未达 100;在教育方面,接受过本科以上教育的用户 TGI 为 140;在购买能力方面,购买力高的用户 TGI 达到 127,而购买力一般的用户 TGI 为 113;在性别方面,男性 TGI 达到 101,略高于行业,如图 4-4 所示。

---

① 陈俊良.传播媒体策略[M].北京:北京大学出版社,2013.
② 陈俊良.传播媒体策略[M].北京:北京大学出版社,2013.

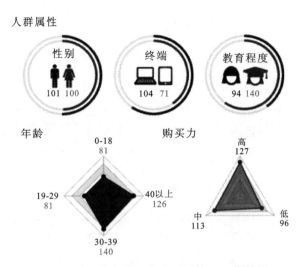

图4-4 缔元信新浪用户人群属性TGI指数图

新浪用户对于教育、旅游、手机的关注度TGI分别是163、152、144,位列新浪用户商业价值关注度前三;除此之外,TGI值较高的领域还包括金融、平板电脑、笔记本、时尚、母婴、汽车、数码相机等,如图4-5所示。

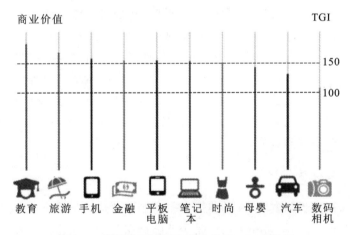

图4-5 缔元信新浪用户商业价值TGI指数图

由此可见,新浪的竞争优势,如成功人士、教育程度高、集中于直辖市及沿海地区、购买力强,在教育、旅游、手机、金融等领域的用户商业价值更为突出等。

(资料来源:http://www.dratio.com/2014/1009/152631.html,2014-10-09。)

思考

1. 新浪用户的TGI是怎样计算出来的?

提示:就某一具体问题,用新浪用户中符合该问题的人数比例(百分比)除以全部人数中符合该问题的人数比例,再乘以100。

2. 就新浪的这几项TGI数据而言,你认为什么样的广告主会选择新浪?

提示:高端电子产品、旅游产品、高端消费品(如汽车)等。

三、广告媒体凭借什么去影响人

评估广告媒体的影响能力，即为评估同一形式的信息经由不同的媒介传播给同一个受众群体会有什么样的差异。广告媒体本身因为在创新力度、内容、形式、易得性、趣味性、权威性、品牌印象、品牌口碑等方面存在的差异，对于受众的综合影响力会有所不同。考虑到广告传播的实际效果，我们可以主要从以下几个方面进行考评。

（一）内容吸引力

吸引力是指媒体满足观众需求的能力，它包含知识性和娱乐性两个方面的内容。吸引力主要侧重于媒体的内容对受众的诱惑。《舌尖上的中国》、《爸爸去哪儿》的影响那么大的原因就在于节目内容符合受众的喜好，节目的表达形式满足了人们的审美、娱乐和情感方面的需要。一个具有巨大吸引力的媒体，其受众的媒体接触行为必然是稳定而忠诚的。

（二）品牌影响力

品牌影响力是一种借助品牌左右他人行为的控制能力。媒体品牌力是一个媒体和受众互动的过程，其不仅仅吸引受众关注该媒体，并接受媒体发布的信息，同时还使受众对这些媒体所传递的信息深度信任，在情感、态度上发生变化，即看得到→愿意看→看后受影响。如何评估这种影响力的大小？有研究者指出：影响力主要表现为公信力和责任心这两个因素。公信力是指社会公众对某一媒体本身或内容信任的程度，媒体的公信力越高则权威性越强，社会影响力也越大。责任心指的是媒体在社会公共问题上，尤其是在社会焦点问题、关系广大民生的热点问题方面的意见和态度是否表现了媒体作为社会公器的责任和良心。

（三）受众互动参与度

在移动互联网络迅猛发展，互动传播变得便利而普遍的形势下，一个媒体是否具有良好的互动参与性，成为衡量一个媒体是否能够维系与受众紧密而良好的关系，从而保有受众对媒体忠诚的一个重要因素。互动话题、微博、微信参与讨论人次已经成为媒体传播力的一个新的考评要素。

新浪微博与央视春晚首次合作，在马年春晚上吸引了3447万用户参与互动，并在新年来临的第一分钟创造了峰值，有863万条微博被发出来。巴西世界杯，数百万的电视观众通过CCTV-5官方微博、微信、App平台参与了海尔发起的互动活动，CCTV-5官方微信获得2314万次的点击量。而受众参与的积极性与媒体内容的吸引力又是密切关联的，也与媒体本身品牌建设紧密相关。所以，受众互动参与度可以说是对媒体的内容吸引力和品牌影响力建设的一个考评和验证。

经典案例 4-4

芒果 TV 的成长之路

芒果 TV（见图 4-6）是湖南广播电视台旗下唯一的互联网视频平台，独家提供湖南卫视所有栏目高清视频的直播和点播。除了天然拥有湖南卫视一贯的良好品牌和优质综艺内容之外，芒果 TV 自制的综艺节目也取得了不错的成绩。

图 4-6 芒果 TV 界面

《百万秒问答》首开先河，成为中国首档全时在线智力问答节目，其不仅拥有芒果 TV 强大的自制团队，而且和美国原版模式公司以及英国的 Lonoco 公司的技术团队共同合作。

除了创新的内容和过硬的技术之外，芒果 TV 也注重互动。在真人秀节目《完美假期》节目 24 小时直播过程中，网友可以通过"智慧豆"实时互动。据统计，7 天时间内全平台观看人次累计达 4167 万人次，"智慧豆"竞猜人次达到 1275 万人次，参与互动答题的人次也有 266 万人次之多，节目上线 50 天总共突破 5 亿人次。

2014 年 4 月，湖南广播电视台独播战略正式实施，在优质 IP 的驱动下，芒果 TV 在用户规模、付费趋势以及广告经营上取得飞跃式的突破，截至 2015 年 10 月 14 日，芒果 TV 全网独立用户突破 3000 万人，手机 App 下载安装量突破 2 亿人次，OTT 激活用户突破 1200 万人。

（资料来源：http://news.sina.com.cn/o/2015-10-14/doc-ifxiuyea9128456.shtml，2015-10-14。）

思考

1. 在案例中，芒果 TV 是如何吸引和影响受众的？

提示：优质的独家视频资源、湖南卫视固有品牌效应、良好的线上用户互动体验。

2. 你认为芒果TV还有哪些地方有待发展？

提示：视频播放流畅度需要加强、技术需要提高、平台资源需要扩大等。

四、广告媒体的效率

广告媒体效率评估考察的是企业媒体广告投资与收益的比值关系。在投资与收益的考评当中，投资的额度是明确的，难以考评的是投资的产出。在可操作层面，主要通过考察媒体的传播产出和销售产出进行评估。传播产出一般通过到达率、接触频次、有效到达率、目标对象到达率等要素来衡量，而销售产出则以实际的商品或服务销售数量或金额来考评。

有的研究者认为，要把广告传播后的短期产出和长期产出综合起来考评。所谓短期产出包括短期的态度效果和行动效果。态度效果是指广告接触人群短期的态度改变，行动效果指的是短期的销售效果。而长期的产出又区分为受众和非受众两个层面。受众的长期产出分为两个部分，即长期的销售产出和长期的态度产出——品牌忠诚度；非受众的长期产出也由长期的销售产出和长期的态度产出构成——品牌忠诚度。非受众主要指媒体的非广告受众和非媒体受众两类人，也就是媒体受众中没有直接接触到广告的人和根本不是该媒体受众的两类人。通俗地说，非受众指的就是通过口碑传播或其他二次传播而接触到的人群。在微博、微信等社交媒介繁荣发达的当前媒介背景下，考察口碑传播的结果是必须而重要的，反映了媒介对广告主的增值作用。

当媒体的产出能够准确科学地进行评估的时候，广告媒体的效率评估就变得简单而便利了。但从考评实际来看，还主要是停留在传播产出方面，评估的要素还是以千人成本，行动成本等基本指标为主。

第三节 网络媒体的广告价值评估

随着移动互联网及手持智能终端的发展，网络媒体作为一种新的广告媒体，因拥有更加灵活、更多形式的特性，其价值日益凸显。目前，对网络媒体广告价值的评估主要侧重于量的评估。

一、评估的要素

网络媒体的广告价值评估遵循广告价值评估的规律和原则，主要为数量评估、质量评估和效率评估三个方面。

（一）数量评估

根据网络媒体独有的特性，其数量评估的指标有以下几点。

1. 接触量评估

仅仅就接触量来说，网络媒体的广告指标主要有广告总印象、点击数、到达人数等。

广告总印象,是指一则广告的总接触人次,如果一个受众可能重复浏览了多次,也会被计算进来。因此,这一指标主要考虑广告总的传播量,是一种粗略的评价。点击数,是指网络广告被点击的次数,也和广告总印象一样,包含重复。到达人数,是指广告到达人数的净值,不包含重复数。有部分网络媒体的广告,则使用独立用户数(一定周期内,访问统计对象的不重复用户数)来进行衡量。

2. 行动量评估

行动量,是指由广告引导受众产生某种特定行为。例如,注册、参与促销活动,甚至购买等与广告主互动行为的数量,这种非常明确和直接的评估指标,能显示出广告的说服深度到底如何,通常用"广告响应"表示,广告响应数越高,那么就意味着广告效果越好。

但是,广告效果具有复杂性、层级性、迟滞性等特征,这种数据并不能完全反映出广告在其他层面的效果。

(二)质量评估

网络媒体的质量评估主要从用户、网络媒介品牌影响力和网络广告环境三个角度进行考量。

1. 用户

受众的人口属性构成决定了媒介与广告品牌的相关性。年轻的受众群体通常情况下就代表购买力,受教育程度高、收入高的受众群体也都投射出更高的媒体价值。

2. 网络媒介品牌影响力

单个网络媒介的品牌影响力是体现媒介载体差异的主要因素。而品牌影响力又可以大致分解为以下几个要素:

(1)内容吸引力,即网络媒介内容受媒介受众喜爱的程度。受众越喜欢的媒介内容,其媒介接触的黏性就越强,具有非常高的传播价值。

(2)信任度指标,即信任度指标越高,其传播效果越积极,受众对广告也就越信任。据央视《新闻30分》报道:网络时代,人们经常依赖网络搜索引擎寻找自己需要的信息,然而,一段时间以来,越来越多的消费者抱怨说,因为百度搜索引擎竞价排名提供的虚假网站或信息上当受骗。引起了网民的高度不满。

(3)编辑特点,即网络媒介载具的编辑风格,图片、画面的清晰美观,文字的流畅简洁等要素也影响受众对媒介的品牌认知,进而影响到广告传播效果。

3. 网络广告环境

网络广告环境,是指发布在同一网络媒体中其他广告的质量环境。如果某一媒体发布的都是一些大品牌的广告或者内容创意都很好,那么其他广告在这样的媒体上发布就会得到相较其他媒体更加积极的效果。

(三)效率评估

目前,最为常见的方式是从投资效率与成本这两个因素来进行评估。

1. 投资效率指标：CTR、CR、ROI 等

CTR(Click Through Rate)是指点击率，即在总印象基础上点击的多少。CR(Conversion Rate)是指转化率，即转化次数与点击次数之间的比率，其中"转化"是指受众由点击行为转化成进一步的行为如购买或注册等。ROI(Return On Investment)是指投资回报率。广告创意、广告形式、网络媒体形象等因素会影响这些指标的高低。

2. 当前流行的成本评估指标：CPC、CPM、CPT、CPA

CPC(Cost Per Click)是指每点击成本，即广告在网络上每被点击一次的成本。CPM(Cost Per Mille)是指千人成本，即广告每被曝光一千人次时的成本。CPT (Cost Per Time)是指每时间单位成本，即广告在每时间单位内投放要花费的成本。CPA (Cost Per Action)是指效果付费，即对用户受广告引导产生某种如注册、下载、购买等其他特定行为的数量进行成本计算，其衍生形式还有 CPS(Cost Per Sale)、CPR(Cost Per Response)。

其中，用 CPA 指标进行评估的方式在近期被一些网站积极采用。对广告主来说，CPA 可以杜绝欺诈性的点击和无意义的流量，以此保证广告预算效果的质量；对投放网站来说，其收益比其他方式大得多。

但 CPA 也存在较大问题。艾瑞分析师孟玮认为，CPA 的问题主要体现三个方面：

（1）诚信问题。CPA 的分成比例高，因此，针对 CPA 的作弊动机也更强，数据存在不真实的可能。

（2）收益问题。网站经营者普遍不愿意拿优质广告位投冷门产品的 CPA 广告，出于收益考虑，网站经营者可能会不愿意接受知名度较低的产品投放广告。

（3）技术问题。现阶段国内 CPA 广告联盟还处于起步阶段，关于技术、数据格式等还缺少统一的规范和标准。

二、评估操作

因为通过统计软件和相关技术能够比较方便地得到相关数据，网络媒介的评估操作相对来说更加客观准确。但是在质的评估方面，还是要借助受众调查、访谈等方式对其进行主观评测。在此基础上，根据广告客户的实际要求，对相关的评测项目赋予权重分配，最后进行综合加权来比较网络媒介的广告价值的高低。

三、融合背景下网络媒介广告价值评估变化

媒介融合背景下，人们的媒介接触方式和行为也产生了翻天覆地的变化。

伴随着移动终端的普及和相关技术的发展成熟，移动网民呈现爆发式增长趋势，与此同时，各种互动手段，如扫描二维码、下载 App、关注公众号等营销手段得到极大的发展和应用。

以二维码为例，对用户扫描二维码的媒介进行调查，发现对产品包装上的扫描最多，占比 58.0%。此外，用户在各传统媒体和户外媒体上的二维码扫描也较多，比例均超过 20%。

在这样的背景下,要对网络媒介进行科学评价,以下几个方面值得深入研究。

(一) 推送精准度

网络媒介根据手机网民的用户属性和行为特征进行有目的的数据分析,再基于位置信息进行目标广告推送,这是未来广告精准化发展的主要思路。在将来,能精准推送广告信息的网络媒介一定能够占领网络广告的大市场。

经典案例 4-5

拥有过硬数据基础的支付宝

截止到 2015 年 4 月,支付宝钱包以 2.7 亿活跃用户数量占据了移动支付市场 80% 以上的份额,成为中国最大的在线缴费平台。其支持的地区范围涉及全国 25 个省份、361 个城市,便民服务功能涉及水电煤缴费等。

2.7 亿活跃用户的账户背后,有着与每个账户一一对应的身份证、银行卡、消费习惯等很多商户最为看重的信息。

除此之外,支付宝的实时市场地图可以获取在某一具体位置附近两公里内用户的性别分布、年龄分布、消费习惯、支付偏好等信息,以及电脑端和无线端 24 小时以内的购物趋势数据。

支付宝的服务窗(见图 4-7)还能为商户提供个性化的群发平台。用户在网上的浏览记录显示其对某物品感兴趣时,支付宝钱包就会把相关服务窗推荐给用户,以此商户就可以自由组合目标群体的性别、年龄、职业、地区、消费能力等各种特征,通过这些数据精准营销,增加顾客黏性。

(参考资料:http://tech.sina.com.cn/i/2015-04-22/doc-iawzuney4040969.shtml。)

图 4-7 支付宝服务窗平台

思考

1. 支付宝的数据可以如何使用?

提示:帮助企业精准寻找目标用户和潜在用户、帮助分析中国网民消费方式等。

2. 关于大数据时代的隐私保护,你有什么看法?

提示:可以从消费者自身、广告经营等角度思考。

(二) 内容互动性

移动互联网和智能手机使得人们的空闲时间都花费在媒介接触上面。作为受众,无疑是选择自己最感兴趣的内容又能够积极参与互动的网络媒介进行接触。另外,网络社会是一个分享的环境,网络媒介年轻的受众无疑是这一方面的重度使用者。因此,能够让受众展示自我,凸显个性的互动参与的媒介其广告价值也越高。

经典案例 4-6

《后会无期》:微博互动躁起来

2014年7月上映的韩寒导演处女作《后会无期》(见图 4-8),在继赵薇导演的《致我们终将逝去的青春》之后,又成为一个网络互动营销的成功案例。其中,《后会无期》在微博上的造势和互动,非常吸引人眼球。

首先,《后会无期》的微博营销全程都在进行话题运营。除了主话题"后会无期"以外,还有多个周边话题如"后会无期大解读""帮小马达加V"等,其中,仅"后会无期"这一话题的阅读量就达 25.2 亿人次以上。

图 4-8 《后会无期》海报

其次,影片《后会无期》的主题曲《平凡之路》的首发也选择了微博平台作。这首朴树离别歌坛十年后的作品,引爆了"80"后受众的怀旧情怀,歌曲发布后很快攀升至新歌榜第一名。作为《后会无期》的主题曲,它的成功无疑也给影片带来了非常大的关注度。

最后,《后会无期》中另一个元素受到了观众的喜爱,就是那只小阿拉斯加犬——马达加斯加,剧组借势建立了它的个人微博,用于发布电影的幕后故事和与微博粉丝互动。

(参考资料:http://b2b.toocle.com/detail—6194683.html。)

思考

1. 在此案例中,《后会无期》是如何利用自身特色与受众进行互动的?

提示:韩寒的明星效应和韩式幽默、网友与之相关的原创内容、剧中易引起目标受众共鸣的台词,以及关注度极高的角色如马达加斯加等。

2. 通过参与式消费培养出来的用户会具有什么特性?

提示:更高的品牌忠诚度、更高的品牌信任度、更为坚固的品牌传播人群等。

(三) 媒体口碑力

许多营销人员认为口碑是非常难控制、难以施加影响的。现在,因为有了不断演变、不断增长的数字媒体,品牌营销人员能够运用网络口碑,最终影响消费者的口碑。这类数字媒体接触点包括百度品牌专区、消费者点评网站(含品牌专区与论坛)、社交网络、博客与微博等。网络媒介载体具备良好的口碑营销传播的能力,广告传播价值也必然高人一筹。

经典案例 4-7

网络自制剧《万万没想到》带来的广告价值也是万万没想到

在视频行业竞争激烈的背景下,稀缺的优质内容一直是视频网站争夺的焦点。从 2010 年各大视频网站开始试水,到 2014 年被业内人士称为网络自制剧的元年,自制节目的巨大商业价值也慢慢引起视频网站的关注。

《万万没想到》被誉为"网络第一神剧",2013 年播出第一集便突破 4 亿次的播放量。其内容贴近社会热点,笑点颇多,能在短时间内吸引到观众的注意力,同时又短小精悍,每集时间在 5~10 分钟,可以很好地填补受众生活的碎片时间。其目标群体,即 20~25 岁的男性观众产生了非常大的共鸣。

由于内容出彩,又找准了用户群,《万万没想到》的点击量在 2013 年第一季达到了 7 亿次,而 2014 年《万万没想到》第二季(见图 4-9)第一集在上线一周时间内的点击量迅速突破 3000 万次。

随之而来的广告价值也非常可观,第一集广告收入便突破千万。《万万没想到》短短几分钟的剧集里有很多广告,但这些广告很好地与剧情融合,使观众反而乐在其中。它的每集都有片头的广告,用另类文案吸引眼球;有剧情植入广告,如赶集网;有花絮植入广告等等。这样一个小小的自制剧由于其自身的优秀内容迸发了无穷的广告价值。

图 4-9 《万万没想到》第二季海报

(参考资料:孔德,《万合天宜:网络自制剧的"逆袭"》,载《中国文化报》,2014 年 7 月 26 日。)

思考

在此案例中,《万万没想到》的品牌影响力的形成主要是依靠哪些因素?

提示:内容吸引力、视频编辑风格等。

第四节 广电媒体广告价值评估

从目前广告效果的测评实际情况来看,广电媒体广告价值的评估还是通过质与量的综合评估来进行。下面主要介绍传统的质与量的综合评估(因广播与电视在传播方面的相似,而电视的数据更全面,所以以电视为主进行说明)。

一、评估的基本要素

相较于网络,电视的受众具有专注收看的特点,即诉诸视觉和听觉。因此,广电媒体广告价值评估在对数量、质量、品牌效力这几个方面有其特有的细分标准。

(一)数量评估

广电媒体的数量评估侧重于开机率、收视率、收视点、目标收视人口、目标收视率、节目视听众占有率、受众构成、广告干扰度这几个考量方面。

1. 开机率

开机率是指所有有电视机的家庭或人口中,在特定的时间段里暴露于任何频道的家庭或人口数所占的比率,根据单位的差异可分为家庭开机率和个人开机率。如表4-1所示。

表 4-1 开机率

某年某月某日时段	总人口数/万人	拥有电视机总人口数/万人	开机人口数/万人	个人开机率
19:00:00—19:14:59	256	243	210	86.4%
19:15:00—19:29:59	256	243	175	72%
19:30:00—19:44:59	256	243	180	74%
19:45:00—19:59:59	256	243	163	67%
20:00:00—20:14:59	256	243	195	80.2%

开机率是从比较整体宏观的角度去了解总体收视状况,以此可以获取不同市场或不同时间收视的情况,比如,通过对全年的开机率的分析可以了解南方地区和北方地区在冬季与夏季收视习惯的变化等。

2. 收视率

收视率是指某一电视节目的收看观众数量占所有电视机拥有者的总数量的百分比。收视率是衡量电视媒介传播接触人数的核心指标,也是整个量的评估的基石。根据统计单位的差异,可以分为家庭收视率和个人收视率。

收视率可以用来比较同一市场不同频道收视率的高低,以发现一个市场收视最好的频道;收视率也可以用来比较同一频道一天中不同时间段收视率的高低,以发现效果最好的时间段;收视率还可以用来衡量不同目标观众对某一频道或时段的收视率的高低,如表4-2所示。

需要特别指出的是收视率必须在同一区域,同一人口基数的基础上进行衡量和考察。

表 4-2　收视率

某年某月某日时段	拥有电视机总人口数/万人	频道 A		频道 B	
		收视人数/万人	收视率	收视人数/万人	收视率
19:00:00—19:14:59	250	25	10%	20	8%
19:15:00—19:29:59	250	35	14%	65	26%
19:30:00—19:44:59	250	45	18%	50	20%
19:45:00—19:59:59	250	55	22%	44	17.6%
20:00:00—20:14:59	250	30	12%	70	28%

3. 收视点

收视点实际上就是收视率去掉百分号,是指收视率的每百分点。

这一概念的出现是为了习惯表达的需要,如某电视节目某时段的收视率为12%,我们就说该节目是12个点的收视。

4. 目标收视人口

目标收视人口,是指在确认品牌的目标消费群的情况下,暴露于特定电视载具或时段的目标人口数量。

5. 目标收视率

目标收视率,是指在定义的品牌目标消费者群中,暴露于一个特定电视载具的人口数占整体目标消费群人口的比率,如表4-3所示。

表 4-3　目标收视率

时段	频道 A		频道 B	
	目标收视人口/万人	目标收视率	目标收视人口/万人	目标收视率
19:00:00—19:14:59	264	2.2%	372	3.1%
19:15:00—19:29:59	456	3.8%	528	4.4%
19:30:00—19:44:59	492	4.1%	636	5.3%

注:目标收视人口:24~35岁,男性;目标人口数:12万人;时间:某年某月某日。

6. 节目受众占有率

节目受众占有率,是指在某一具体的时段中各个频道所拥有的受众,与相同时段内所有正在收看电视的受众的人口比例。

节目受众占有率是在时段开机率的基础上,进一步分析各频道的占有状况,单位可以是家庭、个人,也可以是设定的目标收视人群。收视率与占有率的差异为,收视率是以整体拥有电视机的人口为基础,而占有率则以特定的时段中开机的人数为基础。节目观众占有率可以用来了解同时段下整个收视市场各媒介对收视人群的占有情况,可以分析受众的偏好和流向,如表4-4所示。

表 4-4　2014 上半年央视三档栏目的收视情况数据

栏目	收视率	收视份额	月到达率	月收看人次/亿次
《新闻联播》	11.06%	35.18%	71.22%	72.35
《天气预报》	6.38%	17.10%	38.72%	27.12
《焦点访谈》	3.98%	10.08%	35.71%	21.13

7. 受众构成

受众构成，即将一个电视节目的受众，以某具体特征为标准，划分出的不同阶层，其不同阶层观众占所有该节目受众总人数的比率就是受众构成，如表 4-5 所示。

表 4-5　受众构成

构成要素		人数/万人	比例
性别	男	170	57%
	女	130	43%
年龄	5～14 岁	24	8%
	15～24 岁	60	20%
	25～34 岁	120	40%
	35～44 岁	54	18%
	45～54 岁	42	14%

受众构成的分析项目除了常见的性别和年龄以外，其他人口统计变项也可以根据实际情况需要进行分析。受众构成分析可以清晰地了解一个媒介载具最主要的受众是什么样的人群，可以与品牌的目标消费者进行对比。

8. 广告干扰度

广告干扰度，就是指在接触某一特定广告内容时，消费者受其他广告干扰的程度。这个指标可以用来分析媒体广告发布的质量。计算方式为广告版面或时长占媒介整体版面或时长的比率。

（二）质量评估

对于广电媒体的质量评估，侧重于对其受众的考量。

1. 媒介受众群体指数

在考虑节目质量和收视率的同时，广告商还会充分考虑目标受众群的特征（如性别、年龄、职业、受教育程度、收入、消费能力、消费习惯等）来决定媒体和节目的选择。

通过图 4-10 分析我们可以得知,企业白领群体中对航空厂商、饮食、商务交友、旅行预订等方面的关注和消费高于研究范围内的总体人群。如果某媒介的主要受众是企业白领的话,那么对于航空、饮食、商务交友、旅游、金融、房产等企业来说,选择该媒介是非常合适的。

2. 媒介所覆盖的受众对媒介的认知及行为层面

媒介所覆盖的受众在直接接触或间接接触媒介的过程中对媒介的认知和态度是有差异的,这种认知和态度必将体现在其媒介接触行为层面。

陈俊良先生用的是接触关注度,即消费者接触媒体时的专注程度。基本假设为受众专注接触媒体时的广告效果,即广告被理解及记忆的程度,比漫不经心接触时要高。该概念定义的广告效果局限于广告接触的较低层次的效果,不能更深入反映受众接触媒介的结果。

企业白领			
高集中度		低集中度	
服务类别	TGI	服务类别	TGI
航空厂商	183.79	原创音乐	63.52
饮食	136.75	游戏交易	70.02
商务交友	136.55	游戏厂商	73.54
旅行预订	131.43	虚拟形象	74.33
金融厂商	129.30	网吧联盟	74.47
房产资讯	127.95	贺卡	77.89
家装资讯	125.53	动漫	78.46
网上冲印	123.11	流量统计	78.7
IT论坛	122.73	视频搜索	81.74
旅游资讯	120.33	音乐综合	82.26
网上银行	119.11	网摘	82.34
军事资讯	116.52	游戏运营	83.51
汽车资讯	116.35	图片搜索	84.04
奥运服务	115.23	网络硬盘	84.32
地图搜索	112.48	音乐搜索	84.57
摄影	111.09	招商平台	84.95
电子易货	110.25	游戏平台	85.38
出国留学	110.21	二手车	85.52
财经资讯	110.13	P2P流媒体	86.23
亲子	110.10	小游戏	86.39

图 4-10　企业白领群体的 TGI 指数
(资料来源:艾瑞咨询网络营销中心。)

随着媒介背景的变化,有的研究者提出了涉入度概念。所谓涉入度,指的是个体基于本身的需求、价值与兴趣,对事物或情景所感觉到的相关程度,它可以诱发出个体的某种动机状态。尹隆认为,涉入度是最新的广告效果研究领域,其兴起的背景是传播技术变革与体验经济、体验营销的发展,消费者在营销过程中越来越处于主动地位,成为营销的出发点和参与者。实验证明,消费者涉入程度的高低将直接影响接受者信息反馈程度的强弱。美国广告研究基金会(ARF)2006 年将消费者的涉入界定为三个层次:消费者的媒体涉入、消费者的广告创意的涉入、消费者的品牌涉入。

在媒介广告价值评估的过程中,主要是对消费者的媒体涉入进行考量。丁汗青在研究广告涉入度时,根据涉入度的不同,他把受众大致分成了四种类型,被迫参与、一般参与、主动参与、参与并传播。可以借鉴的是,消费者的媒体涉入表现在认知和行为层面也可以分成这四种类型。在实际的操作中,我们可以通过问卷调查的方式对受众收看收听媒介内容的接触频次、转换频道的次数、错过接触的失望程度、参与微博话题的情况来考察受众媒介涉入度。

3. 媒介本身品牌影响因素

1) 载具地位与形象

通过历史的传播和累积,受众对媒介地位及其形象会有一定认知,这一认知也将影响到广告的传播效果。进而影响到接触效果,信息来源对媒体广告效果的影响已经为实验所证明。

2）编辑环境

编辑环境是指媒体的信息内容和其自身的风格特征对某具体广告产品、内容、表达形式的适合程度。媒体必定会在消费者心目中形成一定的印象，媒体这一形象将吸引具有相同心理倾向的视听众，为具有类似形象的品牌或创意提供舞台，这时广告传播的价值较高。相反，则具有负面效果，如洗浴商品广告投放在美食栏目，是非常的不合适。

3）广告环境

广告环境是指媒体在刊播其他广告时自身所拥有的状态和氛围。若媒体刊播的其他广告都是知名品牌，那么对于本品牌来说，相应的也会被归为同一类，即为"光晕效应"。相反，则会带来负面的连带影响。

4）相关性

相关性，即广告内容或产品与媒体定位或内容之间是协调兼容的关系还是冲突排斥的关系，以及这种关系程度如何。例如，健身器材广告刊登在健身体育杂志上，调料广告插播于烹饪节目。

（三）效率评估

1. 千人成本

千人成本（Cost Per Thousand，CPT，也可写作 CPM（M 是罗马数字中的"千"）），是广告通过媒体每接触 1000 人时所需支付的金额，计算单位为媒体排期表送达 1000 个人或家庭的成本。

2. 收视点成本

收视点成本（Cost Per Rating Point，CPRP，也可写成 CPR 或 CPP），即在某具体广播电视媒体投放广告时，每覆盖一个收视点广告商所需花费的成本。用广告单价除以收视点便可得到这一数值，如表 4-6 所示。

表 4-6　CPM、CPR 示例

节目	总人口数/万人	电视普及率/(%)	收视人口/万人	收视率/(%)	30S 单价/元	CPM/元	CPR/元
A 节目	256	95	55	23	32000	58	1391
B 节目	256	95	76.8	32	40000	52	1250
C 节目	256	95	52.4	22	28000	53	1273
D 节目	256	95	25.6	11	18000	70	1636
E 节目	256	95	38.4	16	21000	55	1313

注意：

（1）示例中为个人收视率，现实中可将家庭收视率或对象阶层收视率纳入考量范围。

(2) 两者的比较必须是在同一个固定的计价单位下进行,如固定的秒数、固定的位置,如节目前、节目中等。

(3) CPR 不能用在跨地区的比较上。收视率是建立在人口基数上的,不同的地区,人口基数不一样,相同的收视率并不表示同样的意义。

(4) 最好不要用在跨媒体类别的比较上。

3. ROI

投资回报率,是指通过投资而应返回的价值。

二、评估操作

就目前来看,具有较好操作实施性的方法还是陈俊良先生提出的量与质的综合评估,如表 4-7 所示。

表 4-7 量与质的综合评估

	节目	重要性	A	B	C	D	E
量的评估	收视率/(%)		30	18	24	9	15
	收视率指数	20%	100	60	80	30	50
	CPR		1560	950	1850	1750	2100
	CPR 指数	40%	61	100	51	54	45
质的评估	涉入度指数	20%	100	80	60	70	45
	干扰度指数	5%	60	100	70	90	60
	编辑环境指数	5%	90	50	100	80	60
	广告环境指数	5%	80	90	70	100	60
	相关性指数	5%	100	60	80	70	70
加权综合		100%	80.9	83	64.4	58.6	49.5

注意:

(1) 为更好对所用项目进行整合计算,必须把每一项的数值都转换成指数。

(2) 在转换指数时,要注意正负相关性的差异,有些项目数值越大越好如收视率等,有些数值越小越好如干扰度等。

(3) 正相关项目指数的运算,设定数值最大的一项指数为 100,再拿其他各比较项去除以数值最大那一项,再乘以 100,得到的就是该项的指数值。

(4) 负相关项目的运算则是以最小数值作为分子,再除以各比较项在该项目的数值,再乘以 100,得到的就是该项的指数值。

(5) 权重根据品牌的实际情况设定,但总值要为 1(100%)。

(6) 加权指数的计算方法为,载具在各评估项目中得到的指数乘以该指数权值的总和。

(7) 综合指数的评估不能用在跨媒体类别的评估。

三、融合背景下电波媒介广告价值评估变化

在移动互联网阶段,现代传媒体系正朝着日益复杂化、社交化、移动化的方向延伸。广播电视拥抱新媒体,各种收视终端带领受众进入到了多屏世界。因此,评估点播媒介广告价值不仅要考虑传统的各种指标,还要将其他终端上的受众观看行为纳入考察范围。所以,引入全媒体价值评估体系变得十分有必要。

目前关于这方面的研究非常多,但是都还在试行阶段并没有达成统一的共识。专家学者、互联网主流视频网站、中央电视台等都提出了各自的观点和评价体系。2014年7月左右,央视索福瑞(CSM)完成了跨平台多终端受众测量体系的拓展与测试,这个系统通过实施多元抽样调查,结合传统收视率抽样调查数据、电视回路数据、互联网海量数据等资源,可以为市场提供整合性数据的采集和分析。

这个系统由以下三个业务组成:

(1)屏收视率。作为核心组成部分,该业务将对传统电视直播收视率的测量扩大到了对多元终端直播、点播与回放的收视数据的测量范围,其中多元终端涵盖了电视端、电脑端和移动端。

(2)以"微博电视指数"为代表的基于社交电视的指数体系。"微博电视指数"是CSM与微博平台合作推出的产品,该指数与收视数据的结合,侧重于社交传播效果的分析。

(3)将收视率与消费者数据结合研究的产品,如"购买者收视行为研究"、"目标消费者收视分析"等。这类分析体系从媒介消费行为、商品消费行为等角度进行透视,分析彼此之间的关联度。

第五节 报刊媒体广告价值评估

相比于其他媒体广告,报刊广告有其独特的价值。首先,报刊媒体读者最为广泛,地域划分最明显,订阅群体最稳定;其次,报刊广告可承载大量信息,覆盖面广,且千人成本低;除此之外报刊广告制作简单迅速。当然,报刊广告有其不可忽视的缺点。如何在其他传统媒体和互联网媒体的双重竞争下最大限度的发挥报刊媒体的广告价值,是一个值得关注的问题。

一、评估的基本参数

(一)数量评估

报刊媒体的评估基础来自发行量和阅读人口的调查。

1. 发行量

发行量,即刊物发行到读者手上的份数。主要有以下三个因素:

(1) 宣称发行量:即刊物自身计算得到并公布的发行量。
(2) 稽核发行量:由独立的第三单位进行查证之后公布的发行量。
(3) ABC(Audited Bureau of Circulation):发行量稽核机构。

2. 阅读人口资讯

阅读人口资讯包括一个市场中各阶层对刊物的接触状况、一个具体刊物在各个市场中的读者组合情况,以及对象阶层在各个市场中对刊物的阅读率及阅读人口。

3. 发行量与印刷量的区别

发行量往往小于印刷量。发行量根据性质又可分为订阅发行量、零售发行量、赠阅发行量。订阅发行量指的是通过一次性征订销售报刊的发行份数。这样的数据因代表高忠诚度的读者,对媒介来说含金量最高。零售发行量指的是通过报摊或报亭或其他销售渠道销售的报刊数量,它具有随机性。由于读者还是付费取得刊物阅读的,因此也具有较好的含金量。赠阅发行量则是媒介赠送给相关的单位和个人阅读的发行数量,因为是免费获取,该发行量数据价值不高。

4. 阅读人口

在固定的时间内阅读某具体刊物的人数。

5. 阅读率

在固定的时间内阅读某具体刊物的人数占人口总数的比率。

6. 对象阅读人口

在固定的时间内,对象阶层阅读某具体刊物的人数。

7. 对象阅读率

固定时间内,对象阶层阅读某刊物的人数占对象阶层人口的比率。

8. 付费阅读人口

付费取得对刊物阅读的人口。

9. 传阅人口

非付费间接取得对刊物阅读的人口。

10. 传阅率

传阅率是指每份刊物被传阅的比率,一份刊物被多少个读者看到,传阅率就为多少。平均传阅率指的是每一份刊物平均被传阅的比率。阅读人口等于发行量乘以传阅率(如没有特别指出,习惯上讲的传阅率即指平均传阅率)。

(二) 质量评估

报刊媒体的质量评估以内容和读者为基础。

1. 内容吸引力

刊物内容对读者受众的吸引力。可以通过读者问卷调查其对媒介的认知及喜好。

2. 读者群体特性

分析读者群体特性可以清晰地辨析对于广告主来说所具有的突出价值。常用的做法是通过 TGI 指标对平面媒介受众进行评估。

3. 印刷质量

印刷工艺及印刷纸张、色彩表现等方面存在的差异。

4. 广告环境

刊物刊载其他广告所呈现的媒体环境。

（三）效率评估

报刊媒体的效率评估主要以千人成本和 ROI 这两个数据作为依据。

1. 千人成本

刊物刊载广告接触 1000 人所需花费的成本。具体计算方式为刊物广告刊例价除以接触的总人数再乘以 1000。

2. ROI

投资回报率，是指通过投资而应返回的价值。

二、评估操作

报刊媒体的评估操作也是基于量的评估与质的评估相结合的方式进行。根据广告主的要求和特点，对相关的评测项目通过赋予不同的权重方式进行加权计算，最后来比较两个不同的平面媒介的广告价值。

三、融合背景下报刊媒体广告价值评估变化

在移动互联网时代，报纸媒体受到了更大的冲击，发行量大幅下降，读者群大批减少。为了弄清报媒和网络媒体之间的关系，跟踪读者流向，中国报业协会联合北京世纪华文国际传媒咨询有限公司，共同开发了报纸网络二次传播监测系统 MBR（主引导记录），在近一年的时间里对近百家报社进行了测试，最终于 2014 年 10 月 30 日正式对外发布。

MBR 统计数据显示，在网站新闻方面，全国报纸占据了 40% 以上的份额；在新闻门户网站领域，2014 年 1 月—9 月这段时间内，101 家新闻门户网站对监测的 259 份主流报纸的新闻转载总量高达 135 万篇，平均每个媒体每个月被转载 579 篇新闻；在微博领域，有 60 家报纸的官方微博粉丝量超过了 100 万，有 259 家报纸在三大微博（腾讯微博、搜狐微博和网易微博）的累计粉丝数量高达 13 亿。目前，报纸在微博领域的传播影响力较大，用户（粉丝量）远远高于报纸的读者用户。

以此可以看出，融合背景并没有根本性地改变了纸媒的传播力和影响力，但是纸媒的传播形式却在融媒体的冲击下发生了变化。

世纪华文公司主要采用以下要素来评价报刊媒介网络传播情况。

(一)网站转载量

网站转载量即新闻转载量,指某报纸媒体在新闻门户网站上实际被转载的文章的数量。

(二)搜索数据

搜索数据是指用户在搜索引擎(百度、360)中主动搜索报纸媒体的次数。

(三)微信提及量

微信提及量是指报纸媒体在微信公众平台中被提及的次数。

(四)新浪微博提及量

新浪微博提及量是指媒体在新浪的官方微博(加 V 微博)提及数据的总和。2014年 11 月湖南省份报纸网络传播排行榜如图 4-11 所示。

11月	排名	1	2	3	4	5
网站	媒体名称	长沙晚报	潇湘晨报	三湘都市报	湖南日报	衡阳晚报
	转载量	1312	519	393	383	2
搜索	媒体名称	长沙晚报	潇湘晨报	湖南日报	三湘都市报	株洲日报
	百度搜索	609	560	481	347	218
	媒体名称	湖南日报	潇湘晨报	长沙晚报	三湘都市报	株洲日报
	360搜索	9007	8623	5975	4079	2307
微信	媒体名称	湖南经济报	潇湘晨报	长沙晚报	湖南日报	长沙晚报
	提及量	5834	3208	2427	2170	1409
微博	媒体名称	潇湘晨报	三湘都市报	长沙晚报	长沙晚报	湖南日报
	新浪提及量	4566299	3160015	718724	558894	433103

数据来源:世纪华文MBR报纸网络传播影响力研究系统

图 4-11 2014 年 11 月湖南省份报纸网络传播排行榜

(资料来源:http://www.chinesebk.com/Article/huawen/pinpai/201412/18295html。)

(五)客户端下载量

客户端下载量是指报刊媒介很多已经推出或即将推出的 App 客户端下载量数据。2014 年 11 月全国都市报媒体客户端下载量前十排名如图 4-12 所示。

报纸	下载量	11月排名	10月排名	排名变化
大河报	337960	1	1	-
南方都市报	90000	2	2	-
都市快报	80000	3	3	-
京华时报	20000	4	4	-
扬子晚报	18662	5	7	+2
羊城晚报	14402	6	8	+2
广州日报	10000	7	14	+7
深圳商报	9916	8	9	+1
华西都市报	9116	9	15	+6
成都商报	6842	10	10	-

表 4-12 2014 年 11 月全国都市报媒体客户端下载量前十排名

(资料来源:http://www.chinesebk.com/Article/huawen/pinpai/201412/18232html。)

注意：除了世纪华文的评估要素外，还需要考虑二维码扫描接触数据。通过二维码扫描接触报刊的人数。目前不少报刊都推出了自己的二维码，将其安排在报刊内容的某个部分，供读者扫描获取电子内容或关注其微信公众号，因此这个数据也具有参考价值。

第六节 户外媒体广告价值评估

有关户外媒体的价值测算和效果评估，一直以来都没有得到很好的统一。由于在可操作性、可执行性等方面难以实现统一的规范和标准，户外媒体在形式、价格、操作和效果评估等方面均没有能够形成媒体和广告商共同认可的成熟体系。户外媒体价值到底在哪里？又该如何测算评估呢？

在这里，将着重介绍一个户外媒体评估体系。例如，如翼传媒在其策划和执行户外媒体的经验之上，结合统计学原理和专业工具，开发出了一整套户外媒体价值测评体系，即如翼传媒的评测体系（OTA 户外媒体评估体系）。

这套体系，通过采集关键指标的客观数据，用专家评估法形成量化结果，确立参照项目，形成 4 大类（客户价值、记忆水平、品牌形象、投放成本）和 18 项关键指标的评估分值，再通过加权，得到如翼媒体广告效应值。在这里以首都机场 T3 航站楼主要户外媒体为例，如表 4-8 所示。

表 4-8 如翼传媒关于 T3 航站楼到达大厅展位 OTA 评级表

	比较项目（T3 国内到达）	比较类别	T3 机场高速立柱广告	T3 到达展位
1	读视对象组成价值	客户价值	乘机/接送机人员/客货车司机等	乘机/接送机人员
2	到达对象数量或比例	客户价值	64%	60%
3	有效对象精准度	客户价值	50%	80%
4	组合暴露数量	记忆水平	1 个	1 个
5	有效视距	记忆水平	30～150 米	0～15 米
6	有效视距内通过时间（含有效视距、视角概念）	记忆水平	极短（高速车辆 1～5 秒）	等候 20% 人群 20 分钟一半；80% 旅客 3～10 秒。加权平均 125 秒
7	视读强迫性	记忆水平	2 分	20% 人群 10 分，80% 7 分。加权平均 7.5 分
8	读视印象水平	记忆水平	3 分。前排及单侧车窗可见，快速通过；垂直于视线，部分强制	8 分创意，色彩，造型引发关注、好奇心，引发对展示客户的深度印象

续表

比较项目(T3 国内到达)	比较类别	T3 机场高速立柱广告	T3 到达展位
9	读视频次	记忆水平	乘机人士 0~1 次；接送机人员 0~2 次；司机等 0~2 次	20%等候 5 次；80%过客 0~1 次
10	媒体周边干扰度	记忆水平	较高	较低
11	互动体验效果	记忆水平	无	极高
12	多广告形式运用	记忆水平	无	丰富
13	单体曝露面积/平方米	品牌形象	216	48
14	总曝露面积	品牌形象	216	48
15	位置独占性	品牌形象	无	有
16	品牌形象自我认识	品牌形象	8 分	7 分
17	万元覆盖人群/(万人/万元)	投放成本	2.38	2.88
18	每平方米价格/(万元/年)	投放成本	6.48	20.83

(资料来源：http://www.ontimead.com/pro_info.php?id=74&type=2。)

一、评估的基本参数

我们也依据数量、质量、效率这三部分来进行划分。

(一)数量评估

数量评估主要由以下几个部分组成。

1. 视读对象组成数量

视读对象组成数量，即视读对象的组成类别和与之相对应的人群数。

2. 到达对象比例

到达对象比例，即广告主目标对象中实际到达的对象在所有视读对象中的占比情况。

3. 有效对象精准度

有效对象精准度，即结合广告主传播对象需求的价值分析。

4. 单一/组合发布户外媒体的个体总数量

5. 有效视距(米)

有效视距，即受众能看清楚该户外广告主画面的实际距离。

6. 有效视距内通过时间(含有效视距、视角概念)(秒)

有效视距内通过时间，一般结合单体暴露面积(平方米)、各类型受众占比、有效视距内通过时间(秒)等因素,进行综合评估。

7. 视读频次

视读频次需结合各类型受众占比、行为状态、组合暴露数量(个)等因素,进行综合评估。

8. 单体暴露面积(平方米)

单体暴露面积,即单个媒体的实际面积。重要指标之一,一般结合有效视距内通过时间(秒)指标等因素,进行综合评估。

9. 总暴露面积(总组合数量下)

总暴露面积是指结合单体暴露面积(平方米)和组合暴露数量(个)的总面积数量。

(二)质量评估

质量评估主要由以下几个部分组成。

1. 视读强迫性

视读强迫性,即受众被迫视读的程度,需要考量各类型受众占比、视读强迫情况等因素。

2. 视读印象水平

视读印象水平,即受众观看之后最直接的印象记忆,需结合受众的心理、行为,以及媒体所拥有的视读特性等因素。

3. 媒体周边干扰度

媒体周边干扰度,即媒体周边环境和媒体形式对受众观看广告的干扰程度。

4. 互动体验效果

互动体验效果,即受众参与户外媒介互动体验的便利性及互动传播效果。

5. 多广告形式的运用

多广告形式的运用,即在户外媒介上是否使用了多种广告形式。

6. 位置独占性

位置独占性,即在某一特定空间内,测评媒体类型和数量占所有媒体的比例情况。

7. 品牌形象自我认识

品牌形象自我认识,即不考虑画面创意情况下,该测评媒体在广告主自我心理认识中的形象地位。

(三)效率评估

效率评估主要由以下几个部分组成。

1. 万元覆盖人群

万元覆盖人群,即每万元广告投入所能覆盖的人群数量。

2. 每平方米价格

每平方米价格,即以平方米为单位计算广告位的空间价值。

二、评估操作

评估操作的具体测评方法有以下几种:

(1) 在比较项目相对得分和权重比例基础上,针对以上比较项目,结合所评测户外媒体对象实际情况进行量化;其中,有一部分比较项目为非系数性量化,即需要根据多人次的专家评估法,将感性的认知,转换为相对理性的数据。

(2) 通过模型的自动计算,最终获得该媒体的每 1000 万元投入获得的广告效应,每 10 个单位广告效应需要媒体数量,以及对客户价值、记忆水平、品牌形象和投放成本 4 大比较类别的分值和比较情况。

(3) 测评模型中的加权数是可变的。每个公司都可以根据自己的体系,或不同的客户的不同要求进行调整,对重要的因素和次要的因素做出区分。

按照以上的测量体系和方法,首都机场 T3 航站楼主要户外媒体价值的分析情况如表 4-9 所示。

表 4-9　首都机场 T3 航站楼主要户外媒体价值的如翼传媒测评模型分析情况

广告效应和投放性价比结论汇总		T3 机场高速立柱广告	T3 到达展位
OTA 媒体广告效应		23.1	34.0
其中	客户价值	4.8	4.7
	记忆水平	3.9	5.7
	品牌形象	9.2	5.1
	投放成本	3.7	4.1
每 1000 万元投入获得的 OTA 媒体广告效应值		5494	9781

(资料来源:http://www.ontimead.com/pro_info.php? id=74&type=2。)

以上为如翼内部测评结果,从以上测评结果不难看出,T3 到达展位媒体的性价比和传播效果都是非常不错的。

三、融合背景下户外媒介广告价值评估变化

随着我国广告业的迅猛发展,户外广告投放量的增速十分明显,已成为第二大广告投放媒体,仅次于互联网媒体。2015 年上半年,我国户外广告总体投放额达 615 亿元。

在媒介融合的大背景下,户外媒介依靠科技和互联网络的发展,其传播也发生了较大的变化。但是以下的价值评估要素是值得研究者深入思考的。

1. 人数及到达

更精准的覆盖人数统计无疑是户外媒介评价进一步的需求。随着手持智能终端的普及,对户外媒介接触的实际评测变得更加方便和可行。

2. 户外广告的环境

户外媒介所处的背景环境。环境对于接触效果的影响是客观存在,对受众接触户外媒介内容会产生干扰。随着科技的发展以及对受众地理位置信息的获取和深入研究,进一步探究消费者的生活圈,这一问题有可能得到很好的解决。

3. 受众对媒介内容的卷入度

受众对内容的卷入度,直接影响其接触效果。户外媒介承载的广告形式越来越多,楼宇视频及其他新形式户外广告媒介普及,视频、图片、清晰度、画面质量等与内容方面相关的吸引力应该要进行科学合理的测评。

4. 要体现互动传播的全面效果

户外媒介结合互联网络终端,在促进行动等互动传播层面有了更为广泛的应用和前景。互动体验的效果怎么样?应该成为移动互联发展时代背景下户外媒介评估的一个重要指标。

经典案例 4-8

Peak Performance 的虚拟商店:为运动造势的神奇时刻

2014年北欧户外运动品牌 Peak Performance 为给自家产品造势,发起了一项名为:"Magic hour virtual pop-up shops(神奇时刻,虚拟商店)"的活动。

每次日出或日落的那一刻,Peak Performance 就会开启虚拟商店,迎接"美妙时刻"。

这时,在虚拟商店里会有一份免费商品,如果想要获取它用户便需要在正确的时间达到正确的地点。然而,每天的地点是不同的,虚拟商店会根据用户手机的定位系统,在不同的位置开启,以此鼓励用户穿上运动鞋,或者骑上自行车,去参与运动。

Peak Performance 的这项活动旨在号召人们积极参与户外运动,尤其是在日出或日落这样美妙的户外运动黄金时间段,如图 4-13 所示。

图 4-13 Peak Performance"美妙时刻"宣传视频截图

(资料来源:http://www.a.com.cn/info/Creative/ys/2015/0417/281912.html。)

思考

1. Peak Performance 的这种户外广告形式,相较于传统户外广告有什么创新和突破?

   提示:采用新型虚拟科技、与移动互联网结合、更加强调用户的参与性等。

2. 思考这种新型的户外广告实现的可能性。

关键词

媒体广告价值　media advertising value
目标群体指数　index of the target group
品牌影响力　brand influence
点击率　reach
投资回报率　ROI(Return On Investment)

思考题

1. 媒体广告价值评估对广告商投放广告起到什么样的作用?
2. 媒体广告价值评估在融媒体时代面临怎样的变动?

推荐阅读书目

1. Sut Jhally:《广告的符码》,马姗姗译,中国人民大学出版社,2004年版。
2. 尹隆:《媒体市场广告价格问题研究》,机械工业出版社,2013年版。
3. 陈俊良:《传播媒体策略》,北京大学出版社,2013年版。

第五章 视听广告投放及优化

本章导言

1. 理解融媒体背景下广播电视广告的新特征。
2. 掌握融媒体背景下广播电视媒体广告投放的优化策略。

视听广告主要包括广播和电视广告,以视听与音频作为主要传播元素。为与现有知识体系相容,本书沿用广播电视广告表述,但从理念和实务上都进行了新的拓展。广播在融媒体时代受到了巨大冲击,但主打声音元素的音频广告找到了新的天地。电视也受到媒体融合的冲击,但视频元素的作用在融媒体时代得到前所未有的发挥,基于移动、互动和植入的视频广告产生的价值更加强大。本章剖析了广电广告在融媒体背景下的新特征、新发展和优化策略。

本章引例

英国天空广播公司(British Sky Broadcasting,BSkyB)拥有欧洲最大的直接到户的卫星付费电视系统,是英国最大的付费电视台。随着媒介融合大潮汹涌而来,作为卫星网络运营商起家的BSkyB自然不会守着原有的基础业务故步自封。原电视时代以直播和转播业务为主的业务板块,已分别延伸至内容和渠道两大部分来进行产业链上下游的扩张;由渠道部分衍生出终端部分的业务群,跃跃欲试抢占融媒环境下的内容出口;而原有的宽带业务和电话服务也进行相应拓展,其中电话呼叫中心不仅承担着订户管理的基础功能,更成为营销部门甚至差异化节目销售的有力武器。

首先,BSkyB在技术驱动下进行传统业务的形态融合。第一,作为渠道商起家的BSkyB将渠道直接兼并,扩张电视频道的覆盖版图;第二,采取"体育+电影+原创"的模式,以合作引入优质内容;第三,终端从3D转推4K超高清,打造"Sky云"新型机顶盒;第四,运用大数据使得精准化的广告定制成为可能。

其次,BSkyB积极开展"第二屏"业务,即能与电视节目内容互动交流的电子设备,使得观众能够摆脱固定电视机的束缚。第一,内容上实现实时视频分享的版权合作,提供第二屏互动服务;第二,渠道上开展"广电+电信"模式应对移动互联网;第三,终端上抗衡视频网站,打互联网电视 Now TV 硬件与终端的组合拳。

最后,积极开展"非电视"业务,如卫星宽带电话一体化服务,积极搭建公共 Wi-Fi 平台;基于 Call Center 的订户管理系统,进行差异化节目销售。

此外,BSkyB还调整内部机构,进行行业内并购,牵手通信商进入移动互联网视频领域。

(资料来源:向怡颖,《BSkyB:英国广电大亨的融媒之路》,载《广告大观:媒介版》。)

思考

BSkyB发力传统电视、第二屏和非电视业务、向产业链上下游扩张给国内广播电视媒体的发展带来什么启示?

第一节 广播电视广告的发展演变及现状

广播和电视同属于电波媒介,都以电子形式传送声音或图像,所以广播电视广告亦可统称为电波广告。具体而言,广播广告传播速度快、传播范围广,具有较强的灵活性和流动性,它利用广播媒介来诉诸听觉,使广告效果富有交流感和意境性。电视广告集声、像、色于一体,普及率高,视觉冲击力大,易与受众建立亲密感情,能更直接地再现商品或广告诉求。

一、广播广告的发展演变

1. 世界广播广告

1920年10月27日,美国匹兹堡西屋电气公司正式建立匹兹堡广播电台——KDKA广播电台,这是第一家向政府领取执照的商用电台,标志广播事业正式诞生。1922年8月28日,美国一家电报电话公司在纽约成立广播电台——WEAF,以每10分钟100美元的价格出售广告给纽约长岛经营房地产的昆斯鲍罗公司,播出了世界上第一条广播广告。此后,美国其他广播电台也争相效仿,广播开始成为广告的一个重要的现代化大众媒体,开创了新的广告媒体时代。

20世纪30年代起,广播广告进入"黄金时代"。1930年,美国过半的家庭拥有收音机,广播广告的地位日益提升。广播内容轻松、播报及时,给当时生活拮据、精神萎靡、情绪低落的人们以心理慰藉。世界各地的广播电台数量逐渐增加,广播广告的营业额大幅度增长。许多广告制作公司针对客户的特点,开始专门构思并制作完整的广播节目,机构广告和战争广告开始盛行。

20世纪50年代后,电视作为一种新型传播媒介出现并迅速崛起,广播开始面临严峻的挑战。美国三大广播网在电视行业大展身手,许多其他电台业主开始申请开办电视台的许可证,这使得广播广告的投放量锐减,电视广告的投放量直线上升。从1950年到1955年,全美广播广告收入由10.7%跌至6.1%,相反的,电视广告收入由3%上升至11.2%。到了20世纪七八十年代,广播广告的收入一般占世界广告总营业额的6%～7%,一直低于7%。广播广告生存空间受到严重挤压,广播节目不得不对传播内容进行调整。从1953年起,各大电台开始减少音乐与娱乐节目比重,对服务对象进行更为精准的广告投放,"窄播化"和"专业化"的广播形态逐渐改变了传统的广播广告投放方式。

广播广告发展至今,成为较为人性化的广告媒体,能使受众在不知不觉中接受广告信息,在广告市场中仍具有强大的潜力和生命力。

2. 中国广播广告

中国的广播电台几乎和世界广播电台同步诞生。

1923年1月23日,美商奥斯邦(Osborn)与《大陆报》合作成立的中国第一家无线电台"大陆报-中国无线电公司广播电台"首次播音,这是中国出现的第一座广播电台,以播放音乐和推销收音机为主。

新孚洋行和开洛公司在上海创办了第二座广播电台,每天播音8小时,节目内容为商情、文艺、新闻,中间插播广告。这是中国最早出现的广播广告。

1926年10月1日,哈尔滨广播无线电台开播,这是中国人自办的第一座广播电台。1927年3月,我国最早的私营及民办广播电台——上海新新公司广播电台开播,节目内容多为广告,以宣传公司产品为主。

中华人民共和国成立前,上海有100多个民营广播电台,除两家属宗教性质外,其余都是商业电台,基本靠商业广告收入维持运营。广播事业不断发展,到1928年时,上海的收音机拥有量已经突破3000台,广播成为继报刊之后的第二大媒介。

中华人民共和国成立后,广播广告发展迅速。1951年,上海、北京等地的广播电台实现盈利,天津的广播电台也实现了经费自给。1953年,我国开始了对农业、手工业和资本主义工商业的社会主义改造,中华人民共和国成立前以私营为主的广告业正是公有化改制的重中之重,广告经营举步维艰,商业广播广告受到剥削,私营广告公司逐渐销声匿迹。

改革开放后,广播媒体恢复广告业务,国内整个广告市场开始出现生机。1979年3月15日,上海人民广播电台第一个宣布恢复广告业务,播出了恢复广告业务后的第一条广告"春蕾药性发乳"。随后部分省、市级电台也开始播出或恢复播出广告。1980年1月1日开始,中央人民广播电台正式播出广告。

目前,我国经营广告的电台已有900多家,年营业额达13亿元左右,占全国广告总额的2%以上。

总体上,我国广播广告的发展与发达国家相比,还有不小的差距。除了广播广告的总营业额所占比重明显偏低之外,在创作水平和播出质量上也存在很大的差距。

二、电视广告的发展演变

1. 世界电视广告

二战前,电视仍然处于初创阶段,受技术和设备的限制,其传播模式基本遵循广播形成的模式,对自己的节目安排保持着严密的控制,播出效果不够理想。1941年7月1日,美国全国广播公司(NBC)旗下的"WNBC"电视台在棒球赛播出前的10秒钟时段,播出了宝路华钟表公司(Bulova Watch Company)的广告,这是世界上第一条电视广告。从此,电视商业广告开始从广播中分离出来,电视成为独立的现代广告传播媒体。

20世纪50年代,得益于电子科学技术的发展,电视在媒体市场的地位越来越高。1954年10月17日,第一条电视广告在英国播出时,遭到所有的国家媒体强烈的、连篇累牍的讨论与抨击。在当时的英国人看来,电视广告比挨家挨户推销的销售员更加无耻,英国人花了好多年才接受电视广告。

1945—1959年,商业电视开始兴起,它逐渐发展成为最有力的广告媒体,带给人们全新的视觉体验。1954年,美国首先开办了彩色电视节目,电视广告效果得到快速提高,广告营销策略从内容到形式趋于成熟。

20世纪60年代中期,随着彩色电视研制的不断完善,电视节目的制作成本逐渐降低,彩色电视开始进入新的发展阶段。电视广告开始注重引入电影的手法,告别直白陈述的形式,转而选取精致创意的广告内容来吸引受众。这一时期的代表人物有大卫·奥格威(David Ogilvy)、威廉·伯恩巴克(William Bernbach)、李奥·贝纳(Leo Bernard)、乔治·路易斯(George Lois)等,广告创意和策划开始成为当时广告人的本位观。

随着电视采录技术的不断改进、电视栏目的创作质量提升,受众多元化的需求得到满足。

2. 中国电视广告

上海率先开始了我国的电视广告事业。1979年1月28日,上海电视台屏幕出现了"即日起受理广告业务"字样,并播出了时长1分30秒的参桂补酒的广告,这是我国电视史上第一则商业广告,它标志着中国电视事业和广告事业的新开端,翻开了中国电视广告史的新篇章。1979年3月15日,上海电视台又播出了第一条外商电视广告,电视广告的质量也在不断提高。

1979年12月,中央电视台开办《商业信息》节目,开始集中播送国内外商业广告。此后,全国各地的电视台纷纷效仿。1989年,中央电视台在黄金时段推出公益广告栏目《广而告之》,这些广告以教育、幽默、讽刺的手法传递正确的价值观,树立了中央电视台良好的形象,受到观众好评。1991年,全国500多座电视台纷纷开始成立自己的电视服务公司、广告部、公共关系部或信息部,专门经营广告业务。1994年,中央电视台首次举行广告段位招标,孔府家酒以3099万元获得"标王"的称号,从此拉开了"标王"的争夺战。在此期间,电视广告的形式不断创新,内容不断丰富,收视份额逐渐上升。

在传统电视快速发展的同时,一种新的电视形式——数字电视开始出现,它是继黑白电视、模拟电视之后的第三代电视系统。数字电视的兴起,在某种程度上标志着以台为基础的模式开始向以频道为基础的模式过渡,广播电视专业化、深度化、纵深化得到进一步发展。在这种背景下,数字电视广告具有多媒体整合特性,它通过整合优势与互动手段,建立客户资料数据库和消费行为数据库,从而突破了传统意义上以性别、年龄、收入等人口统计特征和方法来划分目标群体的局限。首先,它把目标群体设定得更为细化、小型化,从而为更多数量的个体消费者提供需要的信息,同时也符合广告商所设定产品市场的目标使用者。其次,观众收看数字电视的过程、偏好、购买习惯等资料都可以存储起来,建立服务于广告主准确定位目标顾客群体的背景资料库,用以监测数字电视广告的传播效果,更好地了解客户需求和偏好,使广告传播的目标更明确。如此一来,通过观众点播、互动、存储、购买等业务信息,广告主就可以更快寻找到目标群体,有效利用平台资源并快速地赢得受众,从而为电视广告行业创造新的盈利平台。

三、广播电视广告的现状

互联网广告市场发展增速加快,传统广电广告面临着严峻的考验。

1. 增速放缓

中国的GDP(国内生产总值)从2008年的30.067万亿元增长到2013年的56.8845万亿元,年均增长率为8.8%;广电总收入从2008年的1452亿元增长至2013年的3734.88亿元,年均增长率达17.34%;广电广告收入从2008年的701.75亿元增长至2013年的1387.01亿元,年均增长率近15%(见表5-1)。仅从这些数据的简单比较来看,2008年至2013年,广电总收入年均增长率以及广电广告年均增长率都超过15%,而我国GDP年均增长率为8.8%,前者增速远高于GDP增速,表明广电行业近几年来仍然具有较为强劲的发展势头。

表5-1 中国GDP、广电收入、广电广告收入数据表(2008—2013年)   单位:亿元

时间	GDP	增长/(%)	广电收入	增长/(%)	广电广告	增长/(%)
2008年	30.0670万	9.0	1452.00	10.3	701.75	16.8
2009年	33.5353万	8.7	1852.85	17.0	781.78	11.4
2010年	40.1202万	10.4	2301.87	24.2	939.97	20.2
2011年	47.1564万	9.2	2717.32	18.0	1122.90	19.4
2012年	51.9322万	7.8	3268.79	20.2	1270.25	13.1
2013年	56.8845万	7.7	3734.88	14.3	1387.01	9.1

但是自2010年广电广告的增长率(20.2%)达到顶峰之后,广电广告的增长率一直呈下降趋势,说明近年来广电广告的增势放缓(见图5-1)。

2. 市场份额减少

网络和新媒体的崛起,使得中国广播电视媒体行业广告市场受到影响。在新的传媒格局下,广播电视广告的市场份额有所减少。

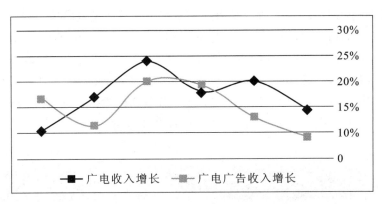

图 5-1　广电收入、广电广告收入历年增长率(2008—2013 年)

2008 年,全国广告总额约 1900 亿元,其中电视广告 501.5 亿元,占比 26.40%;广播广告经营额 68.34 亿元,占比 3.6%(见图 5-2)。2013 年,整个广告市场增大,由 2008 年的 1900 亿元增加至 5000 亿元,但是广播电视广播的占比略有缩小,电视占比由原来的 26.4% 变为 24.94%,广播占比由 3.6% 变为 2.8%(见图 5-3)。

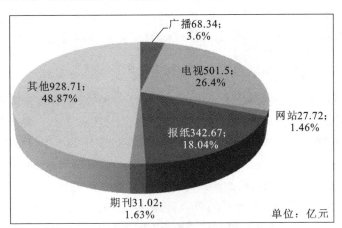

图 5-2　2008 年各类广告所占份额图

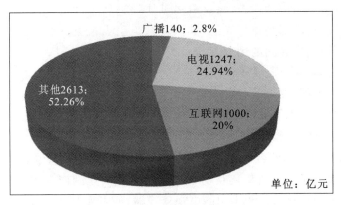

图 5-3　2013 年各类广告所占份额图

而在 2014 年,网络广告市场份额达到 1540 亿元,首次超过电视广告。虽然广电广告市场的生存空间面临严峻的挑战,但是互联网新型广告市场的商业模式及运营态势仍处于探索阶段,尚未形成一种均衡的态势。而传统广播电视经历过漫长的发展过程,拥有新媒体所不具备的公信力、权威性及品牌影响力,广告主对传统广电的广告投放仍有较高的"黏附度",具有不可替代性。因此,广播电视广告应立足于自身优势,适应传媒领域的新变化,利用互联网平台加速数字化转型与重构。

第二节 融媒体背景下广播电视广告的新特征

融媒体背景下广播电视媒体不断发展,许多特征正在发生着变化,广播电视广告也逐渐显现出一些新的特征。

一、广播电视广告的数字化转型与重构

在融媒体的媒介生态环境背景下,依托网络平台营造强大广告推广势能、基于数据库实现定制广告的精准投放,是广电媒体广告数字化转型与重构的战略选择。

(一)依托网络平台营造强大广告推广势能

网络平台融通资本、渠道、技术、市场等全方位的优势,具有传播范围广、营销成本低、信息呈现方式多元化等特点,能够克服广播电视广告依靠单一媒介传播的局限,信息能在不同媒体之间流通与互动。广播电视广告在数字化转型中可依托网络平台营造强大广告推广势能,扩大广告的品牌知名度,主要包括以下两个方面:

第一,相同信息在不同媒体之间的交叉传播与整合。例如,在可口可乐"Chock 手机 App"的广告推广过程中,跨媒介的整合传播优势就得以很好地体现。可口可乐曾推出一个 App 叫"Chock",用户下载此款 App 到手机后,在指定的"可口可乐"沙滩电视广告播出时开启 App,当广告画面中出现"可口可乐"瓶盖,且手机出现震动的同时,挥动手机去抓取电视画面中的瓶盖,每次最多可捕捉到 3 个,广告结束时,就可以在 App 中揭晓奖品结果。奖品都是重量级的(如汽车),吸引力很大。这种广告形式将传统的电视广告转化为不同媒介间的用户互动。

第二,媒体之间的合作、共生、互动与协调。2016 年湖南 IPTV 推出全新电视互动娱乐产品,基于大数据,聚合了节目互动、智能导视、资讯服务、生活服务、电视社交于一体,为用户提供基于电视屏幕的全面服务体系,致力于盘活电视流量,提升电视用户参与感。该产品是 IPTV 领域的又一次创新,将对国内电视生态产生深远的影响。湖南 IPTV 为电视台提供全面的台网互动方案,电视台节目播出不再是传统的单向节目编排,而是可让观众随时参与到节目互动中来。产品首次在湖南卫视《我是歌手 4》栏目中进行应用,电视用户只需使用手中的电视遥控器,便可实时参与现场歌手投票、评分,体验与歌手的互动,加入到自己喜欢的歌手歌友会中去,并且有机会与歌手现场互动。

用户观看直播与现场观看几乎没有差别。芒果 TV 的 IPTV 负责人表示,除了节目互动外,芒果 TV 将通过互动娱乐平台不断推出更多服务项目,用户可随时查看最新热门直播、点播内容、订阅自己喜爱的服务,共同完善电视生态体系。

(二)基于数据库实现定制广告的精准投放

由于定位不明、信息不全等原因,传统的广告投放造成了资源成本的极大浪费。在广播电视数字化转型与重构中,广告的投放结构发生很大的变化。

现代意义上的广播电视广告由传统商业模式的"硬投放"转变为根据用户特质精准投放的"定制营销"。这种精确营销的方式一改传统广告投放方式,能培养客户更为持久、有效的品牌忠诚度。

目前,基于数据库进行广告的精准投放已成为发展趋势。2014 年 1 月,英国天空广播公司(British Sky Broadcasting)全面启动视频广告服务 Adsmart。该服务以天空电视台在全英国范围内安装的 730 万个 Sky HD 机顶盒为硬件基础,通过机顶盒从卫星下载广告资源库,并根据前期收集的用户数据,针对收看家庭的成员人数、地理位置、收入水平、消费习惯等特点,在观众收看电视的时候实时插入最适合该家庭的广告内容。这意味着在同一个广告时段,你与你的邻居所看到的电视广告内容也许并不相同。Adsmart 服务是通过进一步细分受众市场,进行电视广告的"定制营销",从而实现了精准投放。除英国 Sky TV 外,推出电视定制广告的还有美国的 Gracenote 公司,该公司已开发出针对互联网电视的定制广告系统。

广告主要想真正实现广播电视广告的精准投放,要考虑以下三个因素:信息收集、市场细分、受众互动。

数据库中的信息收集是基础。一方面,媒体可以建立动态信息管理系统,加大对数字基础方面的投入,发挥内容制作上的传统优势,对当前的节目形式和运作体系进行全面改造,建立媒体机构自己的基于大数据技术的智能平台;另一方面,广告主可以借助较为成熟的数据运营公司,如当前的 iAdTracker、CTR 的广告投放监测数据、易传媒技术平台、AC 尼尔森零售研究等,分析预测广告效果。

数据库的细分管理是核心。它不仅有利于精准广告定位的进行,提高广告到达率,而且能帮助广告主以最快速度与目标受众群体相契合,增强受众对品牌的心理效果及行为效果。一方面,广告公司可以通过测量数字电视机顶盒或数字广播移动终端的数据反馈,包括收视率、点击率、覆盖率、收看频率、影响力等衡量指标,对投放市场进行分时段、分地域、分频道的多维度考察,从而找到目标投放市场。另一方面,广告主可对目标受众进行市场细分。通过数据挖掘技术,可以准确地跟踪受众的兴趣爱好、接受习惯、偏好评价,探寻符合受众所需要的媒介内容组合方式,以此带来更好的广告体验。

与数据库中的目标受众互动是关键。例如,爱立信在与 NRK 携手推出的全球首个定制移动电视广告中,创立了用户"主动参与"的新型传播方式。广告具备互动性,并根据个人用户的不同年龄、性别、所在位置和兴趣爱好量身定制。用户可以收看基于挪威流行电视节目 Patraden 改编的一个全天候电视节目,他们不仅可以通过手机投票和聊天的形式与节目主持人进行互动,还可以上传图片和视频短片以丰富节目的内容。用户由原本被动接收广告信息,到主动参与并进行传播,大大增强了广告的投放效果。

二、广播电视广告的受众分流与重聚

融媒体背景下,广播电视广告的受众正经历着分流与重聚的过程。

(一)广播电视广告的受众分流

随着社会的转型分化、媒介技术的发展、视听媒介的数量增多及内容供应不断丰富,受众的自我意识开始苏醒,在兴趣爱好、行为理念、情感诉求、价值认同等方面呈现异质性的趋势,因此受众的需求动机及审美倾向走向多元化,小众传媒时代来临。

在受众分流的小众传媒时代中,广播电视媒介也发生相应的变化,广播频道的"窄播化"及电视节目的"专业化"成为趋势。

就广播"窄播化"而言,广东珠江经济广播电台模式值得借鉴。该台从1986年12月宣告成立以来,便打破原来综合性一体的节目结构,经济、交通、教育、音乐、资讯等系列分台的形式风靡全国。它的节目以直播为主,主持人在公开场所主持活动,邀请观众参与节目互动,打破了节目分割形式。这种全新的"珠江模式"对于之后广播节目内容创新影响深远,标志着我国广播开始走向"窄播化"。

与此同时,电视节目"专业化"也得到发展,国外如CNN、HBO均是电视节目专业化品牌代表。国内如央视也实行频道专业化向频道品牌化发展。2005年初,中央电视台专业化频道定位完成后,提出"频道品牌化"的发展战略,并先后开办新闻、法制、农业、戏曲、少儿、音乐、中文国际、英文国际等频道,扩展了电视节目的品牌影响力。

在广播电视节目窄播化和专业化的传播环境下,根据职业、性别、收入、地域、文化程度等标准,广告受众开始被广告主和媒介划分成小规模的"受众群",广告主不再一味追求整体听众规模的大小,而是结合媒体特色及受众特征来提高受众"质量"的精细度。例如,"米老头"根据产品目标消费人群年轻化、娱乐化、时尚化的特点,结合卫视频道的收视率、受众结构,在众多卫视媒体中选择了湖南卫视、浙江卫视、江苏卫视作为品牌传播的渠道。

(二)广播电视广告的受众重聚

然而,随着新媒体的迅速崛起及"融媒体"时代的到来,媒介分化进程开始发生改变。以移动客户端、IPTV等为代表的新媒体为分流广告用户的有效整合提供了平台。在高度分散"去中心化"的市场中,单个的、分散的、匿名的受众个体重新聚合,组成庞大的集合体并使其规模化。

广播电视在与新媒体竞合过程中,广告受众也在重聚。这里所说的受众重聚与受众分流并不矛盾,相反,它们是有机统一的过程。

从群体归属看,在融媒体时代下,广告受众划分标准在分化的基础上走向小众规模化,即对于同一阶层有着共同需求和生活方式的个体重新汇集在一起,形成自己独有的"亚文化"群体。例如,2009年12月上线的豆瓣FM电台针对年轻一代音乐发烧友,推出"与喜欢的音乐不期而遇"的口号,在明确定位后,为大批碎片化的用户提供重聚平台,使得用户评论、共享音乐成为可能。此外,它还根据用户浏览记录进行数据匹配,为用户量身定制自己的喜好,实现个性化与人情化。因此,它推出的植入性广告大多面向热爱音乐、积极向上的文艺青年,以演唱会、咖啡馆、电影、书籍等滚动性广告为主,贴合用户心理,投放效果较好,为广告主占领了一个较大的广告市场,如图5-4所示。

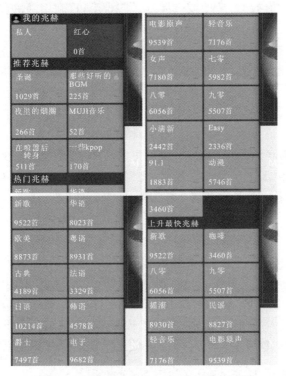

图 5-4　豆瓣 FM 内不同风格内容的兆赫

受众的重聚来源于媒体和广告主的聚合经营策略,受众的碎片化分布正以微小的力量产生巨大的传播效果。广告主如果能重聚之前被分割的受众群,迎合受众个性化的需求,为其大规模定制产品和服务,进行差异化经营,将有利于提高利润。

第三节　融媒体背景下广播电视广告的类型

技术的发展与媒介的融合推动了广播与电视媒介形成新的广告表现形式。

一、融媒体背景下广播广告的类型

融合背景下广播广告的类型主要有关键词广播广告、车载广播广告、声音二维码广播广告。

(一)关键词广播广告

在实际的广告推送过程中,广告主最看重的不是技术层面上的形式,而是最终取得的广告投放效果。广播传播作为单向的线性传播，不受时空限制，信息的到达率较高，但互动性较差，用户一般只能通过热线、点播等方式与电台节目互动，无法真正实现广告主与受众的"双向"沟通。在融媒体背景下，广播广告的投放可以借助新媒体移动客户端来实现与受众的有效对接，即在广播推送广告后，再利用手机移动客户端来进行广告的二次传播，延伸品牌产业链，重构广告价值。

关键词广播广告成为融媒体时代下出现的一种新型广告形式。由于其制作成本低，预算可控，并且能够有效解决广播广告投放规模化与精准化之间的矛盾，而备受广告主关注。受众在收听广播时，如果对某个内容感兴趣，可以通过移动终端对内容进行关键词搜索，产品的多个利益诉求点可以通过多个短期广告在网络页面上立体式地呈现出来。酒仙网的广告投放是关键词广告营销模式中的典型代表。酒仙网在网站成立三周年之际推出免费送酒的大型活动，以期进一步扩大网站知名度的同时带动产品销量。酒仙网先进行为期 15 天的尝试投放，将网站及广告的诉求信息精简提炼出"酒仙网"、"免费送酒"等核心关键词，以及"买真酒"、"十万瓶"等长尾词，并将这些信息浓缩成 7.5 秒或 10 秒的广告语，通过中央人民广播电台向全国的受众进行高频次的提醒式宣传，受众凭借印象中的关键词进行网络搜索，了解更全面的信息。

在关键词广播广告投放中，要注意收集以下四个方面的信息：首先，确定目标受众与媒体平台的结合，要考虑到受众群体的心理与品牌特性；其次，了解目标群体的搜索习惯及可能涉及的关键词；再次，通过关键词的搜索，追踪用户手机 IP 地址，了解受众的消费倾向及消费需求，并对关键词做出调整，进而优化网站内容；最后，通过分阶段的观察，统计整体关键词搜索广告的点击次数、时段，必要时对广告进行比较分析，把握整个目标市场动态变化。

（二）车载广播广告

车联网时代的到来，使得网络广播越来越受欢迎，它开始打破私家车广播的封闭性，连接网络的手机、车载系统逐渐成为网络广播的主要载体。

部分广播电台开始推出与车载系统相连接的设备，以适应依赖高速 4G 网络的车联网的快速发展。2012 年 7 月 4 日，豆瓣 FM 网络电台首次实现 iPhone 智能手机客户端与宝马汽车车载设备接驳。在配备 App 的宝马汽车中，用户只需将 iPhone 手机与车辆连接，就可以在 iDrive 系统中收听手机上安装的豆瓣 FM。它实现了智能手机与车载信息娱乐系统的整合，进一步扩展了车辆与数字环境的智能连接空间。2014 年 3 月，苹果公司再次推出融合了 iOS 设备及链接智能车载系统的 CarPlay，只要将用户的 iPhone 连接到启用了 CarPlay 的汽车，就可支持电话、音乐、地图、信息等应用程序，还可以通过 Siri 对汽车触摸屏进行控制，为 CarPlay 提供了操作系统的支持，如图 5-5、图 5-6 所示。

在车联网的车载广播中，用户在不改变原有车载式广播收听习惯的前提下，享受移动手机终端的智能，实现"车内联网"和手机应用互动。利用无线功能，广播广告在 LBS 精确定位的基础上，整合手机平台优势，根据用户喜欢的音乐、内容以及驾驶的车辆类型来智能推送不同的广告。例如，Placecast 企业与车内屏幕制造商 Aha Radio 正在测试一种嵌入式基于位置的新型广告模式，将基于地理位置的团购带到了用户的汽车上。当人们驾车经过某一个商场时，Placecast 就会将这家商场的促销信息投送到车内的屏

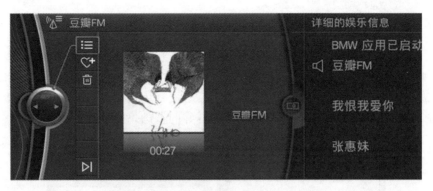

图 5-5　豆瓣 FM 与 BMW 互联驾驶的接驳

图 5-6　BMW 互联驾驶拥有独特的音乐专辑封面显示功能

幕上,并且将这个促销信息发送到车内的无线电中,以广播的方式向司机播报。如果用户听到自己感兴趣的促销信息,只需轻轻点一下屏幕,就能够将促销信息发送到自己的智能手机上。这种基于地理定位系统的新型广告,以终端消费者的价值为导向,为用户提供了个性化服务,极具广告商业价值,如图 5-7 所示。

图 5-7　Aha Radio 车内屏幕出现的 Quiznos(连锁快餐店)的点餐信息

(三)声音二维码广播广告

继手机及电视节目二维码相继推出后,广播也开始利用自身优势,推出声音二维码——蛐蛐儿。它是一种信息传输服务,采用仿生学技术,通过声音将图片、文字、链接等在手机与手机、手机与电脑等设备之间进行近距离传送,不需要数据线连接即可群发、转发,它为广播媒体开拓广告业务奠定了良好的基础,如图5-8所示。

图 5-8 利用"蛐蛐儿"在多部手机之间传输图片文件

在移动技术及平台的支持下,广播推出的声音二维码广告将广告主宣传内容的数字信息编码转化为时长不超过 2 秒的声波信号形态,通过广播广泛传播后被手机应用程序所识别,再被转译为网页、文字、图片等直观信息,可将直接引导受众进入企业官网,并与受众实时互动。即使在行驶的汽车内,识别转译的准确率仍可达到 95% 以上。声音二维码在广播广告中的应用解决了广播信息不能驻留和广告资源有限的问题。

在声音二维码技术的发展中,这类广告有如下特点:

第一,声音是连接广播和互联网的关键指令,它突破普通二维码仅对文本进行编码或解码的局限,最大化地发挥了声波优势。

第二,移动终端中的 App 需要对声波进行识别。目前,蜻蜓 FM、优听 FM、爱听 FM、豆瓣 FM 都拥有极佳的 App。以豆瓣 FM 为例,它已经推出基于 Mac OS 系统和 Android 系统的移动终端的客户端下载,并提供个性化服务,具有定时关闭、背景模式自设、挂机自动恢复等功能。

第三,用户在收听广播节目的同时,也可以通过手持终端进行信息搜索或参与活动互动。当终端对广播广告发出的声音进行识别后,广播可以向用户推送个性化定制广告,如团购信息、限时优惠等。用户通过支付宝或手机银行进行支付的同时,也可以将此信息在社交软件上进行分享,提升广告传播价值。

二、融媒体背景下电视广告的类型

数字互动电视渐渐普及,数字化后的电视最明显、最具价值的特征就是其互动性。全新的传播媒体将为广告主提供一个更强有力的传播渠道甚至销售平台。美国传播学家托马斯·鲍德温等人就曾提出过一些数字电视广告的新形式。

(1)信息提供:属于电视插播广告,可鼓励收视者利用家中的终端机键入要求,犹如将信息"邀请"进入家中。

(2)直接回应电视:广告具有交互性设计,观众可自由进入,且可配合个人需求。

(3)节目长度广告:广告与娱乐节目、直销融为一体。

(4)咨询积费广告:媒体出售的不再是广告时段,而是按电视用户咨询的次数与时间,向广告主计次收取费用。

近年来,数字电视广告,尤其是数字电视互动广告的发展迅速,其表现形式也日益多元化。目前,主要的数字电视互动广告有以下几种类型。

(一)增强型电视广告

增强型电视广告,即保留固定的广告时段,对传统电视广告进行改造或增强,以延伸或附加的方式进行广告互动。这种类型在英国应用得较为普遍。如在传统电视广告播放时,屏幕上出现提示性图案或文字,提示观众这则广告可以互动,此设置称为互动呼叫(Call-to-action,CTA)。观众在提示下按遥控器上的相应按钮,便可进入互动广告环境。广告资料下载完毕后广告影片便开始播放,观众可通过手上遥控器任意选择观赏哪一支广告影片。影片观赏中途或直至完毕,观众可选择重复观看、对广告进行评价、参与有奖调查、获取样品、购买或离开广告回到原来收看的节目。

(二)植入型电视广告

植入型电视广告,即取消固定的广告时段,将产品、品牌及其代表性的视觉符号甚至服务内容策略性地植入到节目或导航界面中。这种类型在美国应用得较为普遍。

就近两年非常火爆的真人秀节目来看,此类节目可以较好地还原现实场景,更贴近真实生活,内容涉及人们的衣食住行用各方面,因此非常适合加入植入广告,如图5-9所示。

(三)购物型电视广告

购物型电视广告,即现有电视购物频道的互动版,增加了产品查询、价格咨询、在线服务等互动功能。如湖南卫视的快乐购平台(见图5-10)。

(四)点播型电视广告

点播型电视广告,即与视频点播类似,但提供给观众点播的不是电影或电视节目,而是广告。联网电视的交互性、精准性、可测量、可寻址、可应答、可控制等特性,使电视广告的传播更有价值。

	《奔跑吧兄弟》第二季	《花样姐姐》		《前往世界的尽头》
首期时间	4月17日	3月15日	首期时间	4月17日
播出频道	浙江卫视	东方卫视	播出频道	江苏卫视
	13个	7个		6个
	冠名：伊利安慕希	冠名：韩东		特约：阿里旅游
植入品牌	oppo手机、RIO、苏宁易购、百岁山、特步、长安马自达、海澜之家、同程旅游、金龙鱼、麦鲁小镇、活泉、腾讯	首席合作伙合作：蘑菇街、特约赞助、vivo手机、土耳其航空、途牛旅游网、百度、美图秀秀	植入品牌	战略合作伙伴：韩后去角质素、努比亚无边手机、足迹、百度游戏
	节目宣传：《万物生长》电影			新闻客户端战略合作媒体：网易新闻客户端
植入时长	6048次	4674秒	植入时长	
植入频次	239次	87次	植入频次	
表现形式	冠名标、角标、口播、片花、压屏条、实物、虚拟模型、现场广告牌、产品使用、场景植入、道具植入、情节融入	冠名标、角标、滚动字幕、屏条、提示标、口播、产品使用、道具使用、过渡片、微信微博互动、过渡	表现形式	角标、口播、屏条、微博互动、产品使用、明星展示、实物、道具植入
植入特点	品类多、明星与产品互动多、深入植入	嘉宾为冠名代言人设置单元示范产品使用	植入特点	口播为主、携手阿里电商延伸、打通全产业链

	《我们相爱吧》	《花儿与少年》第二季
首期时间	4月19日	4月25日
播出频道	江苏卫视	湖南卫视
	7个	7个
	冠名：丸美	冠名：蒙牛真果粒
植入品牌	特约：多乐士、楚楚街、自然堂、vivo、途牛旅游网	合作伙伴：自然堂、vivo手机、途牛旅游网
	指定产品：怡宝、vivo手机、名爵	指定产品：中国人寿、一汽丰田RAV4、明星衣橱App
植入时长		3480秒
植入频次		162次
表现形式	冠名标、提示标、角标、屏条、产品使用、口播	冠名标、理念植入、环节植入、产品露出、产品使用、花字、动画、标版、角标
植入特点	贴片式为主	现场植入&后期节目包

图 5-9　真人秀电视节目的植入广告解析图

图 5-10　湖南卫视快乐购广告

（五）信息服务型电视广告

信息服务型电视广告，即观众可以自由定制自己电视的"首页"，如设置当地天气、社区促销信息、互动游戏、汽车信息、餐饮信息等。运营商可以根据观众提供的电话号码、邮政编码或反馈的详细信息提供个人化服务。这些信息服务实际上也可以被称为一种广告形式。

第四节　融媒体背景下广播电视广告的优劣势

广播电视媒介在借助数字技术实现与新兴网络媒体的融合后，广播电视广告的优势得到充分的发挥。但是在这种背景下，广播电视广告也存在一定的劣势。

一、融媒体背景下广播广告的优势与劣势

广播并不适合每一个广告主，因此了解它的优势和劣势非常重要。

（一）融媒体背景下广播广告的优势

融合背景下，广播广告的优势主要表现在其沟通性与互动性、移动性与伴随性、低成本与高密集度上。

1. 沟通性与互动性

广播媒介通过电波来传递广告信息，语言通俗易懂，朗朗上口，对受众的文化水平、理解层次及教育程度要求低，与受众的交流和沟通效果较好。尽管广播广告无法做到像电视广告那样图文并茂，但是广播电台能注意到听众心理需求上的差别，播音员亲切自然、颇具人情味的语言，能拉近与听众的距离，最大限度地发挥陪伴功能。

借助声音优势，广播广告不仅增强了内容上的沟通性，更在形式上实现了与听众的双向互动，诸如直播室热线节目、户外直播活动、线上线下的节目营销等。

随着数字技术、移动通信技术、数字音频技术的发展，广播广告的互动性更为明显。通过互联网和新媒体技术，广播广告将整合信息资源、客户资源、受众资源、品牌资源，提高传播效率，实现传统广播与新媒体平台广告投放的有效整合。

一方面，广播媒体有强大的内容制造力，可以将产品迅速推向广大受众群体。手机媒体是个人媒体，可以精准地将信息传递到个体，手机的移动增值领域与广播媒体的结合势必能给广播广告带来新的发展。另一方面，网络电台的出现标志着广播广告互动再次向前迈进一步。就目前而言，它大致可分为四类：一是传统电台的网站形式，如中央人民广播电台、中国国际广播电台开通的官方电台网站，突破了传统广播调频模式，受众可以随时上网收听；二是商业广播电台服务商，如新浪微电台、QQ 网络电台等，主持人在主持节目过程中，可以在微电台页面上发布消息，通过社交网络与网民进行交流，为受众提供边听边聊的一站式交互体验；三是政府公共机构电台网站，如中国青年

广播网、青檬音乐广播电台;四是个性化私人电台,如豆瓣 FM、酷狗 FM、蜻蜓 FM、优听 Radio 等。

2. 移动性与伴随性

广播媒介的收听不受时间地点的限制,自由度高,具有较好的移动性与伴随性。这包括两个方面:第一,人们可以随身携带并且任何状态下都可以打开收音机,随时随地获取资讯、收听音乐等;第二,人们在收听广播时往往可以伴随其他活动,如开车、跑步、旅游、看书、做家务时都可以收听电台节目。这使得注意力分散的受众对广播广告内容不产生抵触心理,并在收听时能在大脑中形成一定的听觉形象,从而在潜移默化中接受广告主传递的广告信息。

央视-索福瑞收视率调查公司(CSM)2012 年的调查显示,所调查的 13 座城市的所有场合,广播的听众规模近年呈小幅下滑趋势,而人均收听量则维持稳定;在车上,听众规模和人均收听量均呈上升趋势。央视市场研究股份有限公司(CTR)2012 年的调查显示,深圳地区使用手机收听广播的听众最多,占比高达 74.1%,其次为使用车载收音机收听广播的听众,占比达到 43.0%,而用传统收音机收听的仅占到 12.1%。车载设备、DTV、手机开始成为广播广告的新型接收终端。这也从侧面说明,随着接收设备和收听终端逐渐微型化,广播广告仍具有广阔的流动传播空间。

广播的移动性和伴随性,也就注定了在传统媒体中,它是与移动互联网特质相结合的最佳载体。即在以 Social(社交)、Local(本地化)、Mobile(移动化)为标志的移动互联网时代下,SNS 和 LBS 服务呈现整合化发展趋势,音频将很快适应移动互联网的应用,集社交需要和定位功能为一体的新型广播将为未来广告发展新型态势。

3. 低成本与高密集度

广播以声音为诉求点,在前期采集、声音录制、制作合成等方面较为简便,耗费的人力物力资源少,形成了广播广告的低成本特征。在国内,发布一次 30 秒的电视广告的费用,可发布广播广告 15 次左右。中央电视台播放 5 秒标版广告的招标费用,可用在中央人民广播电台播放 50 次至 100 次的 30 秒广告。在报纸上做一次 1/4 版的通栏广告,其费用也可在电台上做 50 次左右的广播广告。这从侧面反映出,在四大广告媒介中,广播广告是最为经济实惠的,因此,在广告预算有限的前提下,广播就成为广告主首选的媒体。

比起广播制作的低成本,广播广告需要有密集度较高的投放量,即在固定市场上面向目标群体,进行密集的投入和推送。从广播广告信息传递的实际效果来看,以密集方式安排的广告,其收效和收益要比松散方式明显。因此,在广播广告的安排上,广告主在利用密集方式排放广告时,不妨重点选择媒体资源中最为突出的广告段位(AT 广告段)。

(二)融媒体背景下广播广告的劣势

虽然广播广告能以低成本获得较好的广告效果,但存在以下问题:价值被低估、单一的商业模式缺乏创新。

1. 价值被低估

广播的声音稍纵即逝,保存性较差,无法借助视觉等多重感官来传播信息,广告传播效果受到限制。再加上受到发射条件的制约,我国大部分广播市场都在城市范围内,收听范围大多仅限于本地,行政垄断、地区条块现象突出,节目同质化严重,导致听众数量有限,难以形成规模性的广告销售市场。这就使得广播广告形成以个体为主、各自为政、无法拥有跨区域品牌栏目的现状。

此外,广播的运营价值被严重低估。我国许多电台都缺乏专业、系统的收听率调查,央视-索福瑞、AC尼尔森等数据公司都是从近些年才开始对广播收听率进行调查,以往没有对目标受众的构成情况和收听习惯进行市场分析,而是依靠播出经验来主观评定,这就使得广告代理制度难以形成。一方面,很多广告主因为受到资金的限制,考虑到较高的代理费,不再将某一品牌的部分或全部广告业务交给代理商,而选择自己经营;另一方面,部分代理公司也对广播广告存在偏见,认为广播广告的发展价值及利润空间有限而不愿涉足,这些都导致广播媒介与广告代理公司的合作较为艰难。

在融媒体时代下,受到互联网、手机移动终端、数字电视等冲击,广播经营环境面临较大的挑战。可以说,想要打造世界性的品牌产品,如果没有广告公司的代理,广告经营是很难获得成功的。一直以来,在广播广告的市场推广中,线上广告是广告代理商的传统强项,当前的盈利模式发生改变,线下活动的广告服务能力也应该作为考察广告代理机构的重要指标,提高品牌知名度,从而重新激活广播广告内在价值和外在动力。

2. 单一的商业模式缺乏创新

融媒体环境下,传统广播媒体正面临着巨大的变革。单纯依靠出卖广播时间资源来经营广告的方式已不能适应竞争的需要,部分广播电台正面临产业链不通顺、节目重复利用率低,发展不充分等问题,原有的广播盈利模式——"卖内容、卖广告、卖活动、资本运作"仍难以突破。

因此,广播电台开始建设自身的数字化平台,借助新媒体资源,开发广告新类型,从而扩展广告投放新渠道。

首先,新媒体环境下的广播发展,"内容为王"仍是不变之道,在数字化信息去中心化传播下,做到内容的精致化推送和平台整合是当前广播电台的制胜之道。同时,内容分发渠道也应趋于多样化,以更贴合受众需求的方式来进行内容推送,如"央广之声"与京东商城、凤凰FM、网易等电商及新媒体渠道合作,大大丰富了内容的分发路径。

其次,依靠广告投放仍是支持广播电台盈利的重点。广播广告在提高广告制作水平来为客户提供多版本广告制作服务的同时,还应结合投放平台的特点,整合媒介资源。目前,我国许多广播电台开办了网站,实现了广播信号与网络信号的整合和统一,这使得传统的依靠音频的广告投放开始向依靠视听结合的网络广告转变,新媒体的互动传播形式开始在广播广告中得到整合。

此外,依靠广播电台线下活动有利于增强听众的忠诚度。在进一步提高广播节目的收听率,吸引受众关注和参与的同时,也能扩大广播电台的影响度和知名度。

最后,当前广播电台在资本运作中,需要突破地域、体制、政策、观念的局限,通过联合力量来利用社会资源,将广播传媒做大做强。通过广电集团价值资本的流动、兼并、重组、参股、控股、交易、转让、租赁等途径进行运作,能够优化资源配置,扩展资本规模,成为实现最大限度增值目标的一种经营管理方式。以中央人民广播电台为例,它突破了以往处于产业链下游的内容提供商的角色,转而开始参与媒介投资,开发了"手机支付"等运用,深度延伸产业链中的各大环节,开创了互联网广告、信息服务、技术服务、版权服务四大业务的新型商业模式。

二、融媒体背景下电视广告的优势与劣势

融合背景下,电视用作广告媒介,有其优势与劣势。

(一)融媒体背景下电视广告的优势

融合背景下电视广告的优势主要有三个方面:权威性延伸、品牌力凸显、表现力增强。

1. 权威性延伸

在融媒体时代,由于新媒体信息的泛滥,广告真实性受到严重质疑。网络广告本身具有信息量大、传播频繁、形式新颖等特点,为了获得较高的点击率和到达率,往往会利用多种互动的形式,如动画、视频、音频等吸引受众购买,隐藏了关于商品质量的内容,产生不少虚假广告。同时,网络广告的审核门槛较低,缺乏完善的法律法规,在处理侵权纠纷时取证困难,广告管理存在较大疏漏。

而我国电视产业属于国有制运营,在长期的发展中,累积了其他媒体难以相比的权威性和影响力。电视媒介的信息传播规则和规范已较为成熟,国家新闻出版广电总局明令禁止虚假电视广告的传播。对电视播出平台的严格监管,有利于保证广告的真实性,创造良好的广告运营环境,形成足够的威慑力,从而形成电视广告的权威性。借助于电视媒介,广告品牌和产品的良好形象能够较快塑造和形成。

2. 品牌力凸显

我国电视广告经过三十多年的发展,从过去的以卖方为主导的销售时代逐渐迈入以买方为中心的营销时代,电视广告的品牌力成为媒体品牌建设中重要的一部分。

目前,在电视广告市场全方位竞争的格局之中,电视广告的竞争实质上是电视媒体品牌的竞争。在强有力的品牌频道及栏目中,扩大品牌的效益贡献,确保媒体品牌资产的增值,既有利于电视媒体本身质量提高,也能够帮助广告经营实现效益最大化,从而占据广告市场的制高点。

所谓的品牌力是以消费者需求为中心,它的商品价值体现在品牌与消费者的关系之中。融媒体时代下,电视广告的品牌力优势更为凸显。它主要体现在以下两个方面:

第一,电视媒介注重专业化频道建设。随着市场细分越来越具体和电视受众需求日趋多样,以特定内容为主导、面向特定人群的专业化频道将成为电视媒介未来的发展趋势。这种专业化并非是产品同质化,而是在栏目相互兼容的基础上,发挥频道的整体效应,集中突出频道特点。不同的频道面向不同年龄层次、文化水平、性格爱好、教育程度的受众,目标受众群体的忠实性与稳定性更容易突出。如此一来,广告主可根据自身产品的需要,选择与目标受众契合的频道。

第二,电视媒介注重广告时段的品牌化运作。过去广告主认为,广告就是"广而告之",将广告信息大幅度、高覆盖率地传播出去。这可能会取得一定的广告效果,但却浪费了较大的人力、物力及财力,造成广告投放体系的混乱和资源的流失。融合时代下,在对频道进行精准化定位后,广告主可以依照受众收视规律,利用细分后的固定时段集中投放,发挥规模效应,从而提升广告品牌化运作的效率。

3. 表现力增强

电视广告能充分利用电视技术和艺术表现手段,综合运用画面、声音、字幕等多种符号传递信息,诉诸人们的视觉和听觉,立体式地说明产品的功能、特征、品质及用途,给人印象深刻,从而产生强烈的广告冲击波。

在未来数字电视市场中,电视广告的表现力将会大大增强。这不仅表现为广告将会越来越多地使用具有吸引力的图表、影音及图像手法来展示产品,提供相关信息服务,而且还体现在广告传播形式和创意的传播之中。由于传统电视的传播形式是以线性为主,受众在接受信息时带有强迫性质,被动消极地接受信息极易导致心理上的反感。在融媒体背景下,电视广告不再像传统广告一般硬生生地插入电视节目中,而是更为巧妙地植入节目内容内,运用富有表现力的故事情节,充分体现品牌内涵,传递品牌信息的广告视频短片也会成为未来电视广告的重要部分。

(二)融媒体背景下电视广告的劣势

相对于其他互动广告而言,数字电视互动广告发展比较缓慢。数字电视互动广告虽然继承了传统电视技术上的多媒体性和观众收视的习惯性等优点,却因为自身带有的劣势及问题而难以发展。

1. 广告时段消失

传统上,广告主或其代理商通过购买特定节目的广告时段得到了区隔明显的受众注意力。媒体的区隔与影响力可以作为制定广告策略的依据。但是,随着数字时代的到来,许多数字工具如个人视频录像机、数字电视的普及,尤其是 TiVo 技术的出现,使得广告时段被压缩,甚至于被抽空,广告将被迫寄生于非广告时段。如果未来电视广告发展的方向是美国主导的植入型方向,那么常规的广告时段就不存在了。在这样的环境下,如何进行广告运作,是急需解决的难题。

目前,非广告时段的广告生存之法尚在摸索之中,植入式广告虽然可行,但还存在不合法、破坏节目完整性及艺术性、干扰观众正常收看等问题。成熟的广告模式形成还需要很长一段时间。

2. 注意力稀释价值下降

数字化的特色之一是"多频道",通过频道分割技术,我国数字电视系统可以提供数百个频道,人们的注意力被稀释,单个频道的广告价值面临挑战。

此外,"窄播"风险也很大,如果对受众的细分不当,广告资源的浪费则更大。如何细分或重组受众,有效管理观众的注意力,使之产生广告价值,还有待进一步探索。

3. 思维观念保守

由于思维定式，广告主、广告代理、传统电视媒体对于数字电视互动广告的发展认识有偏差。一方面，广告主对数字互动电视广告的互动传播特性认识不足，认为数字电视与传统电视没有很大的区别，用传统的电视广告策略来指导数字电视互动广告的动作，这在观念上误导了整个数字电视互动广告的发展。另一方面，广告代理对数字电视的广告媒介功能的重视不足，仍然沉醉于如何利用大众媒体广告制造轰动效应。另外，传统电视媒体对数字电视的广告经营观念老旧，大多数电视台认为数字内容并不足以吸引用户的注意力，纷纷把数字业务剥离出去，成立独立的数字电视公司，专营数字电视互动广告和增值服务，没有认识到数字和互动技术可能对传统的电视广告业务产生致命影响。这些观念上的问题是造成数字电视互动广告缓慢发展的深层原因。

4. 技术与创意协调不足

数字电视互动广告相对于传统电视广告而言，需要广告创作人员具备更高的创意和技术水平。但目前主要的广告公司都是以传统电视广告创作的需要来组织人力资源，数字电视技术人才严重不足。

此外，目前主要从事数字电视互动广告开发和制作服务的技术公司的创意人才良莠不齐，创意人员不了解互动，在很多情况下，互动内容只好留给技术人员去做，而技术人员的创意能力又相对较低。技术与创意的矛盾影响着数字电视互动广告的创作与发展。

5. 广告准备量过多

数字电视互动广告面临的最大难题是经济成本问题。为了提供给观众更多的选择，必须事先准备大量的广告片，等待观众的点播。网络互动广告、手机互动广告也存在这个问题。但相对而言，数字电视互动广告的成本更高，制作的时间要求也更长。

6. 传统电视广告优势犹存

多年来，作为主流媒体，电视的影响力经久不衰。传统电视在人们心目中地位一时无法被数字电视取代。传统电视广告产生的"晕轮效应"也是数字电视互动广告暂时不具备的。而且，目前数字电视的经营模式主要考虑的是节目付费盈利模式，数字电视的互动广告尚未得到重视，甚至以"没有广告为噱头"推广数字业务，这非常不利于数字电视互动广告的发展。

7. 互动效果的测量不完善

传统电视广告的计价制度和效果测量方法都不适用于数字互动广告，互动广告的收视率调查也会面临重大改变。一种新的广告效果测量标准出台并被各方接受还需要很长的时间。

第五节　融媒体背景下广播电视广告投放的优化

在融媒体环境下，广播电视媒体的广告投放策略也需要进行优化。

一、广播广告投放的优化策略

广播广告投放的优化策略主要是:从大众化转向小众化、从普适化转向专业化、从量向质延伸、从旧终端向新终端扩展。

(一)从大众化转向小众化

随着社会分工越来越细,生活方式日益多样,受众在价值判断、审美取向、情感诉求、心理认同等方面日趋多元化,这也意味着受众的媒体消费行为变得多样化、随意性增强。同时,数字技术的出现极大地丰富了视听媒介的数量及内容供应,为人们提供了更大的选择空间。各种媒介之间的互动增加,能够加强对受众信息反馈的控制,这使受众的媒介使用更加个性化,也加速了受众的分化。

在这种情况下,广播媒体开始呈现出"窄播"趋势,电台数量和种类不断增加,针对小众化的广播节目内容日趋多样,栏目的设置更加专业化和精细化,如交通电台、经济电台、资讯电台、音乐电台等不断出现,为听众提供了更多的收听选择。广告主可以根据受众结构及收视习惯的调查数据,各栏目、各时段的受众特性和广告特质来进行广告推广,这也使得广播广告投放改变了原先单一的、粗放式的媒介投放战略,而更倾向于借助新媒体,使各种广播形式联动,向受众推送个性化定制广告,取得最大的广告回报率。

(二)从普适化转向专业化

目前,各大电台为了维护自己的收视份额,开阔新的市场空间,投入大量资源进行栏目制作,造成广播电台内容同质化现象严重,但是能满足受众个性化与专业化需求的特色栏目却越来越少。这一方面是因为精雕细琢需要高成本运营,另一方面因为当前市场的创新意识缺乏。

当前,绝大多数广播运营的盈利模式是先将广播节目内容卖给受众,再将受众注意力卖给广告主。所以,要吸引到最大范围内的广告,就需要获得最大范围的受众注意力,考虑到绝大多数受众的审美品位,普适化的广播内容成为当前发展的弊端。对于依附于广播节目的广告而言,普适化的广告投放是传统广告主经常选择的方式。节目播放的时长、广告投放的时段、受众观看广告的时间及有效覆盖率是传统广播电台的广告投放需要考虑的因素。

尽管广播是唯一的非视觉媒体,但在泥沙俱下、信息爆炸的今天,如果广播能传递有效可听有趣的信息,进行专业化的信息推送和个性化的传播,那么广播广告就能发挥出它的最大效益。未来客户在进行广告投放的时候,将更加注重目标受众对于广告的接受度、广告参与度、品牌认知情况及品牌提升,"广告收入+收视费+增值服务收入"这种模式从根本上变革了过去以广告为主的广播电视传统盈利模式。

重点开办专业化广播节目并做专做强,保证一定的文化品位和思想深度,突出亲和力的同时,提升节目内涵。主持人的专业素养同样重要,培养专家型编播合一的专业主持人,利用品牌价值和核心资源,保持优势,促进广播专业化的同时,全面提升广告品味。

（三）从量向质延伸

从全国的广播电台广告目前的经营状况来看，部分广播广告存在质量低、创意庸俗、表现形式普通及推销方式生硬等问题。再加上广告本身的延时效果和积累效应，短时期内广告效果不明显。部分广告主依赖于"广撒网"的方式，片面地追求千人成本、到达率、视听率等，因此忽略了广告内在品质的提升。比如近年来，各种夸大疗效、语言绝对、广告词语低俗的医疗广告充斥着黄金时段。

例如，浙江交通之声就开辟了独具特色的广播广告经营之道。为有效压缩广告占用时间，提升节目可听性，面对白热化的竞争环境，浙江交通之声依然大胆提价40%。这一大胆措施将广告时间压缩了近30%，基本消除了困扰其多年的"广告中间插节目"的尴尬处境，同时也增加了单个大客户的年投放总量，优化客户群，极大地提高了频道广告含金量。在提价的艰难期，浙江交通之声加快团队培育、营销管理、激励制度、客服提升等方面的建设，进一步完善广告经营管理制度，坚守广告价格底线，净化广告经营生态环境。首先，浙江交通之声建立了"广告部主任—分管副主任—行业经理—经营人员"阶梯式的"四级营销"管理体系，管理人员直接参与各行业组的营销策略制定、营销人员培养及大客户开发，同时突出行业经理对业务员传、帮、带的职责要求，逐步形成阶梯式营销团队人才结构，提升"第一广播"的广告发布气场。通过周、月指标管理，采取每月评选"最佳营销团队"、"最佳营销个人"等手段，推进了业务指标及时、有效地完成。其次，建立广播媒体的"VIP客户服务体系"，从广告价格政策、广告新品种开发、广告编排、广告创意等方面入手，提供优质客户服务，打造优质广播客服品牌。正是因为采用了正确的广告经营理念，合理开发利用广告资源，改革经营方式，浙江交通之声在提高节目质量的同时，也实现了节目和精良广告的双盈利，从而达到了社会效益和经济效益双丰收。

（四）从旧终端向新终端扩展

一直以来，广播媒体的接收装置由收音机等固定设备充当，受众接听时以中波和调频的超短波为主。通常情况下，受众使用的电台基本为调幅广播和调频广播两种形式，调幅广播是指通过电磁波幅度的大小表示信号携带的信息，它的特点是载波的频率始终不变，覆盖面较广，在收听中波调频广播时，高音存在欠缺，声音容易失真。调频广播虽然声音清晰，传播效果较好，但它的覆盖范围只有100多平方公里，覆盖人群有限，传播范围受到局限，因此其受众呈现块状分布，受地区性影响大，不易打造全国范围的品牌节目。

随着网络技术、数字技术、卫星技术、信息技术、光纤技术等高科技的迅猛发展和广泛运用，广播资源的接收终端将打破传统台式收音机的固定终端模式，转为移动客户端的互联网收听模式。未来真正意义上的广播，已经突破平台的局限，能灵活整合声音、图像、数据。在移动新终端的收听过程中，广告主将会更精细化地瞄准目标人群，更精准地满足用户需求。移动收听客户端针对移动听众，能迅速、准确地收集用户反馈，以用户体验为中心来调整内容的形态。

二、电视广告投放的优化策略

电视广告投放的优化策略包括三个方面:强化电视世界与现实世界的互动、突出电视媒体的视听双感功能、重新认知"多屏"目标消费者。

(一)强化电视世界与现实世界的互动

广告一直都是传递品牌信息、传播品牌理念的工具。电视广告的互动性传播具有极大的市场潜力,这种互动是由节目、广告、销售三方面组成的。广告主重视三位一体,借助节目的形式,如以"独家赞助"、"特约播映"、"协助播出"等方式来冠名了一个与自己的目标消费者需求内容一致的节目,发布广告内容,用视听结合的方式来传播广告信息。接着,打破传统的销售模式,及时跟进广告播出反馈,根据广告时段和销售情况,为客户调整广告时间。必要时电视广告主可定期对客户进行回访,分析广告投放效果,听取客户的意见,最终建立与客户相互沟通的平台,进行深度沟通。例如,CCTV-2 的著名栏目《幸运52》中,参赛选手的成绩用商标累计替代,节目一直进行到最后都采取邀请观众参与幸运商标竞猜的方式,在保证节目质量的同时,广告与节目也实现了良性互动。

(二)突出电视媒体的视听双感功能

电视节目随着时间的线性逐渐呈现给观众,观众从特定的时间点里捕捉节目信息。在这种情况下,依赖于传统电视节目的电视广告同样受到播出时间的严格限制。通常情况下,我们都以"秒"为单位进行成本的计算,这样一来,在强大的技术手段下,电视广告的刊播和生存环境将更为清晰。在有限的时间内,广告主必须要发挥电视媒介优势,突出电视媒体的视听双感功能,达到最佳广告效果。

(三)重新认知"多屏"目标消费者

目前,传统电视领域内的黑白电视机已经被淘汰,作为视频的承载介质彩色显像管电视机、等离子电视机、液晶电视机等已经成为常见的模拟信号接收终端。在城市户外,LED 大屏幕目前也越来越普及。随着数字电视信号的普及,能够接收数字信号的数字电视接收屏幕将会走进我们的生活,传播介质多元化的同时,我们也会重新认知"多屏"目标消费者。

窄播化　narrowcasting
植入型广告　product placement advertising
增强型广告　augmented advertising
多屏互动　multi-screen interaction

思考题

1. 简述融媒体背景下广播电视广告的新特征。
2. 从战略角度看一项媒介计划,你何时倾向于利用广播来投放广告?
3. 从战略角度看一项媒介计划,你何时倾向于利用电视来投放广告?
4. 融媒体背景下广播电视媒体广告有哪些投放优化策略?

推荐阅读书目

国际新闻出版广电总局传媒司:《广播电视广告经营管理论文集 2015》,中国广播影视出版社,2015 年版。

CHAPTER 6 第六章 图文广告投放及优化

本章导言

1. 了解融合背景下报刊广告的发展趋势。
2. 了解融合背景下报刊广告的新特征。
3. 掌握融合背景下报刊媒体投放的优化策略。
4. 掌握报刊媒体广告投放的组合策略。
5. 掌握报刊媒体与新媒体融合投放策略。

图文广告主要包括传统的报刊广告,以图片和文字作为主要传播元素。为与现有知识体系相一致,本书沿用报刊广告表述,但从理念和实务上都进行了新的拓展。在融媒体时代,图片和文字的影响力减小,但借助数字技术、传感技术和增强现实技术,图文广告焕化出新的魅力。本章分析了融合媒体背景下报刊广告的新特征、新趋势和优化策略。

本章引例

《纽约时报》CEO 珍妮特·罗宾森曾宣布把《纽约时报》定位为横跨网络、iPhone、iPad 等平台的跨平台品牌,而非一家报纸公司。

2013 年,纽约时报公司公布的三季度数据显示,《纽约时报》的付费订阅数有所增长。相比上年同期,付费电子用户数量增加 28%,达到约 72.7 万人,数字订阅收入也比去年同期增长近 1000 万美元。这也是《纽约时报》为其电子内容建立"付费墙"以来,数字订阅收入首次超过数字广告的收入,成为该报第一大收入来源。其实,数字收费阅读为《纽约时报》扭转颓势的作用在 2012 年就已开始显现,当时《纽约时报》线上线下的总订阅收入就已经超过广告收入,数字平台的广告收入扭转整体广告营收的萧条局面。

> 当然，内容优势带来的收入并不代表《纽约时报》从此将不重视广告收入。2014年《纽约时报》网络版迎来了八年来的第一次改版，引发了整个新闻行业的广泛关注。这不仅透露出《纽约时报》今后的发展方向，还显示出网络出版的未来前景。改版后的《纽约时报》网络版减少了展示广告的位置，允许添加新型数字广告，比如文章右侧不会再突兀地显示一个图片广告，提升了用户体验。尤其值得注意的是，改版后的《纽约时报》还首次引入了"原生广告"，让广告作为内容的一部分植入到页面设计中的广告形式。《纽约时报》将这类广告称作"付费帖子"。这类文章模仿了记者撰写的报道，因此被称作"原生"，但它们的真正作者是广告主，所以应该划分为"广告"一类，"付费帖子"会用蓝色边框包围起来，并用不同的色条和字体以区别于常规文章。戴尔是首家购买《纽约时报》"付费帖子"的广告主。
>
> 由此可见，传统报刊媒体在适当的时候搭乘上新媒体之风，不仅保留了自己传统的优势，更在竞争激烈的媒介融合背景下，增强了自身的竞争力。
>
> **思考**
> 《纽约时报》数字平台与内容等改革给国内报刊媒体带来什么启示与借鉴？

第一节　报刊广告的内涵、现状及发展趋势

报刊是现代广告的重要载体，报刊广告是现代广告的重要形式之一。报刊的广告收益是现代报刊业的主要经济来源和促进其发展的经济支柱，属于报刊经济的核心层次，也是报刊经营效益的具体体现。

一、报刊广告的内涵

报刊广告是以报纸和刊物等印刷媒介为载体，通过文字和静止画面进行近距离、一对一广告宣传的广告形式。由于中国近代报纸与杂志期刊有较多的相似之处，尚未严密区分，因此报纸和杂志广告被笼统称为报刊广告。

我国出现最早的报刊广告刊登在外国人创办的中文报刊上。1815年，英国传教士马礼逊和米怜在马六甲创办了第一份近代中文报刊《察世俗每月统记传》（*Chinese Monthly Magazine*），如图6-1所示。主编米

图6-1　1815年《察世俗每月统记传》创刊号

怜刊登了一则向东南亚一带的华人赠阅该报刊的《告帖》。这份"告帖"成为中国近代最早的报刊广告。另外,《察世俗每月统记传》还刊载了两则广告,分别是免费入学的招生广告《立义馆告帖》和"吗喇呷(马六甲)济困会"的会务报告。除此之外,几乎没有刊登什么商业性广告。

19世纪末20世纪初,中国人在国内创办的报刊日益增多,为近现代广告的形成和发展提供了平台,使得报刊广告成为近现代最具特色的广告形式。如今,报刊广告的发展经历了一个多世纪,报纸和杂志这两种媒介的特质也产生了诸多不同,作为刊登广告的载体,这两种类型的媒介也形成了不同的特色。

二、报刊广告的现状

随着受众分众化与传媒渠道的多元化发展,传统报刊媒体广告的下滑之声频出。报刊广告作为传统媒体广告的主力军,在面对网络和新媒体广告的冲击时,发展形势日益严峻。

(一)报刊广告投放数量持续下跌

梅花网针对近2008—2013年中国报刊广告市场所做的统计数据显示,中国报刊广告市场在2012年首次出现年度负增长,2013年报刊媒体广告投放数量继续下跌,同比降低5.5%,相对于2012年12.9%的跌幅,下跌幅度略有减缓(见图6-2)。

图6-2 2008—2013年报刊投放数量的增长率变化图

(数据来源:http://www.meihua.info/。)

(二)报刊广告投放价值总额下降

2014年报纸广告的投放总额近428亿元,与上年同期相比下降了18.6%。除了电子电脑、服装两大行业的报纸广告投放额较上年同期有所增长以外,其他行业的广告投放额均为下跌态势。将全行业的广告投放额进行对比后发现,房地产和家用电器两个行业降幅最大。Top4报纸广告花费占全行业报纸广告花费总额约七成,其中排位第1的房地产报纸广告投放额下降幅度最明显,同比下跌27.8%,如图6-3所示。

2014年全国杂志广告花费累计约231亿元,同比下降2.9%。杂志广告投放共涉及16个行业,Top4行业的杂志广告投放总额占整个杂志广告市场份额的66.1%,杂志

广告投放

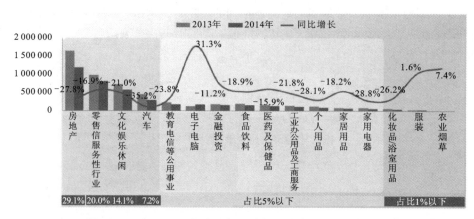

图 6-3　2013—2014 年主要行业的报纸广告投放总额增长图

（数据来源：http://www.meihua.info/。）

媒体广告投放额整体仍然呈现下滑趋势。其中降幅最大的是食品饮料行业，下降 18.4%；文化娱乐休闲行业增长了 5.4%，表明目前国内对于该行业需求较大，从而激起了行业内广告主的投放热情，如图 6-4 所示。

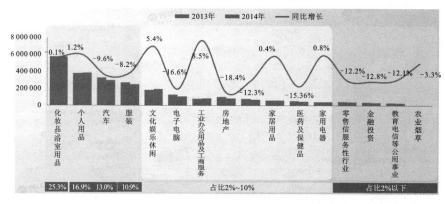

图 6-4　2013—2014 年主要行业的杂志广告投放总额增长图

（数据来源：http://www.meihua.info/。）

（三）报纸广告品牌变化

在媒介类型多样化的环境下，广告商进行广告投放的媒体选择也不断调整改变，部分广告商纷纷转战新媒体，而一些广告商则加大了报刊媒体的宣传力度。例如，2014 年报纸广告主出现了新贵——电商代表阿里巴巴集团。2014 年 4 月初，淘宝网与《新京报》《京华日报》《东方早报》《南方都市报》《广州日报》等全国 12 家主流报纸合作推出"码上淘"业务（见图 6-5），报纸读者通过淘宝网手机客户端扫描报纸版面上的二维码，就可以在手机上直接完成下单购物和付款等环节。这项业务由阿里巴巴集团提供技术支持和商品库的运营支持，第三方物流完成配送。自从"码上淘"业务开展以来，淘宝网在报纸的广告投放量大幅增加，比上年的增幅高 540 倍，成为报纸广告中排名第 9 位的品牌广告商。2014 年苏宁及苏宁易购的报纸广告排名也跃至第 17 位。

图 6-5 报纸上的淘宝网广告

借助扫码技术,传统报纸不再是一个孤立的端口,其版面所刊载的也不仅仅是新闻资讯,一种新的报业盈利模式出现——报纸将成为散布于城市各个社区、各个家庭的移动商品"ATM"。在新媒体对广告的吸附力不断增强的情况下,报刊的传播力量仍然是网络传播的重要补充。电商品牌虽然依赖网络而发展,但是他们对报纸广告投入的加大,表明电商认可并开始重视报纸的传播效应。或许短期内报刊广告下滑之趋势还无法改变,但事实证明报刊仍然是重要的广告媒介,目前还没有媒体可以完全替代报刊的作用。在诸如"码上淘"的这类合作中,报纸的价值被重新评估,未来或将成为整合电子商务供应链的重要一环,通过商品流量分成产生新的盈利模式,促成线上线下完美结合。

此外,虽然报刊广告全面下降的趋势进一步加剧,但是从图 6-3 看来,邮电通信、食品、药品、家居用品、商业及服务性行业这 5 个行业都有所增长。十年前,邮电通信、食品、药品一直稳定居于报纸广告行业的前六,从 2009 年开始陆续掉出前六,而在报纸广告遭遇衰退的时候,邮电通信重回前六,食品、药品也在逆势增长。其中,报纸的食品广告增长率还超过传统媒体 2.9% 的总体增长水平,这也充分表现出报纸广告的行业结构在衰退中发生着变化,一度衰落的食品和药品广告正在成为增长点。

尽管报刊广告的降幅有可能在接近谷底后有所减缓,但跌到谷底之后会不会反弹,取决于报业的转型。报业的不作为将会使其谷底遥遥无期,甚至到了谷底也会被淘汰。

三、报刊广告的发展趋势

根据中国新闻出版研究院组织实施的第十二次全国国民阅读调查,受数字媒介迅猛发展的影响,数字化阅读方式(网络在线阅读、手机阅读、电子阅读器阅读、光盘阅读、

Pad 阅读等)的接触率为 58.1%,较 2013 年上升 8 个百分点。报刊阅读率虽有所上升,但是不如数字化阅读增势明显。数字技术和新媒体深刻地改变了传媒的生态环境,报刊阅读率以及报刊广告也受到了前所未有的冲击。

(一)数字化转型

数字技术和媒介融合为报刊的发展带来了前所未有的机遇,就是报刊的数字化转型。数字化转型不是简单的报刊数字化,而是一个系统工程。通过数字技术,将报刊与新媒体的发展相融合,产生诸如数字报刊、手机报等新的报刊形态。其中涉及报刊的生产方式、内容传播模式、经营模式等一系列的变革,使传统媒体与新媒体相互结合和补充,充分发挥各自的优势。它打破了传统报刊的思维束缚,将报刊的核心能力扩展到各种数字化的载体上,建立起新的报刊数字化价值链和商业模式。

1. 数字报刊

纸质报刊受出版时间长、程序繁杂、纸张价格飞涨等现实问题的制约,正面临着一场变革。而网络媒体有着互动性强、容量大、速度快以及传播范围广等优势,数字出版以海量的存储、低廉的成本以及方便的编辑等特点迅速颠覆传统,成为报刊广告变革的方向之一。

2. 手机报刊

伴随着 4G 时代的来临,智能手机等移动终端的广泛普及,依托着由纸质报刊、移动通信运营商和网络运营商联合搭建的手机信息传播平台,手机报刊为用户提供实时的报刊内容。自 2004 年《中国妇女报》在国内率先实现手机用户与报纸互动,全国各大报纸纷纷开辟手机报的业务,到目前手机报已经发展得很成熟,拥有数量庞大的用户基础。而手机杂志仍处于初级阶段,活跃的主体仍然局限在文学类和时尚类杂志,如《读者》、《意林》、《瑞丽》等,因此可发展的空间十分之大。所以,手机报刊广告拥有更广的传播范围,个性化的订购方式使得广告信息内容向点对点的传播形式发展,广告传播更具时效性与接近性。

3. 融媒体客户端产品

随着手机、平板电脑等智能终端的升级换代,移动智能终端成为举足轻重的媒介力量,移动客户端不仅可以同时输出文字、图片、音频和视频,丰富信息表现形式,用户在阅读完该新闻之后,还可以直接参与相关话题的互动讨论。

此外,传媒产业的"多屏合一"正在加强,多屏全网跨平台的"融合式发展"也已成为传媒行业的发展趋势。例如,新华社在 2011 年推出了"中国网事"新媒体客户端(见图 6-6),集文字、摄影、视频、微博报道于一体,重点针对以 iPad 为代表的平板电脑、以 iPhone 为代表的智能手机以及互联网等新媒体领域,成为国内首个"融媒体"客户端。

图 6-6 中国网事新媒体客户端

传统报刊媒体都在下大力气研发和推广自己的新闻客户端,强化各自品牌的影响力,这也为报刊广告开辟了新的疆场。传统报刊在以往的发售中累积了大量的广告客户资源,因此把广告资本引入数字媒介中,较容易获得广告商的信任和青睐。

(二)全媒体传播

报刊媒体与新媒体之间日益融合互通,信息传播手段推陈出新,报刊媒体在进行数字化转型的过程中,从内容、渠道、功能各个层面实现高度融合,受众的互动需求越来越高,形成全媒体的环境。

1. 全形态传播,实现动静结合

全媒体是一个开放的、多元化的系统,能够最大限度地给受众带来丰富的媒介接触体验。在全媒体传播的实践中,传统纸质媒体通过技术手段,将广告内容与网络图文、视频、音频结合,使报刊广告打破平面的、静态的呈现形式的限制,让报刊广告可读、可看、可听,颠覆了读者传统的阅读模式,为其带来内容丰富的动态信息,实现动静结合。

广告主推出一系列优惠措施时,可以瞄准开业开工、店庆厂庆、重大节假日等活动节点,先在报刊版面上进行宣传,用语只需言简意赅地突出活动主要亮点即可,然后再附上二维码,报刊广告延伸链接至网络平台,也使得报刊广告更加具有吸引力,如图6-7、图6-8所示。

图6-7 vivo承包《人民日报》整版广告只发个二维码

图6-8 以色列Saatchi为福特汽车推出的二维码应用广告

2. 全方位传播，打破地域界线

全媒体的"全"涵盖了报纸、期刊、图书、广播、电视、电影、网络等各类传播工具，力图实现对受众的全面覆盖。报刊媒体与新媒体的结合使广告信息突破版面、地域、时间的限制，使得受众可以通过便捷高效的信息检索途径来了解和体验全方位的信息和服务。

相较于区域性限制较大的大部分报刊来说，微信、微博等新媒体可以在网络空间跨越地域的界限，将传媒影响力扩大到全国乃至全球，实现异域的快速传播，这就是全媒体传播最大的优势。客户即便把广告费全部投到当地的各类报纸上，传播范围也仅限于当地。如果将这笔费用于全媒体传播，那么其效果定会事半功倍。另外，网络无疆域的特点可为广告商提供全国、全球的信息资源。

2015年6月19日，小米国际业务副总裁雨果·巴拉（Hugo Barra）在Twitter上表示，小米已开始在印度市场投放印刷广告。自成立以来，小米主要通过互联网上的病毒式营销和口碑营销来推广其手机，但今年在开拓最大的海外市场——印度的业务时，针对当地消费习惯做出调整，实行网络与传统媒体的多种营销手段相结合，如图6-9所示。

3. 全天候传播，突破时间限制

相较于网络新媒体，传统纸媒的传播速度无法与互联网相比，而一般纸媒的发行时间较为固定，信息发布的速度与频次远远跟不上信息更新的速度。当纸媒与网络联结起来后，报社可以不断补充更新内容信息，同时也极大地扩充了传统报刊广告的信息量，通过网络及时传播给受众，实现全天候传播。

如二维码这一新媒体形态，以时间轴和内容轴构成信息传播的双翼，为实现个性化的全天候传播提供了支撑。例如，一份报纸在凌晨2点截稿，3点付印，当它在截稿乃至付印时，其二维码所指向的链接内容可能都还只是一条简讯甚至空白，然而，报社网站的编辑人员可以充分利用报纸从凌晨付印到清晨送达这段时间差，补充发布最新的广告内容，当读者拿到报纸，并通过手机扫描二维码跳转到该网址时，看到的将是最新、最全的信息。二维码使"截至本报发稿时"成为历史，在突发事件面前，为报刊广告信息的实时更新提供技术支持，如图6-10至图6-12所示。

图6-9 小米的第一条印刷广告在《印度时报》头版整版投放

图6-10 文字二维码报道

图 6-11　图片二维码报道　　　　　图 6-12　视频二维码报道

4. 聚合目标受众

网络新媒体的迅猛发展导致报刊广告受众、广告主的分流趋势日益明显。如今，很多年轻人没有看报的习惯，而是通过网络来获取信息。网络新媒体借助大数据、GPS、基于移动终端的 LBS 服务等技术来捕捉消费者的即时位置和移动轨迹，并形成数据进行受众细分，得出更为明确的目标群体。因此，报刊媒体实现全媒体传播，报刊广告的受众不再仅仅局限于实体报刊的消费者上，而是延伸至更具有购买能力的网络主流主体——年轻人。

5. 降低运营成本

报刊是纸张和油墨的消费大户，新闻纸张价格的不断上涨挤压着报业的盈利空间。相比之下，网络没有印刷和发行成本，其盈利空间明显高于报刊。如果报刊和新媒体经营者能够合作，加强营销统筹，整合和包装报刊、网络、手机等发布载体的广告产品，实行套餐捆绑销售，那么其广告覆盖面和针对性要比单一渠道的报刊投放效果要强得多。同时，广告客户的价值得以多重体现，增大了广告效应。这种媒体间的全面互动，几乎不需要增加什么成本，但却数倍提升了广告效益，实现各方收益的最大化。

（三）活动营销

报刊广告的活动营销，是指报刊媒体凭借自身的影响力和公信力，利用特定时期的热点和焦点，制定出有创意、有吸引力的主题活动，以促进报刊广告销售、提升媒介品牌的过程。活动营销对于提高报刊的经济效益与社会效益起着非常重要的作用，总的来说就是提高报刊的广告量以及品牌的知名度，拓展了报刊广告业态边界。

1. 活动营销的种类

根据活动目的和侧重点的不同，报刊活动营销大致可以分为三类：传播主导型、营销主导型和混合型活动营销。

(1) 传播主导型活动营销。

传播主导型活动营销以提升报刊媒介的品牌形象为主要目的，因此在具体的操作方式上，尽可能吸引受众的关注来提升自身的美誉度与知名度。主要有报刊举办的公益活动、周年纪念活动等形式。

(2) 营销主导型活动营销。

营销主导型活动营销以促进报刊广告销售为出发点。在操作方式上，主要吸引广告主的广告投放，当然吸引受众也是不能忽视的，但其目的只是为了将受众的注意力卖给广告商，一般有会展营销、读者评选等形式，同时也以产业（如房产、汽车）领域的相关话题为主题展开。

(3) 混合型活动营销。

混合型活动营销由于要兼顾两个目的，因此在操作过程中，要寻找广告主的目标消费者和报刊媒介的目标受众之间的交集，以这部分人为对象开展活动营销。

2．活动营销的资源

作为曾经的"媒介之王"，报刊媒介本身就拥有长期积累的影响力和公信力，因此报刊在活动营销方面有着先天的优势。可以利用其自身的资源优势来开展活动营销。主要可以划分为以下几个方面。

(1) 资金货币。

商家直接投入的活动冠名费、各种形式的赞助费是活动营销中最主要的盈利形式。此外，一些相对小众的媒体，都将读书沙龙、研讨会的门票或参会费作为主要收入之一。例如，营销领域的网络媒体梅花网，就以梅花网学院、梅花网开放日、梅花之友晚餐会等形式在营销界的圈子内举办相应的活动，收费根据活动规模、性质而定。主流报刊媒体将自身影响力运用到活动组织当中，不仅能将无形资产变现，也能为特定行业的人提供建立人脉、拓展业务的机会。

(2) 新闻素材资源。

有意义的营销活动本身就是一个社会关注的焦点。在活动的不同时期，报刊都会投入大量的资源对活动进行信息公告、人物专访、话题探讨等多种形式的报道。这些活动为媒体提供了报道的素材，作为活动的主办方，报刊采编系统占有得天独厚的资源，成为活动的各种独家信息的首发者。在同质化竞争激烈的媒介市场上，通过营销活动创造独家内容，本身就是一种扩大影响力、提高竞争力的有效手段。

(3) 媒体渠道资源。

报刊媒体作为主办方，与其他媒体的合作大多是以资源互换的形式来进行。在融合背景下，仅仅一家媒介集团的渠道所能覆盖的范围是有限的，而营销活动就是多个媒体之间资源交流与互换的良好契机，主办媒体与合作媒体共享媒体渠道网络资源，为今后给广告主提供更宽泛、合理的传播服务打下基础。

(4) 受众数据库资源。

报刊媒体通过多次活动，可以精确并优化忠实受众的信息数据库，集中精力为有着高关注度、高参与度的受众提供更人性化的服务。除了自身受众数据库的优化与升级，媒体通过市场活动还能获得原先没有涉及的受众数据。在分众化、碎片化的媒介环境下,媒体的受众数据库总是有一定偏向的,举办营销活动能够促进不同领域、行业的数据的交换和互相融合。

（5）客户资源。

成功的社会活动在吸引社会眼球的同时,更吸引了广告商、赞助商的目光。除了为活动本身付出真金白银之外,他们也与媒体形成了一种互信的态度。有些活动是年度性质的,同一主题的活动连续举办五年、十年,形成了品牌影响力,有些企业可能就随之赞助五年、十年,为媒体积累了大量忠诚的广告商和赞助商,并且对于活动之后相关传播方案的销售也有很大的促进作用。

（6）品牌影响力资源。

主办媒体是营销活动的最大赢家。不管是商业活动还是公益活动,好的营销活动,打通了社会各领域的沟通壁垒,不仅推动商业进步、经济发展,而且还号召全社会关注公益慈善事业,丰富公众的精神文化生活。这些都是报刊推动社会协调发展和为民众服务的功能的体现,其无形品牌价值和影响力是无价的。

（四）数据库营销

数据库营销随着网络时代的到来,渐渐受到传媒业的重视和关注。一般认为,数据库营销就是市场部门通过数据库来接触顾客,使得每个顾客都可成为一个微细分的市场。这种方式使企业制定出更精细的营销策略,通过对数据库的加工处理获取相应所需要的信息。

1. 数据库营销理念

数据库营销方式打破了报刊媒介的传统布局。具体的操作上,在明晰产品战略定位的前提下,将报刊资源（读者资源、客户资源、新闻资源等）全面整合到数据库平台,从而实行集约化生产、传播和经营,通过不同的传播渠道设计出适合不同目标消费群的产品,最终实现报刊每个资源的一次开发 N 次利用,进而延长报刊的产业链。这些数据信息是报刊广告谈判交易的筹码,也是传统报业融合新媒体、发展高层次客户运营战略和营销传播的基础,能增强广告主对报刊广告投放的信心,引导刺激客户加大对报业广告的投入。具有可行性的报业数据库主要有:读者数据库、广告客户数据库和新闻内容数据库等。

有些报社早在十几年前就开始存储数据,例如,广州日报社早在十多年前就组建了专业的数据分析团队,并与第三方公司合作,开展媒体、读者方面的研究,发行等方面的调研与监测。在这些数据的支持下,不断进行内容的改版。近几年还在国内联合权威的第三方数据调研公司开展报纸广告效果研究,将每个刊登在《广州日报》上广告的实际到达数据作为增值服务提供给广告客户,从而解决了以往客户投放平面媒体广告后对实际广告效果无法测量的疑虑,也可以帮助未投放广告的广告主在投放前了解到如何投放能够产生最大收益,借助数据展现《广州日报》在广告传播效果方面的价值分析。

2. 大数据与报刊广告投放

沃纳梅克曾经说:"我知道我的广告费有一半是浪费了,可问题是我不知道哪一半被浪费了。"这句话表明了传统广告的短板。传统的报刊广告往往是建立在以传统手段获取的资料的分析基础之上,容易忽视掉广告涵盖对象目标的存在,造成广告成本的巨大浪费,广告投入与广告回报不成正比。但是收集一切可利用的数据,建立一个报刊资源数据库,有利于发挥大数据的作用,利用大数据的思维和手段进行数据资产管理、数据驱动,以此达到做好信息和数据深加工的作用。

(1) 大数据的应用价值。

大数据产生的效果是卓有成效的。第一,利用大数据能够对报刊的受众群体进行细分,有利于精准化定位广告目标群体。大数据建立在海量且多元的数据积累基础上,通过数据分析能够将数据间的联系挖掘出来。它对报刊广告的价值不仅是"海量",也是"个性",是"量身定制"。在掌握报刊所有购买量、阅读量数据的同时,也监测到读者的个性特征如年龄、地域分布、阅读习惯等。例如,最常见的实时流量监测,报刊网页上哪一条新闻被点击的次数最多,每一条新闻有多少人点击,每一条新闻在社交媒体上的转发情况等信息,都可以实时生成图表,被清晰地看到,其网页广告版面的价值也有更直观的量化体现。

第二,大数据在降低广告受众调查成本的同时,大大提高了广告投放的质量和竞争力。广告主进行广告投放之后,希望得到较精确的信息反馈以及由此带来的客户购买力。在报刊广告行业,传统的调查方式主要是问卷调查、电话调查、面谈调查、观察法、统计法、实验法等,在花费较大的时间和金钱成本的同时,其本身所带来的偏差无法避免。笼统量化的调查方式对于报刊广告的前期策划与后期评估而言只是一种模糊的参考,在多层次、多类别、多向度的深度立体整合分析上无能为力。而大数据分析恰恰可以解决传统数据调查和处理的难题。大数据对读者的深入挖掘,基于互联网的受众行为分析,使得报刊广告投放得到根本性的质量与竞争力的提升。

(2) 大数据在报刊广告中的应用实践。

利用大数据向目标受众精准化投放广告,可以表现为以下两个方面。

一是为广告客户个性化定制广告。运用大数据进行报刊广告投放,其效果相当于进行广告的量身定制。最常见的方式是定制专刊。这种专刊现在越来越呈现出细分化的趋势,如《消费周刊》、《旅游周刊》、《健康周刊》、《楼市周刊》、《汽车周刊》等经营性专刊,这些专刊中的内容还有更进一步的细分,例如《消费周刊》就设置了"衣柜"、"笑颜"、"风尚"、"秀购"、"名品"和"欢娱"等专版,分别涉及服装、化妆品、美容、鞋类、小家电、高档名表、娱乐场所等行业,此类专刊广告指向的受众群体十分明显,这也是报刊广告量身定制的直观方式。

一些纸媒近年来开始了大数据与广告业务相结合的积极尝试。目前比较简单易行的方式是报纸"专版"。例如,2014年,南昌日报社推出报纸广告定制服务,广告客户可以在报纸头版定制个性化广告或专刊,在指定区域或作为礼品和宣传品自行发行。客户可选择文字、条形码、二维码、图像等多种形式,进行分区域广告投放。在同一版面位置,分别刊登针对不同区域的广告,方便商家分区营销,精准投放广告。而温州都市报社则在量身定制广告的时机选择上下功夫。在房产项目"温州立体城"进入温州市场前期,深度介入了该公司的营销策划;在温州市区通往立体城的重要通道瓯越大桥试通车阶段,为其量身定制了《有梦过江来》特刊,并策划举办展厅现场的老照片展。

二是广告的精确读者指向。例如,针对特定读者群的 DM 广告。报社在进行 DM 广告投递时,首先要仔细分析广告主的意愿,了解其产品和服务的目标受众,然后对数据进行深入的分析和加工,提炼出广告信息想要到达的受众群体的信息,最后针对不同读者群制作不同的 DM 广告内容和广告形式。再利用报业的数据库,将 DM 广告定向投送给读者。DM 广告与纸媒广告属同类产品,长远来看难逃下滑萎缩的命运,但与纸媒广告相比会有滞后效应,这几年仍处于可以深耕拓展的机遇期,原因在于传统行业普遍不景气,广告主化整为零、多元投放的策略,使具备低成本、定制化、高到达率等优势的 DM 广告更受青睐。2014 年以来杭州日报报业集团果断加大激励力度,启动全员营销,公司全年 DM 广告收入预计将超过 1100 万元,同比增幅达 15% 以上。

经典案例 6-1

上海报业集团融媒体发展策略

以上海报业集团为代表,它是目前我国最大的报业集团。

就传统报纸而言,其麾下的解放日报社、文汇报社、新民晚报社三大报系历史悠久,在国内外具有一定品牌影响力。包括都市报系在内,整个集团纸媒期发行量达 370 多万份,占整个上海报业市场份额的 80%。

就网络等新媒体而言,目前初步形成了以下五大主要板块。

(1) 新闻网站及 App 板块:集团现有澎湃新闻网、解放网、文汇网、新民网、大申网、百度新闻上海频道等 10 多个网站和 12 个移动客户端(App),网页总浏览量日均 UV300 多万、PV 过千万,其中大申网借助腾讯用户资源,深耕本地市场,实现流量变现。百度新闻上海频道则借力大流量传播平台,为上海发展创造良好舆论环境。在网站建设基础上,又衍生了拥有 16 万多收费订户的"上海观察"等新闻客户端(App)。

(2) 手机报板块:读者每日达 150 万人,目前正携手运营商,统一品牌,打造"一城一报"的主流媒体推送平台。

(3) 信息服务板块:联手小米科技、360 集团、海通证券、国泰君安、联想弘毅、卓尔传媒,推出新一代财经商业新闻社交网站平台,立足上海国际金融中心,定位为面向个人及机构投资者的互联网金融信息服务平台。

(4) 微信矩阵板块:集团现已开设近 200 个垂直细分的微信公共账号,形成一批用户过万的微信矩阵,其中新闻晨报的微信公共账号粉丝已逾 1000 万人,受众近 40 万人。

(5) 电子阅报栏板块:目前,已在上海市区的街道、商务、行政办公楼安装近 600 块新闻点点通电子阅报栏。

第二节 融合背景下报刊广告的新特征

以互联网为代表的新兴媒体不断发展,报刊媒体的许多特性正在发生着变化,报刊广告也逐渐呈现出一些新的特征。

一、广告类型多元化

互联网提供了表现丰富网络广告创意的平台,拥有传统报刊媒体无法比拟的强互动性。报刊媒体通过与网络媒体的融合,进行数字化转型,加快了网络广告与传统报刊广告的融合,促进了报刊广告类型的多元化。报刊广告的类型不再局限于纸质报刊上有限的表现形式,而是更多地融合了体验式、互动式的广告传播方式,如图6-13、图6-14所示。

图6-13 墨西哥报纸MasporMas厕所技术营销纸巾新闻

图6-14 斯里兰卡报纸Mawbima创新公益活动驱蚊报纸

2014年，宜家在其产品手册中推出新款增强现实目录，宜家应用程序通过Android和iOS平台，让消费者通过数字化体验，感受家具摆在家里的模样。通过手机App扫描后，这款应用能够使用实体产品目录作为标准尺寸，判断家具的大体尺寸，然后把家具的样子投射到设备的显示屏上，让用户来了解自己心仪的某款家具摆在自己房间里是什么样子的，是否合适，如图6-15所示。又如，瑞士报纸Neuer Zürcher Zeitung把线下报纸的压杆做成可以显示LED内容的装置，压杆可以接受Neuer Zürcher Zeitung网站的RSS内容推送，滚动显示最新的新闻内容和广告，通过和咖啡馆、酒吧、餐厅等地方合作，精准地抓住了那些喜欢阅读报纸的目标受众，提高了报纸广告的传播效果，如图6-16所示。

图6-15 手机App扫描后宜家家具投射到设备显示屏上

图6-16 瑞士报纸Neuer Zürcher Zeitung线下互动装置促销广告

二、广告资源整合化

报刊媒体自身的资源是有限的，而外部的资源相对无限。广告资源整合化的过程就是用有限的内部资源去整合无限的外部资源，构建坚固网状结构的过程。经过多年的发展，报刊在广告经营方面的营销流程和发布体系已经非常成熟。传统报刊拥有较优秀的广告人才、海量信息内容积累、稳定的行业广告客户（如房地产、汽车和医药行业）等，这些都是传统报刊宝贵的内部资源。与新媒体的融合，为报刊增添了更多广告发布的渠道和媒介平台，在很大程度上实现了传统报刊与网站相结合的统一服务和销售，全方位满足广告主的投放需求，进一步巩固及扩展传统报刊的外部广告资源。

报刊媒体主要从以下几个方面进行资源整合：首先是广告版面资源，研究版面与受众、广告主之间的关联和影响；其次是广告受众资源，这并非表面的发行量或发行结构，而是潜在的购买数量，是对一个或多个与广告主密切相关的细分市场的控制力；最后是广告数据资源，广泛的、多渠道的数据资源整合，有利于提升广告投放的精准性。

例如，《纽约时报》在广告经营策略上充分体现了广告资源整合化的特点：为了吸引报纸客户选择网络媒体投放广告，报纸广告与网络广告联手，凡购买印刷广告版面的客户都能以较低的折扣购买网上广告位。《纽约时报》网络版四分之一的广告来自纸质广告。这一整合优势大大促进了《纽约时报》纸质版的发行量。这种广告投放模式使广客户同时获得纸质版和网络版的广告宣传机会,加大了广告的传播力度,因此,在融媒体的背景下,报刊广告资源整合化是必然的发展趋势。

三、广告内容多媒化

如今,单一的文字和图像已经不能满足年轻人的好奇心,他们花在纸质刊物上的时间越来越少,转而偏向内容和形式更加丰富的网络媒体,这迫使报刊经营者开始思考如何将报刊广告通过"数字管道"传递给消费者,即广告内容多媒化,这正是融媒体环境下报刊广告的新特征之一。

多媒化不是多种媒体的简单集合,而是以计算机为中心,处理多种媒体信息、扩展人与计算机交互方式的多种技术的集成。多媒体技术为报刊广告的多元化提供了丰富的、全新的手段,这样的处理方式包括高保真度的声音、高像素的图像、二维和三维动画、动态影像等。与新媒体融合后,报刊广告除了用图像或文字这种比较单调的传播方式之外,还增加了音频视频等效果,这也就是广告内容多媒化。相比传统报刊广告,多媒化的广告内容有着明显的优势:第一,传输信息量大、速度快,利用多媒体系统的声音与图像压缩技术,可以在极短的时间内传输、存储、提取和呈现大量的语音、图形、图像甚至活动画面信息,这是传统报刊媒体难以企及的;第二,信息传输质量高,传播效果显著;第三,受众的体验感、互动性强,易于操作。

四、广告渠道立体化

广告渠道立体化,包含了广告合作以外的渠道资源置换与整合,为广告主实现立体化的广告投放。立体化的广告渠道是报刊媒体资源的集大成者,涉及版面、网站、移动终端、论坛、公关活动、微博合作及软文撰写等方面。

在竞争激烈的市场环境下,广告主会越来越理性地思考广告投放策略,用更少的成本使广告覆盖到更多的有效受众,实现广告效果最大化。因此,能否与公关活动配合,能否与多个媒介形成联动,最终形成立体化的广告投放,成为广告主选择媒介的重要标准之一。广告主越来越倾向于选择具有公关活动资源,特别是具有优质客户资源的报刊媒体进行合作,促进品牌宣传与产品销售的相互结合。报刊媒体通过同一报刊媒体下平面广告与公关活动打包销售、同一集团下多个报刊广告版面捆绑经营等形式来实现广告渠道的立体化,以期为广告主创造最佳的营销传播效果。

经典案例 6-2

LED 让平面杂志上的广告"动起来"

杂志上的广告会动?一般人听到肯定都会说"怎么可能"。但真有杂志让平面上的广告动起来了。

第六章 图文广告投放及优化

《时尚先生 Esquire》杂志联合进口大众甲壳虫在 2012 年 12 月的珍藏限量版中,将静态图文与动态视频的巧妙结合,推出纯液晶电子视频封面,实现了平面杂志真正意义上的动态跨越。

《时尚先生 Esquire》2012 年 12 月珍藏限量版的封面采用了进口的 4.3 英寸 LED 显示屏,板卡方案为独创超薄设计,整机 3.9 毫米厚。大小合适的电子屏幕创造了独具魅力的动态阅读方式,而超薄的板卡设计则方便了广大读者的携带和阅读,如图 6-17 所示。

镶嵌在封面中央的 LED 屏幕相当于一台小型的娱乐放映设备,内含 1G 内存,支持视频播放、MP3 音乐以及图片幻灯片的循环播放。杂志在手,除了可以及时翻读时尚百态的娱乐内容,还可以随时看视频、听音乐、设置成电子相册,玩转影音娱乐。富有新意的平面 LED 广告令每一位读者变得时尚起来。

类似的平面广告数字化的例子还有很多。如英国《嘉人》杂志的嵌入式 LCD 音乐贺卡广告,百事可乐与《娱乐周刊》联合推出的"TFT LCD"互动广告等。这些新奇的数字技术正在让陪伴人们多年的印刷品变得好像"变形金刚"一样,富有神奇色彩。

图 6-17 《时尚竹先生 Esquire》封面

我们不难发现,透过平面广告的互动化尝试,互动已经越来越主流化,尤其是在智能手机普及的现在。能让这些知名杂志对互动趋之若鹜,是因为互动更能够吸引眼球,而这也正是全球数字标牌广告迅猛发展的原因所在。国内的数字标牌发展也很迅速,数字标牌领导厂商星际网络已为国内外上百家 500 强企业提供了高品质的互动服务系统,服务于政府、金融、通信、连锁店、酒店、工厂、教育机构、公共事业等行业。

我们的生活也随着数字化的发展变得不一样了,印刷海报的数字化、触屏化,餐厅菜单的数字化、互动化,公共服务设备的数字化、智能化……数字科技正一点一滴地渗透到我们生活的各个部分。可想而知,未来的世界也必然是数字化、互动化的世界。

第三节 融合背景下报刊广告的优劣势

报刊媒介在借助数字技术实现传统媒体与新媒体的融合后,报刊广告的优势都得到了充分的发挥。但是在这种背景下,报刊广告的劣势也逐渐凸显。

一、融合背景下报刊广告的优势

虽然受网络媒体的冲击严重,报刊的经营成本不断上涨,受众和广告市场流失的情况也较为严重,但是在激烈的市场竞争中生存下来的报刊,长期积累的优势在短时期内仍难以被超越。

1.精英高端标签

报刊媒体目前仍然是社会大众获取新闻信息的主要载体,报刊的内容品质和品牌影响力为报刊广告贴上了一个精尖、高端的标签。

报刊是最早发展起来的传播媒介,在历史悠久的发展中,成就了一代又一代具有专业性和时代性的报刊人,为报刊积累了丰厚的无形资产,这些报刊品牌已经成为人们生活不可或缺的一部分,甚至影响了几代人。在今天的中国网络媒体中,获得点击量最多、影响最广的仍然是《光明日报》、《人民日报》和中新社等报刊的网站。以《人民日报》为例,2009年《人民日报》由原来的16个版扩大至20个版;2010年推出电子版;2012年开通微博,仅4个月时间,粉丝量就超过了纸媒发行量;2013年入驻微信公众平台。这些举措体现出了这家中国第一大报的自信,对于中国报刊与网络媒介融合的品牌再造具有深远意义。报刊广告在实现数字化、电子化、网络化之后仍然能够获得受众的青睐,离不开其在长久发展中所形成的品牌优势与高端形象。

2.专业深度形象

从媒体的发展历程来看,传播媒介从报刊发展到广播、电视,继而发展到网络、移动新媒体,媒介的传播速度越来越快,生动性与直观性越来越强,然而论深度,仍然是报刊的内容更具深刻性。纸质报刊发展至今,已经拥有了强大、准确、权威的信息源,并在市场和受众方面塑造了极具权威性和公信力的良好形象,这无疑是报刊相比于其他媒体的重要优势。任何人都可以通过网络媒介成为信息的发布者和传播者,网络信息的来源是否可靠有时无从查起,大量未经证实的、不准确的,甚至是虚假的消息在网络上也随处可见,任人随意转载,这就使网络媒体的权威性和公信力远远及不上传统纸质报刊和报刊网站。报刊广告投放到网络媒介上,一旦证实信息来源是权威报刊,那么这条信息的影响力与公信力会更高。

目前,我国各级、各类报刊在具体操作上都是经过层层把关的,从信息的采集、制作到发布、出版,都是在各级党委、宣传部门的管理和监督下运作的。因此,在媒体融合的背景下,投放于报刊上的广告不仅能覆盖更多的消费群体,还能借助报刊原有的权威信与公信力,树立更高的专业形象,更容易获得受众与市场的认可。由于报刊内容的独特性和深度,使得报刊广告在传播的过程中,较其他媒体更具专业深度的形象。

二、融合背景下报刊广告的劣势

与新媒体的融合过程中,报刊广告存在的劣势主要有以下两点。

1.多终端化,广告信息屏蔽

报刊与全媒体融合的方式之一是终端融合,这无疑会使报刊广告在传播过程中形成多终端化的传播模式。多终端化为报刊广告带来了更多的信息传播平台和服务内容。报刊媒体内容生产的数字化，打破了传统传播渠道与数字新媒体传播渠道之间的界限，报刊广告的输出终端也不再是以前单一的平面媒体传播，而发展为多种数字终端的立体传播。

报刊媒体的多终端化，一方面顺应了网络时代的潮流，发挥平面媒体的优势，着力办好报纸，使其更符合数字时代人们的阅读需求；另一方面不断向其他媒介终端扩展，比如以互联网为介质的有线网络终端和以手机、阅读器等为介质的无线移动终端。在报刊媒体的数字化转型的过程中，传统报刊广告的信息可以通过渠道和媒介比如互联网进行传播，而受众则可以通过多种终端（如数字电视机、数字收音机、手机、计算机等）接收信息。多终端化的确为报刊媒体带来了新的机遇，但在获得这些机遇的同时，也使报刊广告面临了一些挑战，即广告信息屏蔽。新媒体时代的特征决定了受众具有自主选择接收信息的权利，他们不再被迫接受传统媒体广告信息，而是选择性地接受自己感兴趣的广告信息，这样就不可避免地导致广告信息遭到屏蔽。

2. 受众分流，广告价值降低

新媒体技术为报刊媒体创造了新的传播渠道，也在潜移默化中改变着人们阅读报刊的方式。从拿起报刊静静阅读，到边看报刊边刷微博，越来越多的人习惯在报刊和网络间自由流转，时时关注网络动态，表达观点并参与互动。受众的行为习惯和阅读方式发生着越来越明显的变化，受众的注意力不再集中于一种传播媒体上，他们获取信息的方式也不再以报刊为主，而是将注意力更多地放在网络媒体上。报刊的受众群体正在发生改变，这种改变首先表现在受众读报时间和读报人数减少。

中国网民呈几何级增长的趋势表明，报刊类纸质传统媒体已经面临着严峻的挑战和威胁。随着网络媒体的急剧发展，4G手机、大屏电子书和触屏式便携电脑的广泛应用，其信息容量大、便捷、易携带和声画合一等优势，使受众获取广告信息的渠道越来越多元化。报刊媒体的受众逐渐分流，报刊广告的传播也失去了原有的优势，其在广告主眼中的广告价值随之降低。

第四节 融合背景下报刊媒体投放的优化策略

在媒介融合背景下，报刊媒体广告投放策略也需要进行优化，结合传统的差异互补组合策略、主次搭配组合策略、线上线下组合策略、硬性软性组合策略，还拓展了报网联合投放、报屏互动投放和O2O资源整合的优化策略。

一、报刊媒体广告投放的组合策略

在新的广告投放环境下，无论是报刊经营者，还是广告商，要学会将鸡蛋放在不同的篮子里。单一的广告投放的时代已经过去，多种投放方式组合在一起的整合营销已是大势所趋。

广告投放

（一）差异互补组合策略

即便是高科技时代，媒介间的差异依然存在。扬长避短、协作补充，让受众选择性地接受，是广告主所设想的最完美形式。传统媒介将经历新媒介的渗透和改造，新媒介也需借助传统媒介在受众群体、内容提供等方面的独特优势来进行优势互补。简单来说，差异互补组合策略就是利用不同媒介的特点，投放不同宣传类型却有着同一宣传目的的广告。拥有着不同特性的媒介决定了他们的目标受众不会完全重合，而且不同消费者的媒介使用情况不一致，因此，最终进行广告投放时，媒体选择必然会有所差异。而且进行创新性的差异化投放，能够在一定程度上与其他竞争对手进行区隔，找到蓝海，产生更有效的结果。

在媒介融合背景下，广告投放要将新旧媒体融合，综合利用才是取得最大广告投放效果的硬道理。报刊媒体在与网络媒体融合的过程中，其长年积累形成的品牌效应、广阔的信息渠道和丰富的经验，这些都不是新兴媒体在短期内可以达到的。更重要的是，中国的网络媒体还存在发散性、盲目性等非理性因素，需要报刊来为其"树威"。报刊的权威性高于网站，而网站权威性的高低与其所依托的背景或母体直接相关。不过，网络媒体不受信息容量的限制，可以即时更新，能够双向互动，这些优势可以弥补报刊有限的版面、固定的出版时间、单向的传播方式等缺陷。报刊和网络可以各展所长，达到差异互补，从而使报刊广告获得最有利的投放效果。

（二）主次搭配组合策略

主次搭配组合策略是指进行报刊广告媒介组合时，有主要和次要之分，以某一种或几种媒体作为主要投放渠道，另外一种或几种媒体作补充。一方面能够保证重点区域的主要目标受众的到达率；另一方面，也照顾到特殊的部分受众。在媒介融合背景下，众多新兴媒体产生，无论是广告媒体的形态还是内容都发生了极大的变化，为广告媒体进行主次互补组合提供了更加丰富的平台。同时，众多的广告平台提供给广告主不同广告价格的媒体选择。

例如，马自达汽车在新车型上市阶段的媒介计划中，综合考量该品牌用户满意度报告和目标人群媒体接触习惯数据，既要选择接触程度高的媒介形式作为核心媒体，确保广泛到达，又要通过覆盖目标人群不同时间点所处环境中可接触到的辅助媒体形式来强化影响核心人群。在报纸媒体方面，根据各报纸阅读率，选择阅读率高的报纸媒体进行组合，确保在新车型上市当天阅读率累计达到80%，上市期间累积阅读率达到45%。而在杂志媒体方面，为了提高新车型的美誉度，选择与目标人群接触程度高的杂志类型，如汽车杂志、财经管理杂志、IT/电子杂志、新闻/时政杂志作为核心杂志媒体，将时尚/男性杂志、体育杂志、航空杂志等作为辅助杂志媒体，并对阅读率排名靠前的各类杂志进行组合。

（三）线上线下组合策略

线上线下组合可以为广告主提供更立体的广告传播方式，让广告主能够深度接触目标消费群。充分发挥线上和线下各自的优势,只有做到互补有无,才能成功塑造出更有价值的品牌。具体来说,在报刊广告进行线上线下组合投放的过程中,要着重强调的是报刊媒体通过针对目标群体的策划活动来拉动广告投放,并利用好报刊与网络这两种媒介的协同作用,将两者间的优势相互结合并相互补充,最终获得最佳广告效果。

报刊广告的"线下"主要包括汽车、房地产等行业通过会展、商业论坛、评选活动、节庆促销、联合营销等形式互动,通过统一的活动策划,将纸质报刊、报刊网站、报刊客户端、报刊微博、报刊微信的媒体资源进行组合,能促进广告投放。

一方面,报刊搭台,三轮驱动。报刊媒体以活动策划为核心,举办各种活动,同时驱动专刊、广告、活动这三个轮子,使之产生协同作用。专刊策划是指以专刊版面内容策划为主,通过选题策划、版面包装实现广告拉动目的的策划。专刊策划是报社维护客户关系的重要手段,因此能引起广告主或广告公司关注。广告策划还包括为客户量身定做的广告投放策划、软性广告策划等类型。活动策划是指举办或依托社会活动,整合社会资源所进行的以拉动广告为目的的策划,以活动为主,线上版面配合。

另一方面,网络互动,弥补不足。论坛、微博、微信等新媒体为报刊媒体举办的各类线下活动,不仅提供了网上聊天、网上调查、互动讨论等多种便利,还能够依靠自身宣传的快捷性,为报刊线下活动进行现场直播和全程跟踪,以求最大限度地扩大活动的覆盖面和影响力。

(四)软性硬性组合策略

所谓硬性广告,也被称为"硬广告",就是我们在媒体的广告版面、广告时段、广告页面接触到的有明显宣传产品意图的广告。所谓软性广告,是广告主并不直接介绍商品、服务,而是通过在报纸、杂志、网络、电视节目、电影等宣传载体上插入带有主观指导倾向性的文章(特定的新闻报道、深度文章、付费短文广告、案例分析等)、画面、短片,或通过赞助社会活动、公益事业等方式来提升广告主企业品牌形象和知名度,或促进广告主企业销售的一种广告形式。这些软广告潜移默化地影响着受众对品牌的认知和态度,并引导受众阅读或观看广告。

随着新媒体技术的不断发展,受众接触到的信息越来越丰富,传统的硬广告已经不足以吸引受众的注意力,而且还会带给受众抗拒感和不信任感,这就需要将软性和硬性广告进行搭配组合,达到一种"润物细无声"的传播效果。由于数字电视、移动媒体、互联网、手机等新媒体的大量出现,加上消费者生活方式的多元化,消费者所接触到的一切都可以看作是广告传播的媒介。软广告的本质是一个"软"字,它的媒介不像硬广告那样的固定,而硬广告也有着其不可取代的地位,给人一种直观感,两者缺一不可。因此,报刊媒体在进行广告传播的过程中还需要将软性硬性广告进行组合投放。

例如,大众甲壳虫汽车促销活动期间,在报刊媒体中除了平面广告以外,还可以看到配合车型介绍的新闻稿、与品牌有关的专访评论、有产品推荐性质的评测报告、到店实拍的试车报告、品牌导购和活动报道,在网络论坛和社交媒体中,还有车主体验、甲壳虫族群话题讨论等形式的软广告(见图6-18)。

广告投放

阶段传播规划

升级的甲壳虫

核心诉求	传播规划	
感性层面： • 传承延续的甲壳虫传奇 • 升级换代的经典甲壳虫 理性层面： • 新品USP综合露出 • 新品试驾实际表现	话题性质	标题示例
	新闻稿	《突破传奇 全新一代甲壳虫全球问世》
	产品解析	《DNA进化：全新一代大众甲壳虫详解》
	专访评论	《昭示经典未来：大众甲壳虫走进新时代》
	产品推介	《动力升级显著：全新一代甲壳虫面面观》
	新车点评	《越夜越美丽：大众全新一代甲壳虫到店实拍》
	MB、SNS	《成长日志：世界上最不可思议的虫子》
	BBS	《大众全新一代甲壳虫到店实拍》
	BBS	《多图围观全新一代大众甲壳虫》

不一样的甲壳虫

核心诉求	传播规划	
感性层面： • 细分市场升级趋势迎合 • 与MINI的捆绑竟比优势 • 消费者观察及调查 理性层面： • 产品层面的几大突破 • 区域热销新闻 • 适度沟通新、老车型差异	话题性质	标题示例
	热销新闻	《订车火爆，豪华小车市场见证新甲壳虫季节》
	产品分析	《实用价值提升：全新甲壳虫不输老款经典》
	产品推介	《时尚进化论：同价位必选新甲壳虫的三大理由》
	产品推介	《轻松硬朗风：全新一代甲壳虫哪款最对味》
	对比导购	《可爱升级2.0 新甲壳虫/MINI导购》
	MB、SNS	《调查：开新甲壳虫FB怎么玩最爽》
	BBS	《新款其实更贴心，最权威的甲壳虫用车手册》
	BBS	《便宜你了，让你看看新甲壳虫的闺蜜和瓷器》

运动的甲壳虫

核心诉求	传播规划	
感性层面： • 男性消费群开始增多 • 甲壳虫主义话题讨论 理性层面： • 设计力学与美学的融合 • 全新一代甲壳虫运动性能	话题性质	标题示例
	专访评论	《全新一代甲壳虫男性车主远超二代车型》
	产品分析	《新甲壳虫硬朗设计的前世今生》
	产品推介	《甲虫三代：可爱+硬朗的合体》
	对比导购	《选择你的混搭风：新甲壳虫阳刚，MINI温柔？》
	名博评论	《换代可以有！全新一代甲壳虫补强短板》
	MB、SNS	《新甲壳虫可以找男模了，鉴定完毕！》
	BBS	《我就喜欢！全新甲壳虫型男养成手册》
	BBS	《人人都爱谁不爱！开着甲壳虫FB》

图 6-18　大众甲壳虫阶段传播规划图

（来源：http://www.docin.com/p-256461338.html。）

二、报刊媒体与新媒体融合投放策略

2014 年，4G 对网络的提升使得移动传播成为最重要的传播方式，移动终端主导地位的确立，将进一步改变以 PC 端为主的传播环境。如何应对新的变化，成为报刊面临的新课题。或许，我们还不是很了解 4G 带来的变化，但可以确定的是，终端将主导传播、营销以及市场。能不能服务终端、适应终端，将成为传统报刊广告融合新媒体进行发展的关键，单凭一个平台已经不够了。

（一）报网联合投放

报网联合投放是媒介融合的重要形式，也是报刊媒体目前渠道融合最有效的方式之一。在实际操作上，报网联合是指报刊利用互联网信息量无限、交互性强、信息快捷的特点，互联网利用报刊在内容制作、权威真实等方面的优势，实现双方在内容以及资源共享等方面的合作，最终实现互利互赢。报刊与网络媒介的联合投放是适应融媒体环境的迫切需求，为报刊广告的投放获取更有利的市场价值。

首先，报刊与网络媒介的联合实现了两者间的优势互补。虽然报刊相较于网络媒体具有其原创高质量的信息内容的优势，但网络媒体凭借其传播的即时性、内容的海量性、影响的广泛性等竞争优势已经在这个多媒体时代站住了脚跟。网络媒体与传统报刊相比，有着许多优势：①报刊还处于单向传播的同时，网络媒体已经实现了多向互动；②报刊的信息容量还受到版面限制时，网络媒体已经具备海量信息存储空间；③报刊难以照顾个性需求的同时，网络媒体已经做到了个性化服务。

其次，报刊与网络媒介的融合满足了受众的多元化需求。新媒体时代的到来，分散了广告资源与社会注意力资源，使得市场信息更加碎片化，同时也改变了受众的媒介使用习惯以及消费习惯，最终形成多元化的获取信息的渠道和方式。传统报刊的单向传播特质已经不再能满足受众的需求，然而网络媒介的发展使得受众变成了市场的决定者，因此满足受众的需求才是媒体的生存之道。在这样一个传播环境里，既需要纸质报刊所提供的独特信息内容，又需要网络媒体提供快速、丰富、经济、互动的信息服务，使其内容产品通过不同媒介的联合投放，形成一个新的"服务链"与"产业链"，进而使受众进入一个多介质层面、全方位的信息服务环境。

最后，报网的联合投放使得广告能够更全面、更快速地传播。通过融合，报刊广告实现了由传统报刊的单一介质传播，向跨媒体、多媒体、多介质的转变，从而使报刊广告投放的规模更大、范围更广，有利于其获得更广阔的发展空间。

报网联合投放要求传统报刊媒体在经营思路上重新定位，采取一体化合作模式。整合报刊和网络两个编辑部，可以建立一个向受众24小时提供信息的多媒体平台。应该说，这种合作模式是报刊广告达到资源整合和优化的前提。在进行广告投放之前，需要对报刊广告和网络广告各自独有的功能进行了解，从而达到双方互补的传播效果。如道·琼斯公司为了应对新兴媒体的挑战，合并了《华尔街日报》纸质版和网络版的业务，将此前各自独立的印刷出版和电子出版部门共同归入消费者媒体集团，使《华尔街日报》等平面媒体实现纸质版和网络版新闻报道与发布的同步。

为了获得广告主的青睐，报刊和网络媒体还会联手策划一些经营活动，采用"报刊＋网络"的捆绑销售模式，将报纸与网络双方的广告服务进行捆绑营销，在维持报纸广告原有的产品价值和价格水平的同时，吸纳网络增值服务。如《北京青年报》和北青网建立的报网联合投放合作模式：《北京青年报》广告部推出房地产增值服务，为北京青年报房地产广告客户免费赠送"在线楼书show"，以报网联合投放的方式拓展平面房地产广告的内涵与外延，打造一体化的广告投放平台。打破时间和空间的限制，集中报纸和网络的优势，将权威、翔实、生动的楼盘信息展现在消费者面前。

（二）报屏互动投放

随着电视机、智能手机、平板电脑、投影仪等大屏幕的无线连接，各种大大小小的屏幕在人们生活中出现，比如户外视频、网络视频、车载视频、移动视频等，越来越多的移动终端变成了人们日常生活不可或缺的一部分，传媒业的种种变化，让我们不得不承认多屏时代的来临。毫无疑问，未来的发展趋势必定离不开多屏的整合。从双屏（电视、电脑）到三屏（电视、电脑、平板电脑）、四屏（电视、电脑、平板电脑、手机），再到铺天盖地的户外大屏。多屏时代开始一步步深入到受众的潜意识中，逐步改变着他们的行为习惯和生活方式。在时间上，受众无时无刻不在接触媒介，不再像以前单一的接触某种媒介；在空间上，媒介由起初固定的场所扩展至户外的各个角落，移动终端使受众接触媒介变得更加方便，进行媒介接触行为也变得更加随意。或许受众选择观看视频或广告的方式有所不同，接收到的信息也是五花八门。但其本质都是相同的：受众根据自己各种不同的生活场景，会相应地选择适合当时环境的屏幕终端设备。换句话说，屏幕已经无处不在，受众也习惯于选择使用各种不同的屏幕。多屏时代使受众在短时间内接收更多信息变成了可能。

多屏时代的发展给传统报刊媒体带来了"危"和"机"：一方面，传统报刊媒体受到网络的冲击，纸质印刷出版方式面临着消亡的危险；另一方面，传统报刊媒体正在借助媒体融合的方式寻找新的发展契机。报屏互动投放成为报刊广告一种新的投放方式，报屏的屏主要指以移动媒体为主的移动终端，意味着受众既可以通过传统报刊媒体接收广告信息，也可以通过移动媒体接收广告信息。

1. "传统报刊＋移动终端"投放渠道整合

在多屏时代，便携性是对阅读终端的主要考量，智能手机已经成为受众接收新闻资讯最主要的终端来源，因此，将传统报刊广告与手机报刊广告整合投放成为报屏互动的重要形式。所谓手机报刊，也就是把纸质报刊内容转化成适合在手机界面阅读的信息，再通过无线网络发送到用户手机或用户直接上网浏览的新媒体报刊传播模式。两者之间除了传播媒介不同之外，资讯内容、形式及发布频率相同。利用移动通信技术、现代数字通信技术、多媒体技术和二维码技术，可以弥补纸质报刊平面静态、版面有限的缺陷。受众可以在手机和平板电脑上自由阅读报刊内容，使传统报刊广告的阅读方式变成动态的全新视听享受，实现了报刊与手机、平板电脑、网络的渠道整合，从而让报刊广告从平面形态跨越到多媒体世界，使报刊的广告信息内容变得更加生动有趣，进而吸引受众参与互动。

2. "传统报刊＋移动终端"投放内容互动

以 iPad 为代表的平板电脑以其便携、个性化和极佳阅读体验满足了受众多方位的需求，填补了笔记本电脑与手机之间的移动信息终端市场的空白，也带来了 App 数字报刊的繁荣发展。目前，国内已有 170 家报纸在智能移动终端操作系统上开发了 App。通过平板电脑的多点触摸技术，受众可以利用手势语言来阅读数字报刊的信息，选择期目、翻页、滚动文字、放大或缩小图片等均能以直观且符合传统阅读习惯的方式轻松完成。在便携性高、屏幕大小适中的平板电脑上，数字报刊的内容排版通常也会与传统报刊的版面样式相仿，同时具备互联网新媒体与纸质报刊的特点。2010 年 9 月，来自美国的调查显示，86％的 iPad 用户对在 iPad 上杂志投放的带有华丽惊艳的图片和亮丽的视频的广告产生关注；有 82％的 iPad 用户对 iPad 杂志上具有交互特点的广告会产生印象。

与传统报刊媒体相比,基于平板电脑等移动终端阅读的数字报刊拥有着独特的优势,具体体现在以下几点:

(1) 具有移动性与便携性。比较符合现代生活碎片化的行为习惯。

(2) 大容量与海量信息。平板电脑的大小与重量与一本杂志相近,却可以相当于随身携带成千上万种不同杂志。

(3) 个性化定制。与拥有海量信息的互联网相比,平板电脑的报刊类应用程序能够很方便地根据受众需求,对信息进行筛选和归类,以及个性化定制的推送信息。

(4) 与纸质报刊有着相似的阅读体验,并且受众只需付出更低的费用就可以接收到同样的信息。

(5) 与微博、SNS 等应用连接的互动分享功能。大多数应用程序支持通过链接接入开放互联网,获得相关的扩展阅读;并可连接社交类应用程序,方便将感兴趣的部分分享到自己的微博或 SNS 上。

(6) 多媒体呈现方式和更加人性化的操作方法。与纸质报刊所不同的是其应用程序中既有文字内容,又可呈现音乐、视频、动画等内容,能给受众带来极佳的心理体验。

3. "传统报刊+移动终端"投放技术互动

报屏互动除了传统报刊媒体结合移动终端数字报刊媒体的广告投放以外,借助以 iPad 为代表的移动终端,报刊广告投放实现了互动升级。例如,雷克萨斯汽车广告结合 iPad 和 CinePrint 技术,将一则普通的杂志广告瞬间变成一则动态广告,只要读者将 iPad 的活动网页置放于杂志广告页之下,就可以看到新款雷克萨斯的超炫光影,而原本静止的车身也慢慢启动,搭配 iPad 的声效,大大提高了杂志广告的传播(见图 6-19)。因此,通过报屏互动的方式,可以让受众更快速地接收到报刊广告的信息,并及时给予反馈,从而带来良好的广告效果。《东京新闻》采用一款 AR 技术的软件,通过智能手机扫描报纸上的版面时,手机屏幕中的报纸就会变成各种有趣的动画新闻,让它的小读者们也产生了阅读时事新闻的兴趣。这一技术还能支持商家在报纸上投放能够同时吸引家长和孩子的互动广告(见图 6-20)。

图 6-19 雷克萨斯动态广告图

图 6-20 《东京新闻》互动报纸

（三）O2O 置换整合

O2O 即 Online To Offline（在线到离线/线上到线下），是指将线下的商务机会与互联网结合，让互联网成为线下交易的前台，这个概念最早来源于美国。简而言之，O2O 是指通过网络推广把线上的消费者带到现实的商店中去购买线下的商品或服务，在线支付以后再到线下去提货和享受服务。比如，前两年比较流行的团购，正是使用 O2O 模式的鼻祖。发展至今，O2O 模式已经从网上团购扩延到线下有实体店的实物类领域，适合能定制、预订的服装、家居、餐饮、食品、运动健身、文化休闲等越来越多的领域，给企业和受众带来了更便捷的服务，同时也凸显了电商所衍生出的一片新蓝海。随着网络时代的发展，线上和线下之间、信息和实物之间的联系变得越来越密切，O2O 成为报刊广告投放的新方式。

O2O 报刊广告投放的形式主要有以下两种。

1. O2O 资源置换

在报刊媒体上投放平面广告和软文广告的同时，报刊媒体为广告主定制二维码广告，吸引受众通过网络去了解更详细的信息。印刷在报刊广告上的二维码，受众可以通过手机摄像头扫描二维码或输入二维码下面的数字编码、关键字即可实现快速手机上网、快速便捷地浏览活动网页、下载图文、音乐、视频广告、获取优惠券、参与抽奖、了解企业或产品信息等功能。这给受众带来了更多的便捷，报刊二维码广告投放加速了信息的多平台传播。

2. O2O 资源整合

报刊与购物网站联合投放。让互联网成为线下交易的前台，将线下商务机会与互联网相结合。例如，报刊媒体与手机淘宝合作推出的"码上淘"业务——在传统报纸版面上刊登基于二维码技术的商品"淘宝码"，读者用"手机淘宝"扫码，就可以在手机上直接完成下单购物和付款等环节，坐等商品送上门。参与"码上淘"合作的，共有来自北京、上海、广州、杭州、成都、济南等六大城市的 12 家主流都市类报纸。

多媒体融合的时代为广告主带来了很多有效的投放广告的方式，O2O 的核心价值在于满足受众的"3A"消费需求，即人们希望在任何时候（Anytime）、任何地方（Anywhere）、使用任何可用的方式（Anyway）得到任何想要的零售服务，这种 O2O 的资源置换与整合将成为报刊媒体与新媒体融合投放的新模式。

关键词

报屏互动　newspaper-screen interaction
主次组合　mix of primary and secondary
线上线下组合　mix of O2O

思考题

1. 简述融媒体背景下报刊广告的发展趋势。
2. 融媒体背景下报刊广告有哪些新的特征?
3. 融媒体背景下报刊广告投放有哪些组合策略?
4. 融媒体背景下报刊媒体与新媒体融合投放有哪些策略?

推荐阅读书目

阿伦娜:《中日报纸广告的表现形式》,中央民族大学出版社,2012年版。

第七章 家外媒体投放及优化

本章导言

1. 掌握户外广告的整合策略。
2. 了解户外广告的类型及新兴户外广告。
3. 掌握户外媒体的创意开发。

家外广告是对户外广告新的延展,从静态到动态,再到互动,已发生巨大变化,成为品牌接触受众的无所不在的"触点"。为与现有知识体系相容,本书沿用户外广告表述,但从理念和实务上都进行了新的拓展。本章分析了融媒体背景下户外广告的新特征、新需求、新类型和新应用,介绍了户外媒体创意开发的若干方法。

本章引例

想喝免费啤酒?学唱加拿大国歌吧,或者做个加拿大人!2014年7月,时值加拿大第147个国庆日。加拿大啤酒公司Molson Canadian推出了一款啤酒冰箱的真人秀广告。广告内容为:该公司在加拿大街头摆放一个红色、印有枫叶标识的冰箱。这款新推出的啤酒冰箱只为会唱加拿大国歌的人打开(见图7-1)。视频中,路人们十分激昂地在冰箱面前大唱:"哦!加拿大!……"冰箱奇迹般地打开了,人们兴奋地拿出清凉爽口的冰啤酒,自豪地畅饮庆祝。当然,也有路人不得要领,屡试屡败,引人发笑。广告被发布在网上之后,浏览次数很快突破150万次。为了延续广告效果,Molson Canadian啤酒公司将同样的广告手法在欧洲重新炮制。只不过,这次获得免费啤酒的条件为:加拿大护照。于是,我们在欧洲版的广告中,看到路人急切地互相询问:"谁有加拿大护照?"如图7-2所示。

图 7-1　Molson Canadian 啤酒冰箱广告"哦,加拿大"篇

图 7-2　Molson Canadian 啤酒冰箱广告 加拿大护照篇

这则户外广告真正引起消费者关注是在它被制作成视频放到网站上后,广告形式的创意以及人们消费广告的趣味性使得这段"关于广告"的广告在网络上迅速流传开来。更重要的是,广告创意将品牌精神上升到国家形象的高度,为产品做了强有力的背书。这则例子说明,户外广告受媒介载体的限制非常小,因而给了创意更大的空间。户外广告并不仅仅出现在户外,还可以和其他媒体一起配合放大广告效果,在消费者中创造某种流行趋势。

第一节 户外广告的内涵与投放

追逐经济效益、获取消费者信任永远是广告主竞逐的目标。家外广告概念的提出，使得广告的表现形式和投放方式不再局限于传统的模式。除了能够让消费者及时了解商家的资讯以外，它还可以增加和消费者直接沟通的机会。它可以利用互联网络的传播能力，甚至可以发掘前所未有的广告载体，更可以将一切室外公共场所，变成挥洒创意的舞台。它充分体现了其在未来城市广告中的创新优势和传播优势。

一、户外广告的新内涵与特征

从户外广告到家外广告，更新的概念，更多的潮流艺术的融入，使它具备更多的特性。

（一）户外广告的内涵

"家外广告（OOHA，Out Of Home Advertising）是指消费者在家庭之外的公共场所接触到的广告形式，包括门店陈列、"粉丝"的文化衫、超市手推车、购物袋、空中条幅、街头海报、地铁车厢、飞机机舱、行为艺术、街头竞赛等。人们只要走出家门，就会在各个地点接触到各种形式、各种形态、各种大小的家外广告。所谓户外广告（Outdoor Advertising）其实只是家外广告的一种，从定义上并不严谨，没有体现出广告媒体的公共性。但这一概念已深入人心，其内涵已延展到家外广告的部分形式。

近年来，我国户外广告市场保持着快速增长的态势。户外广告近年来的复兴有着多重原因。一方面，从商业广场的巨大电子广告屏到墙上的电子海报，从出租车后挡风玻璃的显示屏到街头自动贩卖机的展示橱窗，数字传输系统使统一的广告信息可以传递到成千上万的终端，甚至可以突破地域限制走向全球，效果不容小觑。多终端集成可以为广告主带来低廉的广告成本。另一方面，政府不断加强基础设施建设，例如，机场、地铁和高速铁路，为户外广告提供了更多发布渠道。此外，人们花更多时间外出社交、娱乐，广告客户开始意识到户外广告的独特优势，如现场体验可以在消费者心目中留下长久的品牌意识。作为最为古老的广告形式之一，户外广告的复兴给广告界带来了一股复古风潮。

（二）户外广告的特征

户外广告固有的特性使它具有得天独厚的优势和传播魅力。

1. 相对移动性

户外广告的目标受众是那些在公共场所出现的消费者们，他们或是在去往某个目的地的途中，或是在等待参与某项公共活动（比如等待就诊），又或者是在某个商业区（比如在影院）附近。消费者往往是在行进中的瞬间接触到户外广告，因此，广告作品具有相对移动性。同时,类似于公共汽车车体喷绘广告、移动广告牌等运动的户外广告对于消费者来说也具有相对移动性。相对移动性能够扩大信息传播范围,因而是户外媒体作为广告信息载体的突出优势。

2. 公共性

在一个媒体产业竞争激烈的时代,目标受众的高度碎片化为广告信息的有效传递带来了障碍。但是无论消费者个人的媒体使用习惯如何,都不可避免地要注意到户外广告,为它停留,为它消费。无所不在的户外广告能够与周围的公共环境融为一体,与目标受众的时间表、消费便利、生活模式甚至当下心境产生呼应。户外广告的公共性特质突破了多数媒体的受众局限,将感官刺激、地段优势、环境氛围和即时消费结合在一起,这是其他广告媒体无法匹敌的。

3. 硬性传播

麦克卢汉曾说:"媒介即信息。"对于户外广告来说,这句话陈述了一个简单的事实:"无法回避的媒介即无法回避的信息。"与其他广告形式相比,消费者不可能关闭、忽视或者缩小户外广告。大多数的户外广告与目标受众的日常生活轨迹联系在一起,以一种个人化的方式与受众沟通,对于受众注意力具有极强的干扰性,因而能够提升受众的心理卷入度,获得更好的传播效果。但是,硬性传播的特征也使户外广告遭到了诟病,许多受众认为它制造了视觉污染。为此,政府部门通常会对户外广告的设置地点进行管制。

4. 强化体验

许多广告主认为户外媒体最吸引他们的是它可以与其他媒介配合放大广告活动的效果。户外媒介可以产生超越现实的、强冲击力的视觉效果,是一种让人印象深刻的广告形式。在整合营销传播活动中,户外广告可以补充创意思想、驱动消费意愿,从而强化受众对广告信息的体验。户外广告就像"环绕立体声",能够营造一种氛围,形成某种流行趋势和良好的口碑。最重要的是,它能在受众感兴趣的时候用特别的信息瞄准特定的目标人群。

二、户外广告的投放

基于广告或者宣传目的,户外广告借助创意内容、广告环境和发布媒体三者之间的联系,实现传播效果的提升。如今的户外广告除了设置在交通流量较大的地区以外,还可以与报纸、广播、电视、互联网络等进行有机结合,丰富投放方式,投放量也逐渐增加。户外广告的投放对于广告主自身的需求,以及消费者对于广告直观的了解越来越重要。

(一)户外广告的投放需求

户外广告在促进市场流通、引导大众消费、美化城市空间、营造都市氛围等方面一直发挥着不可替代的作用。

随着受众出行方式的变迁,户外广告有了更多的传播空间。调查显示,现代市民三分之二以上的时间在户外,户外广告被更多的人看到,近81%的市民大都有相对固定的出行路线,户外媒体有精准传播功能。个性化消费催生出品牌差异化的营销策略,都市中发展变化着的、各种各样的生活圈所对应的不同阶层的生活轨迹,为户外广告既大众又分众地投放提供了依据。户外媒体成为中国直面大众的、投放量低于电视但贴近报纸的主流媒体。中国的户外广告在近几年告别粗放,在网络化、精准化、短期化进程中不断延展,高效应用更多的户外空间。从广告接触频次看,户外广告已成为继电视、报纸、广播之后的第四大媒体。从广告发布金额来看,户外媒体已超越广播而成为第三大媒体。总体来看,户外广告的投放需求处于逐年上升的趋势。

对于广告主来说,户外广告可以满足广告主以下几个方面的需求。

1. 捕捉注意力的需求

广告媒介的价值其实就是收集注意力,然后把注意力再贩卖给广告主,广告主依靠这些注意力宣传产品。在这方面,户外广告是最直观的例子。户外媒体其实就是在拦截受众的注意力(视线)。当广告媒体越来越多时,面积大的媒体受到干扰的程度就会比较小,反之亦然。所以,现在的广告牌越做越大,动辄三四百甚至上千平方米,而那些受条件限制不能扩大的广告牌则很难受到客户的青睐。在户外广告牌越做越大的同时,另一些户外媒体却越做越小。比如电梯框架、公交车拉手媒体、公交车投币箱媒体等,这些媒体都是为了避开干扰寻找市场缝隙的专业细分媒体,也取得了很不错的销售业绩。这类媒体的优势不在于大而在于准和巧。例如,拉手媒体只有 0.01 平方米大小,但是乘客在使用拉手的时候,至少会看上五六秒钟,这是很了不起的成绩,因为即使是 1000 平方米的户外大型广告牌人们平常也只会扫一眼最多也就是三四秒钟而已。所以,这些细分的小众媒体能够准确地在某个特定的时间和区域里,做到毫无干扰地覆盖广告。

2. 软销售的需求

户外媒体是一种情感性媒体,大多数情况下,它仅仅是一个向消费者 say hi 的媒介,作用于告知受众并使其产生好感。广告主在黄金位置立一块广告牌是展现品牌实力的行为;还有一些广告主在商铺附近投放户外广告,作用相当于导向标识;还有很多候车厅/地铁广告是为了在人流密集的区域进行新品/活动告知,例如,电影广告、1号店广告。

比起销量的提高,户外广告更突出的作用是引起消费者的好感,对商品/服务信息产生记忆,进而促成购买行为。即软销售(soft sell),利用情绪、悬念、焦虑等引起情感和态度反应的情感化讯息进行的销售。

3. 性价比高的本地广告投放需求

在某城市正确地选择发布地点,结合目标人群使用适当的户外媒体发布简洁明确的广告内容(品牌识别清晰,广告信息简单直接)。广告主可以在理想的范围接触到多个层面的人群,可以更好地配合目标受众的生活节奏。正确地使用户外媒体,意味着广告主需要考虑到户外媒体的面积、朝向、亮灯时间等许多物理标准以及广告创意水准。许多户外媒体广告是持久地、全天候发布的,它们每天 24 小时、每月 30 天地伫立在那里,因此,户外媒体的主要优势在于,它们通常能够以性价比较高的方式精准地到达目标受众。例如,户外广告常被称为"15秒推销",相比于创造新的品牌联想,它在提升品牌知名度或品牌形象方面更有效。

(二) 户外广告的投放渠道

目前,户外广告的投放渠道可分为四类:广告牌、街道设施、交通广告和另类广告。

1. 广告牌

广告牌是指有固定尺寸的大型广告展示牌。受众能够在一定的距离外,一般来说15米开外,看到广告牌。

(1) 公告牌。

公告牌是面积最大的一种标准尺寸的户外广告,它的影响力极大。一般位于主要的公路旁,受众接触率高。公告牌(见图7-3)的可视程度高,一是因为面积大,二是它能够通过画面的延伸和装饰来"定制"创意表现。它适用于大多数产品、服务。广告主选定若干个投放地点后,将制作好的公告牌按照一定周期更换投放地点,以扩大广告覆盖率;或在特定地点面向特定人群进行广告传播。前者被称为轮放公告——以若干个月为一期进行购买,每60天更换一次投放地点;后者为长期公告——按照单个公告牌进行定价和购买,根据地点和受众到达率而价格不等,一般以6个月或更长时间为一个合约周期。

图7-3 公告牌

(2) 海报。

大型海报出现在居民范围内某个商业区域或产业区域的大型道路旁,面向路人、当地居民以及城市交通使用者。大型海报通常是用来对某个市场进行全面覆盖。打包购买的话可以实现特定的营销目的,例如针对超市、特定人群,或者特定社区的受众。它依据广告目标的不同而变化,购买周期通常是4~52周之间。

中型海报一般在城市社区或小路旁出现,行人和过往车辆上的人会关注到它。中型海报和人的视线高度相当,或以单张形式出现,或连续出现在建筑物的一侧。在部分市场中,中型海报选定的面板上连续垂直粘贴。中型海报通常被用在零售终端附近来刺激销售,如图7-4所示,有时在大型海报或公告牌不足时也会被替用,适宜于短期的季节性或区域性广告,例如,产品介绍。中型海报定位能力强,可在其他平面媒体上广泛使用,千人成本低。依据广告目标的不同而变化,它的购买周期通常是4~52周之间。

(3) 墙体壁画。

墙体壁画是指直接在建筑物表面作画,或者在树脂材料上作画后贴在墙体表面,对于后者来说,墙体表面必须适宜喷绘。它的大小和形状可以随创意而变化,这种户外广告对于车流和人流都有很高的曝光,它一般位于主要的高速公路旁,或在城市交通干线和旅游干线的周围,在市中心商业区也能看到(见图7-5)。墙体壁画是定制的、长期展示的户外广告。投放地点选择主要是高速公路旁或交通干道旁,墙体壁画通常会成为城市地标。它通常需要签订长期租约,比如好几个月或者好几年,在设计、建造和维护上花费不菲。

图 7-4 海报

图 7-5 墙体壁画

(4) 特制展板。

特制展板通常是广告主量身定做的规模大、制作精美、形式特殊的户外广告,它们往往运用特殊效果吸引大量的注意力。比如,霓虹灯广告、光纤广告、背光展板广告、电视屏幕、三维立体展板、白炽灯广告、频闪灯广告和电子图案广告等。特制展板是由设计团队特别制作,竖立在消费者大量集中的地区,或者是多条高速公路的交汇处,比如市区一环公路和二环公路交汇的市中心地区(见图7-6)。覆盖市场主要为大型城市,通常租约较长。

2. 街道设施

依托公共便利设施,位于人行道附近,与行人近距离接触的户外广告。

(1) 公共汽车站台。

公共汽车站台有整洁的广告展示柜,通常两幅画面并排叠加,并有背光照明。路过的行人、车辆可以24小时看到广告信息,公共汽车站台位于人流繁忙的地点,在主要道路和商场的附近都有公共汽车站台广告(见图7-7)。针对居住在城市的受众,既可本土投放,也可用于全国投放。可以在不同的市场流转,或选择特定公共汽车站点投放定位于特定人群。广告作品可达到杂志效果,可以重复用作其他广告形式,比如售点广告、微营销。通常与其他户外广告配合投放。

图 7-6　特制展板

图 7-7　公共汽车站台广告

3. 交通广告

交通广告是依托移动的交通工具,或者设置在交通站点、航站楼、机场的广告。

（1）机场广告。

机场广告有多种渠道,室内的有航站楼内的墙体广告、窗户广告、专栏广告、天花板或地板。位于航站楼的出发区或到达区、票务区、行李提取区、中央大厅、零售店和 VIP 休息区。

展示亭:三面或四面的独立展示亭,分布在机场航站楼和中央大厅。

陈列柜:显眼的陈列广告,向机场旅客推送广告信息。

免费电话中心:位于到达区的行李认领处附近,旅客可以免费拨打订房电话。背板是彩色广告展示,前面有一台电话机。

电子显示屏:旅客集中地区的电子显示屏展现出行信息和广告。通常是预先编辑好的广告信息。

行李推车赞助广告:行李推车面板上的广告,实现机场的全受众覆盖。

行李传送带广告:将传送带上的面板制作成广告展示板(见图 7-8)。目标受众是到达的旅客。

机场大巴站:背照式广告,实现机场的全受众覆盖。

外观赞助/地标特制广告:针对整个机场的受众,作为机场的大使,欢迎旅客来到机场或者去往他们的目的地。

（2）机舱广告。

机舱广告(见图 7-9)有多种投放渠道。机舱广告包括贴纸广告、免税商品购买产品目录和舱内视频广告。其中,贴纸广告可以投放在折叠桌、头顶行李箱以及安全带扣上。机舱广告与机场广告一致,向健忘的、有购买力的商业人士、休闲度假者传递广告信息。广告活动要吸引注意力,为企业、产品或服务进行品牌推广,产生直接的反应,或激发即时购买行为。

图 7-8　行李传送带广告

图 7-9　机舱广告

（3）全包围公共汽车广告。

全包围公共汽车广告,是指公共汽车的整个车身都被彩色的广告图所覆盖。如图 7-10 所示。需要运用两种喷绘技术：一种是针对车身,另一种是针对车窗。针对车窗的喷绘技术使乘客可以从车里向外望,同时不影响车体外广告画作的完整性。

（4）出租车车顶广告。

出租车广告的记忆率高,出租车在机场、酒店、会展中心、体育馆和餐馆之间往返,能够接触到本地的商务人士或游客,如图 7-11 所示。

广告展板是贴在车顶上的,一个两面的背光照明体。除此之外,车厢内部还有前排座位背面的广告展板。目前,全包围的出租车广告已经成为新的时尚,其制作技术与全包围公共汽车一样。有些出租车在车顶有电子显示屏,或者在乘客区有视频播放设备。

图 7-10　全包围公共汽车广告

图 7-11　出租车广告

（5）轨道交通广告。

地铁和轻轨等轨道交通系统给广告主提供了更多选择。轨道交通广告包括月台、走道上的印刷和背光照明海报,入口展示,站台时钟和车厢内的引导标示,如图 7-12 所示。它主要针对大型城市中的出行者。由于轨道交通日乘客量大,受众到达率高,定位受众的能力强,因此适用于短期的促销活动,常常与其他户外广告联合使用。

站内媒体:张贴在站台墙上的宣传单,入口处的海报。需要乘客花多一点时间阅读。

车厢内卡片:位于乘客座位上方的相框中,或者是座位后面以及门旁的相框中。

4. 另类广告

另类广告包括人们可能想到的其他一切户外广告形式,力求引人注目、启迪心智或者是搞怪到底,这里仅列举其中的一部分。

(1) 空中广告。

空中广告是由飞行交通工具等拖拽的各种形状的大型广告,它出现在人口密集地区的上空,如图 7-13 所示。空中写字也属于这类广告。它通常用于体育赛事、沙滩、度假区以及其他大量消费者聚集的地区推广产品和服务,或用于产品/服务的介绍,或用于电影、音乐会、主题公园等的宣传上。这种多彩的、引人注目的展示方式通常与其他媒介推广活动配合进行。空中广告的价格依据条幅的大小、出现频率和市场覆盖率而不同。

图 7-12 轨道交通广告

图 7-13 电影宣传空中广告

(2) 体育场广告。

许多大型的体育赛事或文艺演出常常会在体育场进行,因而吸引大量观众到体育场。常见的体育场广告有记分牌、立体透视模型、体育场外观、场外记分牌、球场边、展示屏幕,如图 7-14 所示。由于观众进入体育场后不会立马离开,广告到达率得到了保证,对关键受众而言,广告的可见度高,因此印象深刻。此类形式在许多的运动场地、体育馆和演艺中心都有出现,国内的体育联赛提供了数千场广告时间。通常按赛季购买,或长期(1～3年)购买。

(3) 影院广告。

影院广告定位于特殊的环境中,向注意力高度集中的受众推销产品,有许多的消费者接触点,比如说映前广告,以及大厅的展示广告,如图 7-15 所示。它的优势在于影院观众注意力集中、情感卷入度高,由年轻、富裕、受过良好教育的消费者组成,同时在影院环境中他们不易被电话、遥控器、电子媒介或其他日常事务所打扰。

图 7-14　NBA 比赛球馆的记分牌广告

图 7-15　影院的映前广告

（4）基于地点的户外广告。

基于地点的广告展示包含许多投放渠道，它们都位于特定人群由于某种原因聚集在一起的地方。这些渠道包括餐厅和夜店的洗手间、健身房的公共区域、大学和高中校园、军事基地、会展中心、拱廊内、医生的候诊室、高尔夫球场、停车场等，如图 7-16 所示。

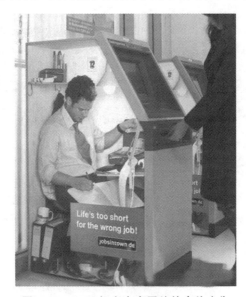
图 7-16　ATM 机上中介网站的户外广告

你还没有剪鼻毛吗？

印度尼西亚广告公司 Saatchi & Saatchi 为松下鼻毛修剪器在街头做了一组特别的户外广告，围绕着电线杆做文章，让线缆直接穿过广告中人物头像的硕大鼻孔，清晰地传达出"鼻毛修剪"的概念，如图 7-17 所示。

图 7-17　松下电器基于地点的户外广告

思考

松下鼻毛修剪器的广告体现了户外广告什么样的创意原则？

三、户外广告的整合投放

户外广告效果有两个主要的衡量指标，一是接触机会（OTC，opportunity to contact），二是流行程度（population）。前者是量化指标，主要考察有多少受众接触到了户外广告；后者是质化指标，主要考察户外广告积累了多少正面口碑。为了使户外广告在这两个指标上表现良好，必须变革户外广告的投放方式，整合户外媒体资源与其他媒体资源。

（一）数字整合的户外广告

传统意义上的户外广告，位置第一，创意第二。仅仅在某块广告板上做文章，最大的局限来自户外广告的天生弱点——信息量少。因此对于大部分户外广告来说，让受众看到的同时，如何让他们记住成为最重要的课题。而数字营销手段天生的互动性为户外广告注入了活力，开创了一个全新的户外广告时代。拓展了户外广告的空间概念，并突破了传统意义上的位置论。这种不断发展和变化，为广告主和代理商带来了无限想象空间和机会。

1. 户外广告与网络媒体整合

户外广告与网络的联合推广已经逐渐成为市场推广的主流。这种线上线下齐动员的媒体整合趋势其实已经早就出现了。2011年日本"7-11"为了在中国大城市宣传集点活动，曾在上海著名的商业街头推出户外人脸辨识"OPEN小将"，利用户外扩增实境互动，让人们走在路上就有机会在大屏幕上看见自己的影像。

"OPEN扩增实境"是用户外大型电子广告牌做媒体，人只要走到广告牌前特定位置，专属的摄影机会直接追踪"人脸"。在活动中，利用扩增技术，可以将"OPEN小将"公仔的头饰装饰在参与互动者的头上，并由一旁的工作人员协助拍摄照片。互动的主角可以用社交账号加入"7-11"粉丝团，以日期为标签，搜寻到所拍摄的图片，进一步分享到自己的涂鸦墙上，经由网络分享，达到病毒营销的效果。同时，配合线下送赠品的活动，使得这一整合式的户外广告推广活动，充分发挥了户外广告与网络宣传的优势，产生了"1+1>2"的整合效果。

2. 户外广告与手机媒体整合

截至2015年12月，我国手机网民规模达到6.20亿，手机成为拉动网民规模增长的主要因素，移动网络广告的增长超过了同期所有行业的广告增长幅度，而户外广告与移动互联网的融合发展是今年的最大亮点。

智能手机价格的低廉化使得移动互联网同户外广告的互动成为可能,同时也给户外广告带来了无限的可能。有行业内专家表示数字户外向智能化、互动化和个性化演变不可避免。数字户外与移动手机的结合将为广告注入更多创新性和互动性,它会将创意与受众所在的环境紧密联系起来,以极为有力的方式影响目标受众,让品牌与受众产生更深层次的活动交流,带来全新的交互式营销。

在瑞典斯德哥尔摩市区广场,DDB公司为麦当劳做了一次优惠券互动游戏的户外广告活动。用户不用下载 App,只需将自己的手机连接麦当劳专门设计的游戏网站,按照系统要求输入用户的昵称,闯关成功一个类似乒乓球的游戏,就可以获得一份麦当劳的优惠券。这些新颖的互动式户外广告,引起市民的极大兴趣,并产生了良好的口碑效应。

数字整合的户外广告意味着,可以用任何一种得到受众欢迎的手法进行广告创意,只要吸引力足够强。由于广告内容可以在一天或者一周内随时改变,广告主们可以在一天中购买某一个最合适的时间段,这些灵活的多样化的发布方式大大地刺激了客户的发布欲望。获得"在最合适的渠道、用最先进的技术发布广告"的机会以后,广告主们向代理商提出更高的要求,要求代理商的创意要出现"哇!"的效果。

(二)互动情景中的户外广告

在经济的发展过程中,户外广告逐渐成为企业创造名牌、打造名牌的最佳载体和最佳途径,容易让消费者在较长时间内保持对该广告的记忆,但如果缺少互动沟通,也很难使消费者产生消费动机。虚拟的空间,为户外广告提供了特殊的互动途径,容易使人在现实的消费过程中联想到虚拟的品牌购买记忆点,但无论是在现实的环境中还是虚拟的情景中,与消费者建立直接的沟通联系都是户外广告发挥户外媒体威力的重要一环。

1. 寻求即时反馈的户外广告

手机的移动性和互动性,把户外广告变成了巨大的全民游戏。某日,纽约时代广场树立起一个巨大的老妇头像(见图7-18)。

这样一个真实的、未经美化的96岁老妇人的头像以如此硕大的尺寸屹立在热闹非凡的纽约时代广场,单就广告来讲,已经足够震撼了。更重要的是,该广告还同时是一个受众可以参与并表达意见的渠道,你可以通过手机,发送短信到指定号码,决定其是"风华绝代"还是"皱纹满面"。受众投票的结果实时地被显示在广告牌上。这样的户外广告,不仅创意突出,更提供了一个渠道增强受众的互动参与,从而提升受众对品牌的体验。

图7-18 多芬的"真正美丽"(Real Beauty)广告

2. 虚拟现实空间的互通

现实中的广告位趋向于饱和的难题也在虚拟生活中找到了答案。越来越多的广告主把他们的注意力投向了虚拟空间。当虚拟生活游戏上凝聚了"足够"的人气和"特定"

的人气,这个平台也就具备了非常高的广告价值。类似"第二人生"这样的虚拟生活游戏,是现实生活的网络体验。在这个虚拟的三维空间里,"居民"可以赚钱、购物、跟朋友闲逛、开Party……它与现实世界的唯一区别:在这里,你可以飞。它给"玩家"带来更多的体验是主动、互动、体验、交流、创造,是从推开(push)到拉近(pull)的转变,因而这个广告平台更多地具备了Web 2.0的互动和开放的色彩。以"第二人生"为例,每月有35%的用户增长率和15%的经济收入增长,华纳兄弟、微软、阿迪达斯一致认为它会成为炙手可热的广告平台。一个叫作Mountain Dew的芬兰第二大饮料公司在虚拟游戏里的饮料店售卖自己品牌的饮料,同时在小广场外树立起一个大的户外广告牌。把现实生活完全移植到虚拟世界,并因此名利双收(见图7-19)。

图7-19 The Second Life 虚拟社区的广告

第二节 融合背景下新兴户外广告的类型

随着数字技术的发展,媒介融合已经不再是一个新的概念,在这个过程中,各种媒介打破原有界限以相互合作的形式进行共同传播。与此相适应,传统展示型的户外广告也出现了许多新的样式和形态。媒介的融合为户外广告的创新拓展了新的空间,也为其带来了更大收益。在融合背景下,依据户外媒体与目标受众接触的方式,我们可以将新型的户外广告分为定点户外广告、移动户外广告和交互户外广告。

一、定点户外广告

为了提高自身品牌的知名度,让各类活动信息得以快速覆盖和高度认知,定点户外广告成为大多数商家进行宣传的主要方式之一。

(一)显示屏式户外广告

显示屏作为新的媒体,其信息量大,还可以随时更新,有着非常好的广告效果,特别是LED屏幕,运用发光的图文,更容易吸引受众的注意力。不可否认,为了尽可能地吸引目标客户,通过显示屏做广告已成为商家做宣传的第一选择。

1. 电子新闻栏广告

电子新闻栏广告是专门在长期的电子新闻栏设施里展示的广告作品。通常设置在人口密度大的城市中心或者校园内,一般四周为一个购买周期,在不同的新闻栏之间循环展示,有时也可单独购买某一个新闻栏。新闻栏通常作为投放计划的一部分与其他街头设施配合使用(见图7-20、图7-21)。

图7-20 图文电子新闻栏

图7-21 文字新闻栏

2. 电子展示亭

电子展示亭是可以不断变换广告内容的LED背光屏幕。如今它已覆盖了我国主要的大型城市,通常设置在人口密度大的城市中心街道,或大型公共设施内(见图7-22)。购买方式依据所属方不同而有所不同,一般一个租约周期为两周。

图7-22 电子展示亭

街头 3D 立体影像屏幕 & 公众新闻视频 i-street

2006 年 5 月,携带独有的 3D 超立体影像屏幕的震撼传媒来到上海。震撼传媒的总裁卞模良近日表示,他的 1500 台 3D 立体影像屏幕,将登陆内地 12 个主要城市,50 家标志性商厦。

据介绍,3D 立体影像屏幕,将颠覆 2D 屏幕的视觉效果。也就是将 3D 影院里所使用的"立体眼镜"安装到了现实屏上,不需要任何辅助设备,构成真正的三维幻境。震撼传媒独家代理了该项目在内地的全部技术。

几乎是同一时期,2006 年,公众新闻视屏 i-street 亮相上海街头,申城街头看不到实时新闻资讯的历史被改写。公众新闻视屏 i-street 是在中共上海市委宣传部领导下,由市公共视频媒体建设工作领导小组牵头,解放集团主办,携手华运传播共同建设的项目。

目前,新闻视屏主要采用滚动字幕的方式,将最新的时政、民生、文体新闻在第一时间通过无线电波传递到街头的视屏终端,每天清早傍晚两次更新,遇有重大新闻即时更新。位于淮海路、南京路、外滩、新天地、徐家汇、西藏路等市中心区域的 550 块屏幕将在近日陆续开始播放信息内容。其中,部分视屏将展现图文并茂的解放日报电子化版面,党报的版面以最新鲜的方式与读者见面。

思考

1. 新兴的显示屏式广告与传统的海报有何区别?
2. 公众新闻视屏 i-street 能满足哪些广告主的投放需求?

震撼传媒在未进入内地市场前,已在南亚泰国顶级的 Paragon 和 Emporium 购物中心装设了 300 个 3D 屏幕,经检测广告记忆度较传统视频广告记忆度高 1.56 倍。3D 技术尚未在户外广告行业中普及的当下,受众对户外 3D 视频的记忆程度要高于平面的传统视频广告。

公众新闻视屏 i-street 是滚动播放的街头新闻展板,分布在上海中心城区的主要商业区内。可以满足以下几类广告主的需求:①位于商业区附近的商户们,可以借助 i-street 的地理接近性发布促销信息;②进行短期促销的商户们,可以借助 i-street 的实时滚屏特性,发布限时的促销信息;③原有《解放日报》的广告主们,可以利用与《解放日报》的良好合作基础,将原有的报纸广告内容投放到新的 i-street 设备上,扩大广告的传播范围。

(二)造型式户外广告

造型式户外广告一改过去广告牌呆板、简单的几何外形,通过特定的造型和艺术设计,因地制宜起到吸引和宣传作用,及时刺激消费者并促使其做出购买决定。

1. 包装海报

包装海报比普通大型广告的体积要大，主要通过立体造型来传达广告信息和吸引受众注意，如不同形状的堆叠或者圆形的海报。包装海报常被用于某个市场中的特殊区域，以达到产品定位的效果，广告主可以从不同的海报区域中做出选择(见图7-23)。这类广告需要周边的结构配置能够满足安装的空间需求，因而只能局限于有限的市场中。

2. 店内广告

店内广告是位于超市、药店、便利店内的广告，店内广告有多种样式：购物车广告，通道上方或通道尽头广告，电子广告屏，时钟广告，地板广告图等。

店内电子屏：电视显示器，位于便利店的结账柜台，不间断地循环播放定制的广告内容，提供信息和娱乐。

结账分区条：用来将结账队伍中前一位顾客购买的货品和后一位顾客的货品间隔开来，这些分区条能实现最长5分钟的信息接触时间。

地板画广告：在促销商品区域附近的超市地板上所画的壁画(见图7-24)。

图 7-23　包装海报

图 7-24　地板画广告

皮卡迪利广场最后一块霓虹招牌被 LED 屏幕取代[①]

皮卡迪利广场(Piccadilly Circus)是伦敦核心的交通枢纽，5条忙碌的道路汇聚于此，连接着西区最繁华的剧院区和购物区，无数游客在广场中央的爱神雕塑下碰头，顺便拍下这里的照片，各种电视节目和大量电影在这里取景。如图7-25所示。

比如，BBC 2010年版《新福尔摩斯》片头曲刚响起时的那个镜头：夜色下，车辆与行人匆匆路过皮卡迪利广场，右手边的一栋建筑几乎完全被巨大的弧形广告屏幕遮盖，广告牌上白底红字的 SANYO 和它正上方蓝底白字的 TDK 霓虹闪烁，成为画面上最吸

---

① 转自 http://www.pjtime.com/2013/11/353153232227.shtml。

图 7-25　皮卡迪利广场的大型 LED 广告屏幕

引眼球的物体。这块广告牌名叫 Piccadilly Lights。它和时代广场上的时报广场一座（One Times Square）一起可以称得上世界上最具标志性的户外广告。这块广告牌的业主、英国最大的房地产上市公司 Land Securities 不久前的一项调查显示，每周有 200 万人经过这里，其中 70% 是步行。

不过，随着现代汽车在 2011 年取代三洋（SANYO）的霓虹灯广告，Piccadilly Lights 最后一块霓虹招牌也被亮度更高并且更省电的 LED 屏幕取代，现在的广告画面大多是动态视频，而不再像 SANYO、TDK 那样只有简单变化的霓虹 Logo。

Piccadilly Lights 的过往仿佛一部简明品牌兴衰史，甚至成为不同地区经济实力此消彼长的缩影。这里最初曾是英国和欧洲品牌的天下，第一块电子广告牌的主人是法国 Perrier 矿泉水，随后亮起霓虹的包括英国本土的怡泉苏打水和爱尔兰的健力士啤酒。二战期间，Piccadilly Lights 的灯光熄灭，当它战后重新亮起，以可口可乐为代表的美国品牌也在 20 世纪 50 年代和 60 年代成为主角。接下来索尼、富士这样的日本品牌开始占据半壁江山，又逐渐被韩国品牌取代——TDK 还占据着柯达曾经的位置，在现代汽车取代三洋之前，三星的地盘原来属于松下，更早之前属于佳能。

在它 100 多年的历史里，曾经出现在这里的品牌超过 50 个。唯一一次与品牌无关的广告是"9·11"之后，约翰·列侬的遗孀小野洋子在 2002 年春天把这里变成一个呼吁世界和平的阵地。她以大概 15 万英镑的价格刊登了 3 个月广告，上面是列侬经典歌曲 Imagine 里的一句歌词"Imagine all the people living life in peace"。

如今新的广告主即将在这里登场。搭建中的新屏幕将在今年 12 月投入使用，Land Securities 希望自己的新客户能够赶上圣诞的购物季。"我们正在和不多的几个品牌进行讨论。"户外广告公司 Wildstone 的业务发展经理 Cennyd Roberts 说。Wildstone 负责这块新屏幕的代理业务。

这些潜在的广告客户主要来自航空公司、技术公司、金融机构、高级时尚品牌、移动运营商以及媒体机构，出于对现有广告主的排他性保护，汽车、消费电子等一些行业的品牌不可能再出现在 Piccadilly Lights 上。Land Securities 也会对品牌进行挑选。例如三洋退出的时候，有几个不那么知名的品牌提出过相同的报价，但最终现代汽车拿到了合同。至于质量不好、服务欠佳的品牌，更不会被允许出现在 Piccadilly Lights 上。

"我们也希望看到更多国际性的品牌出现,而不只是来自某一两个国家。"Land Securities 负责伦敦西区的资产管理经理 Rob Jewell 说。比起 2004 年时 28% 的国际游客比例,如今皮卡迪利广场的人流比以往更加国际化,在 Land Securities 的调查里,51% 的受访者来自英国之外,其中来自中国的游客占到 2.4%,而在 2004 年这个数字几乎为零。而随着中国经济的增长,中国品牌也开始树立自己的国际形象,"这是一个非常好的机会"。

事实上,这对任何品牌都是个难得的机会。

就像三洋,尽管已经离开两年,人们仍然会记得它曾经的位置。"但我们希望过一段时间,人们会忘记三洋,记住这里出现的是现代汽车。"Robin Hall 说。现代汽车在几个月前续签了 5 年的合同,直到 2018 年 10 月。这家韩国汽车制造商 2012 年在英国卖出 7.4 万辆新车,是其有史以来最好的销量。3.6% 的市场份额让它在英国汽车市场跻身前十,而 2008 年,它还仅仅排在第 21 位。

思考

1. 案例中 Land Securities 公司和 Wildstone 公司在户外广告产业中分别扮演什么角色?
2. 案例中 Piccadilly Lights 的品牌更替,说明户外广告投放需注意哪些事项?

英国最大的房地产上市公司 Land Securities 是 Piccadilly Lights 广告牌的业主,它是户外广告资源的所有者。文中提到"Land Securities 也会对品牌进行挑选",意味着广告资源的所有者有权决定谁是户外广告资源的使用者。而 Wildstone 公司负责 Piccadilly Lights 广告牌的代理业务,它是连接户外广告资源所有者和使用者的中介机构。这一机构的运作模式类似于房地产中介,靠收取代理佣金营利。有时,一些大型的户外广告代理商掌握着许多的户外广告资源,并负责为这些资源找到合适的广告主。有意向的广告主可以通过一个广告代理商,打包购买多个户外广告资源的使用权。

Piccadilly Lights 的品牌更替,说明户外广告所处的地理位置非常重要,越是人流量集中,人流流动速度快的户外广告资源,其价格越高,对品牌实力的要求也更高。同时,投放在同一位置的若干户外广告面临着争夺受众注意力的竞争。广告主需要考虑,如何从表现形式、广告内容上与邻近的其他户外广告建立区隔。

(三)剧情式户外广告

在眼球经济时代,市场产品的更新换代日新月异,如何吸引行人驻足观赏并提高记忆度日益重要。剧情式户外广告手法灵活、新颖时尚,能有效吸引受众的视线,提高回头率,延长平均浏览时间,非常适合现代城市商业广告高效运作模式。

1. 投影广告

投影广告可以在商业场馆内或商业场馆外进行大幅展示(见图 7-26)。投影除了静态的艺术展示和视频内容外,不需要任何物理介质。对于接触在大型娱乐场所或购物场所的消费者来说是一个理想的户外媒体,理论上,任何物体的表面都可以投映画面。

雷克萨斯汽车上市的广告就应用了全息呈现技术。你可以在任何户外或室内空间看到它,甚至根本不存在广告这回事,广告主也无须大费周折地搬一台车去,一切全是全息投射出来的。惊叹之余,你甚至还可以选择让车体旋转 360°,再挑个心仪的颜色。

一切都是举手之劳，因为一切都是虚拟的,数字化的。

2. 角色扮演广告

角色扮演广告是商家基于特定的购物环境以吸引消费者及时做出购买决定的营销模式，它能够较为快速地引起消费者的注意，主要由演员运用道具和服饰来扮演受众熟悉的角色，达到推销产品或服务的目的。如图 7-27 所示。

图 7-26　投影广告

图 7-27　张飞牛肉的角色扮演广告

二、移动户外广告

移动户外广告主要通过图形、文字等方式来推广企业的产品或服务，它针对城市里各个角落的出行者，它的可控制性和高覆盖度的投放进一步提升了移动户外广告的影响力。

（一）交通工具式户外广告

交通工具式户外广告其传递信息的功效显而易见，广告主可以借助这类的广告向公众反复传递信息，广告效应尤其强烈。它具有重复率高、阅读率高、成本低等优势。

1. 公用自行车及停放架

公共自行车已经成为大城市普遍新增的公共交通设施，市民利用公共自行车网络可以使出行更为便捷。公共自行车站点一般按照一定的距离间隔设置在城市中，一般靠近公共交通中心，比如在火车站、地铁站、公共汽车站、轻轨站旁边。或者位于城市的中心区，比如在商务区或购物区，景点旁，等等。目前，我国大部分的公共自行车车体广告被当地的旅游广告、地方政府的公益广告所垄断，如图 7-28 所示。

2. 移动广告牌

早期的移动广告牌是在海报大小车厢的汽车车体两侧安装海报展板。目前，海报展板已经被电子显示屏或视频装置替代，移动路线由广告主确定。这种移动性使得广告主可以选择任何时间、任何地点发布广告。移动广告牌常常作为全国广告活动一部分，或者事件营销（会议、音乐会、体育赛事、甩卖）的工具，或发放样品的工具。如图 7-29 所示。

图 7-28　公共自行车广告

图 7-29　移动广告牌

黄浦江上的 Vega 号广告船

　　波光潋滟的黄浦江上，一艘载着巨大电视屏幕的 LED 广告船 Vega 号缓缓驶来。清晰硕大的电视屏幕，在水上行驶，即刻吸引了众多游人在外滩驻足观看。

　　这个巨型广告航母从 2006 年 10 月 9 日开始，每天往返于卢浦大桥与杨浦大桥之间，每天航行 8 小时，每小时 15 公里，单圈长度 5 公里，每天环行 24 圈，从而形成黄浦江上一道独特的移动风景线。位于浦江两岸的游客及大楼中的上班一族，将随时欣赏到大型电视屏上播放的画面，广告画面绘声绘影，广告船也成为聚焦眼球的新兴媒体。

　　广告船长约 50 米，高约 8.3 米，其中电视屏长 30 米，宽为 8 米，由 924 个 LED 模块组成，一共 240 平方米，比半个标准篮球场还要大出 30 平方米，可视距离最大可达 1500 米，可视角度为 100°～140°，足以覆盖到浦江两岸。Vega 号广告船是黄浦江上第一艘带有电视功能的移动 LED 广告船（见图 7-30）。

图 7-30　巨型 LED 广告船 Vega 号

思考

1. 你是否曾看到类似出现在旅游景点户外广告？其广告效果是什么？
2. 如果你是广告主，你会将什么产品/服务的广告投放到Vega号上？为什么？

旅游业作为一个朝阳产业，目前已被列为世界第三大产业。随着我国经济的快速发展和人民生活水平的提高，人们对旅游消费的需求也进一步提升。近几年来，我国的旅游业一直保持平稳较快增长，一些热门的旅游景点（如九寨沟、普陀山等）的年接待游客量突破千万人次。巨大的人群效应成就了旅游景区户外广告的价值，由于旅游者大多为社会的中高收入者，同时也是中高端品牌的追求和消费者，因此旅游景区户外广告针对中高端品牌，可以有效覆盖目标消费群体，直接影响有较强购买力的人群，实现真正的精准传播。黄浦江上的Vega号就是这样一则典型的景区户外广告，符合中高收入者消费习惯的产品均可投放到Vega号上。譬如：音乐会，高端的电子产品，中高档服装等等。较之传统媒体和部分新媒体，旅游景区户外广告媒体千人成本更低、投入产出比更大，可以最大限度地节约广告主成本，为广告主创造更多利润。

（二）穿戴式户外广告

穿戴式户外广告具有流动性大、色彩鲜艳、美观耐用、物美价廉等多种优点，通常广告衫穿到哪里广告就能做哪里，其实用性也强，是男女老少在日常生活中都能够使用的生活用品。因此，这种类型的户外广告，可对企业进行长期的广告宣传，是一种重要的广告方式。

1. 穿戴广告衫

圆形的领圈、套衫式的短袖上衣是广告衫的经典款式，衣料大多采用针织的化纤衣料。通常在白色或素色的套衫上印着有关厂商推销商品的文字或图案。近年来，广告衫常常用于"快闪"、游行等吸引眼球的集会活动，营造氛围，引起受众的兴趣，如图7-31所示。

图7-31 "快闪"活动的穿戴广告衫

三、交互式户外广告

一个好的广告不仅要能准确地说明产品或服务的信息，同时还要能够为消费者带来良好的体验，增加广告的趣味性。交互式户外广告就具有这样的一种功能。受众进行广告体验的过程实际上就是广告的整个过程,在这个过程中,受众的注意力越集中,停留的时间越长,越容易对广告产生某种情感,越有利于品牌建设和提升广告效果。它既有广告的作用,又有娱乐的效果,使得它不像传统广告那样显得呆板、无趣。

(一) 基于地点的互动户外广告

基于地点的进行广告投放,能够更具针对性的瞄准目标受众,而交互式的户外广告,又能够让广告商与消费者之间有维度的对话成为可能,因此具备这两大优势的基于地点的互动户外广告,既能进行对准某类群体的产品或者服务推广,又能给消费者带来趣味性和极强的互动性。

1. 自助终端机界面

自助终端机界面是电子版本的基于地点的户外广告,用户定位准确度高。位于特殊地段,如医院、行政审批部门,或者部分人流量较大的商场、地铁站点、公共汽车站点。在我国的一线大型城市可见。触摸屏幕后,自助终端机会根据用户需求提供自助服务,也能提供路线信息,消费引导信息,天气信息,新闻信息等。当消费者需要得到自助服务时,他们会运用自助终端机主动查询信息。同时系统可实时更新,与新的消费需求同步。如图 7-32 所示。

图 7-32　自助终端机

2. 挑战式户外广告

为了引起消费者的兴趣,广告主会以挑战题目来推广产品/服务。消费者的好奇心往往驱使他们参与挑战,从解决问题的快乐(或失落)中加深与品牌的情感联系。这种挑战式的户外广告一般集中于人流密集的都市地区,如图 7-33 所示。

(二) 智能界面式户外广告

今天,几乎人人身上都至少携带着一台智能设备,智能设备的出现,为户外广告提供了新的播送平台。智能界面式户外广告不仅具有广告宣传的功能,它还能够有效地帮助广告商统计读取量、链接访问量甚至是使用用户基本信息,如电话号码、微博账号、微信账号等,这样一来,一直困扰着户外广告的无法追踪用户信息的问题便迎刃而解了。

图 7-33　麦当劳"拼图挑战"广告

1. 一对一推送广告

这是一种基于便携式移动设备的户外广告。通过提供优惠条件刺激，广告主吸引消费者在手机 App 上订阅广告主经营的数字媒体，并定时向消费者推送信息。一对一的推送广告有很多渠道，如免费 Wi-Fi 接入、微信公众号、微博账号等，如图 7-34 所示。

图 7-34　手机扫描二维码

美国西北航空的二维码广告

在日本，美国西北航空就利用二维码来推广其常旅客计划。在东京机场往返市区的出租车上，司机座椅的背后贴着一个有二维码的广告，在长达一个小时的路程上，百无聊赖的乘客一般都会好奇地尝试一下。当他们用手机拍下这个黑白的代码之后，手机会被自动引导到美国西北航空公司的网站上，受众可以看到关于常用旅客计划的促销方案的重要信息。如果更感兴趣，甚至可以直接进入其网站，尽情了解详情。当然，与此同时,乘客的手机号码就被收集进入其数据库了。

这个小小的尝试取得了空前的成功,以至于后来美国西北航空公司决定乘胜追击,进一步把二维码变成广告主体,可谓一举三得:广告创意简洁而突出,又以领先姿态赚了眼球和众人口碑,同时还实现了获得用户数据的目的。此举甚至扩展到了棚场和地铁通道,以便匆匆经过的受众可以立刻查看最新的促销信息。

思考

西北航空公司扫描二维码的户外广告成功的关键是什么?

随着智能手机的普及,扫描二维码广告已经成为广告主与消费者建立互动渠道的主要营销手段。与传统户外广告不同的是,扫描二维码需要消费者采取主动行为,因此,如何唤起消费者对二维码广告的兴趣是关键。西北航空公司的扫描二维码广告之所以成功,一方面是其广告投放找准了机场旅客出行的主要交通工具——出租车;另一方面是机场到市区的漫长旅途恰好是旅客的注意力空闲时间,而广告策划人员准确地定位到了旅客的碎片化时间;更为重要的是,扫描二维码广告可以获得消费者的个人信息,而西北航空公司显然对收集到的消费者信息进行了分析利用,用于后续更为精准的一对一营销传播计划。

免费 Wi-Fi 接入广告

奥美伦敦办公室在为思科客户发展的 Human Network 的品牌传播活动中,聪明地把户外广告变成了一个受众体验的真实场所。他们和英国电信合作,把一个街区公园变成了利用无线互联网覆盖的网络化街区——你如果信步走到这里,又正好带着一台有无线上网功能的电脑,就可以席地而坐,来杯咖啡,打开电脑,通过无线互联网轻松享受 Human Network 的世界。当然电脑浏览器的界面会出现 Human Network 的广告。

思考

常见的免费 Wi-Fi 接入广告有哪些?如何改善?

尽管 Wi-Fi 已经成为移动网络主要的接入技术,户外空间的免费公共 Wi-Fi 建设仍处于不足状态。于是,许多商家以提供免费 Wi-Fi 作为一项基本的服务,吸引消费者入店消费。常见的商用免费 Wi-Fi 多见于大型的室内场馆,比如机场、商场、影院、餐厅等等。当然,这些 Wi-Fi 服务并不是完全"免费"的。作为获得 Wi-Fi 的交换条件,消费者往往需要填写注册信息,以获得商家推送的产品信息或促销信息。

消费者对于商用免费 Wi-Fi 的需求可以简单分为四点:第一,获取免费流量;第二,寻求稳定高速的网络环境;第三,保障安全的网络环境;第四,对网络附加价值的需求。前三个层级是底层的网络需求。而第四个层级的需求,也是有效提升用户黏性的层面,要借助企业的产品来完善。现有商用免费 Wi-Fi 接入广告的创新模式是基于 Wi-Fi 用户、商家以及 Wi-Fi 运营商三者之间的关系建立起来的,主要的广告商业模式有以下几种。

(1)基于地理位置定位的广告商业模式。

广告主选择特定的地域和热点来推送广告,使广告主的广告能吸引到最有可能购买其产品的潜在客户。同时,广告主还可以针对不同地理区域制定相应的特价促销或

第七章 家外媒体投放及优化

优惠活动广告,使广告的投放更加精准,更有针对性,能将定向化的信息推送到 Wi-Fi 用户,进行有效的广告宣传。例如,旅游服务类的广告主会在机场这一 Wi-Fi 热点找到目标客户群,推送它们的广告;咖啡行业的广告主可以在咖啡吧等特定的 Wi-Fi 热点通过推送选项式广告去了解目标客户群的口味习惯。

(2) 基于 Wi-Fi 热点区域电子地图的广告商业模式。

这是以 Wi-Fi 登录 Portal 页面的区域电子地图为基础进行的广告模式,即基于热点的不同位置,Wi-Fi 用户会看到当前所在热点及其周围区域的电子地图,运营商可利用区域地图对热点周围商家进行广告宣传和标注。Wi-Fi 门户的地图上注有鼠标停留短语,用户在区域地图上移动鼠标会显示不同商家的最新信息和链接,点击任一广告,便进入这一商户的网页界面。商家可在后台更新自己的商家信息,运营商负责页面系统的维护和统一管理。

这一模式对于用户来说,不仅可以找到离自己最近的商家、餐馆、自动取款机、加油站、电影院、医院等周边生活信息,以及进行地图导航、查询移动黄页等业务,而且还能找到提供诸如"最近的电影院即将上演的影片"或"该餐馆的消费水平、饭菜口味如何"等更深层的信息。对广告主的好处:Wi-Fi 电子地图的广告可将广告推广和先进安全的无线网络技术合而为一,使商家广告宣传结合信息完备的地图,贴近距离最近的潜在顾客,使热点上网的顾客能够就近方便地找到商家的地理位置。对运营商的好处:利用顾客喜欢就近购买,省时方便的消费心理,使 Wi-Fi 单个热点变成一个个商圈,热点越多,其广告的商业价值就越大。

(3) 基于 Wi-Fi 个性化 Portal 页面的广告商业模式。

在 Wi-Fi 账号登录页面及登录后弹出页面上放置商家个性化广告或市场调研选项,也可以为每个热点的商家独立设置其个性化 Portal 页面,收取广告定制及发布费。这种模式的主要特点是,运营商拥有页面的控制权,商家可以利用其特定页面发布广告信息。对广告主来说,特定个性化广告页面直达 Wi-Fi 用户。让用户在上网第一时间接触到商家的广告或市场调研选项,既凸显商家的形象和产品,又是进行市场调研的一种好方法。而对运营商来说,利用账号登录页面及登录后弹出页面这一特有资源。可以为 Portal 定制"VL 州+端口+IP 地址"粒度级别的个性化认证页面。同时可以在 Portal 页面上开展广告业务、服务选择和信息发布等内容,进行业务拓展,实现 Wi-Fi 网络的运营。

(4) 基于"看广告换取 Wi-Fi 免费接入"的广告商业模式。

Wi-Fi 的上网接入一般都是要通过输入账号付费来使用,而"通过观看广告可以免费上网"的运营模式将改变这单一的状况,将采取"后向付费"的运营模式,即前向用户使用 Wi-Fi 接入上网时是"零付费"。所谓"后向付费"是指由后向的广告主付费,而使用无线网络的用户则不用支付网络服务费。比如:上网者在登录 Wi-Fi 网络之前,需要观看登录页面上的广告,或者点选市场调查选型按钮等。用户只要选择提交后就可免费上网。时间可由运营商设定,如 30 分钟,用户上网 30 分钟后,页面又会自动回到新的一组广告页面,只有用户再去看广告或继续点选,才可以再免费使用 30 分钟。由于浏览广告或点选按钮是免费上网的必经之路,所以,商家广告的浏览量就有保证,商家的市场调查也有了广泛的基础,在 Wi-Fi 上做广告就变得更有价值。这种模式会降低 Wi-Fi 上网的门槛,增加用户数量,Wi-Fi 使用量增加,广告的价值也就提升了。这种模式与付费模式要有一定的区隔,如付费用户会享受比免费用户更高速率的带宽,这样才会不影响用户的体验。

(5)与合作伙伴共建"吸引力"内容的广告商业模式。

在 Wi-Fi 门户上建立"Wi-Fi Zone"的内容区,"Wi-Fi Zone"里有能够吸引用户的"吸引力"内容。"吸引力"内容包括精彩电影播放、音乐下载、优惠促销信息、活动信息、体验信息、网上冲印等,商家的广告穿插在相应的内容中,依靠"吸引力"内容而被用户浏览,从而增加广告浏览量,有些商家的品牌促销广告也可以是"吸引力"内容的一部分。运营商与商家合作建立"Wi-Fi Zone"内容,可以吸引更多用户上网浏览其内容,创立优秀的内容品牌。能与合作伙伴建立长久稳定的关系。同时,运营商也可以与商家合作推出诸如"Wi-Fi Zone"卡等产品,卡内既含上网账号密码信息,用户又可以持卡享受到"Wi-Fi Zone"内的商家优惠。这一共赢模式会吸引商家在"Wi-Fi Zone"进行广告投入。

第三节 融合背景下户外广告的投放策略优化

数字技术和互联网络的出现,使媒体间原本泾渭分明的界限变得模糊起来,媒介间产生了融合现象。原有媒体形态的改变和新媒体的出现不仅使得户外广告的媒体选择更加多样化,同时也拓展了户外广告的投放空间。而在这种背景下,受众的眼光也变得越来越挑剔,因此,我们所需要做的是,如何利用网络和数字化的优势,尽量用最少的钱,最大限度地吸引受众的注意力,达到最好的广告效果。

一、整合户外媒体资源

定点式户外广告发布点的到达率效果明显。从不同发布周期的平均到达率看,从发布点到辐射半径 3000 米,广告到达率成线性衰减,如图 7-35 所示。

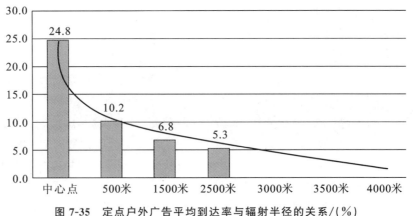

图 7-35 定点户外广告平均到达率与辐射半径的关系/(%)

(样本 $N=12310$)

同时,户外广告的平均到达率与发布时间的关系为:广告发布后,一到七周到达率迅速增加;七周后,到达率增幅几乎为零(见图 7-36)。

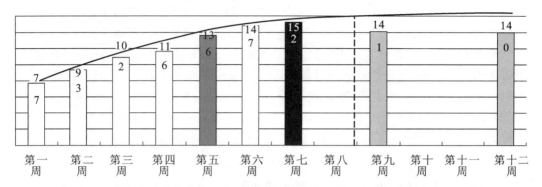

图 7-36 定点户外广告发布 2500 米范围内的广告平均到达率与时间的关系/(%)
(样本 $N=12310$)

由此可见,定点式户外广告传播存在一个周期问题,为了解决这一问题,广告主必须把握户外广告的两个投放原则:一是时机原则,即以 30~60 天为一个投放周期,在影响力上升期和最佳发布期进行投放,减少无谓浪费;二是联网原则,即多点布局通过影响力半径的交叉覆盖达到传播效果最大化。户外媒体的两个资源整合策略由此而来。

(一) 热点爆发式整合策略

社交媒体利用移动网络的互动性制造、传播用户生成内容。社交媒体的消费者黏度经由互动性、娱乐性和可交易性产生。随着媒介平台之间的融合,移动互联性飙升,户外媒体的投放渠道增多,户外广告已经成为加快和放大社交媒体以及移动营销活动的关键媒体。消费者大约有 70% 的时间在户外度过,户外广告围绕和吸引"路途中"的消费者的能力使它成为一项整合广告计划中对社交媒体和数字媒体最完美的战略补充。户外广告可以加快和放大数字媒体、社交媒体和移动营销活动的效果,因为它可以提高:

(1) 网页访问量;
(2) 在线和移动搜索率;
(3) 社交媒体使用率;
(4) 内容上传或下载量;
(5) 购买和交易量。

因此,这就需要从时间节点上把握好对社交媒体以及户外媒体的资源整合。通常,广告主会首先通过户外媒体引爆"热点效应"。然后在热点的上升期,通过用户生产内容的方式调动消费者的积极性,在社交媒体中提高广告热点的持久度和信息扩散度,最终达成线上/线下购买行为,形成热点的"巅峰期"。

(二) 联网式整合策略

户外广告目前处于转型的历史节点上。许多的广告牌和海报都成为数字化的或互动的媒体,实时呈网页、社交信息和实现移动信息传递。街头的展示亭,公共汽车站和购物中心通常使用的是视频显示器和互动触摸界面。智能手机现在都可以进行移动网络连接,满足用户的社交、下载和交易需求,有时甚至可以当作信用卡。增强现实技术正在改变着户外广告的市场机会。特殊的历史阶段使得户外广告呈网络式分布在城市中,从某种程度上说,户外广告的联网式整合策略正是应消费者的需求而产生的。

消费者急切需要通过智能手机、触摸屏和其他互动技术接触到户外广告。例如,对于街头的户外广告,消费者们最感兴趣的是收到优惠券,比较价格,进入社交媒体网站,下载诸如歌曲和应用,查找方向/路线、与朋友分享内容,与朋友进行互动、娱乐或直接购买产品。户外广告利用对内容、移动性、社交媒体和商务的融合来接触和吸引户外的消费者,并为消费者提供独特的利益,这是其他广告媒体所无法比拟的。

1. 地点定位服务

户外广告可以对移动消费者提供基于所在地点的内容和促销信息,相当于售点广告。从时代广场的互动广告到街头的触屏广告,户外广告能够在消费者正想消费的地点和时间出现。

2. 时间敏感性

户外广告可以提供定制的、实时传递的信息,只需轻轻一点击,这些信息就可以更改。广告也可以在其他内容之间进行切换,比如天气预报、气温、地点以及趋势关键词。这使得信息传播及时,且相关程度高,并促进双向传播。

联网式整合策略需要广告主将传统的户外广告与基于移动网络的社交网站、定位系统、在线交易系统相结合,为消费者提供即时即地的广告信息。

二、创意户外广告设计

户外广告现在已经充斥在城市的各个角落,我们每天都被数以百计的户外广告包围着,由于户外广告缺少一种强制性,人们可选择忽略或排斥它,因此,户外广告要想产生良好的广告效果,必须用创意去吸引受众,激起他们购买的欲望并实现最终购买。同时,一个好的户外广告还能够起到美化城市的作用。

(一)夺目感的设计策略

户外广告是一种强烈诉之视觉的广告媒体。只有给消费者带来视觉冲击力的户外广告才能使消费者对广告内容产生兴趣。其设计要点如下:

在户外广告的设计中,图形最能吸引人们的注意力。户外广告的图形主要包括广告图形和产品图形。广告图形是指与广告主题相应的人物、动物、植物、环境等图形;产品图形指的就是广告中所要宣传的相关商品的图形,这种图形的出现就是为了宣传它的功能,因此一定要醒目、突出,并将其放置在画面的有利位置,这样才能抓住观众的视线。观众只有被画面吸引了,才会去阅读广告中的文案。

户外广告是人们在行走的过程中动态地去观看的对象,因而受众不会有很多时间去阅读,因此要求文案更加简洁有力,最好是一句话解决问题,不要绕弯子。主要的宣传用语七八个字就足够了,太多了反而会起到反作用,画面形象越复杂,受众的感觉越混乱,越不愿意阅读。

户外广告的设计师在设计前一定要进行调研、分析、预测活动,并在此基础上确定广告创意的图形、色调、文案用词等信息。调研的目的就是根据人视线的距离、视角及周围的环境因素来考虑广告牌的位置、设计的尺寸大小。常见的户外广告牌一般是长方形、正方形。当然在设计时还可以根据周围环境协调广告牌的形状,力求从周围环境中脱颖而出,如图 7-37 所示。

图 7-37　出挑的户外广告

图 7-38　非主流户外广告之隧道入口广告

（二）体验感的设计策略

户外广告还是一种讲究体验的广告媒体。这就给了非主流文化在户外广告设计中大显身手的机会,非主流户外广告能够引起受众多感官的互动,从而加深其广告体验(见图7-38)。今天,新媒体材料的丰富性为设计的载体和实现方式提供了物质保障,科技为非主流户外广告的发展提供了无限的可能性。其设计要点如下:

第一,营造瞬间的吸引力。个性张扬是非主流户外广告的特点,强调瞬间吸引路人的眼球,这就需要设计者在广告设计中加入更多的动感元素。在视觉喜欢选取的元素中,最多的是环境中时时变化的东西。比如说,某个东西出现或消失、从一个位置移动到另一个位置,或者形状、大小、色彩、量度发生改变时,都会刺激视觉神经促使眼睛去捕捉它。现在非主流户外广告中就是利用各种方式使其呈现动态变化的展示效果,如图7-39所示。

第二,挖掘地域性。在商品经济为主导的社会状态下,主流的户外广告对商业化、效益化的追逐极易造成快餐式的设计样式,忽视与城市景观在地域文化风格上的和谐与融洽,导致户外广告个性特色的丧失。这就要求设计师充分发掘和利用地方丰厚的文化资源,大力推出一批具有国家水平的优秀作品,充分体现多姿多彩的地域文化和风土人情,充分展示地方文化的神奇、浪漫与瑰丽。

第三,凸显人性化意识。人性化设计在非主流户外广告设计中被较早提出,因为在这些领域,人性化的设计与功能性紧密相连,在广告设计领域,由于二者的关联性具有隐性特征,主要体现在视觉心理层面(见图 7-40),所以,早期未被人们所普遍认识,但随着竞争的加剧和人们对于视觉产品的要求越来越高,视觉领域的人性化设计的重要性越来越凸显,使得户外广告成为具有实际功用的广告媒体。

广告投放

图 7-39　非主流户外广告之卡车车身广告　　　图 7-40　非主流户外广告之地铁车厢扶手广告

（三）可携带的设计策略

基于 Ipv6 核心网的互联互通技术，可全程漫游与切换的个人可携带资源（MIP/M-eN）技术成为新一代移动通信技术的核心内容。可携带是数字媒体的发展方向，户外广告的设计应该从内容和形式上适应设备可携带的这一趋势。

可携带数字设备上，用户群较大的应用或使用频率较高的应用都会插入各种形式的广告：自己的广告、合作伙伴的广告或第三方的广告。主要有三种形式：横幅广告、插播式广告、片尾广告。横幅广告是出现在应用内容侧边的广告——顶部、底部甚至会在列表内。最常见的广告位置就是在底部（见图 7-41），因为此处的广告虽然是在应用设计时重点强调的，但对用户的影响却是最小的。插播式广告通常是指在自然的切换点插播的广告，例如在内容载入过程中插播的广告。例如，所有的食谱显示之前都会显示某种商品的广告（见图 7-42）。片尾广告通常和插播式广告一样是全屏的，但它们是在用户执行完具体的任务之后才有的。

图 7-41　底部横幅广告　　　　　　图 7-42　食谱中的插播广告

在设计可携带设备的户外广告时，首先要善用广告媒介。广告并不一定要链向网站或应用商店——它们可以整合在音乐、视频和地图中。要考虑采用创新的方式将相关内容整合到使用背景中。

其次，从战略高度来考虑广告的投放位置。将广告纳入到你的整体设计战略中考虑，这有助于优化广告的整体体验，并增加广告的转化率。例如，由于广告出现的时机和位置很合适（在游戏结尾，并且是在游戏的记分牌上），所以 Bubble Wrap 的广告转化率很高。

再次，为移动中的用户优化载入的广告页面。如果广告会将用户引向第二个画面的话，该画面一定要针对移动中的用户进行优化——用户不必缩放就可以看清广告内容。对行进中的用户进行载入页面的优化就可以大大提高"转化率"。

最后，为特定的用户群过滤广告。要尽可能地让广告与目标用户相符。适当过滤广告，这对于用户和广告商来说都是有好处的。

三、开发户外广告载体

户外广告载体的开发是一个非常重要却又常常被忽略的问题，我们所生活的任何一个户外角落都有可能成为户外广告的新载体。一个好的产品如果没有利用适合它的载体进行宣传，对目标受众产生的影响可能就会大打折扣，只有在考虑文化、产品特性等的基础上，创新户外广告的载体形式，给受众一种耳目一新的视觉美感，才能在激烈的竞争中，抢得先机，赢取更大的社会效益和经济效益。

（一）基于区域的开发策略

区域从大方向来说可分为国内和国外，从小方向来说又可以分为城市与城市、城市与农村、农村与农村等，他们之间存在着文化、消费理念甚至是审美上的差异，一个以传统古民居为主要建筑群的城市，户外广告外观设计得太为现代化会显得格格不入，因此根据不同的文化、国情、消费需求开发不同的户外广告形式和内容尤为重要。

1. 基于本土文化的开发

城市的风格与其内在的文化属性应是统一的，这样才能获得对内的"自我认同"，以及对外的"身份识别"，然而在中国很多城市的户外广告设计做得不好，如在南京夫子庙地区，"青砖小瓦马头墙，回廊挂落花格窗"的江南小品特色很浓，但与其相对应的户外广告却没能体现出这种特殊的地域文化。其实，地域特色和文化传统已根植于当地百姓的心中，内化为市民的一种文化心理和挥之不去的情结，在对本土文化资源的理解、提炼、重构和再创造基础上的非主流户外广告设计才是真正深入人心、具有亲和力的。

基于本土文化的户外广告给城市景观带来丰富的层次和生动的细节，有的让人惊艳，有的使人会心一笑，有的则值得人慢慢去体味和感悟，如图 7-43 所示。

图 7-43 西安曲江新区的户外广告

2. 基于地域定位的开发

户外广告设计与安置要充分考虑到不同地域消费人群的审美与喜好，在大中城市与乡镇地区的广告定位也应有所不同，甚至城市与相邻城市之间都会有所不同。哪里有消费者群体的地方，户外广告设计会相应地出现在哪里。广告的表现内容和形式要与国情相联系，这样才能适合当地人们的审美，才会更贴切，更易打动人。只有严谨准确的定位，才会收到好的效果。

中国当前需要具有娱乐性、幽默性和观赏性的户外广告，使受众在轻松、愉悦的气氛中，接受信息的传递，如图 7-44 所示。

图 7-44　油漆的户外广告

（二）基于产品/服务的开发策略

广告就是要利用多种创意途径，把要传达的产品利益或者服务折射出来，让受众理解并形成一种渴望拥有产品的行动，从而能够让受众直接感知该产品所能给他们带来的利益和功能就是从产品本身进行开发的。

1. 基于产品属性和要素的开发

图 7-45、图 7-46 将所要传递的信息本身作为广告传播载体的表现形式，图 7-45、图 7-46 是针对不同的发布环境，围绕同一理念进行的有针对性的个性化设计广告，这些设计都是紧紧围绕所要发布信息的自身特点展开的。

图 7-45　相机的户外广告 1(12 倍光学变焦)　　图 7-46　相机的户外广告 2(12 倍光学变焦)

2. 基于产品功能的开发

大量的广告诉求定位是围绕着产品的功能展开的，在产品极其丰富的今天，许多品牌的同类产品在功能上越来越趋同。因此，理念营销应运而生，也就是为自己的产品寻找独特的卖点，塑造自己品牌的独有特点，抢占产品的理念性标准制高点，这便需要以独特的广告形式进行表现，围绕产品功能与产品特点进行的创意借喻设计便被应用于户外广告中，有一些广告以极端大胆和标新立异的表现手法，弱化传统意义上的广告固有要素，以全新的载体和表现形式突出产品的功能和产品特点，达成令人过目不忘的视觉效果（见图7-47）。

图 7-47　口香糖的户外广告（暗示口香糖的清洁功能）

3. 针对产品体验的开发

广告活动是信息传达与信息反馈的交互性活动，如果能让受众参与其中，形成互动，并且能让受众乐在其中，将会极大地加强信息传达的深度。因此，很多商家喜欢推出各种体验式营销活动，通过体验式广告的方式拉近产品理念与受众的距离，使被动的信息接收转变为游戏性的参与和体验，让消费者更愿意接受，使被动地接受信息转变为游戏性的参与、体验，这是一种消费者更愿意接受也更有效的信息传播表现形式。如图7-48所示。

（三）基于技术的开发策略

打破常规化的技术利用、创新思维，根据产品的特性和功能结合构成广告各元素的形状、排列方式等进行创新组合，就会产生意想不到的效果，它能够在相当长的时间内保持受众的注意力同时也能震撼性地传播客户的宣传主题。

1. 对常规媒体的技术开发

户外广告采用的媒体一般有着固定的形式和表现手段，对常规媒体的技术利用指的是打破这一固定的形式和表现手段，从材质、版式、方向、形状、发布方式、构成媒体的各元素的相互关系等角度进行综合性的创意。

通过对生活意象予以"错位"处理来实现某种超越，这是后现代思维潮流的重要思想方法之一。经过错位处理，经验理性所预设的有限被超越，结合户外广告本身的内容采用一些异形的、立体的甚至实物模型的表现手法给人带来新鲜感。

以添加、减缺或折叠的方式改变常规媒体形状，并将这些变化巧妙地融入创意，使之成为广告创意的一部分，进而增强广告的诱目性和独特性，并且这些独特性往往是不可仿效的，因为这些变化是和产品的属性或功能紧密相连的，如图7-49所示。

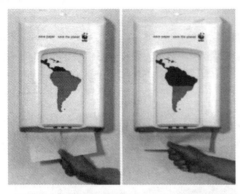 

图 7-48 保护森林的户外广告(公益广告)　　图 7-49 破坏常规媒体的户外广告(洗面奶广告)

2. 对非媒体载体的技术开发

户外广告创意的本质是在广告发布过程中，最大化地实现传播特定信息这一目的，这决定了可选择的媒体也可以充满创意和不确定性，一些常规概念中不被视为媒体的物体，经过创造性地运用，往往能够更好地体现广告创意的独特性，引起受众强烈的关注，放大广告传播效果。

在常规概念中不被视为媒体的物体，它们自身的质地、肌理、造型等特点也被作为创作的内容，因此具有了独立的审美意味。它所具有的巧妙、新颖、强烈的自然魅力为众多现代艺术家创立了充满神秘色彩的艺术境界，充分体现了反叛的时代特征，如图 7-50 所示。

3. 对建筑结构的技术开发

视觉范围之内的所有影像和事物都将参与到广告信息传播活动之中，这便注定了户外广告与其发布的周边环境的建筑物之间存在着相互作用的联系，这是一种无法回避的客观存在，如果我们不能将这种因素与广告创意综合考虑，环境的因素往往会破坏广告创意的表现效果，因此，户外广告在创意之初，便应将建筑因素作为广告创意与表现的一部分加以考虑，由此，许多创意表现形式通过对建筑结构和特定环境的巧妙借用，取得了超出创意本身的非凡效果，如图 7-51 所示。

图 7-50 非媒体载体的户外广告(汽车广告)　　图 7-51 建筑结构的户外广告(牙线广告)

第四节　融合背景下户外广告产业的发展机会和潜力

户外广告在沟通产销渠道、疏通产供销关系上，起着桥梁作用，被誉为"运用先进媒体的超级推销巨人"。2004年我国户外广告产业发布了《上海宣言》，确立了户外广告规范，户外广告的发展走向成熟。今后我国户外广告产业的发展机会和潜力突出地表现在以下几个方面：

（1）随着企业实力的增强、规模的扩大和数量的增长，行业规范的进一步建立和完善，一个健康有序、法制健全、规范完善、良性发展的户外广告市场生态环境正在逐步形成，行业和产业的大发展必然给户外广告带来深层次的积极影响，极大地促进这一广告形式的全方位发展和创新转变，从而在整体广告市场中继续发挥积极有益的重要作用。

（2）在媒体形式多元化趋势中，户外广告的优势和特点进一步凸显。随着我国城市化进程的加快、交通的发展，户外广告的受众量也呈现出稳步增长的态势，其恒定的受众辐射面、低千人成本、高传播效果等特点和优势也越来越受到广大广告主的重视和青睐，成为各类媒介选择或组合中不可或缺的重要组成部分，在社会经济生活和市场营销推广中发挥着十分重要的作用。

（3）高科技在户外广告中的应用不断深化，从而改变了传统户外广告相对单一的产品形式和表现形式。户外广告可调用的创意手段和技术手段越来越丰富，包括视屏、三维、蓝牙、动感、音效、互动技术等等，使得户外广告价值获得了进一步提升，对受众的吸引力显著增强，展现出多姿多彩的独特魅力。

（4）市场细分的发展，使得户外广告本身的细分特点日益明显，从而使户外广告的目标受众定位更加精细和准确，同时也催化了行业内新型细分媒体的诞生和创新发展，这其中就孕育了极大的发展机会和空间。户外广告的内部细分和网络化发展、标准化规范的结合，将极大地提升媒体自身价值和传播影响力，使目标受众定位更加精确化，获得传播效果和效率的最大化，这将从根本上改变传统户外广告的经营形态和盈利模式。

（5）中国社会经济的高速发展趋势给户外广告创造了一个良好的发展环境，越来越多的规模企业如雨后春笋，纷纷涌现，这些企业有着很强的企业经营、品牌传播、市场推广等方面意识，对户外广告价值的认识在加深，对户外媒体的重视程度在增强，使得户外广告的市场竞争力越来越大，表现出勃勃生机。

（6）国内城市经济的大发展必然将促进户外广告大发展，全国范围的城市改造、市政建设、环境美化和亮化、城市形象升级等使得户外广告大受裨益，从而赢得了广阔的拓展空间。户外广告在美化城市环境、夜间亮化、环境改造等方面将日益发挥其不可替代的积极作用，各类设计精美、创意独特、设置规范、形式丰富多彩的户外广告，创造和形成了城市良好的商业氛围，为吸引外来投资、促进大众消费、营造市场气氛、聚焦受众眼球等提供良好的信息和资讯传递载体，成为现代城市的一道亮丽风景线。

广告投放

关键词

家外广告　out of home advertising
户外广告　outdoor advertising
另类广告　alternative advertising
接触机会　opportunity to contact

思考题

一、简答题

1. 户外广告和家外广告的区别是什么？
2. 户外广告的两个投放原则是什么？
3. 试用整合营销传播理论分析户外广告的两种整合投放方式：数字整合的户外广告以及互动的户外广告？
4. 热点爆发式整合策略与联网整合策略之间有什么联系？
5. 基于教材介绍的户外广告开发策略，试着创意一种新型的户外广告形式，并说明其广告效果。
6. 结合所学内容，试分析户外广告产业的发展趋势。

二、综合案例分析题

看穿行人的户外广告

NEC 电子研发的数码看板，可辨识经过看板行人的年龄、性别与人数，提供广告主较精确研判潜在顾客的资讯，以便广告客户了解何时何地该播放何种广告。所以说 NEC 研发的这种数码看板，极具广告传播价值。

NEC 生产的广告平面显示器常见于商店、机场与其他人潮拥挤的公共场所。此外，NEC 也提供广告内容播放管理软件，供便利商店业者与户外广告业者购买使用。

过路行人的性别不难认定，但年龄却不易辨别。NEC 对年龄辨识的方法：将摄影机置入屏幕，可持续拍摄行人，并利用软件主动扫描每个人的脸部，辨认其大致年龄与性别，虽无法准确判断年龄，但已能将岁数判断差距缩小在 10 岁的范围内。

这套软件以数千张脸孔为资料库，能撷取脸部特征，包括耳朵形状、眼睛与头发颜色等，通过演算法决定年龄。随着经过摄影机的人数增加，资料库随之扩大，软件辨识能力也愈益精准。

思考

此案例说明，数字技术使得户外广告具备了搜集消费者详细信息的能力。你认为广告主应该如何应用这样的户外广告技术？可能存在什么样的伦理问题？

推荐阅读书目

1. 樊志育、樊震:《户外广告》,上海人民出版社,2003年版。
2. 周鸿、叶洪光:《户外广告设计》,湖北美术出版社,2005年版。

第八章 互动广告投放与优化

本章导言

1. 了解网络广告的发展及形式。
2. 理解网络广告投放的价值构成和产业链构成。
3. 掌握融媒体背景下网络广告的投放策略,及其优化原则。
4. 明白网络广告投放的未来趋势。

互动广告是指通过网络等互动媒体传播的广告,互动是其最核心的特征和优势。为与现有知识体系相一致,本书沿用网络广告表述,但从理念和实务上都进行了新的拓展。在融媒体时代,网络广告不但能整合各网站或 App 的流量和资源,还能通过二维码、增强现实等技术实现与其他媒体广告的互动融合,实现注意力的变现和增值。本章介绍了网络广告的发展历程和形式变化,提出了融媒体背景下网络广告的优化策略。

本章引例

2015 年 1 月快的打车宣布将与国际著名品牌可口可乐联手,启动横跨元旦和春节的大型品牌推广活动,据悉,双方均将在本次活动中投入上亿的资源。一个是国内最大的移动出行平台,一个是超过百年的传统快消品牌,两个看似无关的公司将如何进行合作?该消息一经公布,引起了业内的广泛关注。

从 1 月 1 日起,可口可乐方面针对此次合作将提供 1 亿瓶分享装可口可乐,瓶身全部印有快的打车的"快"字和二维码,用户扫描后即可随机领取 3~10 元不等的快的打车代金券,有效期 7 天。代金券将自动存入用户的快的打车账户中,用户只要使用快的打车成功,在支付时即可直接抵扣车费。

同时,从 2015 年 1 月 12 日至 19 日,快的打车软件内的积分商城里还将开通可口可乐专区,用户使用快的积分进行抽奖,每天将随机选取 100 名用户获得由可口可乐提供的"昵称瓶"可乐一瓶,用户可以按照自己的要求将姓名、歌词等作为元素定制在该瓶可乐的外包装上。

> 岁末到春节一直是各大品牌的兵家必争之地,此次快的打车与可口可乐进行跨界合作,快的打车可以借助可口可乐的线下渠道和产品拓展自身的用户资源,同时可口可乐也可以通过营销活动对快的打车线上庞大的用户群体进行大量的品牌互动与传播,可谓一举两得,互利双赢。业内人士认为,这一模式是一次线上流量与线下人口的碰撞,或将为更多的移动互联网品牌与传统品牌所借鉴,开启品牌跨界营销新思维,创造融媒体下网络广告的新投放。

第一节 网络广告的发展及形式

自2010年以来,以新浪微博为代表的Web2.0时代的网络媒体前所未有地渗透到了公众生活的每一个角落,发挥着日益强大的影响力,同时也标志着网络媒体经过十余年艰难探索,稳固地确立了"第五媒体"的地位,前所未有地冲击着我国的传统媒体格局,给整个媒体生态环境和产业链带来了翻天覆地的变化。

一、网络广告的发展

从广告行业发展的历史经验来看,每一次媒体环境的革命性改变都会引发广告领域的一次革命,例如20世纪40年代,电视机的出现彻底改变了广告行业的格局,并一直影响到今天;而这次以互联网为主角的媒体革命同样如此,伴随着网络媒体行业地位的不断加强,网民结构的不断优化,网络广告的行业发展也在2010年之后迎来了黄金期,网络广告的投放额迎来了井喷式的高速发展。

从世界范围内来看,全球广告网络行业发展前景广阔,DCCI根据摩根大通的数据预测认为,未来几年全球广告网络的发展将保持30%左右的高速增长态势。网络广告作为跨越一站式的全面解决方案将受到越来越多广告主的认可。在国内,同样是DCCI发布的2013—2014年网络广告营销市场数据报告显示,2013年中国的网络广告市场规模达到了1058.6亿元,超越电视媒体成为广告"第一媒体",年度增长率达到46.1%,基本持平于2012年的数据。

在互联网这一新兴媒体的发展过程中,2010年之后的以手机为代表的移动互联网发展迅速,中国的手机网民在2010年就已经达到3.6亿,而根据CNNIC发布的第37次中国互联网络发展状况统计报告,截至2015年12月,中国网民规模达6.88亿人,互联网普及率达到50.3%,其中,手机网民规模6.20亿人,手机作为第一大上网终端的地位更加巩固。在此基础上,以手机和平板等手持智能终端设备为核心的移动互联网成为网络广告未来发展的广阔而重要的舞台,也成为支撑整体网络广告市场高速发展的崭新引擎。

纵观国内的网络广告市场的发展,未来随着行业成熟度的不断提升,其市场规模的增速将会放缓,进入到平稳的发展周期,并且将会呈现出以下几个趋势。

（一）移动互联网的广告应用前景广阔

从广告投放的角度而言，网络广告已经成为未来广告投放市场的主流，而得益于智能手机等智能终端电子设备、3G/4G、Wi-Fi 网络的普及，以及消费者信息接收模式的改变，移动互联网广告相对于传统互联网广告占据着后发优势，同时在交互性和精准性，以及购买转化率的促进方面占据着"口袋媒体"的天然优势。

就当前网络广告市场的构成而言，移动互联网广告仅为传统互联网广告的五分之一，因而具有更加广阔的发展空间。

（二）大数据基础上的精准投放成为主流

相对于传统广告而言，网络广告的核心竞争力之一在于其投放的精准性，建立在大量用户浏览互联网的行为习惯等数据基础上，精确刻画广告投放对象的网络行为轨迹，令广告信息能够及时而精确地传递给正确的人群，这是对网络广告投放过程的概略性描述，也凸显了网络广告市场能够快速成长的关键因素。

另外，区别于传统媒体的广告投放，大数据或者基础数据的分析也是网络广告投放策略的重要依据，其策略更加倚重定量分析，而非定性描述。本质上，这源于网络时代背景下，消费者的碎片化趋势，消费者信息接收的行为轨迹日趋碎片，其精准捕捉的难度越来越大，对于基础数据分析的要求也越来越高。

大数据的重要性日益突出，也越发吸引了广告主的关注，但是关于数据的采集和分析，国内长期存在空白，尤其是具有权威性的第三方数据更是整个产业链中急需发展和完善的。整体而言，国内的网络广告市场的规范和完整度仍有进步的空间。

经典案例 8-1

美剧《纸牌屋》：大数据打造收视奇迹

时下最火的一部美剧当数《纸牌屋》，这部被中国网友戏称为"白宫甄嬛传"的美国政治悬疑剧，正在全球 40 多个国家热播。

该剧的制作方既不是电视台，也不是传统的电影公司，而是一家类似于中国土豆和优酷的在线视频播放网站 Netflix。Netflix 网站根据用户数据发现，一部影片如果同时满足这几个要素——BBC 出品、导演大卫·芬奇、老戏骨凯文·史派西，就可能大卖。于是，《纸牌屋》出现了。

Netflix 是北美最大的付费订阅视频网站，2012 年，Netflix 准备推出自制剧。不过，在决定拍什么、怎么拍上，Netflix 推出了自己的秘密武器——大数据。通过在该网站上用户每天产生的行为，如收藏、推荐、回放、暂停等，包括用户的搜索请求等，Netflix 进行精准推荐，预测出凯文·史派西、大卫·芬奇和 BBC 出品三种元素结合在一起的电视剧产品将会大火特火，由此大获成功。

Netflix 官方称,挖掘用户行为的大数据已经很长时间了,《纸牌屋》是其数据分析结果的第一次战略运用。

(三) 网络广告的高互动性成为核心优势

网络广告的投放突破了传统媒体相对标准化的广告形式的运用,在内容和形式的创意性方面呈现出多样化的趋势。互联网广告,尤其是移动互联网的广告投放,需要尤其重视其内容和形式方面的创新。这些创新应用的核心点就是用户参与的高互动性,这也是网络广告差异化的核心竞争力之一。

以手机 App 植入广告为例,除了横幅广告、推荐墙广告、积分墙广告、插屏广告等形式以外,还包括内容或功能的广告信息植入,吸引用户在使用和体验 App 功能的交互过程中,潜移默化地接受广告信息。与之相类似的还有游戏植入广告,从 2008 年开心网"开心农场"乐活产品的广告植入,到现在的微信、微博平台上各类游戏植入广告,均立足于吸引用户的互动参与,借机传递广告信息,绕开消费者日益强大的硬性广告信息的心理戒备防线。

因此,从广告投放的角度而言,如何成功抵消消费者对广告信息天然的防御心理,成功送达广告信息,也是评估广告投放策略优劣的重要标准。

(四) 广告与购买环节的决策路径简化

网络广告的市场增长迅速,站在广告主的角度考虑问题,其中一个重要的原因就是网络广告缩短了从购买到广告之间的距离,甚至随着移动支付应用的普及,广告主期待消费者面对网络广告的态度是"所见即所买",直接将购买渠道附加在广告信息本身,从而实现广告投入的快速变现。

以上因素必须被广告投放的策略制定者所关注,也将成为衡量其工作成效的重要参考基准,同时也会直接影响到网络广告投放领域最为关键的概念——计费模式,即广告主按照效果付费的一种模式,这会大大降低广告主投放广告带来的巨大资金风险,同时也会更加考验网络广告投放策略的有效性,并且有可能是直接以"销售达成率"作为广告投放的效果评价,这对于传统的广告投放理念是颠覆性的,也必将会对整个广告购买和投放行业带来了巨大的冲击和改变。

二、网络广告的展现形式

网络广告的展现形式不是本章阐述的重点,相关内容的展现是为了建立基本的网络广告展现形式的认知,有助于网络广告投放策略中,关于不同网络广告形式组合运用的基本认知。

国内大多数关于网络广告的著述,均提出了对于网络广告形式的划分方式,但网络广告的展现形式与终端设备性能、通信网络和计算机技术的发展密不可分,因而具有与时俱进的特点,本书综合了不同时期对于网络广告展现形式的划分,归纳如下:

（一）传统展示类

传统展示类起源于网络发展的初期，自20世纪90年代中期之后的十年间，其广告运用的思想脱胎于传统平面媒体，因此，网络广告的展现形式也类似于平面媒体对于广告资源的运用划分，并且延续至今。例如，各类旗帜、Banner（网幅广告）等，受制于网络发展早期的带宽限制和计算机性能的影响，其展示面积往往以像素固定（468×60全尺寸Banner、392×72全尺寸带导航条Banner等），现在的展示类广告的表现形式更加多样化，制作更加精美，表现力显著增强。网幅广告可以分为：静态、动态和交互式。

（二）电子邮件类

电子邮件类广告一般采用文本格式或html格式。通常采用的是文本格式，就是把一段广告性的文字放置在新闻邮件或经许可的E-mail中间，也可以设置一个URL，链接到广告主公司主页或提供产品或服务的特定页面。

电子邮件广告虽然具有针对性强、成本低廉的优势，但在实际运用中也存在"垃圾邮件"的困扰，并形成互联网的公害之一，滥发电子邮件广告会导致品牌的美誉度降低，甚至引发接收者的投诉。

（三）视频动态类

视频动态类广告目前的应用比较广泛，类型丰富多样。例如，微电影、病毒视频等，依靠网民的力量实现某种程度的病毒式扩散，继而形成期望的广告效应。从技术实现角度，可以分为拍摄类、动画类，以及基于html5的动态页面设计。另外，从视频的展露方式角度，可以分为弹出式、下拉式、贴片式、点播式等。

从广告投放的角度来看，根据艾瑞咨询发布的2013年度中国网络广告核心数据，视频类广告的增长迅速，与垂直搜索并列成为互联网广告最大的增长亮点，以贴片视频广告为例，其市场规模占比达到7.1%。

（四）搜索引擎类

搜索引擎类广告是指广告主根据自己的产品或服务的内容、特点等，确定相关的关键词，撰写广告内容并自主定价投放的广告。当用户搜索到广告主投放的关键词时，相应的广告就会展示（关键词有多个用户购买时，根据竞价排名原则展示），并在用户点击后按照广告主对该关键词的出价收费，无点击不收费。

搜索引擎类广告包括关键字搜索和垂直搜索广告，其中后者在2013年成长迅速，其规模占比达到28.9%，超越关键字搜索而成为占比最大的网络广告类型。

（五）内容植入类

内容植入类广告严格意义上，并不能算作一种独立的网络广告形式，因为所有的广告形式都会有企业产品或品牌信息的植入，本章节定义的内容植入类是指广告信息如何与内容生产巧妙结合，弱化受众排斥感的基础上，完成广告信息的传递。例如，

2013—2014年网络热门视频《万万没想到》中,百度、手机游戏等品牌的相关植入。

内容植入类广告分为视频类和文字类的内容植入,其中后者往往被划归给网络公关软文的范畴,对于创意和文字功底的要求较高。但从网络广告的宏观定义而言,文字类的内容植入广告因其具有良好的"穿透力"、相对低廉的成本,而成为网络媒介策略制定者的有力武器。

总结而言,国内相关著述对于网络广告形式的划分,大多形成于2008年之前,大的分类基本相同,而对于近几年网络广告行业快速发展而形成的新格局则著述不多,相关的陈述较为陈旧。本章节的相关论述,其核心目的在于让网络广告的媒介策略制定者对于可以参加"媒介组合"的若干网络广告形式有个基本了解。

三、网络广告的创新运用

网络广告作为新媒体的商业运用形式,受到网络技术和计算机技术的双重驱动,而展现出更多的技术可能性,尤其是前文提到的基于智能手机或平板的移动互联网,更是将网络与终端的结合发挥得淋漓尽致,提供了"无线创新"的网络广告运用形式,因此作为媒介策划而言,需要运用动态的眼光衡量网络广告的媒介运用,吸纳最为先进的技术成果和创新的网络广告形式,在精准和交互性的基础上,发挥网络广告的最大效应。

具体而言,网络广告的创新运用分为以下两个方面。

一是网络广告的形式创新,将网络广告的形式运用脱离传统平面和电视媒体的束缚,强调精准和互动的创新导向,尤其是大数据的收集和分析基础上的精准投放,真正将网络广告的相对优势发挥出来,而非简单的传统媒体的广告形式复制运用。例如,游戏植入广告的运用,从早期的《第二人生》的游戏植入,到开心网"农场"和"抢车位"的品牌植入,再到腾讯的QQ宠物游戏与统一冰红茶的植入合作,网络广告的未来展露形式,必然会呈现出更加多样化的趋势。媒介策略人员必须对这样的趋势保持足够的敏感,甚至是作为一股重要的推动力量而存在。

二是融媒体背景下的网络广告运用。融媒体在媒介投放的行业内也被称为"跨屏策略",将统一或者相互呼应的广告信息,透过不同特性的媒介类型,如报纸、电视、电台等,当然也包括网络媒体发挥出特定时间段的强大广告效应,实现1+1>2的效果。这对于网络媒介策略的制定者而言,是一个巨大的挑战,考验的是对各类型媒体特性的精确把握,以及高超的预算分配策略。

阅读材料 8-1

融媒体时代广告发布平台的网络构建(节选)7

融媒体是信息时代背景的下一种媒介发展理念,即围绕互联网形成的当代电子传播网络,将传统媒体和新媒体进行有机整合。这种有机整合体现在以下两个方面。一是技术的融合,传统媒介成为新媒介的内容,平面媒体、广播、电视等几乎所有的传统媒介都是因特网的内容,所有的媒介形式都有机融合在因特网的大熔炉里;二是经营方式的融合,传统媒体为了自身的生存,借势互联网,充分利用自身既有的信息平台和资源优势,整合成资源通融、内容兼容、利益共融的新型媒体。

在融媒体时代,报刊、广播电视、网络之间的界限日益模糊,以网络中心化为特征,各种传播方式和手段更有机地结合,在这样的背景下,广告发布媒介需要进行更合理地组织,形成网络化的广告发布平台,广告的形式也需要发生相应的变革,以达到最大化的广告效果。

随着媒介的日益增多,可提供消费者获取信息的渠道呈几何数级递增,媒介的碎片化使传播的效果层层递减,干扰的加大使广告效果的稀释成为必然。整合营销传播理论宣扬用一个声音说话,在各媒体间产生协同效应,产生整体大于部分之和的效果。但在融媒体时代,无论哪种媒介都依托于互联网,媒介之间的关系已不再泾渭分明。为了更好地发挥媒介的协同效应,广告发布平台应与时俱进,形成有机配合的网络化平台。互联网作为新兴媒体和传统媒体一起成为广告发布平台的重要入口之一,同时它还担负着连接各传统媒体节点的角色。互联网有着传统媒体无可比拟的优势,它可以容纳海量的广告信息,不受时空的限制,并且随时可以检索信息,在需要广告服务的时候获得必要且有效的广告服务。

第二节 网络广告投放的产业链构成

作为网络广告投放策略的制定者,需要掌握的不仅仅是数据分析和投放策略的制定,也需要站在行业的高度,宏观把握整个行业的产业链布局,以便于更好地认识清楚融媒体背景下的网络广告投放的策略应当如何拟定?因此,在阐述国内的网络广告产业链构成之前,首先需要理清一个概念:广告网络。行业内对于特定且深具市场影响力的广告网络,也称之为"网盟",即网络广告的资源联盟,整合各网站的流量或广告资源,通过统一的市场推广策略,资源和技术手段,实现网站流量的变现和增值。

一、广告网络的形成及其分类

广告主多样化的营销推广需求,以及日益分散化的网络广告资源,促成了各种形态的广告网络的诞生。从产业结构来看,广告网络连接着广告主和网络媒体,作为关键的中间平台,对推动广告价值链两端的价值实现起着关键的作用。

从受众的结构和媒体属性来看,广告网络通常被划分为垂直类和综合类广告网络。垂直类广告网络往往聚焦于某个特定的媒体和受众类型,广告主可以为特定的受众人群定制特定的广告服务;综合类广告网络追求的是广覆盖,并在解决精度和广度的基础上,为广告主提供全面的品牌推广解决方案。需要特别指出的是,无论是垂直类还是综合类广告网络,伴随着网络媒体的发展,以及受众对于网络信息接收习惯的改变,均存在明显的由 PC 端转向移动端扩展的趋势,广告信息接收的便利性和个性化趋势明显。

从广告网络的构建来源来看,国内广告网络可以分为三种:自营广告网络、搜索广告网络和各类型的第三方广告网络,如图 8-1 所示。

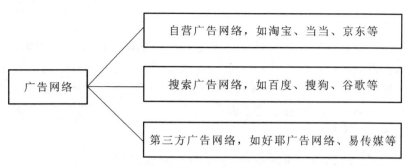

图 8-1　国内广告网络细分格局

自营广告网络是为了解决自身网站的营销推广需求,自行建设的广告投放平台,具有一定的封闭性。例如,淘宝、当当、凡客等均属于此类广告网络平台。自营广告网络伴随着垂直类电商广告的高速发展,在网络广告产业链中扮演着越来越引人关注的角色。

搜索广告网络平台以百度联盟、谷歌 AdSense、搜狗联盟为代表,由搜索引擎整合中小联盟网站发展而来,依靠搜索引擎对受众行为和兴趣的掌握,根据内容精准分配受众,投放广告。目前搜索广告网络的行业影响力巨大,占据了行业规模的第一位。

第三方广告网络的范畴比较广,一定意义上除了上述两类的广告网络均可划归为第三方搭建的广告网络,例如,好耶广告网络、易传媒、传漾、亿玛、互动通等。第三方广告网络的核心竞争力除了聚合的网络广告资源以外,其专业的媒介策略能力较为突出。

二、国内广告网络的价值构成

在实际运用层面,广告网络的价值区别于广告主直接与网站的广告资源交易(现实当中也存在这样的情况),它可以允许广告主实现跨网站跨媒体形态的覆盖,这种横跨的整合能力有助于媒介策略的实施,更容易精准把握网络受众的喜好、行为偏好和行为轨迹数据,提供广度和精度更加平衡的网络营销推广解决方案。总体而言,这正是广告网络的核心优势——整合碎片化的资源、更加精准的定向投放、更广阔的广告覆盖。具体而言,广告网络的价值构成可以分为四个层次,如图 8-2 所示。

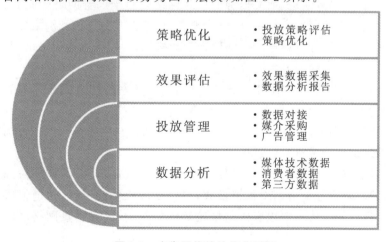

图 8-2　广告网络的价值分层图

1. 数据分析

广告网络价值的基础在于数据分析,透过相应的数据采集和分析功能模块,有效整合网络内各个网站的广告资源及其流量变化、受众构成、行为轨迹等基础数据,包括采购的必要的第三方数据,有效引导流量和组织广告资源,减少零散流量的浪费,最大限度实现流量变化和客户营销价值的双赢。

2. 投放管理

投放管理是广告网络的重要功能,包括数据对接、媒介资源的采购和广告位的管理。例如,广告的投放、位置管理、广告位调整或撤出等。这些平台价值的实现通常是借助于第三方的网络广告管理软件。

3. 效果评估

效果评估是建立在网络受众对于特定广告浏览的行为轨迹数据基础上,对于投放广告被点击浏览的次数、用户停留或参与互动的数据、订单转化率等核心指标进行考核,生成广告投放数据报告并提供给客户,用于策略的优化调整或者广告计费的依据。

4. 策略优化

策略优化是广告网络整合优势的重要体现,在前期数据采集和分析的基础上,结合客户营销目标,勘验上一轮广告投放的效果,并且有针对性提出投放策略的调整意见,提升客户广告投放资金的使用效率,优化综合的网络广告效果。

广告网络作为成熟市场的标志,其发育程度决定着市场操作网络广告投放的专业程度,也是整个行业专业细分的主流趋势,结合第三方的数据公司,共同成为整个网络广告价值链中最为重要的一个环节。

三、国内网络广告的产业链构成

国内的网络广告市场经历了十余年的发展,其运行规则日益成熟和完善,不断朝着专业化和细分化的趋势演进,前文提到的广告网络是整个广告网络产业链条的核心构成,其他的构成要素还包括广告主、广告代理商、第三方服务机构和网络媒体,以上要素形成了一个分工明确、互有渗透的网络广告产业格局,为广告主提供网络营销的解决方案,其整体产业链构成如图8-3所示。

根据整体产业链的布局,对于广告主而言,其投放网络广告的途径一般有三种,具体如下:

第一种是直接通过网络媒体投放,比如直接购买门户网站的广告位,或者购买搜索引擎、社区网站的广告进行自助投放。

第二种是通过广告代理投放,大型广告主因为投放需求大,预算充裕,需要具有与业服务能力的广告代理负责网络营销投放,包括投放媒体的选择,营销策略,创意等全方位的服务,投放的媒体一般以媒体质量较好的门户、社区或垂直网络,以及比较优质的广告网络。

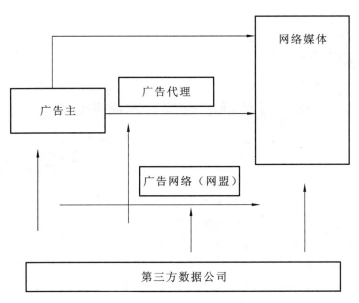

图 8-3 国内网络广告市场产业链

第三种是通过广告网络平台投放,广告网络平台不仅整合了多种网络媒体资源,还拥有较强的广告投放、受众匹配技术能力,不仅能够帮助广告主实现全面的品牌营销需求,还能够实现对目标客户的精准打击能力,通过网络广告投放正成为广告主越来越认可的价值。

第三方数据公司作为独立责任方,提供给广告主、广告代理商和广告网络,以及网站相应的基础数据服务,保障客观公正的基础上,提供上述公司科学决策的数据依据。

对各类网络媒体而言,网站的流量资源仍然有较大的挖掘空间,通过与广告网络的合作,一方面可以盘活剩余资源的广告价值,另一方面也能对现有的广告网络实现增值。

第三方服务机构主要提供相关的网络营销服务,包括网站流量监测、创意服务、广告监测等,对整个网络广告行业起到基础支撑作用。

由此可见,国内的网络广告市场构成日趋专业和细分,尤其是各类广告网络的形成,以及专业的第三方服务机构的介入,其产业价值链越来越扩展和完整,将网络广告的投放纳入到精确可控的范围,奠定了广告效果评估的量化基础,如图 8-4 所示。

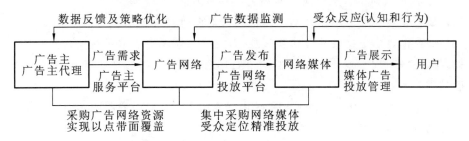

图 8-4 国内网络广告市场价值链

阅读材料 8-2

国内互联网广告第三方服务公司

艾瑞咨询集团(iResearch)成立于2002年,是国内一家专注于网络媒体、电子商务、网络游戏、无线增值等新经济领域,深入研究和了解消费者行为,并为网络行业及传统行业客户提供市场调查研究和战略咨询服务的专业市场调研机构(见图8-5)。目前,该集团有员工超过200人,在上海、北京、广州、深圳、成都、硅谷等地设有办事机构。

图8-5 艾瑞咨询集团

作为国内最早进行网民行为研究和网络广告监测的市场研究机构,艾瑞咨询集团通过自主开发,建立并拥有国内数据累积时间最长、规模最大、最为稳定的各类数据库,通过多种指标研究帮助行业建立评估和衡量的标准。其中网民行为研究涵盖家庭办公用户、网吧用户以及无线手机网民用户等各种应用平台;广告投放监测涵盖网络品牌广告、无线品牌广告、搜索关键词广告等多种媒体类型和多种广告形式;此外基于市场需求,艾瑞建立了针对网络媒体和无线媒体流量审计、网络广告和无线广告投放效果认证,推动行业健康持续发展。

艾瑞咨询集团目前的主要服务产品有iUserTracker(网民行为连续研究系统)、iAdTracker(网络广告监测分析系统)、iUserSurvey(网络用户调研分析服务)、iDataCenter(网络行业研究数据中心)等。

AdMaster(见图8-6)成立于2006年,是中国领先的独立第三方营销大数据解决方案提供商,也是目前国内最大的独立第三方DMP(大数据管理平台)平台。AdMaster致力于通过技术驱动和大数据洞察研究帮助广告主实现数字营销效果监测、优化,提升整体营销ROI。

图8-6 AdMaster 精硕科技

AdMaster拥有国内广告业内最大的服务器集群,每月处理数据超过2000亿种、迭代超过100种数据模型。主要服务和研究领域包括:

(1)数字营销效果监测(PC端/移动端)及其与调研的更深入结合。

(2)社会化媒体营销效果评估和管理,社交大数据的分析和管理。

(3)PC视频广告、移动视频广告、电视广告以及户外视频广告等跨多屏的大视频整合营销监测和优化。

(4)付费媒体(Paid media)+自有媒体(Owned media)+赚得媒体(Earned media)跨媒介打通营销效果监测和评估。

(5)提供和整合品牌电商数据、前端广告数据、社交营销数据和移动营销数据等大数据打通解决方案。

AdMaster 将多年对中国网络营销的理解和实践经验注入产品的研发和创新,秉承着公正、客观的态度,将多年丰富的行业经验结合技术产品的创新以及稳定的数据平台为广告主提供优质的监测、评估以及大数据整合应用服务。现旗下拥有 TrackMaster、SiteMaster、SocialMaster、SurveyMaster、CSRMaster、RetailMaster 等核心产品,为广告主提供包括媒体审计、优化咨询、受众分析、微博和社交媒体评估、舆情监测和社交信息管理、在线调研、电商整合分析等全方位的效果评估、优化及大数据整合应用解决方案。

秒针系统(Miaozhen Systems)是中国领先的第三方广告技术公司,公司全称为北京秒针信息咨询有限公司,是一家应用云计算、云存储和人工智能技术对数字化广告进行评估的创新型企业,也是中国第一家以目标受众为核心的数字广告效果评估企业,如图 8-7 所示。

图 8-7 秒针系统

秒针系统将云计算、云存储和人工智能技术三大核心技术应用于数字化广告评估和优化领域,基于独特的 Moment Tracking 技术,开发并提供了以 AdMonitor 在线广告评估系统、Mobile Monitor 移动营销监测系统、MixReach 跨媒体预算分配工具、VOptimizer 视频媒体优化组合工具、SiteMonier 全实时网站监测和分析工具、上 SiteDNA 网络广告价值评估系统、Miaozhen AdServing 第三方全流程广告管理系统等为代表的全系列数字化广告效果及优化产品,可以帮助广告主、代理公司、网站媒体有效评估在线广告的接触效果(包括接触人数、频次和目标受众特征等)以及互联网广告的投入产出。秒针系统拥有超过 10 年的数字媒体研究经验、模型和方法论,以客户需求为基础,建立技术与数据应用的深入结合,依托秒针数据管理平台(Moment Data Platform)为中国广告市场研发设计了一系列以目标受众为核心的数字广告和媒体投资优化方案与工具。秒针系统日均处理数据超过 3TB,拥有日均处理 1000 亿条广告请求的数据处理能力,累计存储、处理数据超过 3PB。

第三节 融媒体背景下的网络广告投放

众所周知,由于受到新媒体迅速崛起的巨大冲击,传统媒体正在借助信息科技进行自我革命,呈现出向新媒体靠拢的行业大趋势,期待着凤凰涅槃的重生,同时,以互联网为代表的新媒体经过将近二十年的商业探索,正处于商业价值的井喷期,尤其是近 5 年以来的移动互联网的爆炸式增长,但网络媒体依然面临着内容生产、信息无序爆炸和权威度方面的固有沉疴,这些问题的解决离不开从传统媒体中汲取有益的经验。信息技术与受众信息消费的革命,导致新与旧的两大阵营此消彼长,共同激荡出一个媒介大融合的时代。

一、融媒体背景下的网络广告

前文提到,融媒体是当今媒体产业无可阻挡的趋势,无论是世界范围还是国内这样的新兴媒体市场均是如此。接下来的内容,我们将要从网络广告的角度,探讨融媒体对

广告投放

于网络广告投放策略的影响,或者融媒体背景下,对于网络广告的投放有哪些宏观层面的影响?我们将之归纳为融媒体时代下网络广告投放的新变化。

(一)内容融合与创意大融合

站在受众的角度,融媒体在融合方面的重要体现首先是内容生产的融合,这源于传统媒体和网络媒体在内容需求方面迥然不同的特性:传统媒体重视内容生产的标准流程和信息把关机制,具有天然的权威性;网络媒体更加重视内容生产的及时性和去中心化,信息丰富而参差不齐。在大融合的背景下,传统媒体需要改变固有的信息生产作业流程,更多借鉴 Web 3.0 时代的网络媒体 UGC 的内容生产模式,所见即所得的传播模式,提升信息生产的快捷反应与内容契合度,最大程度引发消费者的关注和互动参与。

另一方面,网络媒体需要从"融合"当中学习借鉴传统媒体累积的丰富理论积淀和实践经验,在内容过滤与管控的细节方面,尤其增强网络信息的可信度,这一点对于广告效果而言至关重要。

以上这种内容生产方面的融合,可以看作是两个舆论场(传统媒体和新媒体营造的两个风格迥异语境)的打通过程,既要追求传统媒体的权威音量,又要寻求网络语境下的"话题引爆性",这两种传播特性的融合必然影响到广告创意内容和展现方式的融合,这也会直接影响到网络广告的投放策略。

猫人国际的融媒体营销案例

猫人国际(香港)股份有限公司成立于 1998 年,经过十多年的裂变式发展,目前已成长为一个成熟的专注于研发、生产及销售性感时尚内衣的现代化大型品牌运营集团。"猫人"作为中国性感内衣的领导品牌,以雄厚的品牌实力与广泛的品牌美誉度成就品牌价值逾 30 亿元。

猫人国际在品牌塑造与传播方面,坚持走"娱乐化"道路,以舒淇、刘嘉玲、郑伊健、小S 等为代表的港、台、韩及中国内地众多重量级娱乐明星鼎力助阵猫人,开创内衣行业"娱乐化"品牌营销的先例。2012 年 6 月,猫人国际联合搜狐视频,共同打造了原创互联网独播剧《猫人女王》,该剧汇聚了娱乐圈重磅话题、融尖端时尚与娱乐精神于一体,通过好莱坞班底的精心打造,辅以线上线下联动的立体传播,将猫人国际的品牌价值得到了全新演绎。

在搜狐的站内广告资源运用方面,在首页通栏广告、TV 首页、娱乐首页等重点广告位,投放了总价值 8000 万元的硬广告资源进行全站推广,以及价值 5 亿元的共计 1680 个软性推广位,在短时间内形成了猫人国际的"广告主场"效应,如图 8-8 所示。

本次猫人的品牌传播,除了硬性的广告投放以外,还融入了传统的影视剧植入手法,从饰品、服饰、情节、店面、口播等,全方位多维度且柔性地展现猫人产品,最大程度规避消费者对于硬性广告植入的抵触情绪,如图 8-9 所示。这可以看作是一次全方位的广告创意突破。

第八章 互动广告投放与优化

图 8-8　站内广告资源的投放

图 8-9　店面的场景和饰品植入

除了剧情与道具的软性植入以外，猫人国际还十分重视广告软文的运用，通过软性的创意文案的推广，形成大量的相关话题的公众炒作，强势打造一定范围的焦点舆论场，推动本次猫人的品牌事件形成热门话题，进一步扩散品牌传播的效应，如图 8-10 所示。

序号	日期	推广内容	序号	日期	推广内容
25	6月7日	《猫人女王》NO.1上线 嫩模入世掀风云	37	6月26日	《猫人女王》曝光片场私房照 白富美军团展多样魅力
26	6月8日	《猫人女王》首播破200万嫩模版《甄嬛传》	38	6月27日	花心大少猎爱 潘霜霜陷情感危机
27	6月11日	《猫人女王》连曝性感热辣海报 比基尼爆乳撩人	39	6月28日	《猫人女王》NO.4猎爱计划 大牌女友潘霜霜
28	6月12日	《猫人女王》夜店逆袭 潘霜霜、孔铃挑战最炫名族风	40	6月29日	《猫人女王》魅力持续破表 潘霜霜逗渣男猛追
29	6月13日	《猫人女王》首播一周破千万 下集众名模清凉香艳	41	7月2日	《猫人女王》特辑花絮 潘霜霜剧组庆生人气爆棚
30	6月14日	《猫人女王》NO.2上线 名模献大尺度福利	42	7月3日	《猫人女王》兄弟会 高富帅军团上演男色诱惑
31	6月15日	《猫人女王》第二集豪破700万 尺度超大超养眼	43	7月4日	《猫人女王》性感擂台赛 超模秀内衣型男疆胸肌
32	6月18日	《猫人女王》潮爆比基尼趴 性感尤物齐登场	44	7月5日	《猫人女王》NO.5欲望指南 火辣超模内衣诱惑
33	6月19日	Newface艾尚真："黄金"超模跨入娱乐圈	45	7月6日	《猫人女王》效应人气爆发 小清新混搭重口味
34	6月20日	潘霜霜遭曝袭 乌克兰版艾薇儿闪亮客串	46	7月9日	《猫人女王》大尺度床戏花絮 江洋半裸肉搏二女
35	6月21日	《猫人女王》NO.3上线 潘霜霜泳装，胸遭偷袭	47	7月10日	《猫人女王》拼命三娘炼成记 超模张雪忙赶场
36	6月25日	《猫人女王》第三集大展豪放 异色红爆小长假	48	7月11日	《猫人女王》转战普吉岛 比基尼升级湿身诱惑

图 8-10　软性话题的植入

广告投放

融媒体背景下，线上传播与线下活动的打通，越来越多地成为品牌推广的必选项，本次猫人国际的品牌推广，不仅将传播能量透过线上扩散，而且通过开机仪式、首映礼和庆功会等线下活动的举办，进一步扩散《猫人女王》这一品牌事件的影响力，如图8-11所示。

图 8-11 《猫人女王》的开机仪式和首映礼

作为一次立体品牌推广行动，猫人国际本次独家赞助的搜狐自制独播《猫人女王》的品牌传播轨迹十分清晰明了，这是一次融媒体背景下，融合了线上线下推广、硬广和软性植入的品牌推广战役，将传统影视剧与网络话题热点进行融合，是一次立体的广告创意挑战，也对高度融合的媒体投放和运用提出了更高要求。

（二）跨平台资源与角色分配

融媒体引发的广告投放理念的改变，最为直观的就是"跨屏"策略的运用。但是需要说明的是"跨屏"并不是字面意义上的电脑屏幕和电视屏幕的"横跨"，而是在统一媒体投放策略的指引下，不同媒体之间广告资源的打通运用及各自的角色分工。因此，"跨屏"策略从本书的广义角度理解，实际上指的是相对传统的广告媒体与网络媒体之间的整合运用，例如，户外媒体、电视媒体、电台媒体，乃至平面媒体等。

正如前面关于传统媒体广告投放的论述，一方面传统媒体已经深刻认识到网络媒体带来的传播模式的改变，尤其是受众接受信息方式的改变，这些传统媒体正在借助信息科技努力完成自身的技术改造，除了简单意义的传统媒体"上网"以外，例如，电视媒体的"台网联动"策略，更是在信息生产流程等深层次领域进行自我革命，适应网络时代下的信息传播规律。另一方面，网络媒体并不是永远处于绝对优势地位，虽然其引发的传播模式革命彻底改变了人们的信息接收习惯，但网络媒体仍然有必要从传统媒体中借鉴经验，更加有必要整合传统媒体的广告资源，形成角色互补和广告信息的联动，进而针对广告受众编织一张严密的广告信息网络。

经典案例 8-3

凡客的融媒体投放策略

凡客诚品（简称"凡客"）从 2010 年开始，从一个传统品类——服装切入，崛起于互联网,其在创造"凡客体"广告文案的同时,也成为国内运作较为成功的第一个互联网服装品牌,令国内的整个服装行业为之瞩目。人们对于凡客当初的成功崛起,也许归功于后来声名赫赫的"凡客体"文案的成功,实际上凡客在传统媒体和网络媒体的跨界运用方面,也值得我们借鉴和分析。

通过图 8-12,我们可以看到凡客的广告信息通过不同的媒介渠道(图中所示的媒介种类仅为示例,并未完全列举),以相对统一的创意方式,形成特定时间段内,对广告受众的"信息包围"。此外,在媒介的融合选择方面,将传统户外媒体+电视媒体+平面媒体用于广告信息的"广度强势覆盖",形成覆盖消费者日常生活行程的信息场,并保持一定的广告信息压强。而网络媒体的选择,更多的是缩短广告与销售决策路径的考虑,运用网络媒体擅长的"所见即所得"的便捷性,将广告信息与购买渠道绑定在一起,因而有着更多的促销含义。

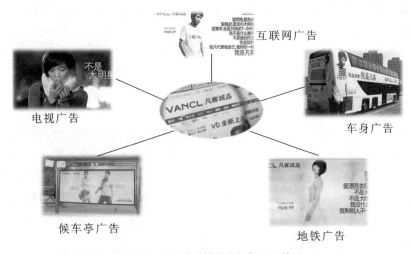

图 8-12　凡客"融媒体"广告运用策略

此外,凡客品牌的成功在一定意义上归功于"凡客体"的广告文案的成功,在广告创意普遍被认为失去力量的时代背景下,"凡客体"重新向我们证明了:信息繁杂的时代,饱受信息焦虑症折磨的消费者,从内心渴望真正有创意的广告。同样,凡客体最初也是通过网络媒体流行起来的,从某种角度而言,网络媒体的特性塑造了"凡客体"的成功,该文案创意最大程度迎合了网络媒体的独特语境和亚文化特征,因而能够引发以网民为主题的众多消费者的共鸣和认可,因此,媒体选择和创意本身的匹配是十分重要的,这一点可以作为媒介组合策略的参考因素。

网络作为广告媒体的崛起,并没有完全"消灭"传统媒体的广告价值,由于其"强迫式"的信息传播模式,传统媒体在保持足够的广告信息压强方面,依然可以扮演重要的角色,并与具有精准和互动优势的网络媒体结合,形成一套分工明确的组合拳。融媒体时代的广告投放,在媒介组合方面区别于整合营销传播,媒介的整合运用通常是以网络为核心的,引导广告受众的信息流聚焦到网络媒体上,形成大数据的沉淀。在网络媒体所营造的信息大爆炸面前,广告信息被受众快速过滤,一定意义上激发了广告创意力量的重新崛起,尤其是网络媒体互动性的发挥,更需要能够被越来越年轻的消费者接受的广告创意,例如,本案例中的"凡客体"的广告文案。

(三)广告信息流与数据管理

融媒体带来的广告投放理念的转变,还在于改变了对广告信息粗放的管理方式,传统媒体对于广告投放所引发的信息流的管理理念,依然停留在"一锤子买卖"简单交易的层次,即将广告信息一次性发布出去,广告送达就算完成了使命,缺乏对广告信息后续效应的关注,尤其是目标消费者对广告信息的态度是缺乏评估的。这也是传统广告投放领域备受广告主诟病的关键——缺乏从消费者的角度有效地评估广告效果,客观上这种局面的形成导致传统媒体广告市场的加速没落。

什么是广告信息流?这是一种由网络作为广告媒体快速发展而引发的崭新概念,也是本书的一个原创概念,目前虽然缺乏业界的广泛认知和共识,但在理论和实践层面存在较为重要的价值。广告信息流本质上是一种对于广告信息的精细化管理,将广告投放所引发的信息流由传统的单向传输升级为流动于广告传受双方的信息闭环,而广告效果的精确达成或效果评估就在于对广告信息流的精确引导和管理。简单而言,作为广告投放的策略人员,需要考虑到广告受众对广告信息流的反应,甚至激发消费者参与广告信息流的创作过程,实现量化的评估指标管理和修正广告信息流的综合效应,即广告效果的明确达成。

广告信息流管理的基础是广告受众行为数据的管理,消费者在广告信息流的刺激下,采取各种广告行为(点击参与创造或扩散、购买等)。这些行为数据的管理不仅有助于精确刻画出广告从投放到效果反馈之间的过程,而且有助于广告投放策略的修订,并且可以将这些数据累积成消费者广告行为数据库,在更广阔的范围内精确研究消费者对于广告信息的接收习惯,如图 8-13 所示。

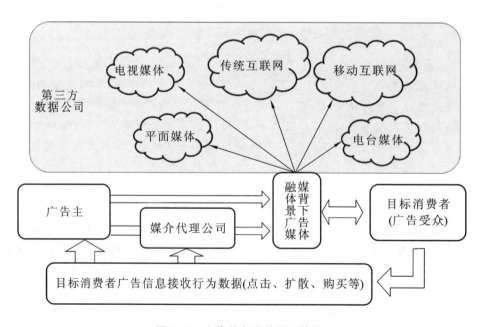

图 8-13 广告信息流的闭环管理

需要特别说明的是,在广告受众的数据获取方面,网络媒体包括移动互联网媒体具有天然的优势,而且市场上存在着前文提到的众多第三方数据公司。从实际运用的角度,网络媒体在广告信息流的闭环管理已经得到了大范围的应用,行业趋势日渐成型。而传统媒体的广告受众行为数据的采集存在天然的障碍,只能监控到收视率、发行量或收听率等较为初级的数据,缺乏更精细的数据用于刻画广告受众深层次的广告行为,例如,电视受众在收视保持的状态下,是否在观看电视广告,这直接关系到电视广告是否被有效接受,虽然从收视率来看,这条电视广告"理论上"被收看了。而对于户外媒体而言,相关数据的采集更加困难,我们无法精确统计人流量中多少人"注意"到了户外广告,只能根据户外广告的地段,确定基本的人流量,进而预估广告信息的送达量,以上这些数据对于精确刻画广告受众的行为轨迹缺乏足够的精细度。

从某种意义上说,网络媒体获得广告主的日渐青睐和广告接收数据的精确采集直接相关,但从广告投放的趋势来看,我们有必要重视广告信息流的管理理念,通过技术手段将传统媒体的数据采集进行优化,融合到网络媒体的相关数据中去,统一对广告受众的行为进行量化分析,在闭环管理的基础上精确控制信息流的走向,合理分配广告能量的传递,将广告主的媒介投放资金发挥更大的价值。

二、网络广告投放策略的拟定

网络广告投放策略是广告主或广告代理公司根据前期市场调查和有关数据分析的结果,在既定广告投入预算的前提下,对于广告资源精心组合的策略性思考。在激烈的市场竞争和复杂多变的媒介环境下,经过客观而科学拟定的广告投放策略能够最大程度释放精心制作的广告的力量。

(一)网络广告投放策略拟定的基础

区别于传统广告投放策略的拟定,网络广告投放策略的前期准备工作,更多围绕着"数据分析"而展开,这也是网络广告能精准定位的基础。具体的前期准备工作分为以下几个方面。

1. 媒介投放目标的界定

媒介投放目标来自于两个层面:第一个层面是广告主对本次媒介投放的目标设定,这是作为媒介策略制定者事先必须与客户充分沟通的内容,即广告主通过本轮的广告投放计划达成哪些目的?例如,日常维持性投放、品牌知名度和影响力的提升、针对竞争对手的压制性投放、提升渠道经销商的信心、销售增长的促进等不一而足。总之,我们必须清楚广告主的期望值,而且有必要发挥策划人员的专业性优势,剔除或纠正广告主不切实际的期望,在既定预算范围内清晰媒介投放的目标。在现实操作当中,媒介投放计划经常由于广告主因期望得不到满足而临时中断,甚至直接削减媒介投放预算,这种情况的出现正是由于对广告主的期望值管理不善而导致的。

第二个层面来自于广告代理商,即媒介投放策略的制定者。具有媒介策略能力的广告代理商在清晰了广告主的媒介投放期望值之后,需要站在媒介投放操作的层面,设定具体可实现的媒介投放目标。这种目标的清晰界定有助于广告代理商排查有效的广告资源,最大化广告预算的投出产出比(ROI),最终形成科学合理的媒介投放策略。

以上两种媒介投放目标的研究与界定,在操作层面有先有后,广告主的期待(主观)是广告代理商的工作目标(客观)的基础。但是从结果的角度而言,二者是统一的,媒介投放目标最终体现为一种能够满足广告主期待的客观而真实的描述。这是所有媒介策略制定工作的基础原点。

2. 目标消费者媒介触点分析

在以消费者为核心的营销理念之下,所有的商业推广行为都必须紧紧围绕着"目标消费者"展开,包括其心理和行为轨迹的分析。作为媒介投放而言,我们需要重点研究的是目标消费者的"媒介触点",即目标消费者在日常生活中主要接触哪些媒介类型?对于不同媒介类型的看法如何?因此,媒介触点的分析在基础层面保障了媒介策略的精准性,我们在实际操作中必须给予重视。

媒介触点的分析必须分为两个步骤。

首先是目标消费者的界定。注意是目标消费者的界定而非简单意义上的消费者界定,即广告真正想要影响的消费者具备哪些清晰的特征?我们可以通过定性或者定量分析确定之。在实际运用中,策划人员经常忽略对于目标消费者精确的界定,导致媒介投放策略的偏差。当然媒介策略往往是整体品牌策略的一个部分,目标消费者的界定已经在前期的工作当中完成了,但是对于媒介专案而言,缺失了整体品牌策略的支持,媒介策略的制定者往往还需要自行补充完备关于目标消费者精确界定的工作。

第二个步骤是研究目标消费者的媒介生活——以消费者日常生活为主线,按照时间推进研究其接触到的媒介类型,以及他们对于不同媒介的使用评价。从网络媒体的角度而言,媒介触点的研究就是根据不同的消费者特征,在网络媒体的类型分布(综合门户、视频网站、搜索引擎、垂直门户、各类社会化媒体或 App 等)、接触时间、使用态度和决策影响等若干因素方面发现其表现特征,并给予详细刻画。显而易见,这些特性的分析对于我们顺利达成不同类型的媒介目标至关重要。

目前国内的网络广告投放市场基本发育成熟,以上关于目标消费者的媒介触点分析,在明确目标消费者界定的前提下,基本上可以通过第三方数据公司获得相关数据或研究成果。

以网络视频为例,如图 8-14 来自中国互联网信息中心发布的 2013 年网络受众对于网络视频这一细分网络媒介的接触和使用情况。

3. 媒介性能数据分析

媒介性能是指备选的网络媒介资源,从性能数据所表现出来的广告价值,这种性能的评估直接决定了某种网络媒介资源是否可以纳入到媒介组合的策略当中。千差万别的网络广告资源,媒介性能评价的指标不尽相同,基本的评估原则如下。

(1)访问量/下载量。

访问量适合于评价网站或网页的媒介性能,通过精确统计登录网站或网页的访问者数量来衡量该媒介的基本广告价值。业界通俗的称谓是"流量",正如互联网经济的

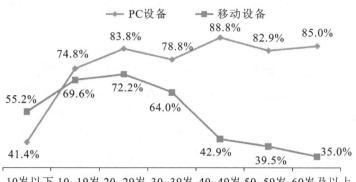

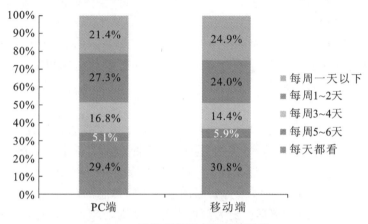

图 8-14　网络视频用户的使用习惯

至真名言——得流量者得天下,对于网络媒体的广告价值评估,其基础依据之一正是访问量或流量。

关于网站或网页访问量的评价,常用的评价指标如下:

① PV(Page View)即页面浏览量,通常是衡量一个网络新闻频道或网站甚至一条网络新闻的主要指标。Page Views 中的 Page 一般是指普通的 html 网页,也包含 php、jsp 等动态产生的 html 内容。来自浏览器的一次 html 内容请求会被看作一个 PV,逐渐累积成为 PV 总数,很多的分析工具提供了 html 内容请求以外的 Page 定义。例如,Flash、多媒体文件、文件下载、RSS 等特定资源也可以当作 Page,对这些资源的一次请求也会被计算为一个 PV。

② UV(Unique Visitor)即独立访问量,通常是指不同的、通过互联网访问、浏览这个网页的自然人。对于此概念的辨析需要理解"独立 IP"的含义,即指独立用户/独立访客,也指访问某个站点或点击某条新闻的不同 IP 地址的人数,在同一天的 00:00—24:00 内,独立 IP 只记录第一次进入网站的具有独立 IP 的访问者。独立 IP 访问者提供了一定时间内不同观众数量的统计指标,而没有反映出网站的全面活动。

现在大多数的统计工具只统计到 IP 和 PV 的层面上,因为在大多情况下 IP 与 UV 相差不大。但由于校园网络、企业机关等一些部门的特殊性,IP 已经很难真实地反映网站的实际情况,所以就引入了更加精确的 UV 这个概念。对于使用真实 IP 上网的用户,UV 和 IP 的数值是相同的。

此外,下载量的评价指标则适用于独立软件的使用状况评价,例如,腾讯 QQ 或者微信的下载量在一定程度上反映了该软件能够影响到的人群规模,类似的可以评价基于智能手机或平板电脑的众多 App 程序的用户规模,进而评价其作为广告载体的媒介价值。

（2）阅读深度。

阅读深度评价的是某种网络媒介的质量,即网络受众页面停留或平台(例如 App 应用)使用的时间长短,这一指标反映的是网络媒介在使用层面的"质"的价值。这一指标的数据获取通常借助于类似 cookie 的技术,在网页中植入代码,用以收集跟踪用户在某个页面的行为轨迹,这其中最重要的数据就是页面停留时间,直观描述出受众对该网页或网站的喜爱程度。

与之相关的概念还有"页面跳出率",通过技术手段探知网络受众对某个页面的跳出率,用以评价该页面与网络受众之间的黏性。页面的跳出率越高,说明用户体验越差,这就需要对页面进行优化了。

（3）互动参与。

互动参与评价的是网络受众在多大程度上参与了信息接收的过程,相对于上面提到的"深度阅读",互动参与是更进一步的用户体验评价,这对于广告投放的价值而言是至关重要的,因为这意味着用户有可能参与了广告信息的传递,处于高接受度的广告态度当中。

互动参与分为不同的层次,最为初级的就是大家熟悉的点击率的概念,这也是衡量网络广告效果的基础评价依据。更为深层次的互动则表现为发表评论、参与扩散、注册信息、下单购买等行为。例如,微信公众号作为一种细分的广告媒介被广为运用,我们可以通过微信公众号的粉丝参与话题的活跃程度判断该公众号的广告价值,与之相类似的还有微博的评价机制,如图 8-15 所示,此不赘述。

图 8-15 微博的互动参与评价

无论是从媒介性能评价的角度,还是从网络广告创意的角度,都激发网络受众对于广告信息的互动参与度,穿透消费者对于广告信息的心理防御,以便于顺利达到设定的广告目标。

(4) 综合评价。

以上的评价侧重对广告发布平台的量化指标评价,而综合评价侧重于定性的评价方法,指的是某网站在社会综合领域或特定领域具备的影响力。例如,新浪、网易、腾讯、搜狐等在综合类门户网站中具有重量级的影响力;新华网、人民网等在专业新闻领域表现出足够的权威性和影响力;淘宝、京东、亚马逊等在电商类的垂直领域表现抢眼。这些综合的影响力背后反映出的是某网络媒体的综合实力,以及作为广告发布平台的使用价值。

在实际操作层面,作为广告投放平台的综合评价比较容易获知,这来自于不同的网站拥有差异化的定位,形成在各自细分领域的影响力指数差异。另一方面,综合评价还来自于媒介人员的实操经验,对于不同类型广告平台的实力和背景、综合影响力已经了然于胸。

4. 预算规模与投放资源的匹配

从媒介投放的项目运作层面,我们在拟定投放策略的时候必须考虑到可实施性,这种可实施性很大程度受制于广告主的预算规模与拟定的投放资源之间的矛盾。广告主普遍具有花小钱办大事的心态,加上广告投放的策略性日益复杂,广告主和代理公司之间在形成投入产出比控制的时候,往往难以达成共识。

另一方面,网络广告占据绝对优势的"价格低廉"实际上已经在很大程度上被削弱了,而广告主,尤其是中小企业的广告主,主观上仍然认为网络广告是廉价的资源,有限的投入可以换得更多的广告资源,这种心态容易导致预算规模与投放资源之间的不匹配,影响网络广告投放的 ROI(投资回报率)。

(二) 媒介组合——广告投放策略的核心

广告投放策略的核心是媒介资源的组合运用,将有限的广告预算发挥出最大的综合广告效应。就网络广告的媒介组合而言,相对传统媒体的组合策略,有如下的策划原则。

1. 客观的数据分析基础

网络广告的投放策略在某种意义上讲究的是"纯数据"决策,不同的广告网络和广告资源背后都有完备的广告性能数据可供参考,从 PV 或 UV,到点击率或者互动率,乃至于销售订单的达成,这些客观的数据构成了网络广告投放的媒介组合的客观依据。而且这些动态变化的数据也构成了灵活调整媒介组合策略的动态参考指标,力图实现广告投入的最大化产出。

2. 交互式网络广告优先

需要强调的是,网络广告最大的优势是精准和互动性,虽然在广告投放的实际操作中,仍然存在着"贩卖广告位"的传统平媒的广告运作手法,例如,首页跨栏广告、焦点图、通栏以及各类弹窗等，这些广告形式并没有完全跳脱传统媒体售卖广告资源的窠臼，属于硬性广告的范畴，与广告受众的交互性不够。因此，在网络媒体环境下，硬性广告的效果受到越来越大的挑战，网络广告受众更愿意接受"柔性"的广告推销手法，甚至共同参与广告的传播。例如，微信中各类的游戏广告，活跃了微信粉丝的同时，将广告受众吸引到游戏当中，通过互动参与获得一定的奖励，其广告效果就比较好，如图8-16所示哈根达斯2014年中秋节的互动广告推广。

3．大数据的采集与沉淀

根据当前网络广告运用的发展趋势，未来的广告形态将是大数据基础上的精准行销，这其中蕴含着一个重大的改变——广告信息接收与销售之间的路径被大大缩短了，某种意义上还原了广告原本的价值，即促进销售，即使是通过品牌的塑造，其最终目的也是为了促进销售，尤其是对于广告主而言，这才是广告的终极价值。

如何实现以上的目标？大数据的采集和分析是关键要素，这要求我们在拟定网络广告投放策略的时候，不仅关注于广告资源类型的组合运用，更要重视数据价值，如图8-17所示的案例，通过广告的发布获取消费者更为精确的信息，结合消费者网络行为轨迹的分析，使得广告能够有效促进最终的销售达成。

图8-16　交互式广告的运用

图8-17　广告背后的大数据

4．融媒体策略的贯穿运用

前文提到，本书关于网络广告投放的阐述，重要特色就是融媒体背景下的网络广告运用，行业内称为跨屏策略。所谓跨屏并不仅仅指的是传统电视广告与网络广告（电脑屏或手机屏）之间的整合运用，虽然在实际操作中的含义的确如此。我们强调的跨屏策略寓意的是更多类型的传统媒体，能够加入到与网络广告的互动当中来，形成广告信息流的精确导向。

融媒体策略的贯穿运用可以有两种体现方式：首先是广告资源的横向整合，按照广告预算的分配比例，将不同媒体类型的广告资源整合运用，打造特定时间段内的信息主场效应。此种体现方式更多是不同类型广告资源的硬性融合，更类似广告资源拼盘，考验的是媒介策略人员的资源广度和预算分配的能力，较少兼顾到广告资源间的信息功能互补，更加缺乏相关数据的决策支撑。

第二种体现方式是通过技术手段，实现广告信息流的跨媒介流动。例如，当下流行的二维码的运用，无论是户外广告、杂志广告，还是电视广告越来越多地运用到了二维码，广告受众通过智能手机或平板电脑扫描二维码，能够立刻获知广告的详细信息，甚至提供用户交流互动的平台或销售平台。此种融媒体策略更多依靠的是不同媒体间的信息流的管理，作为广告受众能够通过信息技术手段，较为自然地实现广告信息阅读的平台跳转，并被引导至广告信息的深度阅读状态，进而达成较为理想的广告效果。

（三）策略优化——精准导向的原则

媒介策略的优化是指媒介投放实施之后，根据前期设定的目标而灵活调整媒介的组合运用，修正广告投放过程中各种原因导致的目标偏差。媒介投放策略的优化可以分为事中和事后优化，后者的优化主要是为了提供下一轮广告投放的决策参考。另外，需要说明的是网络广告因其具有智能化的管理系统，因而其策略的优化调整较为灵活，广告创意被投放之后还有实施调整的机会。

网络广告投放策略的优化，有三个原则分别阐述如下。

1. 行销目标的达成原则

媒介策略必须服务于企业的行销需求，广告投放过程中必须检视广告是否对企业的行销需求产生了作用，这种作用与当初的预期是否存在较大的偏差？如果存在明显的偏差，就需要对媒介投放进行相应的调整。

2. 受众精准定向的原则

媒介策略中非常重要的因素就是目标消费者及其媒介触点的分析，但实际操作中这种事前的分析判断，哪怕有翔实的数据做支撑也不可避免地会出现偏差。例如，真正的消费者没有能够很好接收到广告信息，或者消费者对广告信息的反馈不如预期，这时我们需要思考是否受众的定向不够精准，这会导致广告投放策略的微调。

3. 广告数据分析的原则

网络广告投放之后，随着媒介计划的推进，陆续会收集到一系列反馈数据，例如，广告位的点击率、视频的播放量、消费者互动率等，这些数据能够客观和全面地反映出本轮广告投放的量化效果，也是我们进行策略调整的科学依据。

三、网络广告投放的未来趋势

网络广告在一定程度上代表着未来广告发展的趋势，网络广告的份额增长也远远高于紧随其后的电视媒体广告，未来可能成长为第一广告资源平台。作为本章的最后总结，我们有必要从未来发展的趋势，审视网络广告的运用现状，这样就有助于我们站在时代发展的前沿，把握住网络广告未来的走向，更好地运用这一工具。

首先，从广告主的角度来看，毕竟广告主是网络广告发展的原动力。无论是追求品牌效应的广告主还是追求销售刺激的广告主普遍存在对网络广告缺乏认知，实际操作中他们仍然将其当作一个补充手段，这源自企业的决策者对于广告网络的精准性缺乏原理性的认知，以及足够的信心，更谈不上对于技术层面的理解，因而大多数情况下仅仅将网络广告作为整体媒介计划的补充，这是我们必须正视的现实。

其次，广告网络/广告联盟未来将会扮演着影响整个行业发展的关键角色。总的来看，广告网络的发展仍处于初级阶段，整个行业规模占据网络营销市场的7%~10%，而且竞争不够充分，缺乏上亿元规模的重量级广告网络。未来的广告网络发展将会呈现出以下趋势：①广告网络资源拓展延伸到移动互联网，移动互联网将会是未来网络流量的关键入口；②广告网络将会满足不同需求类型的企业营销需求，涵盖品牌类和效果类的需求；③实时、动态、竞价的透明广告网络平台将受广告主青睐，能够坚定广告主对于网络广告的信心；④广告网络合作模式不断发展、深化，广告网络平台向合作网站开放API(应用程序编程接口)将逐渐成为主流；⑤社交化的广告网络将成为广告网络市场的最大创新点，基于用户主动连接、喜爱、分享、签到式的社交广告网络通过深入了解用户的行为和偏好，为用户提供更加个性化的广告服务和网站体验，产生对用户所在社群的口碑影响。

再次，网络广告的投放机制将会发生深刻的变革，以RTB为核心的网络广告交易方式将成为市场的主流。所谓RTB模式，意思就是"实时竞价"，即在每个广告展示曝光的基础上进行实时竞价的新兴广告类型。其背后依托的是两个概念：DSP和SSP。

DSP(Demand-Side Platform)是需求方平台。这一概念起源于网络广告发达的欧美，是伴随着互联网和广告业的飞速发展新兴起的网络广告领域。需求方平台允许广告客户和广告机构更方便地访问，以及更有效地购买广告库存，因为该平台汇集了各种广告交易平台的库存。

SSP(Sell-Side Platform)是供应方平台。供应方平台能够让资源方也介入广告交易，从而使它们的库存广告可用。通过这一平台，资源方希望他们的库存广告可以获得最高的有效每千次展示费用，而不必以低价销售出去。以上三者之间的关系，或者说未来网络广告的运作模式可参考图8-18所示。

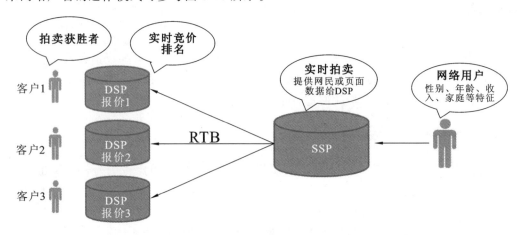

图8-18 基于RTB模式的网络广告

最后,网络广告投放未来的发展趋势是从广告资源的贩卖,到提供特定行业营销解决方案,将广告与营销本身紧密联系起来。就目前的网络广告行业而言,无论是原始的广告版位采购,还是上述提到的 RTB 模式,仍然停留在广告投放的范畴,广告代理公司或第三方服务公司未来的角色发挥不仅限于广告投放本身,而是立足于特定行业的企业面临的营销挑战,提供以全面而科学数据分析为基础的营销推广解决方案,这其中包括了广告、公关、线下活动,甚至 O2O 的应用,直接满足企业营销需求的本质。

关键词

浏览量　page view
独立访问量　unique visitor
实时竞价　real time bidding

思考题

1. 如何实现精准投放和效果测定?
2. 互动的广告价值何在?

推荐阅读书目

舒咏平,陈少华,鲍立泉:《新媒体与广告互动传播》,华中科技大学出版社,2006 年版。

第九章 媒介组合与跨媒介互动

本章导言

1. 熟悉媒介组合的内涵和局限性。
2. 熟悉跨媒介互动的本质和意义。
3. 跨媒介互动的操作。
4. 媒介融合背景下传统的媒介组合面临哪些局限。
5. 传统媒体如何与新媒体互动,提高品牌传播效果。

媒体本身存在大小之分,有冷热之别。为提升广告效果,广告通常会采用媒介组合以综合发挥各种媒介的广告作用。在融媒体时代,跨媒介互动日益频繁,互动的内容、形式和层次又有新的拓展与提升。本章分析如何通过多种媒体全方位互动来强化广告印象,强化广告对受众的影响力以及渗透力。

本章引例

全球著名快餐品牌麦当劳,在推出新产品——烤鸡腿汉堡时,麦当劳希望找到最有效的传播方式,花费最低的宣传成本,实现宣传效果和营销效益的最大化。其中,最重要的目标是影响到目标人群,传达新产品的特征。通过一系列营销宣传活动,提高主要市场的消费者对产品的知晓度,提升购买欲。活动目标群体主要是针对18~24岁的成年人。活动主要比较了网络广告和非网络广告这两种广告形式对于品牌宣传和产品销售的影响。

在宣传过程中,麦当劳选取了印刷品和电视的媒介组合。加入交互广告,评估宣传活动在品牌的目标人群中的影响。

通过宣传效果评估发现:麦当劳通过提高60%的网络广告到达率,新产品的认知度在18~49个媒体目标中提高了8.3%,使600多万消费者增进了对新产品的了解。网络广告通过和其他补充环境将信息传达到相同数量的消费者,还能到达到其他媒体所不能到达到的人群。在麦当劳的目标消费群体中,接触网络广告较多,在上网时浏览并知晓麦当劳的广告信息。网络广告还能很大程度上提高对形象的感知,增强品牌认可。消费者感情上的品牌特征有了明显的提高。

思考

哪些品类的产品或品牌适用于网络广告?

第一节 媒介组合及其局限性

我们经常对投资者说"不要把鸡蛋放在同一个篮子里",对于广告主来说,做广告无疑也是一种投资,因此在进行广告投放时应考虑不同的媒体特点,对媒体资源进行优化配置,选择有效的媒介组合方案。媒介组合是指在同一时期内运用各种不同的媒体,发布内容基本相同的广告。在现代社会,任何单一媒体都不可能覆盖广告的全部目标市场,到达全部目标消费人群,这要求策划广告活动时,应重点考虑使用媒介组合策略。通过不同媒介的组合和优劣势的互补,扩大广告覆盖面,更容易引起关注,达到"1+1>2"的效果。

经典案例 9-1

奥利奥"亲子一刻、玩起来"多种媒体整合广告营销活动

- 广告投放背景和目标

2014年3—4月奥利奥通过整合各大主流媒体、自有媒体及口碑媒体开展了一系列有针对性的营销活动,提升产品的销量及品牌价值,如图9-1所示。

- 媒体整合与活动执行

(1)"玩起来"在移动端社交媒体。与目前用户量极大的移动平台——微信合作,搭建了手机体验平台,创作出"奥利奥亲子表情"。创作和分享"奥利奥亲子表情",让消费者收获到很多乐趣,并且通过社交媒体广泛传播。

(2)"玩起来"在包装上。打印在产品包装上的兑换码可以供用户在手机上了解更多生动活泼的"奥利奥亲子表情"。同时围绕"奥利奥亲子表情"设计体验式的门店陈列和包装,消费者在门店即可现场体验制作的乐趣。

(3)"玩起来"在户外媒体。移动端体验延伸到公交站亭,用户不仅可以在手机屏上体验"亲子表情",也可以打印出来线下体验。

广告投放

● 广告效果与市场反馈

（1）在2个月的时间里生成了超过7500万次的"奥利奥亲子表情"。其中有80万次的"奥利奥亲子表情"在朋友和家人们中间传播分享。

（2）活动在中国所有主流的社交网络，包括微信和微博上引发了19亿次的曝光量。

（3）在5周时间之内，奥利奥的销售额增长了50%，即万个兑换码被使用，意味着250万美元的产品销售。

思考

1. 当广告宣传中运用多种媒体，怎样优化组合有助于达到最佳效果？

2. 在本案例中，奥利奥以"亲子一刻，玩起来"作为宣传主题，将对品牌形象的塑造带来怎样的影响？

图 9-1　奥利奥广告

一、媒介组合的内涵

媒介组合是指在同一个时间段里，广告主通过不同的媒体传达大致相同的广告信息，从而达到最大程度的消费者到达的广告活动。

（一）媒介组合的特点

媒介组合策略更符合当前消费者的媒介接触习惯。广告主的目标消费群体逐渐呈现多元化的趋势，总是有着不同的媒介接触习惯。他们并不总是都在看电视或在读报纸，单一的媒体广告投放不能很好地覆盖消费市场，到达大多数消费者那里，这时候广告主就需要考虑媒介组合策略。

另外，不同的媒体有着不同的功能特性和覆盖人群，在广告市场上发挥着不同的作用，如电视广告时长较短，难以将产品信息表达完整，但是它声画结合，很容易在消费者心目中留下深刻印象，而报纸广告篇幅比较长，能将产品特点阐释清楚，适合感兴趣的消费者进一步了解，当然还有网络广告、广播广告等等。当这些不同的媒体发挥了它们本身的优势，并互相弥补了它们之间的劣势时，传播的效果便会达到最大化。

1. 多媒体立体传播

不同的媒体有不同的特性。视觉媒体与听觉媒体的组合可以用生动的画面、吸引人的音乐等刺激受众的感官，可使受众对广告留下深刻的印象。瞬时媒体（如广播）与长效媒体（如车体广告）的组合可以潜移默化地将产品信息留在受众脑海里。在大众媒体中，常使用的电视广告与促销媒体如pop招贴广告的组合更是起到了点面结合的效果，前者可以大范围地宣传告知消费者产品信息，后者可以直接刺激消费，达到促销的目的。

2. 互动式传播

新媒体逐渐深入大众生活,新媒体广告也成为新宠。在媒介融合的信息时代,传统媒体与新媒体的组合更是为广告市场拉开了一扇新的大门,其中重要的原因在于互动性。由于传统媒体强调将信息传递给受众,缺乏信息的反馈与回路,造成信息流通的不对称。但其与新媒体的组合能很好地弥补这种单向传播的缺陷,彰显出较强的传播力。例如,2015年央视春晚携手微信进行广告营销就将这种新旧媒介组合的互动性发挥得淋漓尽致,看春晚听主持人口令进行微信"摇一摇",这种有趣的参与方式让受众更有兴趣,甚至能转化成直接的购买力。

3. 非线性海量传播

非线性,即指传播的方式不是直线式的,也不是单一的将信息强行塞给受众,而是呈网络状的,并且不断回馈的。所谓海量,即是指传播内容到达的受众是广阔的。媒介组合体现了传播的灵活性、广阔性和互动性,这是某个单一媒介做不到的。不同的媒介进行组合传播相同的广告信息,使得广告信息的传播达到了叠加、强化,以及互补的功用。

(二)媒介组合的必要性

媒介组合是广告投放战略的关键所在。我们研究如何进行广告投放,其根本在于如何选择媒介组合。由于不同媒介的不同特征,媒介组合显然在强化传播效果方面有着不可忽视的作用。

1. 延伸、强化传播效果

不同媒介有各自不同的覆盖范围,也有各自的优势和局限。媒介组合的运用可以延伸广告覆盖范围,增加广告传播的广度。其次,不同的消费者有着不同的媒介接触习惯,单一的媒介不能到达所有的目标受众,因此需要使用媒介组合来扩大广告信息的覆盖范围。即使同一个受众能够同时接触到不同的媒介,那么广告信息对于这个消费者所进行的多次传播会强化消费者对于产品的认知。

2. 弥补单一媒介传播频度的不足

单一的媒介传播会导致信息到达消费者的频度不够,而且一些瞬时传播媒介使消费者接触一次便没有什么印象,这样的广告传播是失败的,这要求广告主应增加广告传播的频度。通过考察目标受众的媒介接触习惯、不同媒介的传播特点以及费用问题选择出合适的媒介组合,可以最大限度地使消费者多次接触广告信息,强化对产品的概念。

3. 整合不同媒介的传播优势

媒介组合所做的就是最大限度地整合不同媒介的传播优势,相互弥补它们的不足,取长补短,达到传播效果最大化。例如,电视具有形象性和直观性,但是广告时间较短不利于详细说明且价格昂贵;报纸具有很强的说明性且价格便宜,但只有文字图片稍显单调;广播具有灵活性和价格便宜的优势,但是瞬时媒体信息在消费者脑海不会有过多停留;杂志具有精准性,印刷质量好,但价格偏贵……

可以看出这些媒介之间的优劣势是互补的,合适的媒介组合可以整合不同媒体的传播优势,弥补缺陷,使广告传播达到"1+1>2"的效果。

4. 以较低的成本取得高效益

某家规模不大的民营企业,为了取得轰动性的广告效果,花费巨资在中央级媒体做广告。但是有限的资金只能支撑起零散的广告投入,其带来的广告收益也不太理想。这则广告投放失误的重要原因就是媒体选择不当,选择了面向全国的广告媒体,却没有遍布全国的销售网络,造成了财力、物力的浪费。另外,广告从开始投放,进入消费者视野到品牌知名度,促进购买,需要经过一段较长的时间和一定数量的广告投放量,零散的广告很难发挥实际效益。媒介组合并不是简单将各类媒体进行排列组合,各自独立地发挥广告传播效果,而是在充分调查了解消费者媒介接触习惯的基础上,经过有机整合,发挥各自媒体特长,弥补不足的过程。媒介组合是融合的,能够带来整体效益,实现立体传播。在成本一定的情况下,企业主应多考虑不同媒体间的组合,在实现广告基本目标时再考虑其他的投放方式。

二、融合背景下媒体载具的选择

一般来说,对媒体价值的评估有客观标准(或量)和主观标准(或质),客观的标准看重的是媒体书面上的投资效率,是根据已有数据或者推算出的数据算出的具体数值来反映媒体的价值,如媒体的覆盖面、接触人数、千人成本等。主观的标准侧重的则是媒体具体的效果或者传播的能力,它是由一系列不能量化的质量指数构成的,最主要的有媒体的权威性、受众接触媒体的深入情况、编辑环境、相关性和广告环境等。

(一)媒体载具的量化选择指标

媒体价值的量化评估,主要有两个方面的标准:媒体影响受众的能力和广告主花费的成本。媒体影响受众的能力主要体现在广告覆盖率和广告频率方面。在传播成本方面则主要以信息传播的千人成本为评估标准。

广告的价格同样也是重要考虑因素,在不同媒体上投放广告所花费的成本相差较大,根据广告主的预算才可以选择合适的媒体类型和广告形式。另外,不同品牌的受众群体也有着不同的媒体接触习惯和受众特征,受众群体的匹配程度是选择媒体时的本质依据。只有媒体的受众与广告主的潜在客户有着较高的重合度时,在这样的媒体上做广告才有针对性,才会有更好的效果。

1. 电波媒体的评估

电波媒体包括电视媒体和广播媒体,在媒体的评估与计算方式上,二者基本相同。

(1)开机率。开机率是指在一天中的某一特定时间内,拥有电视机的家庭中收看节目的户数占总户数的比例。开机率的高低,因季节、一天中的时段、地理区域和目标市场的不同而不同,这些变化反映了消费者的生活习惯和工作状态。比如早上开机率较低,晚上黄金时间段开机率高。

开机率是从整体的角度去了解家庭与个人或对象阶层的总和收视情况,主要的意义在于对不同市场、不同时期收视状况的了解。

(2) 收视人口。收视人口是指暴露于一个特定电视节目的人口数。收视人口用具体人数表示。

(3) 收视率。收视率是指暴露于一个特定电视节目人口数（家庭数）占拥有电视人口（家庭）总数的比例。

(4) 家庭收视率。家庭收视率是以家庭为单位进行研究。

(5) 对象收视率。对象收视率是指在确定的单位对象消费群众，暴露于一个特定电视节目的人口数占所有对象消费群人口的比例。

(6) 观众占有率。观众占有率是指在特定的时段中，各个频道所占的观众占开机总人口的比率。可以以个人、家庭、对象阶层为单位。

开机率、收视率和观众占有率之间的关系为

$$开机率=收视率/观众占有率$$
$$收视率=开机率\times 观众占有率$$
$$观众占有率=收视率/开机率$$

开机率×观众占有率=（开机人口/人口总数）×（收视人口/开机人口）=收视人口

2. 印刷媒体量化评估

(1) 发行量。发行量是指某印刷媒体（一份刊物）每期实际发行到读者手中的份数。它包括付费发行量（订阅发行量和零售发行量）、赠阅发行量。付费发行量包括订阅发行量和零售发行量。

(2) 订阅发行量。订阅发行量是指发行量中长期订阅部分的发行量部分。订阅读者一般是那些对刊物具有较强信心和兴趣的人，广告信息对于这些用户精准度高、质量高。

(3) 零售发行量。零售发行量是指发行量中单期购买或偶尔的发行量部分。零售读者是那些对刊物兴趣和投入程度次于订阅用户的人，广告价值较高。

(4) 赠阅发行量。赠阅发行量是指以非付费方式发行的份数，赠阅读者对刊物投入程度较低，相应阅读效果较差，广告价值最低。

(5) 印制量。印制量是指一份刊物每期实际印制的份数。印制量应大于或等于发行量。

3. 阅读人口资讯

阅读人口资讯包括阅读人口、阅读率、对象阅读人口、付费人口、传阅人口、传阅率、阅读人口特征。

(1) 阅读人口。阅读人口是指固定时间内阅读特定刊物的人数。

(2) 阅读率。阅读率是指固定时间内阅读特定刊物的人数占总人口比率。

(3) 对象阅读人口。对象阅读人口是指固定时间内，对象阶级阅读特定刊物的人数。

(4) 付费人口。付费人口是指在阅读人口中属于付费取得刊物的阅读人数。

(5) 传阅人口。传阅人口是指阅读人口中属于非付费间接取得刊物的阅读人数。

(6) 传阅率。传阅率是指每份刊物平均被传阅的比率。(这时的阅读人口=发行量×传阅率)

(7) 阅读人口特征。阅读人口特征是指每份刊物阅读人口的统计变项结构,包括性别、年龄、教育、职业、收入等。

4. 千人成本

千人成本是一种媒体或媒体排期表送达 1000 人或"家庭"的成本计算单位。这可用于计算任何媒体,任何人口统计群体及任何总成本。它便于说明一种媒体与另一种媒体、一个媒体排期表与另一媒体排期表相对的成本。千人成本并非是广告主衡量媒体的唯一标准,只是为了对不同媒体进行衡量不得已而制定的一个相对指标。计算公式为

$$千人价格 = (广告费用/到达人数) \times 1000$$

其中,广告费用/到达人数,通常以一个百分比的形式表示,在估算这个百分比时通常要考虑其广告投入是全国性的还是地域性的,通常这两者有较大的差别。

5. 户外媒体的量化评估标准

(1) 受众角度。受众角度是指接触人口,即户外载具接触目标消费者的数量。例如,将受众接触面划分为 9 个区域,确定各区人数。

(2) 媒体高度。媒体高度是指平视能见为最佳角度。平视高度(10~20 米)的指数为 100,以中心点为准,每提升或降低一定距离,则指数递减。

(3) 媒体尺寸。媒体尺寸是指受众看到的尺寸,可分级评分。备选载具中面积最大的指数为 100,然后依各载具在不同距离所见尺寸大小比率。

(4) 能见角度。能见角度是指能见的各个角度的效果评估。以面向载具正面且距离最近的区域为 100,距离较远则指数递减,侧面亦然。

(5) 材质。材质是指呈现创意能力、亮度、声音。先设定最符合要求的指数为 100,之后再根据不同材质相对于最佳材质的价值制定指数。

(二) 媒体载具的质性选择指标

面对日益多样的新型媒体,应主要从以下几点选择媒体载具。

1. 接触关注度

接触关注度是指受众在接触媒体时的质量或状态,即消费者接触媒体时的投入度。在这里,有一基本假设:相较于漫不经心接触媒体,受众主动关注时,媒体的广告效果更好。这里的广告效果,指的是广告被理解及记忆的程度。

接触关注度有以下三种判定办法。

第一种方法是问卷调查。这种方法需要对手中的资讯加以判断。

第二种方法是以节目形态划分,当然这也是从主观上对不同节目形态的关注度进行判断。但这种判断方法必须考虑受众因素,假设最高关注度节目形态的指数为 100,大多数女性对于娱乐八卦节目的关注指数是 100,但对于大多数男性来说,体育节目的关注指数才是 100。

第三种方法是以节目时段进行划分,因此才有我们通常所说的电视"黄金时段"。而为什么广告总是夹在节目最精彩、最扣人心弦的时候也是这个道理。

2. 干扰度

干扰度是指广告版面或段落长度占媒体本身内容的比率。消费者在一定时间内同时接收到众多广告信息,广告信息强度彼此互相干扰和抵消的现象。广告所占媒体本身内容的比率越大,干扰度就越大,消费者一旦产生抵触情绪,这时的传播效果会大大降低。一个媒体时间段内广告越多,那么平均分给某一特定广告信息的时间就越少,这种干扰效应会导致信息到达受众的失败。这种干扰主要包括两种情况:一是直接干扰,即相同品类的广告相互之间的干扰,如几个同类广告一起播出,如果广告创意相似,消费者会难以区分这些品牌;二是间接干扰,即不同品类的广告相互形成干扰,这表现在广告时间段过长,消费者注意力被分散。

经研究发现,由于干扰度的存在,观众往往只能记住他们所接触到的广告的十分之一。因此,我们可以采取一些措施,例如增强创意,有创意的广告往往能够最快攫取到观众的注意力;提高广告的频率,通过重复表达,增强广告信息的记忆度,尽量选择更优质的时间段或者版面,帮助广告传播达到事半功倍的效果。

3. 编辑环境

编辑环境是指影响广告编辑运作效果的各种要素的总和,可分为技术环境、组织环境、文化环境等三个部分,各部分互相影响,互为支撑。编辑环境通常和广告公司或者企业的文化、组织结构等有关,一个好的编辑环境是好的广告制作的前提。

4. 广告环境

从宏观角度来看,影响广告活动的环境主要包括政治环境、经济环境、文化环境和消费环境等,而从中观和微观来看,广告环境则与进行广告运动的媒体环境密切相关;中观环境包括在广告投放过程中媒体的大环境、趋势和现状以及某个媒体的频道环境等等;微观环境就是指广告投放该时段的段位环境,即广告时段安排、广告插播、竞品广告情况等等。广告环境的宏观层面一般是不可控制的,当宏观环境较为开放、对于广告活动的经济支持力度较大时,往往广告效果较好。而人为可控制的一般在中观和微观环境方面。一般来说,媒体和广告主以及广告公司之间应建立起良好生态的环境圈,能够有效刺激广告活动的竞争力和活力,有利于广告活动的可持续发展。

5. 相关性

从分析学上来讲,相关性分析是指对两个或多个具备相关性的变量元素进行分析,从而衡量两个变量因素的相关密切程度。而在广告运作中我们通常使用品牌相关性来衡量品牌的价值,也经常用来判定一个媒体在提高品牌相关性方面的价值。所谓品牌相关性,通常是指一个品牌在一个品类中的地位。比如当说到去屑洗发水时,消费者会马上想起宝洁旗下的海飞丝,那么海飞丝这个品牌就有了较强的品牌相关性。

三、融合背景下媒体优化组合及其操作流程

随着媒介融合进一步深入发展,在选择广告媒体时,如何将各类新旧媒体进行优化组合,充分发挥媒介融合的优势,是当前业界共同关注和思考的问题。

广告投放

（一）融合背景下媒体优化组合策略

实现媒体的优化组合是媒介融合的要求，也是必然发展趋势。

1. 媒体优化组合的原则

有效进行媒体的优化组合，首先应遵循以下几点原则。

（1）覆盖最大化原则。

覆盖最大化原则主要包括以下两种情况：

一是在物理空间上的覆盖最大化，每种媒体覆盖区域范围的局限性客观存在。电视虽然成为大部分家庭必备的媒体设备，但在候车室、电梯、写字楼等公共场所仍相对较少见。

二是没有哪一类媒体能完全覆盖到所有的目标人群。在进行媒介组合时，每增加一种媒体，都应考虑是否有利于扩大对目标人群的覆盖面，这一原则提醒策划人员在进行媒体选择与组合时，首先应将媒体的空间覆盖和人群覆盖都考虑在前，而不是把千人成本放在首位。比如，不能因为公交车身、候车亭、地铁液晶显示广告比较便宜就在这三类媒体投入过多的预算，因为这三类媒体所覆盖的人群同质性高。

（2）功能互补原则。

电视、互联网、液晶显示是视觉媒介，而且是动态的视频类媒介。杂志和报纸也是视觉媒介，但属于图文类媒介。广播属于听觉类媒介。视听类媒介富有感染力，适合传达感性诉求，图文媒介说理性较好，更有利于理性诉求，综合利用功能不同的媒体进行组合投放，才能够满足广告主不同的传播手段需求。

（3）时间交错原则。

在现代社会，我们随时随地都在接触各种广告媒体。在进行广告媒介组合时，应根据目标人群的媒体接触方式，找到最佳的媒体接触点，分时段有效拦截目标人群。在时段的组合上，常常以黄金时段为主，再根据不同目标人群的媒体接触特征辅以其他非黄金时段的投放，如图9-2所示。

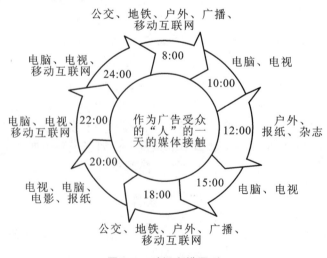

图9-2 时间交错原则

(4) 点面互补原则。

点面互补可以从两种角度理解，一是从覆盖区域的角度，既要运用覆盖面广的全国性媒体，又要运用地方性电视、报纸、户外媒体对重点的市场的特别支持。二是从覆盖人群的角度，既要运用覆盖各类人群的大众媒体，如电视等；又要考虑运用精准方式触达核心人群的小众媒体，如行业杂志、直邮等。

(5) 时效差异互补原则。

电视、广播等电波媒体属于瞬间媒体，广告播出时间较短、瞬间消逝。报纸、杂志、互联网、户外媒体等能较长时间保留广告信息，可供反复查看，属于长效媒体。长效媒体容易达到频次上的积累，反复提示的功效。瞬间媒体与长效媒体的有效组合，有利于广告信息的长时间曝光，维持品牌的知名度。

(6) 协调统一原则。

媒介组合在播出和刊发的时间周期上必须达到良好的协调，进行媒介组合时需要考虑购买执行的难度。比如，广告投放的第一天，地铁报站项目的制作能否按时完成，公交候车亭在广告上画的时间是什么等。所有的这些媒体，都需要协调与配合，才能制造出广告整体的冲击力。

2. 媒体优化组合的策略

(1) 媒介载体的视角——根据媒体的渗透率和偏好度进行组合。

媒体的渗透率反映了媒体对目标受众的覆盖以及目标受众对媒体的使用情况。媒体的偏好度反映目标受众对媒体的喜爱倾向性。通过评估各个媒体在这两个指标上的表现，我们可以选择出要么是高渗透率的媒体，要么是高偏好度的媒体。然后再基于这些有优势的媒体，结合品牌的传播需求，可以进一步将选择出来的媒体进行重要性的优先排序，以指导在预算紧张的情况下所进行的组合调整。

由于有客观数据的支持，根据媒体的渗透率和偏好度进行组合是策划人员常用的方法之一，这是从媒体的角度出发，选择最好的媒体进行投放的方法。然而，这种方法只是基于品牌的目标人群进行媒体的评估，与品牌传播的需求和策略关联性较弱，所以，这种方法也常常和其他方法结合在一起使用。

(2) 媒介策略的视角——基于媒介策略进行媒介组合。

基于媒介策略进行媒介组合的方法是运用最为广泛的方法。根据消费者决策路径中的障碍进行组合不同的产品或品牌在不同的发展阶段，其消费者决策路径不尽相同。根据消费者决策路径中的障碍进行媒介组合的方法，其实是从发现问题并解决问题的角度出发的，是一个非常有针对性的方法。

(二) 媒介组合优化的常用形式

广告媒介组合一般应根据媒体的不同特点进行组合，需要考虑的因素包括媒体各自的优势、组合后带来的新优势和为企业带来的竞争优势。广告媒介组合主要有媒体类组合、媒体载具组合及媒体单元组合三种类型。

企业可以选择上述多种广告"套餐"，关键是媒介组合是否符合企业战略要求、产品特点、目标消费者接触媒体习惯等。理性的广告主追求的广告投放目标应该是媒体投入与市场效果之比最大。这就需要慎重考虑如何分配有限的广告资金,而购买一份组合得当的广告套餐不失为获得最佳市场效果之道。

(三)媒介组合优化的操作流程

广告媒介组合策略是一项系统工程,广告从业者不仅要熟悉掌握每一种媒体本身的特性,而且要综合考虑多方面因素,进行科学高效的组合。

广告媒体选择首先要对目标市场的媒介接触习惯有充分的了解。不同的观众通常会接触特定的媒体,有针对性地选择为广告对象所易于接受的媒体,是增强广告促销效果的有效方法。例如,生产或销售儿童玩具的企业,在把学龄前儿童作为目标沟通对象的情况下,一般选择在电视上做广告。

其次,选择广告媒体要认真分析产品特点。不同的广告媒体,在对受众的注意力与吸引力等各方面具有不同的特点。工业用品与日常消费品,技术性能较高的复杂产品与较普通的产品,应采用不同的媒体进行广告宣传。

最后,广告媒体选择还要分析确定广告传播范围和广告成本。选择广告媒体,必须将媒体所能触及的影响范围与企业所要求的信息传播范围相适应。如果企业的目标消费市场是全国,宜与全国性媒体合作广告。如果是面向特定城市或地区,则可以选择地方性媒体,这样既节约成本,又具有针对性。不同媒体所需成本也是选择广告媒体的依据因素。依据各类媒体成本选择广告媒体,最重要的不是绝对成本数字的差异,而是媒体成本与广告接受者之间的相对关系,即千人成本。比较千人成本,再考虑媒体的传播速度、传播范围、记忆率等因素之后择优确定广告媒体,可以收到较好的效果。

因此,企业在选择广告媒体时,应考虑各方面因素进行调查论证,才能决定使用何种媒体,并从媒体功能以及产品本身的特点出发去探讨各媒体之间的关系和搭配。此外,由于各个地区的风土人情不同,生活习惯不同,因此广告媒体的组合和诉求点不一定非得统一,也就是说,媒介组合应当从不同地区的实际出发。

(四)媒介组合优化的数学规划模型

运用数学规划模型,有助于更高效地找到媒介组合的运作规律。

1. 两种媒体优化组合的数学规划模型

线性规划是寻求广告媒体最佳组合的较成熟的数学方法。它是在一组约束条件下,求解广告的成本最低或有效性最大的优化方法。优化媒介组合的决策,主要是确定各媒体载具的购买次数,在实践中一般有以下两种情况:一是在确定预算的前提下,找出媒介组合的最优解,使之产生的效果最大;二是在确定基本的媒介组合效果目标的前提下,找出媒介组合的最优解,使之发生的费用最少。因此,依实际运作的要求,可以建立两种不同情况下的优化媒介组合的数学模型。

2. 基于预算限制的广告效果最大化模型

$$\text{Max } Z = e_1 x_1 + e_2 x_2 + \cdots + e_n x_n$$

$$\text{s.t.} \begin{cases} c_1x_1+c_2x_2+\cdots+c_nx_n \leqslant B \\ K_{1l} \leqslant x_1 \leqslant K_{1u} \\ K_{2l} \leqslant x_2 \leqslant K_{2u} \\ \quad\quad\vdots \\ K_{nl} \leqslant x_n \leqslant K_{nu} \\ x_1,x_2,\cdots,x_n \text{ 取整数}. \end{cases}$$

其中,Z 表示总暴露频次;e_n 表示某媒体一次广告的暴露频次;x_n 表示在某媒体购买广告次数,应为整数;c_n 表示某媒体一次广告的费用;B 表示总预算;K_{nl}、K_{nu} 表示在某媒体购买广告次数的上限、下限。

3. 基于满意效果的费用最小化模型

$$\text{Min } W = e_1x_1 + e_2x_2 + \cdots + e_nx_n$$

$$\text{s.t.} \begin{cases} c_1x_1+c_2x_2+\cdots+c_nx_n \geqslant G \\ K_{1l} \leqslant x_1 \leqslant K_{1u} \\ K_{2l} \leqslant x_2 \leqslant K_{2u} \\ \quad\quad\vdots \\ K_{nl} \leqslant x_n \leqslant K_{nu} \\ x_1,x_2,\cdots,x_n \text{ 取整数}. \end{cases}$$

其中,W 表示总费用;e_n 表示某媒体一次广告的费用;x_n 表示在某媒体购买广告次数;c_n 表示某媒体一次广告的暴露频次;G 表示总暴露频次;K_{nl}、K_{nu} 在某媒体购买广告次数的上限、下限。

（五）媒介组合优化效果的综合评价

进行综合评价,是评估媒体优化效果不可缺少的一步。

1. 媒介组合优化效果评估的主要内容

评价企业广告媒介组合优化效果主要是通过对媒体传播效果和媒体广告效果的评价来衡量。媒体广告传播效果的评价指标主要有媒介组合传播范围、视听率、毛评点、视听众暴露度、到达率、暴露频次、有效到达率、频次等分配和千人成本等。广告效果就是广告的质量,是指广告通过广告媒体传播,以其接受者所产生的影响和效应的综合效果。投放巨资在媒体所做的广告,其效果究竟能否衡量以及如何衡量,简单地说,就是广告业尚没有统一客观的质量标准,这事关企业兴衰成败,同时也是理论界一个亟待解决的基础性问题,是解释广告行业竞争与发展模式的一个重要前提条件。目前关于媒体广告效果评估的主要内容有广告的传播效果、广告的经营效果和广告的社会效果,广告的效果可以视为这三个方面的综合效应。

2. 媒介组合优化效果评估的常用方法

直接评价法,是由目标消费者或广告专家填写已经拟定好的评价性问卷。有时只要求他们回答一个问题,如"您认为这些广告作品中,哪一则最能促使您购买该产品?"但经常的情况是要求他们回答多个问题,即给被评价的广告在吸引力、可读性、认知力、亲和力和行为力方面打分。直接评价法是优秀广告作品评选的常用方法,但它也可以用于预测几则广告副本的效力,然后从中选出最有效力的作品投入实际运营。直接评价法的理论假设是,如果一则广告是一则能够有效激发消费者购买行为的广告,那么它在表中的各方面特性上的评价都应该得高分。换句话说,所得的评价分数越高,说明广告越有效。该方法在实际运用中,可根据广告所欲达到的目标而只选定其中的某些特性做评价。直接评价法的优点是易于施行,但可信度值得怀疑。有的研究者认为该方法更适合过滤掉不良广告,而不适合于筛选优秀广告。这种方法不仅使用于印刷广告的广告文案测验,也适合于影视广告的文案测验。

顺位法是指列出若干项目,由被访者按重要性决定先后顺序的市场问卷调查方法。顺位法主要有两种:一种是对全部答案排序;另一种是只对其中的某些答案排序。究竟采用何种方法,应由调查者来决定。具体排列顺序,则由回答者根据自己所喜欢的事物和认识事物的程度等进行排序。例如,"请对下面列出的五类房地产广告排序:①电视广告,②报纸广告,③广播广告,④路牌广告,⑤杂志广告。按您接触的频率,由高至低排序;按您的印象,由浅至深排序;按您信任的程度,由大到小排序"。

淘汰法是指先根据一定条件和标准,对全部备选方法筛选一遍,把达不到要求的方案淘汰掉,以达到缩小选择范围的目的,如表9-1所示。

表9-1 淘汰法的筛选方法

评估方法		具体操作
询问法	直接询问法	由厂商、调查公司或专家、向消费者询问并收集、统计询问结果,依据结果对广告效果进行判断
	反馈询问法	按消费者看到广告后,向刊播广告者询问数量的多寡来衡量广告效果
记忆测试法	自由回忆	目前,应用最为广泛的是一天后回忆法
	引导回忆	主要应用"盖洛普-鲁滨逊事后效果测验法"
认知测试法	注目率	以被调查者能否辨认该广告的百分比为标准
	阅读率	以被调查者能否清楚记得该广告的突出要素为标准
	精读率	以被调查者能否清楚记得该广告50%以上内容为标准
知晓测定法		是对整场广告活动效果的检查
态度测定法		主要测定广告心理效果的忠实度、偏爱度及品牌印象等。常用方法是语义差异法

总之,媒介组合的优化及其效果的评估是一个复杂的决策过程。在科学技术高度发达的今天,我们可以借助大型数据库,对媒介组合的各种依据进行量化比较分析,为媒介组合优化提供科学标准的评价数据,这将成为今后媒介组合研究的主攻方向。

第二节 跨媒介互动与缝隙

从 2005 年起,"跨媒体沟通"这个词在沟通和媒体领域里频繁的出现,"跨媒体沟通"顺应新的沟通策划潮流,使人感到大势所趋。2006 年日本电通集团率先成立了横跨公司各部门的"跨媒体沟通开发项目组",为解决客户的课题积极进行各种专项技术的开发、积累和实践。到目前为止,跨媒体沟通还没有明确的定义,暂时引用电通为其下的定义"跨媒体沟通就是规划沟通导线,有效引导目标人群的行为变化"。

经典案例 9-2

手机百度"让每一分都有意义"高考项目

针对考生在填报志愿过程中的各种问题和需求,手机百度推出智能报考分析工具。以"让每一分都有意义"视频投放为切入点,进而通过新媒体、产品导流资源等手段进行层层递进式传播,最终实现对目标用户"高考前→高考后→填报志愿时"整个决策过程各个接触点的全程无缝式覆盖,如图 9-3 至图 9-5 所示。

图 9-3 手机百度"让每一分都有意义"高考项目 1

- 跨媒介广告活动

第一阶段:6 月 3 日—9 日,针对教育界及关注高考人群,进行信息传递。首先推出《手机百度 2014 高考蓝皮书》,配合高考大数据,推出"回忆高考"的互动页面。

第二阶段:6 月 17 日—29 日,正式推出了智能报考分析工具——高校热力图,通过实时动态数据告诉考生全国各大高校的关注情况,从而为报考提供了客观分析参考。让更多考生体验使用,是本阶段的传播重点。

第三阶段:推出与主题相关的"让每一分都有意义"视频,推出智能报考分析工具——高校热力图。

广告投放

图 9-4　手机百度"让每一分都有意义"高考项目 2

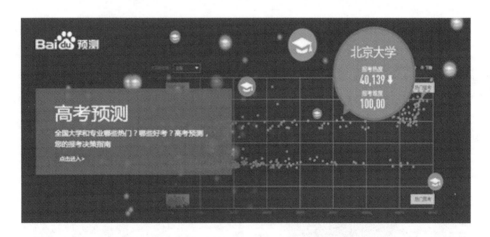

图 9-5　手机百度"让每一分都有意义"高考项目 3

● 广告效果

（1）百度指数提升。2014 年志愿填报期间，高考的百度指数较 2013 年提升了 3 倍。

（2）引发传统媒体集体关注。配合新媒体创意包装、自媒体评论，全方位立体式地完成了一次手机百度高考项目的造势。

（3）新媒体传播累积覆盖数亿网络用户。广告视频播放量累计超过 1200 万人次。

思考

1. 在本案例中，体现了跨媒介互动的哪些特点？
2. 新的传播环境下，媒介融合的深入发展将会对跨媒介互动带来怎样的影响？
3. 在本案例中，百度运用大数据技术帮助考生进行志愿填报。大数据技术对于广告行业的发展会带来怎样的新变化？

一、跨媒介互动的本质

跨媒体沟通与媒介组合十分相似,但他们之间的区别在于对消费者心理渗透深度的不同。此外,对于跨媒体沟通策划者来说,在构思解决课题时,核心创意点之外的另一个创意点变得尤为重要。

(一)跨媒介互动与媒介组合的区别

从对目标人群的选择来说,媒介互动仅以年龄、世代等人口统计特征来划分消费者,而跨媒介互动重视的是对目标人群的心理特征及媒体接触特点的洞察,把握消费者的所思所想、价值观和媒介接触特点。

从营销传播的目的来说,媒介组合关注的是传播的广度,将核心信息传播给尽可能多的消费者;跨媒介互动在重视传播广度的同时,更重视传播质量,即如何才能影响消费者并唤起主观能动的行动。

从策划内容的侧重点来说,媒介组合考虑的是将到达率最大化的营销传播预算的分配及传播量;跨媒介互动更重视如何吸引目标人群,自觉规划主观行动起来的沟通导线。

从对媒介的策划方式来说,媒介组合通常以电视广告、平面广告、交通广告、户外广告等广告媒体为核心,同时组合公关、促销及线下活动;跨媒介互动则客观把握所有连接消费者和品牌的连接点,经过选择的信息接触点才会成为媒介策划的对象。

简要来说,媒介组合重视媒体的分配,将核心信息有效传达给目标人群。而跨媒介互动则以核心创意点为中心,以规划沟通导线,有效引导目标人群的行为变化作为关键点。媒介组合是获得传播广度的有效方法,跨媒介互动更有利于消费者形成积极能动的品牌体验。

(二)跨媒介互动的定义

具体来说,电通给出了四点来定义跨媒介互动:
(1) 基于对目标人群心理特征及媒体接触特点的洞察。
(2) 考量传播的广度(到达率和接触凭此)和深度(参与度)。
(3) 营销传播的"沟通导线"。
(4) 与多个信息接触点有效组合。

总之,跨媒体沟通就是,在统和了广告、促销、公关传播、线下活动、双向互动等各种措施的整合营销传播中,找出如何组合信息接触点,设计沟通导线的策划手法。

二、跨媒介互动的意义

跨媒介互动作为新的传播环境下媒介沟通组合的新方式,也反过来影响了传播环境。

（一）媒介创新形式丰富

媒介对于新闻信息的传播，其实质是对内容的无限挖掘和广泛传播。在互联网技术和通信技术日益成熟的当下，媒介的内容数字化、数据库系统开发等纯技术障碍已逐一被攻破，信息的传播途径越来越多。立足于对新闻内容的广泛传播和深加工，以全媒体传播的模式提供全方位的信息，对各媒体的受众进行细分，制作有针对性的信息，不仅在规模上达到整体覆盖，同时提高信息的传达率。充分利用网络的时效性和信息海量的特点，在其门户网站发布简单报道和相关视频，实现最初的议程设置，同时通过博客、微博等个性化终端实现媒介与受众的良好互动。继而，充分利用传统媒体的公信力和受众影响力，发布新闻事件的详细报道和后续影响。同时，加强个性化终端媒介的使用，完成单纯受众到"公民记者"的转变，充分利用"互联网的本质是互动才产生价值"的特质，不仅为媒体提供信息线索，同时更好地实现个性化信息传播。

（二）立意新颖，深入人心

在信息"地球村"的当下，全媒介全方位信息传播，真正做到了信息时代沟通无障碍。介质在变，传播的内容也在变，今天的受众需要的不仅仅是一条消息或一个画面，而是一个集关联、链接于一体的信息集群，这是任何一种介质或个体媒介无法完成的，全媒体时代已经来临，只有通过全媒介互动，才能形成更加广泛的传播力。

媒介对于传播力的诉求在于对媒介竞争力的追逐，即媒介作为经济独立体的营利能力，它是市场化运作后媒介实力最直接的体现。在媒介竞争异常激烈的时候，感受到强烈生存压力的媒介开始寻求同行间的帮助与扶持，无论是"强强联合"还是"强弱合并"，媒介都不再崇尚"单打独斗"的英雄行为，而是以"抱成团"的形式在这个战场上相互厮杀。只要媒介之间不存在直接的竞争关系，拥有互动的可能性，媒介之间就应该充分而彻底地实现互动。同样，某一媒介独大的时代也成为过去，媒介竞争力更多表现为媒体集团的整体成功运营。

（三）双向互动传播诉求明确

媒介之间的互动，使得互动集体得到更多的关注，形成具有深远意义的影响，也使得参与互动的媒介个体影响力扩展到更广的范围，获得更深层次的延伸。媒介的影响力就是受众的公信力，受众对于媒介的肯定和信赖是媒介生存和发展的基础。通过媒介之间的互动，帮助媒介建构影响力，并在受众中形成自身独特的文化含义和氛围，打造品牌传媒，才是媒介的长久之计。在信息越来越重要的年代，人们对于有效信息的诉求更加强烈，并愿意为此付出更多代价。媒介作为传达信息的行业，其一举一动始终被置于闪光灯下。而媒介竞争使得单个媒介在受众群相对稳定的情况下，能获得的关注越来越少，很多媒体公司迅速诞生，同时也有很多媒体公司迅速消失，部分媒体公司在竞争中脱颖而出，只有这些获得了关注度的媒体公司才会存活得更长久。当下，为了争取更多关注，媒介普遍采用了互动的形式。

（四）创新感官激发热情

媒介的影响力就是"收视率"、"阅读率"、"流量"，只有通过互动的形式赢取更多的受众，获得更好的收视率、阅读率和单位时间内更高的流量，媒介才会形成更大的影响力，赚取更多的利益，对社会也将具有更多的发言权，进而赢得这场转型之战的胜利。

三、跨媒介互动的四种驱动力

在媒介互动的现象之下，媒介之间的竞争、技术的支持、对经济利润的追求以及国家媒介政策的放松，都成为媒介互动不可缺少的驱动因素。媒体在积极地探索适合自身发展和需要的互动之道，在行业内的应用和实践越走越远，媒体间的互动已是司空见惯。

（一）媒介技术是媒介互动得以实现的决定力量

任何事物的发展都是在技术的推动下完成的，任何一个新事物的胜出，都源于它优良的技术支持，媒介也不例外。技术是媒介互动必要而非充分条件，在媒介高度发达的社会，媒介之间的竞争导致媒介之间互动的出现，而技术则充当了媒介互动的推手，使得媒介之间的竞争更加激烈，也使媒介更清晰认识到互动的意义。同样，没有技术的发展，新型媒介的层出不穷，媒介社会也不会如此丰富多彩，出现那么多不同类型的互动形式。

（二）受众的媒介消费需求是媒介互动的根本动力

受众作为媒介最重要的服务对象，是媒介产品的消费者，受众的变化对媒介的影响最为明显。我国受众经过20年的时间，人口数量、媒介消费习惯以及文化观念都有了巨大的变化。人口数量的持续上升，使得我国媒介拥有了庞大的受众规模，经济的长足发展，教育水平的不断提升，使得受众对于媒介产品的质量要求也越来越高，人们不但需要新闻信息的真实、准确，对信息的及时性要求也更高，在互联网迅速普及以后，媒介不只是受众消费信息的渠道，更成为受众转变身份、传播信息的平台。

（三）媒介影响力整合是媒介互动的内驱力量

不同介质的媒体间形成的互动与联合，依据的是尽可能降低交易成本。信息的存储数量及质量是不同介质的媒体生产活动的关键因素，媒体之间一旦达成共识、实现资源共享，不但可以大幅减少交易支出，也能共同分担风险。不同介质的媒体在寻求以最低成本获得信息的同时，也在与其他媒体的联合、互动中寻求垄断利润的空间，并在市场摩擦的约束下完成市场博弈。

（四）媒介市场竞争全面推动媒介互动

由于媒介具有"两次售卖"的特殊性，其竞争不仅是经济利益的争夺，也包括对话语权的占有。对媒介而言，拥有更多的话语权，意味着拥有更多的忠实受众，也就可以获得更多广告客户,进而攫取更多经济利益。这种竞争不仅来自相同介质的媒体,也在不同介质的媒体之间激烈展开。在新媒体时代,这种不分时间、地域,媒体间对资源的争夺逐渐演变成一场囊括全民、全部媒介的竞争,并且日趋激烈。在产业分立的状态下,传统媒体所面临的主要竞争压力来自同行业,他们使用的技术相同、设备相似,产品与产品之间没有太大区别,同质竞争导致其不可替代性非常低。例如,对于同一个区域的几份都市报而言,无论其内容偏向有何不同,受众在其中获得的信息大同小异。因此,对于无特别需求的受众而言,若几份报纸的价位相同,则购买其中任何一份的概率都是相同的。"可替代性"成为同质媒体之间"你死我活"竞争压力的根本来源,但实际上他们根本无法跳出这一怪圈。

在新媒体环境之下,竞争更是无处不在。媒体不仅要与最狭隘层面上的对手进行竞争,甚至还要将其竞争范围扩大到全国乃至全球。如 Borders 曾经讲过:"《纽约时报》和《纽约日报》的数字版若想成为新闻、娱乐的权威知音,必须与雅虎、德拉吉报道、微软、美国在线等各种媒体竞争。"一旦媒体提供的内容被外来者夺取,那媒体被取代也将指日可待。就国内媒体而言,新浪、网易、腾讯等门户网站之间的竞争也愈演愈烈,对各种消息的抢夺和发布从来都是当仁不让。

四、跨媒介互动的操作

在当前传播环境下,跨媒介互动主要有以下几种。

(一)同质性媒介互动

对于习惯了通过报纸获取外部信息,并有足够时间进行报纸阅读的人,报纸媒介根据其具体的信息需求和阅读特点,为受众量身定做信息内容,根据报道侧重点的不同,实现传统媒介之间的互动。参与 2009 年"两会"报道的《南方日报》在广州有较大的影响力,是当地一家标榜权威、主流和公信力的政经媒体;而《南方周末》则以覆盖全国的深度报道见长,其评论版在同类报纸中依然是佼佼者;《南方都市报》是立足于珠三角地区的都市综合类报纸。三者办报的立足点和经营理念的区别决定了他们在报道中各有侧重。《南方日报》和《南方都市报》根据会议内容每天更新报道,他们关注大会亮点、委员提案、领导人讲话、媒体镜头下的媒体人、民间反应等;《南方周末》则根据出版时间的规律,在全国范围内对媒体关注的"两会"新闻事件进行筛选,做出深度报道。同地域同质媒介的互动中,隶属于同一集团的互动是最为常见的一种形态,如报业集团旗下的多份报纸,会在集团统一策划下相互配合,但这种情况大多发生在全媒体传播的过程中,单独的同集团、同介质互动较为少见。除此之外,由于同地域同质媒介基本处于完全竞争状态,就目前的媒介市场而言,同地域同质媒介的互动不具备现实的空间。

但是,由于我国现行媒介体制与政府行政机构几乎完全重合,上级媒体对下级媒体拥有极大的影响力和压力,下级有为上级提供新闻内容的任务。在我国现有的宣传机制下,上级媒体需要下级媒体提供大量素材以支撑其日常报道,以我国电视台为例,全国所有的省级电视台都有向中央电视台供稿的任务,而市、县级电视台又有向省级卫视供稿的任务。在此过程中,由于受当地宣传部门的管制,地方电视台向上级电视台供稿时，一般只提供正面信息，只有在上级需要进行批评性报道时，下级才会迫于压力进行配合。因此，上下级媒体共享的新闻资源只是所有资源的一部分，他们形成的舆论也多是正面报道。

（二）同质互补性媒介互动

不同介质的媒介发挥各自的优势，从不同角度、以不同的形式将新闻呈现给受众。受众不仅可以通过《南方日报》《南方周末》《南方都市报》等了解"两会"开幕的消息和评论，还可以通过奥一网搜索相关视频，发表自己的看法，与其他网友实时互动，并通过手机获取关于"两会"开幕的简短文字信息。如针对2009年刘翔缺席政协会议、刘诗昆劝他退出代表一事，网上激起波澜，有受众认为刘翔不具备参政议政的能力应该退出，也有人认为对于"非专业委员"的刘翔，舆论应该更宽容，更有人认为刘翔不参加政协会议履行了正常的请假手续，不存在问题，不必大惊小怪。奥一网针对民意进行了调查，《南方日报》和《南方都市报》对此进行报道，并配发了相关评论。媒介根据不同的受众生产出不同的媒介产品，既表明了受众媒介素养的提高、参政议政意识的增强，也反映了在国家媒介政策更加开放的同时公民社会的建设成果日益丰硕。

相比同地域异质媒介互动中的尴尬，跨地域异质媒介互动已相当频繁，几乎每次重大新闻事件都可以看到不同地域、不同介质的媒介工作人员一起奋战的场景。属于这种形式的媒介互动种类多样，但由于媒介互动的根本因素——新的媒介的出现和发展，以及新的媒介本身所具有的非地域特性，传统媒介与新的媒介的互动加深，几乎所有的跨地域、跨媒介互动都属于这一类型，涉及的媒介数量众多。

（三）围绕媒介品牌或传播主题而形成的多媒介互动

互联网技术的普及和电子通信技术的发展，使得"地球村"成为现实，地理空间上的限制对媒介的传播不再具有实质性的意义。国内划分的行政区域以及历史形成的某些固定区域限制，都在互联网和手机媒介的传播中逐渐模糊。互联网的非地域性，决定了其受众范围面向全球，而与其形成互动的媒介，其传播范围也随之被无限放大。为在激烈竞争中获得最大经济利益，覆盖全国人口的媒介互动越来越普遍，尤其是在事件营销和活动营销的行销行业。这种形式的媒介互动的核心受众不再以地域为界限，而是以关注点的相同或相似为切合点，通过平面媒介、电子媒介、网络媒介以及其他媒介形式，在全国范围内营造一个又一个的"议程设置"，吸引潜在受众的注意力，完成一次舆论制造或营销。在媒介互动的过程中，既有相同介质的媒介互动，也有不同介质的媒介互动，实现全国范围的无障碍全媒介传播已经成为重大新闻事件和重大媒介营销活动的常用手段。

关键词

媒介组合　media mix
跨媒介互动　cross media interaction

思考题

1. 媒介组合有哪些类型和特征?
2. 请结合实际谈媒介组合与跨媒介互动有什么不同?

推荐阅读书目

电通跨媒体沟通开发项目组:《打破界限:电通式跨媒体沟通策略》,中信出版社,2011年版。

第十章 广告媒体的购买

本章导言

1. 媒体广告产品价格的含义及其决定因素。
2. 媒体的购买流程和技巧。
3. 媒体购买中的广告主的角色。
4. 我国专业媒体购买公司的发展策略。
5. 优势广告资源的招标购买。

广告媒体的购买已发生从"购买媒体"到"购买受众",再到"购买注意力"的巨大转变。注意力是当下信息泛滥时代最稀缺的资源。本章介绍了媒介广告产品的价格及其决定因素,媒体购买流程及其技巧,常用广告购买模式等。

本章引例

综艺季播节目颠覆原有广告购买模式(选摘)

2013年以来,许多季播节目登上电视荧幕:《我是歌手》、《星跳水立方》、《中国梦想秀》、《中国好声音》第二季、《爸爸去哪儿》等都获得了成功,而其特殊的媒介购买方式则带给企业和广告代理公司更多的挑战,因为季播节目普遍采取的预售模式确实让媒介购买存在更多的不确定因素。

最难的就是如何押宝

如今,无论是国际4A的媒介购买公司,还是本土的媒介购买公司,媒介策略中心都增加了一个重要的工作内容,就是对每一个季度即将播出的季播节目、真人秀节目做出评估,帮助企业制定媒介投放策略,是选择投还是不投,是选择投放一个月,还是一个季度。

最难预测的,其实并不是一档季播节目首播的收视率,而是这档节目在播出几期以后的收视走势。例如,《爸爸去哪儿》首播的收视率大约为1.3,属于预测范围内,可是随着节目越来越多地被关注,最高一期的收视率达到了5.4,翻了四倍多,这是很多企业和媒介代理公司都没想到的。随着节目受欢迎程度越来越高,收视率直线上升,贴片广告的价格也是翻倍地上涨,这时企业再决定跟投广告,已经买不到最好的价格了。

动态变化的购买体系

电视季播节目的销售模式,根据节目自身情况不同而有所不同,但归纳起来主要还是预售和招标两种模式。新节目由于没有播出经验,知名度和客户认可度都无法确定,通常采用预售模式,通过电视台广告部或媒介代理公司寻找客户。而这个时候,如果客户参与进来,往往价格也相对较低。

而当节目播出后,随着收视率的提升,节目广告价格也会水涨船高,出现几倍的增长。例如,《中国好声音》第一季开播时一条15秒广告只有15万元,但随着收视率提升,一条硬广告价格高达50万元。从这个角度看,确实播出前购买广告的企业获利更大。

但并不是说,提前购买就一定会占到便宜,因为一档季播节目也有可能达不到此前的预期,例如2013年曾经被预测有可能火爆的一档音乐节目《全能星战》并没有达到《中国好声音》那样的效应。

而一旦一档季播节目第一季获得成功,其第二季的广告销售也会水涨船高。成功的季播节目第二季多采用公开招标的方式销售。典型的如《中国好声音》第二季、《我是歌手》第二季、《爸爸去哪儿》第二季等,冠名费和硬广告价格均高出第一季几倍甚至近十倍。此外,大型季播节目也会将决赛的广告资源单独拿出来招标,从媒体方看,是要充分地实现和放大广告价值;从企业主方看,也让更多企业主和品牌有机会参与到优质资源的竞夺中来。

由于季播节目的广告价格往往会因为收视的变化而存在普遍涨价的现象,媒介代理公司和企业客户应该动态地去分析节目的价值,即便在预售阶段,也不要因为价格便宜,就买断一个季度的广告;当广告的价格上涨后,也不一定要盲目地跟进,而要根据企业的整体营销传播策略和评估广告价格后,再决定。动态地去决定购买,才可以将风险降低到最小。

思考

季播节目的广告投放给广告主带来怎样的机遇和挑战?

第一节 媒体广告的价格与促销

广告是一种商品,广告主通过购买媒体时间或者版面等来占用消费者的时间和精力,以达到将产品信息传递给消费者的目的。

作为商品的广告也必然有价格。不同的媒体广告因其呈现出的不同属性有着不同的价格,媒介载体、传播时段等的不同都会大大影响媒体广告的价格。而随着媒体广告的不断向前发展,市场上也渐渐形成了一个广告价格的制定体系。

一、媒体广告产品价格基础

商品价格是商品价值的货币表现。媒体广告产品的价格和广告的价值紧密相连,也就是媒体广告对于广告主的广告效果。

(一) 广告产品价格的内涵

广告产品是一种特殊的商品,具有使用价值和价值两重属性。对于媒体广告产品而言,其价格是广告产品内在价值的货币表现形式。[①] 广告产品价格随其内在价值变动而变动。一般来说,广告产品的内在价值越大,其广告产品价格越大,反之,则越小。

(二) 广告产品价格的决定因素

广告媒体种类繁多,特点各异,不同的媒体有不同的定价方式,但也有共同的定价标准,主要有受众规模、受众购买力、供求关系、购买数量和媒体类型等。

1. 受众规模

受众规模是指报纸、杂志的阅读人数,或者广播、电视、网络的视听众人数。受众规模是衡量媒体价值的重要指标。受众规模和广告定价成正比,一般来说,受众规模较大的媒体,广告定价较高;受众规模小的媒体,定价较低。在媒体购买中,每千人成本的概念常用来作为价格核算的依据。每千人成本(CPM)是指向1000个人或家庭传递广告的费用。它先算出向受众传递信息的总费用,并将它乘以1000,再除以受众基数——这个基数可以是发行量、接触到的家庭、读者,以及任何统计学或产品用途的分类。

2. 受众购买力

广告媒体受众的购买力也是广告产品定价的依据之一。一个地区的广告媒体受众购买力较强,那么这个地区广告定价一般来说就会较高;购买力较弱的地区,广告定价较低。在我国,在相同受众规模的前提下,城市居民的购买力高于农村居民,东部地区的购买力高于中部和西部,因而在广告媒体定价时,如果受众群体是城市居民和东部地区居民,那么媒体价格会高于受众群体定位于农村居民和中西部居民的媒体价格。另外,一些媒介总体规模不大,但定位于高端人群(高收入、高消费、高品位),广告价格也相对要高。这是因为媒介受众群体定位于购买力强的居民,广告CPM(千人成本)高。

3. 供求关系

供求关系也是影响媒体定价的因素之一。当商品供不应求时,价格就会上升;当商品供过于求时,价格就会下降。媒体广告空间或时间也是一种商品。因此,有些较有影响力的媒体或媒体载具,由于受到大量广告主的青睐,广告空间或时间长期供不应求,广告价格往往会连年攀升。

4. 购买数量

购买数量直接会影响到广告媒体的单位价格。如果广告代理商或广告主一次性购买同一媒体的多个广告位,可以得到媒体的折扣。因此,集中购买比分散购买可以得到

---

① 黄升民.媒体策划与营销[M].北京:高等教育出版社,2009.

更多的优惠。在指定空间或时间上进行单个广告位的购买,媒体一般要价较高。为了得到集中购买的优惠价格,广告主往往会委托专门的媒体购买公司购买媒体广告单位,媒体购买公司则会收取一定佣金。

5. 媒体类型

不同的媒体类型,由于覆盖范围、制作成本、信息质量等方面的差异,媒体定价也存在着明显的区别。由于大众传媒的覆盖范围远远大于非大众传媒,因此大众传媒的广告价格要高于非大众传媒。在大众传媒中,电视由于有其高覆盖、生动性等特点,因此广告价格最高,其次是报纸广告的价格,广播价格最低。在新媒体环境下,网络广告由于其综合其他媒体的优点,同时价格相对于电视媒体较低,网络媒体成为许多广告主的首选,并且随着"融媒时代"的到来,新媒体广告所具有的精准化营销特性正日益改变着传播方式。

(三)媒体刊例价

中国传媒大学黄升民教授认为,媒体广告产品价格的发布形式是"刊例价"。"刊例价"是指媒体通过公开的信息渠道或者途径所发布的广告产品线、广告产品组合的价格信息。通过"刊例价"信息,广告主、广告代理公司或专门的媒体策划公司等机构可以了解到不同媒体广告产品的购买成本水平,用来指导他们进行媒体选择和组合。但在实际操作过程中,"刊例价"通常只起到指导作用,不同媒体或同一媒体不同广告产品的价值各异,广告主对不同媒体或同一媒体不同广告产品的需求存在差别,广告媒体通常会据此采取不同的价格策略,实施不同的价格折扣,因此媒体广告产品最终的成交价格往往并不等于"刊例价"所标明的数额。

对于媒体的刊例价,我们可以通过媒体本身、网络平台、电话、印刷刊物等方式直接获取。

阅读案例 10-1

广告媒体购买的单位及价格举例

媒体购买的广告单位通常是以时间、空间、频次来计算的。媒体不同广告单位特征也不同,价格也各有所异。

在电波媒体中,广告单位是以时间计算的。在报纸杂志广告中,广告单位是以空间计算的,其他媒体广告单位的计算大致如此。媒体时间空间长短大小的不同,决定了广告收费价格的差异。除此之外,由于不同媒体在节目安排、报社时间、版面内容、广告位置等多方面的差异,也对广告价格提出了不同的要求,例如,中国中央电视台,通常其广告时间从晚上19:00—22:00是A段时间,17:30—19:00是B段时间,22:00之后的晚间节目为C段时间。另外,为了对19:30左右"新闻联播"之后的黄金广告时间着重处理,又将其划为A特时间段。又如杂志广告,封面、封底一般价格较高,而其内页价格较低。

我们选择电视广告的例子做一下简单介绍。

例如,湖南卫视2014年招商期刊例,如表10-1所示。

第十章 广告媒体的购买

表 10-1 湖南卫视 2014 年招商期刊例 单位:元

广告时段		播出时间	5秒	10秒	15秒
白天	7:00 之前栏目插播	07:00 之前	6600	11600	16600
	早间栏目插播	07:30—8:00	8500	14900	21300
	《偶像独播剧场一》	约 08:00—09:00	8500	14900	21300
	《偶像独播剧场二》	约 09:00—10:00	9400	16500	23500
	《偶像独播剧场三》	约 10:00—11:00	10500	18300	26200
	《偶像独播剧场四》	周一至周五 11:00—12:00	13100	23000	32800
	《偶像独播剧场五》	周一至周五 12:00—13:00	13100	23000	32800
	周间午间栏目插播	周一至周五 13:00—14:10	16400	28800	41100
	《青春独播剧场一》	周一至周五 14:10—15:20	13100	23000	32800
	《青春独播剧场二》	约 15:20—16:30	13100	23000	32800
	《青春独播剧场三》	约 16:30—17:30	13100	23000	32800
	17:30 节目带插播	插播周一至周五 17:30—18:00	16400	28800	41100
	王牌栏目周末午间重播插播	周六、周日 11:30—13:30	22400	39100	55900
	大型活动周末午间重播插播	周六、周日 13:30—15:30	11400	40600	58000
晚间	18 点档栏目插播	18:00—18:29	11400	19900	28400
	A 段	18:29	18900	33100	28400
	黄金时刻	18:59	18900	33100	47300
	《金鹰独播剧场》第一集片头	19:30—20:15	27500	48200	68800
	《金鹰独播剧场》第一集片尾		30720	53760	76800
	《金鹰独播剧场》第二集片头	周日至周四 20:15—21:10	37800	66200	94600
	《金鹰独播剧场》第二集片尾		37800	66200	94600
	《金鹰独播剧场》第三集片头	周日至周四 21:10—22:00	38300	67100	95800
	《金鹰独播剧场》第三集片尾		36900	54500	92200
	22 点档栏目一二窗口	22:00—23:00(不含周五)	26300	46100	65800
	22 点档栏目三四窗口	23:00—24:00(不含周五)	25100	43900	62700
	《百变大咖秀》插播	周四 22:00—24:00	27400	47900	68400
	周六、周日 22 点档	周六、周日 22:00—24:00	28500	49900	71300
	《天天向上》插播	周五 20:15—22:00	65200	114100	163000
	《快乐大本营》插播	周六 20:15—22:00	81600	142800	204000
深夜	零点档栏目重播	00:00—01:00	16400	28800	41100
	1:00 以后栏目插播	01:00 之后	13600	23700	33900

(资料来源:http://www.mtklw.com。)

思考

请从媒体广告价格决定因素的角度分析湖南卫视2014年招商期刊例中《快乐大本营》节目广告价格居高的原因。

二、广告媒体促销方式及促销策略

广告媒体定价之后,就要投入市场,实现其价值。在市场经济条件下,广告媒体的营销与其他商品的营销有共通之处,同样要求讲究促销策略和促销技巧。

(一)广告媒体的促销方式

广告媒体的促销方式主要有公开拍卖、价格优惠、市场细分、事件营销和增值服务等。

1. 公开拍卖

媒体的黄金时段和黄金版位是稀缺资源,同时也是广告代理商和广告主追逐的目标。如何确定黄金时段和黄金版位的价格,实现其最大价值,是广告媒体促销的重要任务。对于宝贵的媒体资源,公开拍卖是比较好的促销方式。

中国内地收视率最高的中央电视台一套黄金时段,包括新闻联播前收视指南至19点报时的广告时段、19点报时时段(18:59:55—19:00:00)、新闻联播与天气预报之间的广告时段、天气预报与焦点访谈之间的广告时段、天气预报节目中全国省会城市天气预报与其他城市天气预报之间的广告时段等,长期以来一直供不应求。从2005年至2014年热门综艺节目历年冠名费可以看出,冠名价格连年攀升。

阅读案例 10-2

热门综艺节目历年冠名费,如表10-2所示。

表10-2 热门综艺节目历年冠名费

年份/年	节目	冠名价格
2005	《超级女声》	1400万元
2006	《超级女声》	2000万元
2007	《快乐男声》	2000多万元
2009	《快乐女声》	6000万元
2010	《快乐男声》	7000多万元
2012	《中国好声音》	6000万元
2013	《我是歌手》	1.5亿元
2013	《中国好声音》第二季	2亿元

续表

年份/年	节目	冠名价格
2013	《爸爸去哪儿》	2800 万元
2014	《中国好声音》第三季	2.5 亿元
2014	《我是歌手》第二季	2.35 亿元
2014	《梦想星搭档》	1.35 亿元
2014	《我要上春晚》	1.31 亿元
2014	《爸爸去哪儿》第二季	3.119 亿元
2015	《我是歌手》第三季	3 亿元
2015	《爸爸去哪儿》第三季	5 亿元

（资料来源：卢扬,沈艳宇.综艺节目广告冠名费天价纪录屡被刷新.北京商报.2014-11-28.A02）

思考

你是如何看待热门综艺节目的冠名费逐渐走高的现象的？

2. 价格优惠

对于非黄金时段或非黄金版位的销售，媒体往往会根据购买数量、媒体安排的灵活性等因素，给予广告代理商或广告主相应的价格优惠。媒体价格折扣一般在 8 折左右，一些新兴的媒体由于没有固定客户群，需要开拓市场，折扣可以打到 6 折左右。以 2013 年安徽卫视为例，黄金时段《第一剧场》中插广告折扣不设限，按竞标价执行。其他黄金段位广告折扣不低于 4.5 折。根据客户净投放量给予不同的折扣，净投放量越大，折扣越大。

许多媒体在促销过程中，突破了传统上广告公司与媒体之间单纯的代理关系，将媒体、广告代理公司以及广告客户的利益捆绑，以调动各方的积极性。

3. 市场细分

市场细分是相对市场集合而言的。所谓市场集合，即假定一种特定的产品或服务为大多数消费者所需要，因而只需借助媒体在特定的区域内进行单一的营销活动及广告活动，虽然消费者不会全部购买此产品或服务，但足以吸引足够的消费者以使产品或服务营销成功。在媒体广告销售活动中，市场集合的观念主要体现在黄金时段和黄金版位的促销中。市场中很多产品或服务的目标往往不是全体消费者，而是其中一部分。如果这些产品或服务以市场集中的观点来投放广告，势必会造成很大的浪费，因此，市场细分势在必行。市场细分假定，并不是所有消费者都需要某一商品或服务，而只是其中的一部分消费者。或者有一部分消费者相比于其他的更需要该产品或服务，因此，如果广告信息可以覆盖这部分消费者而不是全部，即可吸引足够消费者以完成营销任务。

近年来，在媒体市场细分化观念的影响下，许多广播电视媒体进行了频道专业化的改革，其结果对广播电视媒体广告时段的促销助益良多。网络媒体也进行了卓有成效的市场细分化探索。PPTV 定位于新媒体，这是目前视频网站的整体发展趋势之一。目前 PPTV 的节目编排是 20000 多个自制频道，这远远超过家里的有线电视和数字电视。PPTV制定了"聚力计划"，在这个计划中，PPTV选择能够达到一定质量的内容方并给他们开设一个频道，频道是他们自己品牌的形象，走专业化路线，内容进行24小时播放。这样的专业化编排更是体现了"细分"的力量。

4. 事件营销

事件营销在国内把他直译为"事件营销"或者"活动营销"。事件营销是企业通过策划、组织和利用具有名人效应、新闻价值以及社会影响的人物或事件，引起媒体、社会团体和消费者的兴趣与关注，以求提高企业或产品的知名度、美誉度，树立良好品牌形象，并最终促成产品或服务的销售目的的手段和方式。由此可见，事件营销的主体应该是企业。企业对新闻媒体的"借势"和"造势"是解决问题的中心，一是企业如何将事件策划成新闻事件获得新闻媒体的免费报道；二是企业如何在突发事件中抢占营销先机，利用新闻媒体或者与新闻媒体展开合作进行广告宣传。因此，事件营销也是常用的广告媒体促销方式之一。媒体通过事件进行广告促销，这种"事件"可以是突发事件，也可以是精心策划的媒体事件。

经典案例 10-1

宝洁牵手"乌贼刘"

世界杯捧红过狂爱意大利的黄健翔，也捧红了穿什么输什么的"乌贼刘"。2014年世界杯期间，央视《我爱世界杯》美女主持刘语熙在本届世界杯期间穿哪个球队的队服，哪个球队就不赢球，英格兰、意大利等不少强队纷纷中招，被网友戏称"乌贼刘"，瞬间红遍整个微博，个人粉丝涨幅达75万。

宝洁抓住网络红人"乌贼刘"，让其脱下球衣，换上宝洁推出的看球装备之一"感谢足球，享受彼此"穿上身，引得网友围观和神回复，互动量破万。同步，宝洁迅速将5款世界杯看球装备包括"乌贼刘同款T恤"在京东活动页面开售！如图10-1所示。

宝洁第一时间捕捉热点，并联动电商迅速变现。细细看来更像是服装品牌的营销手段，其最终目的是收获品牌曝光量，服装大卖也是意外之喜了吧。

图10-1 宝洁牵手"乌贼刘"进行事件营销

宝洁此次营销就是一个词"速度",紧跟热点,迅速变现。品牌广告主的世界杯营销大战也是逐步白热化,各家正使出各式招式以求能脱颖而出。非世界杯的官方赞助商,借着世界杯的契机,打出一场漂亮的借势营销战役!

（资料来源：http://www.meihua.in90/a/50154。）

思考

1. 你认为在事件营销中媒体所扮演的角色是什么？
2. 宝洁是如何进行事件营销的？

5. 增值服务

近年来,广告媒体间的竞争日趋白热化,竞争同时也促进了媒体服务意识的提高。许多广告媒体通过各种增值服务来留住老客户,开发新客户。而且这种服务的质量和水平也稳步提高,早已不再限于微笑服务、上门走访、联络感情等,而更多地在于对客户所关心的产品或服务的广告定位提供建议、对客户广告投放效果提供市场分析、给予客户广告投放的时段组合建议、提供广告与市场销售终端的联动计划,等等。

例如,随着移动互联网的快速发展,多屏技术成为关键,谷歌正是通过大力拓展多屏技术来推动移动广告策略,实现应用内广告、移动网页广告、移动搜索广告和移动视频广告四个广告模式的融合。微软作为谷歌的主要竞争对手之一,并没有紧跟技术脚步,失去了移动平台的主动权,完全将移动互联网让给了谷歌。而谷歌赶上了互联网发展的浪潮,并且一路创新。比如 AdMob 平台竟然在短短的两年里就实现了 40 多亿条的广告请求量,除此之外,谷歌还为中小企业提供部分贷款,提供谷歌移动广告平台帮助中小企业进行业务拓展,等等。这种增值服务把握住了客户脉搏,满足了中小企业利用大量移动广告开展业务的需求。这也是谷歌发力移动互联网广告业务的证据之一。在国内,网络广告联盟的发展也使众多中小企业受益。网络广告联盟是将海量网站聚集起来供广告主进行广告投放的联盟平台,广告主可以通过不同的广告效果指标进行付费,如 CPC（按点击付费）、CPS（按销售付费）等。但是网络广告联盟目前仍存在许多问题,如网站加入联盟重复率高、广告主多以中小企业为主、广告效果评估数据存在造假现象,等等。

（二）广告媒体的促销策略

媒体种类的繁多带来媒体广告促销之间激烈的竞争,因此要想增加媒体广告的销售,需要从不同方面学习广告媒体的促销策略。

1. 深入了解客户,开展情感沟通

充分的情感沟通可以带来良好的人际关系。良好的关系不仅为广告客户带来情感上的交流,同时也会给广告媒体带来好的口碑。因此,广告媒体促销专员不仅要深入了解所服务的广告客户背景、媒体购买意愿,以及购买历史等资料,还必须加强与客户的感情联络,对媒体广告促销有间接推动作用。

2. 塑造和维护媒体竞争优势

同类媒体之间如报纸与报纸,也有着激烈的竞争。促销专员通过竞争来争夺媒体广告的市场空间,为媒体的健康发展带来源源不断的资金。因此,广告促销人员要善于竞争，在竞争中定位自己，取得独特竞争优势。媒体促销人员在市场竞争中要善于塑造和维护媒体的竞争优势，使自己的媒体优势明显区别于其他媒体，在广告客户和消费者心目中留下深刻的印象。

在网络广告联盟方面，有三个竞争对手是绕不过的话题，它们分别是百度联盟、广点通和阿里妈妈。百度联盟是以全球最大中文搜索引擎百度为基础的广告投放平台，它的主要优势就是广告覆盖面非常广，不管是基于搜索关键词的竞价广告还是基于广告网站的站长联盟，只要我们上网，碰到百度广告的概率非常大。这是百度所带来的优势。广点通是聚集腾讯平台里的各种广告投放，如QQ空间、微信、QQ等，广点通继承了腾讯社交基因，因此它的主要优点是用户黏合度高。阿里妈妈是阿里巴巴旗下广告投放操作平台，阿里巴巴天然的电商特质赋予阿里妈妈成交快速、容易变现的优点。这三个产品各自有自己的优点，而有时对方的优点也正是自己的短板，因此，媒介产品应该扬长避短，塑造和维护自己的品牌优势。

3. 敢于创新，开展新型促销活动

媒体广告促销要结合科技进步，灵活运用新媒体独特优势，善于将传统媒体和新媒体结合，媒体广告促销要敢于尝试新的观念和新的方法，走在传播的最前沿，力争通过新型促销活动塑造媒体的独特形象，以凸显自己的优势。在促销中把握好"传统"和"新型"之间的"度"，不能完全依赖传统的促销模式，也不能完全照搬新型的促销模式，如果完全打破媒体多年来形成的传统销售方式，反而会事倍功半。

近两年互联网的一大特点就是移动互联异军突起迅速占领较大的市场份额。相应的移动互联的广告也应运而生，不断地侵蚀网络广告的份额。根据艾瑞发布的《2015年中国网络广告行业年度监测报告》，2013年到2015年中国移动广告市场的增长率都将超过100%随后将仍以较快的速度增长。2015年市场规模预计将达610亿元，占网络广告市场的29.1%。因此关注移动端的广告投放是大势所趋。

4. 分工协作，培养团队优势

媒体广告促销活动一般是一个专门的团队策划、执行。在这个团队中，一般由招待人员、销售人员、制作人员、秘书、会计等人员组成，或者是以小组组长带领组员进行媒体促销的形式。一个富有战斗力的团队是广告促销活动成功的基础条件。团队内部人员按分工不同各司其职，分工协作。"众人拾柴火焰高"，团队协作的开展有助于打破一个人思维的局限，在团队交流中摩擦出创意火花。一旦出现问题，一个团队的建议总是比一个人的建议更加行之有效。因此在团队协作中，团队的领导要善于统筹团队内部人员，求同存异，互帮互助，不断提高业务水平。

5. 优化媒介组合

媒介组合可以获得更大的价格优惠，同时可以为广告带来范围更广，精准化程度更高的传播优势。一般而言，企业不会在同一媒体上开展单一的广告传播活动。如恒大冰泉不仅在新浪网站上进行视频广告和界面广告投放，同时也依托新浪微博，在登录界面、搜索界面上实施了网页广告。这种媒介组合以统一的形象，统一的品牌口号，向消费者传播广告产品，达到了事半功倍的效果。

第十章 广告媒体的购买

第二节 广告媒体的购买形式与策略

一个好的媒体计划依赖于科学地执行,这个执行包括媒体的购买、谈判以及执行过程中的检测等内容。作为执行的主体,首先要根据自己所了解和掌握的信息帮助媒体策划人员制订出翔实可行的媒体计划,再运用良好的专业技能与丰富的经验进行媒体的谈判与购买,最后依赖其敏锐的市场洞察力,对实施过程进行检测,并对变化迅速做出反应。

一、广告代理与购买执行

广义的媒体购买是对媒体广告单位使用时间和付费成本的一种预约和交换。不同媒体广告单位的特征不同,价格也各有差异。

狭义的广告购买是指广告主在一定的广告预算内,以投资回报为出发点,根据产品的目标客户,优化媒介组合,将广告信息呈现出来,实现更为精准的广告投放。在这个定义中,优化和整合是实现投资回报的关键词。

(一)广告主自行购买

从我国媒体广告的经营历程来看,最开始并没有采取代理的方式,而是媒体直接销售广告。自1979年恢复刊登广告后,逐步形成了中国特有的媒体直接承揽、制作、发布广告,集广告经营的各环节于一身的经营体制,广告主发布广告直接与媒体联系即可。在这个过程中,媒体是直接面对广告主销售广告的。通常情况下广告主直接到媒体广告部或媒体相关部门就媒体购买进行洽谈。

另一种广告主进行自主广告媒体购买的方式就是参与招标购买。

广告招标,是指广告时段、广告资源作为商品,在供不应求、资源缺乏的情况下,由广告时段等广告资源的所有者(媒体)作为发标方,将广告时段设置为标的物,企业和广告公司前来竞标购买的活动。广告招标是一种特殊的价格策略,是广告市场供求关系严重失衡后的产物。目前国内媒体主要以电视台优质广告资源招标为主。

从本质上看,广告招标实际上是一种市场定价策略,用于招标的广告资源的价格不是由电视台根据收视率、媒体品牌形象等因素确定的,而是由买卖双方根据供需关系现场确定的。由于广告资源的市场需求太大,多个广告客户都希望购买,而广告资源又具有稀缺性、唯一性,因此就需要经过竞买的方式确定广告资源的价格,通过广告招标现场拍卖,广告主纷纷亮出自己可以接受的价格,并不断根据现场竞买情况调整自己的价格。最后,由主持拍卖的拍卖师确定广告资源的最高价格,然后卖给愿意出价的客户。

这种特殊的定价方式通常可以给电视台带来理想、可观的收益,但是,并不是所有的广告资源都可以用来招标,必须是特别紧缺、市场需求特别旺盛的广告资源才可以用来进行招标;否则,广告招标获得的价格可能还不如根据收视率、栏目品牌形象常规方式制定的价格高。

广告招标目前仍在中国电视广告经营中扮演着重要角色,甚至对中国经济产生重要影响。

在广告主自主的媒体购买中,广告主充当着"决策者"角色。

随着媒体营销环境和传播渠道的开放,受众已经不再是被动的接受者。在媒体众多、生态复杂、受众行为多样化的环境下,广告主以容易取得的收视率、阅读率和收听率为数据,作为其广告预算分配的主要依据。因此,对广告主而言,他们不仅需要了解广告信息到达的受众的数量,也需要了解在复杂的信息传播环境中受众是如何接受其商品或服务相关的所有信息,如以何种渠道、自愿接触或被动、对信息持肯定还是否定态度等,所以,不仅广告信息的内容需要考量,甚至承载广告信息的媒体在受众心目中的评价也成为广告主媒体购买的参考因素。以报纸为例,报纸媒体通常以发行量作为吸引广告客户的考量因素,但发行量这一单一因素无法全面展示不同报纸之间的差异,因为发行量只是将信息能够到达受众的数量给以参考,却无法认知受众对于承载在报纸上的广告的认知与评价。

在媒体购买中,广告主充当着"把关人"角色。

媒体选择多样造成广告主在面对媒体选择时候会充分衡量并且对比各个媒体的优劣势,从而取得更好的传播效果,达到最优化最合理的预算。广告主不会选择单一的媒体方式,在实际购买中,广告主往往会进行多个媒体选择,如可口可乐公司在进行媒体购买时候,往往侧重于新媒体,但不是单一全部采用新媒体传播方式,同时也借助传统媒体如报纸、DM杂志传播其产品和品牌,可口可乐定位大多是青少年群体,而青少年群体大多偏爱时尚,赶"潮",追逐新奇,新媒体如微博、微信、移动客户端等就符合青少年群体的兴趣和使用习惯。各大媒体鳞次栉比,广告代理公司质量良莠不齐,这就要求广告主在进行媒体购买中"独具慧眼",充分把关,选择合适并且能得到最大传播效果的媒介组合。

(二)通过广告代理公司购买

随着广告代理制在我国的推行,逐步形成媒体、广告代理公司、广告主三者分工的局面,媒体可以将广告经营外包给广告代理公司,由此才进入了借助代理公司来销售广告的阶段。广告代理制是媒体广告销售渠道得以建立的基础,各种广告代理公司就是媒体的分销商,他们的工作就是负责对广告主销售媒体的广告。

广告主并不是都会有自己的广告部门,而一些拥有广告部门的广告主往往没有完备的资源进行较为复杂的广告策划活动。广告代理公司能够按照广告主的广告目标和要求进行广告活动的前期策划、创作和执行。而执行通常是包括广告代理公司做出的媒介购买。

通常广告代理公司的媒介部分为两部分,具有媒介策划和媒介购买两大职能。媒介策划是指擅长策划的人员安排媒介发布计划,为客户选择最合适的广告媒体以求与预定目标受众接触;媒介购买是指由专员经过讨论和修改,向客户提供最后的购买方案和建议,如果客户接受了媒介部门的建议,就必须跟媒体签订合同,以最理想的价格购买媒体的版面或时段,并且在最佳版面和最佳时段分布上达成一致协议。

(三)通过专业媒介购买公司购买

媒介购买公司(media buying network,media house,media specialist,media agency)是从事媒介信息研究、媒介购买、媒介企划与实施等的独立运作的经营实体。

专业媒介购买公司在广告媒体购买中具有得天独厚的优势。专业媒介广告购买公司负责为大批客户购买媒介广告位,广告购买量巨大。专业媒介购买公司所能取得的媒介价格与单一广告客户所能取得的相比,至少要少10%～50%。专业媒介购买公司还能在广告投放结束后,给广告主提供专业媒介调查公司发布的媒介调查报告,使客户能够监控广告投放的效果。

专业广告媒介公司优势使媒介购买职能逐渐从广告代理公司分离出来。据台湾《广告杂志》估计,1996年,欧洲媒介购买量由原来的50%上升到70%。20世纪90年代以来,随着世界广告业集团化的发展,专业媒介购买公司已成为各大广告公司不可或缺的一部分,更是它们主要的利润增长点,全球广告业80%以上的媒介购买量被WPP、IPG、Publics、Omnicom四大欧美广告集团垄断。

广告主通过专业媒介购买公司进行媒介购买时,往往要求媒介购买公司进行媒介信息整合与研究、媒介购买、媒介策划与实施等工作,也就是说广告主、媒介购买公司、媒介形成了三方博弈的过程。

广告主在进行一个广告战略活动时,往往把占最大比例的经济投入花在了媒介购买上,而且随着媒介的日益发展,如何进行媒介投放和购买已经成为广告活动的重中之重。这个时候,传统的广告代理公司的媒介部门往往无法胜任这个工作,越来越多的广告主将目光投向专业的媒介购买公司。专业媒介购买公司以媒介业务为己任,致力于开拓媒介资源,他们有着丰富的媒介信息,掌握着媒介价格的动向,可以根据广告主的广告目标和需求进行相应的媒介投放购买策划。因此,在广告媒介的购买方面,广告主越来越青睐于专业的媒介购买公司。

媒介购买公司的产生是欧美模式广告代理制的产物,中国的广告代理制是直接复制欧美的广告代理制,缺乏创新,但可以通过一系列策略实施来发展和壮大自己的实力。从中国目前广告业的发展来看,我国专业媒介购买公司呈现分散化、小规模化特点,难以形成合力,这必然导致媒介购买公司的恶性垄断。2005年全球排名前10位的媒介购买公司,第九名的营业额达到1072亿元人民币,高于中国2005年媒介的广告总收入819亿元人民币。市场经济条件下,优胜劣汰成为生存准则,对媒介购买公司的冲击的调整需要有一个时间过程,而且需要政府、行业、企业三方面的努力。

经典案例 10-2

传立媒体赢得雀巢/惠氏电视媒介购买业务

雀巢中国与惠氏营养品于2014年9月,共同就电视媒介购买业务启动了比稿活动。参与这次比稿的有雀巢中国的媒介代理传立媒体以及负责惠氏营养品媒介业务的凯络媒体,以及实力传播。

最终,传立媒体略胜一筹,拿走了雀巢/惠氏营养品的电视媒介购买业务,这也是其成功捍卫伊利媒介策划业务之后的另一大利好消息。

这是两大品牌首次联手进行媒介比稿,目的是为了提高它们的媒介投放效力。雀巢和惠氏营养品的电视媒介总花费在7亿~8亿元人民币,这也是2014年度中国市场最重大的媒介比稿之一。

雀巢早于2012年在全球以118亿美元收购了当时隶属于辉瑞公司的惠氏营养品。此后,传立媒体将为雀巢/惠氏营养品的电视媒介购买业务而出谋划策。

传立媒体是世界最大的独立媒介公司,是英国最大的广告与传播集团Wpp的下属主要公司。Wpp集团是世界最大的传媒集团之一,主要从事广告、公关、信息研究咨询、品牌形象咨询,以及媒介购买和策划。在2002年以180亿美元的承揽额成为全球第二大媒介购买公司。

(资料来源:http://www.admaimai.com/。)

思考

1. 在此案例中,雀氏中国、传立媒体是什么关系?
2. 我们经常看到创意比稿,那么媒介业务比稿比什么?

(四)广告媒体自动购买

在网络技术和用户媒介使用习惯快速变幻的今天,广告主的广告投放逐渐要从大规模转向精准化。"精准化"并不是说一部分信息流向一小部分受众,另外一小部分信息流向另外一小部分受众,这只是受众的"分众化"。真正的"精准化"应该做到每一个用户接收到的信息都是自己需要的信息,而这通过人力的广告投放几乎是不可能的,因此只有电脑程序可以帮助我们解决这一问题,解决这一问题的关键在于自动购买。

1. 大数据使得广告自动购买更为精准,广告主对于自动购买的价值认同日渐上升

自动购买广告是利用网络程序记录网络用户的使用痕迹,并向用户推送与之浏览信息有关的广告服务。自动购买广告更便捷,同时抓住了用户的特征,广告投入较为精准,因此相比传统展示广告,自动购买广告对广告主更有吸引力,成为广告产业最热门的趋势之一。

自动购买通常是针对互联网广告和移动广告而提出的,是指通过数字平台代表广告主自动地执行广告媒体购买流程,与之相对的是传统人力购买方式,也就是以前我们用人力购买媒体广告位的方式,而Ad Exchange(广告交易平台)的出现逐步改变了广告的购买方式。

Ad Exchange就是互联网广告交易平台,像股票交易平台一样,Ad Exchange联系的是广告交易的买方和卖方。和股票交易平台不同的是,Ad Exchange的竞价机制不是先到先得而是通过竞价获得,并服务于买卖双方的。Ad Exchange的不断发展挖掘出了广告买卖双方更多、更具体需求,因而DSP(需求方平台)、SSP(供应方平台)、DMP(数据管理平台)、RTB(实时竞价)等也就随之产生了。

阅读材料 10-3

程序化购买与 RTB 模式

在互联网广告领域中,有一种新的广告形态,叫作程序化购买。程序化购买一般通过竞价的方式来购买每一次的曝光。

下面让我们一起来了解一下 RTB 这种广告程序化购买的方式。在了解 RTB 之前,我们先来了解这么几个概念。

(1) DSP(Demand Side Platform,需求方平台)。在需求方平台上,广告主可以设置广告的目标受众、投放地域、广告出价等,从而通过竞价的方式帮助广告主找到更合适的受众人群,所以,DSP 是广告主服务平台,如图 10-2 所示。

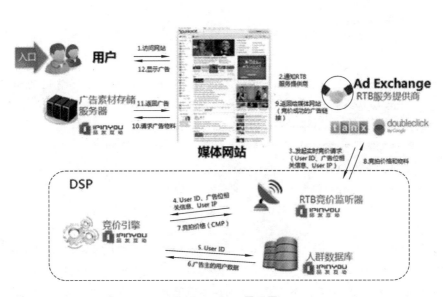

图 10-2　DSP 原理图

(2) SSP(Supply Side Platform,供应方平台)。供应方平台能够让媒体方资源接入到广告交易平台,从而使得他们的广告曝光可以进行实时竞价,使库存得到有效的利用,从而提升媒体方的收益,所以,SSP 是媒体方服务平台,如图 10-3 所示。

(3) ADX(Ad Exchange,广告交易平台)。就是广告进行交易和竞价的场所,是一个开放的、能够将媒体方和广告主联系在一起的在线广告交易市场(类似于股票交易所)。交易平台可以帮助媒体方实现收益最大化,帮助广告主找到目标受众人群。

下面向大家具体介绍 RTB 的 Ad Exchange 的程序化购买形式。

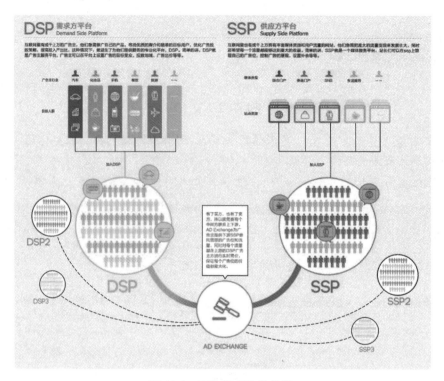

图 10-3　DSP 和 SSP 的比较

用户在每一次访问媒体方的网站的时候，Ad Exchange 平台把之前记录的用户唯一标识的 cookie 信息给到接入 Ad Exchange 平台的各个 DSP 平台，然后各个 DSP 平台会通过之前已经进行过 cookie mapping 的记录信息，找到记录当前用户行为的记录的 cookie，从而了解到当前用户是属于哪类的受众用户，如果这类的用户是 DSP 的某个广告主想要的，那么 DSP 会按照广告主的要求，对这次的曝光进行出价。于是多个 DSP 都会给 Ad Exchange 平台返回一次竞价的出价信息，Ad Exchange 作为竞拍的交易场所，就是从各个 DSP 的出价中挑选价格最高的一个，价格最高的用户将会获得这次曝光的机会，然后 Ad Exchange 平台会去拉取广告主的广告创意和素材的信息，把广告展示在媒体方的网站上。整个所有的过程都是在 100 毫秒内的时间完成的，这就是所谓的广告的实时竞价。

举个例子。有个用户是一个上海地区的女性，1 月 2 日在淘宝上搜索过"联想一体机"、1 月 3 日在 google 上搜索过"丰田汽车"、1 月 4 号点击过招商银行的广告。这个时候有三家广告代理公司 A、B、C，A 代理公司有个客户是联想，B 代理公司有个客户是丰田，C 代理公司有个客户是××银行。

这时候有个广告竞价平台，当用户访问了媒体方的网页的时候，广告竞价平台告诉这三家代理公司，说我这边有个用户，是上海地区的女性，1 月 2 日在淘宝上搜索过"联想一体机"、1 月 3 日在 google 上搜索过"丰田汽车"、1 月 4 号点击过招商银行的广告，然后这三家代理公司都认为这个用户和符合他们广告主的需求，分别按照广告的要求，给出一个竞价，比如，广告代理公司 A 的联想客户，对这次的曝光愿意出价 1 块钱，广告代理公司 B 的丰田客户愿意为这次的曝光出 2 块钱,广告代理公司 C 的××银行客户愿意为这次的曝光出 3 块钱。接下来,广告代理公司把各自客户的出价信息,返回给广告竞价平台,广告竞价平台通过比价,选择出价最高的那个客户,于是把 XX 银行客户的广告展示给用户了。

上面的场景就是程序化购买的基础模型,对于用户的每次曝光进行实时竞价,并且整个过程都在 100 毫秒内完成。

（资料来源：http://www.skywod.com/132。）

思考

广告主真的满意 RTB 模式吗?

作为程序化广告的重要类型之一,RTB 模式可谓是给移动广告带来了一场革命,广告主们无一不被它所吸引。对于广告主来说,广告媒体购买最重要的就是找到目标消费者,或者说向潜在消费者进行精准推送,RTB 就做到了这一点。在采购方式上,广告主买的不再是广告位,而是每一个用户个体。当一个用户进入一个拥有 RTB 广告位的网页上,RTB 会在用户允许的情况下通过用户的浏览痕迹得出用户的性别、年龄、收入、兴趣爱好等大概信息,然后在此基础上进行广告信息的推送。对于用户来说,他所看到的广告内容对他来说已经不仅仅是广告了,而是根据他的个人信息与兴趣而展示出的一条有用的信息。这个过程,通过追踪用户使用痕迹、生成用户背景信息、匹配相关广告信息、进行推送等,看起来复杂又耗时,但却能在瞬时完成。这就是自动购买广告对于人力购买广告的优势所在。

2. 品牌自动购买公司将会打开媒体购买市场的新局面

目前,我国自动化购买行业已经开始出现昂首向上的势头,市场的需要、效率的提高和广告主的认可使程序化购买越来越受到瞩目。但是我国广告程序化购买行业目前品牌 DSP 公司数量还比较少。中国市场的 DSP 公司主要有以下四种类型:一是依托于大型互联网企业的 DSP 公司,如易传媒与阿里巴巴、MediaV 与奇虎 360 等;二是依托于大型营销传播集团的 DSP 公司,如传漾科技与广东省广、多盟和亿动与蓝色光标等;三是独立型的 DSP 公司,如品友互动、悠易互通等;四是外资 DSP 公司,如美国谷歌的 DoubleClick Bid Manager 等。在数字广告市场竞争中,四种类型的 DSP 公司利用各自优势展开竞争将会成为一种市场常态。依托大型互联网企业的 DSP 公司可以共享大量的数据,数据支撑使得自动购买更有据可循。依托于大型传媒集团的 DSP 公司能够结合传播策略进行数字化营销。独立的 DSP 公司拥有专业的技术和分析团队。外资 DSP 公司在国际资源上有不可忽视的优势。但无论哪一种 DSP 公司,未来行业的发展方向一定是品牌化,品牌能够聚合多重资源,最大限度的发挥自动化购买的效益。

3. 移动广告自动购买与跨屏自动购买成为行业新趋势

随着手机网络技术的发展、手机流量资费的下调以及智能手机的不断普及,中国移动广告市场呈现快速发展态势,移动广告程序化购买将会成为数字广告市场的新热点。移动广告自动购买目前是以 RTB 方式为主,可以预见在将来专门从事移动广告自动购买的公司会成为趋势。

随着技术的发展,人们拥有越来越多的"屏"。智能手机、互联网电视、可穿戴设备、平板电脑、户外 LED 视频等的一人多屏使用也促使广告主的数字营销从 PC 端转向多屏整合。多屏时代想要实现广告的自动化购买关键在于识别不同屏幕背后共同的用户身份,即 ID 识别。这种识别看起来似乎颇有难度,但是当不同类型的 DSP 平台共用互联网数据时,ID 识别便成为可能。通过识别,进行跨屏广告自动购买能够更精准、更有效。

4. 传统媒体的程序化购买改变媒体经营方式

电视、广播、报刊和传统户外媒体在融合时代需要找到更好的发展方向,传统媒体进行程序化购买是其中的一个途径。事实上,程序化购买已经从互联网平台延伸至电视、广播、报纸、杂志等平台,进行更为全面的目标人群和流量覆盖。传统媒体的程序化购买对媒体经营模式的改变表现在两个方面:一是伴随互联网电视或智能电视的普及,电视广告按目标人群进行精准投放时代正在到来;二是传统媒体与 DSP 公司建立战略联盟,助推传媒数字化转型和数字媒体经营创新。这是融媒体时代传统媒体的一种生存之道,因此,程序化购买正在改变整个数字广告产业的生态,户外广告也不例外。

当前,户外广告的程序化购买也开始受到业界关注。国外户外广告界已经开始尝试户外广告程序化购买,户外媒体的数字化转型与数字户外媒体的发展,为户外媒体程序化购买创造了条件,具体表现为:一是户外媒体与智能手机的互动,可以实现用户大数据资源的采集;二是户外媒体通过人脸识别技术等,可以对广告受众行为特征进行精准分析,从而实现户外广告的精准投放;三是数字户外媒体通过调动用户的现场参与,积累受众的数据资源。可口可乐智能冰柜实际上就是一个云分析平台,当消费者盯着看屏幕上的内容和广告时,它会将地理位置、人脸识别技术、社交媒体和天气等因素考虑进去。这款智能冰柜能够通过收集信息,来实时为消费者提供定制化的内容和广告。这类技术的推广应用,将会极大提升户外媒体程序化购买的效率。而要实现户外媒体的程序化购买,除了户外媒体数字化转型之外,还需要建立户外媒体程序化购买的产业生态系统。

5. 程序化购买行业标准的出台优化产业生态

当前,我国程序化购买行业还存在诸多不规范的市场行为,权威的行业标准规范出台和程序化购买行业企业声誉评价,对于构建良好的程序化购买行业生态具有重大价值。例如,2015 年 7 月,全国信息技术标准化委员会(ITSS)分委员会审议通过了中国数字化营销与服务产业联盟提交的行业标准,包括:《程序化营销技术:协议》、《程序化营销技术:执行规范》、《程序化营销技术:数据规范》、《程序化营销技术》。

行业标准的出台只是第一步,还需要发挥广告监管机构与行业协会的职能,确保行业标准的具体实施。另外,开展权威的程序化购买行业企业声誉排名,对于引导资本的合理流向,促进程序化购买行业良性健康发展,具有重要意义和价值。

二、广告媒体购买策略

广告购买是一个多种元素互相影响的复杂过程。广告媒体购买策略是广告购买遵循的一般方法,指导着广告购买的进行。不同的广告媒介有着不同的购买策略。

(一) 广告媒体购买流程

不同的媒体有着不同的广告媒体购买流程。

1. 电视购买流程

(1) 购买简报。一份电视购买简报要考虑市场、广告投放时间、目标人群、预算、广告版本长度、媒介目标(总收视点、到达率、有效频次)以及其他购买原则和要求(中央台、省台和市台比例、黄金段和非黄金段比例、每周收视比例、广告位置)。

(2) 制作电视排期表。根据广告价格、电视剧具体介绍、排片计划、广告段位的长短来进行制作。在选定成本效益最高的广告时段后,对不同的时段组合在特定的软件系统内进行测试,以达到获得最佳到达率及总收视点。

(3) 下单定位。常规的下单至媒体的截止时间是首播前7~30个工作日。

(4) 跟踪监测。在投放前,监理机构或监测人员对其拟订的检测程序和方法进行审核;在电视节目播出时,实施全过程的监督,确认其程序、方法的有效性以及检测结果的可信性,并对该结果确认。

(5) 广告播出期间调整。根据广告播出的具体情况实施灵活性的调整。

(6) 播后评估分析。播后评估分析分为监测报告和事后评估报告两种,前者是指在广告播出后,将广告投放计划置于监测系统,计算出监测数据,列成详细的监测报告,制作成监测报告总表。后者是依据广告投放计划和实际操作达成的效果,制成报告,如计划收视点和实际收视点、计划到达率和实际到达率等,通过对比前后不同的数据,分析原因,开展下一步购买计划。

2. 广播购买流程

(1) 选择广播电台。确定所在的城市能利用的广播电台有哪些,分析受众收听习惯,选择最佳广播电台。

(2) 制订广播广告计划。

① 确定某段时间的到达率和频率。

② 购买费用预算。

③ 确定广告长度。

(3) 购买广告时段。广播播出的时间分为不同的时段,不同时段的收听人数变化很大,相应的广告费用也不同,因此,需要选择最适合广告时段。

① 了解广播时段。如早上上班时间、中午、下午下班时间、傍晚、夜间。

② 选择目标听众。广播节目有各种各样的听众,选择与目标顾客相近的听众。

③ 选择播出时间。与电台协商,提出播出安排,听取最佳建议,并完成购买决策。例如目标顾客主要是上班族,那么选择其上下班开车的时间就很合适。

(4) 选择播出方式。广播广告需要一遍又一遍地播放才能起到作用,因此,使用广播广告进行营销推广的关键就是必须保证广告能够维持一定次数的播出。

3. 报纸购买流程

(1) 查看报纸的刊例价,即报纸广告的价格。

(2) 收集报纸的刊例表,影响报纸刊例表的主要因素有:规格,不同规格有不同价格;版面,不用版面价格不同;时间,一周内各天价格不同;色别,彩版和黑白价格不同。此外,指定版面加收,周五加收费用。

(3) 咨询报社价格的时候,同时询问联系人、地址、电话;谈判到一定程度,再询问折扣。

(4) 报纸媒体购买需要根据实际情况提前3~5天。

(5) 签订合同。一般是订位单,加盖合同章和签字,并且要求对方盖章回传确认。

(6) 订位单注意事项:产品说明,日期确定,价格准确。一定要说明非广告版。

(7) 报纸付款。一般都要求刊前付款,有些可以刊后付款。

4. 网络广告购买流程

(1) 针对受众人群喜好,对比网络媒体覆盖面和网站定位,选择单一网络媒体或其他新媒介组合。

(2) 价格谈判。最常见的计价方式和每千人成本,另外还有包月收费。

(3) 合同签订。在合同中,广告的位置(是否独占或轮换)、广告的期间、数量(最好以周计)、广告的尺寸以及是否有动画等都是必不可少的条款。

(4) 广告的监测。要求广告主或其代理商有自己的监测方法。一般每天要监测广告是否正常出现,广告的版本是否正确以及超链接是否正确。

(5) 网络广告的评估。目的是通过检查广告的有效性和执行的质量来指导以后的作业。

5. 移动广告购买流程

移动广告购买流程有两种方式:一是程序化购买;二是传统的人力购买方式。

程序化购买是指通过广告技术平台,自动地执行广告资源购买的流程。程序化购买的实现通常依赖于需求方平台和广告交易平台,并通过实时竞价模式和非实时竞价模式两种交易方式完成购买。程序化购买是在用户数据分析的基础上,找到符合营销诉求的目标受众,通过采购这些受众浏览的广告位曝光,实现受众的购买。

与程序化购买相对的是传统的人力购买方式,即广告主根据自身的营销诉求及目标受众,采购相应属性的媒体资源,从而实现对受众的覆盖,本质上是对媒体的购买。

传统购买流程:广告主→媒介人员→进行谈判和购买网络广告→投放到网络媒体→经由媒体曝光→传达给受众。

程序化购买流程:广告主依赖需求方平台(DSP)→通过竞价方式→实现网络广告/互联网广告交易平台/SSP平台投放→广告位曝光→传达给精准化受众。

(二) 常规购买方式与技巧

广告媒体的购买方式按照购买主体的不同,可以分为广告主自行购买和专业媒介公司代理购买两种类型。专业媒介购买公司由于资金充足、购买量大,还可以为广告客户提供相关服务和指导,为此,大多数广告客户选择专业媒介公司代理购买。

广告媒体的购买方式按购买行为可以分为:长期购买、短期购买和投机购买三类。

1. 长期购买

长期购买又称预约购买,是指广告主提前购买未来两个季度以上的广告总量。长期购买一般至少要提前半年向媒体预订,一般每年春季或夏季就要预订下半年的广告位,每年秋季或冬季时要预订下一年度的广告位。长期购买由于一次购买量大,广告主可以在购买价格上得到较大的折扣,而且购买时间早,有更大的灵活性,不必担心广告位被卖完。长期购买需要提前付款,对广告主的资金周转是一个极大的考验。而且日后广告在所购买的时间段里能否连续播出,能否保证广告传播效果的稳定,也是衡量长期购买的关键因素。媒体还有临时取消长期购买广告主广告位的权力,这种取消主要是突发事件和其他不可控的原因,也会影响广告的传播效果。

2. 短期购买

短期购买又称分散购买,是指广告主在一个季度到来之前,提前购买该季度所需的广告位。短期购买一般至少要提前1～2个月向媒体订购。短期购买比长期购买更灵活,广告主可以根据上一季度广告媒体价格的波动,灵活选择价格合理的媒体。短期购买不需要一次性向媒体支付较大资金,使广告主有更大的财务弹性。但短期购买中广告位的选择往往会有很大的限制,广告主所需要的广告位有可能已被订购完毕,而且短期购买一般所能获得的折扣要高于长期购买。

3. 投机购买

投机购买是指在媒体截稿前的最后时机购买广告位。投机购买是基于这样的前提:媒体截稿之前,广告主所需要的广告位还没售出。媒体广告是具有时间性的,媒体内容一旦发行或播出,空白的广告位就无法出售了,因此媒体会在发行或播出之前,不惜降价促销,努力排满所有的广告位。投机购买就是利用这样的时机取得很大的折扣优惠。而且投机购买与长期购买和短期购买相比,资金压力最小,购买效率最高。但投机购买也存在很大的风险,因为实施投机购买的前提往往不成立,广告主所要购买的广告位有可能早已销售一空。

广告媒体购买的目标是根据媒体排期表的要求,以最小的资金取得最佳的广告效果。掌握必要的广告媒体购买技巧,对提高广告媒体投资效益助益良多。

1. 实行开放价格

各广告媒体一般都备有详细的广告价目表,但实际购买中很少按价目表上所列的价格成交,往往可以打折。另外,广告主对媒体价格的估计一般会偏低,都希望低价购买媒体,广告价目表所给出的价格往往不能被广告主接受。所以实行开放价格制,让买卖双方通过谈判商定合理的广告价格是比较好的方法。这就要求媒体购买人员具备高超的谈判技巧,通过谈判,取得较低的广告价格。同时这种谈判的成功,是建立在媒体购买人员对媒体市场的了解与媒体的良好关系之上的。因此,一个优秀的媒体购买人员还应该对媒体市场的定价机制了然于心,并且随时监测媒体市场的最新动向,与媒体供应商建立并保持良好的关系,以便第一时间获取相关媒体内部信息。

2. 尽量集中购买

集中购买可以使媒体和广告主之间实现双赢,媒体希望尽快把所有广告位销售出去,集中购买的购买量大,媒体可以迅速回收资金,而广告主则可以通过集中购买获得媒体的折扣优惠,可以买到比分散购买更多的广告时间或空间,因此,在广告媒体购买中,只要财务允许,集中购买是首选。但对于个别广告主零星的投资,由于广告量小,很难实现集中购买,广告单价也相应较高。一个比较好的解决办法是委托专业媒体购买所需的广告位。专业媒体购买公司的媒体购买量大,所取得的折扣比广告主自行购买一般要低10%~50%,所以,广告主支付专业媒体购买公司代理费后,相对来说比较划算。

3. 注意选择购买时机

购买时机的选择也颇能体现媒体购买的功力。一般来说,对于需求量比较大的广告位,媒体购买决定得越晚就越被动。有时会因为广告预算不到位等原因,广告购买的实施会拖很长时间,在此期间,所要购买的广告位也许早已卖完了,等万事俱备后也买不到了。因此,对于需求量大的广告位应该尽量提前购买,越提前购买选择的余地越大。但当某个媒体广告位的需求明显下降,广告业务不足的情况下,应该尽量等到该媒体截稿前购买,因为等得越久,越可能拿到较低的广告价格。由此可见,广告购买的理想时机是在其他竞争者进入市场之前,广告媒体急于把广告位卖出去的时候。通常在卖方行情中,应当及早购买,免得因竞争而价格上涨,甚至买不到所需的广告位;而在买方行情中,应当在媒体截稿前尽量晚下手,以便取得更优惠的价格。

4. 广告媒体招标购买技巧

投标人在制定投标策略时,应该做好充分的准备。不仅要掌握招标购买的一系列详细信息,也应该了解对手的情况,做好准备才有胜利的希望。

(1) 分析招标文件,把握业主思想。

任何一种买卖都应该明确商品品质和价格。广告主在参与媒体招标购买时,应透彻分析媒体的招标信息,并与价格联系起来做决定。注意媒体风向的变化,审时度势,考虑投标风险与收益。除此之外,很多招标购买过程中需要的文件、合同要提前准备,各项备用资金也应提前到位。针对媒体不同的特点,着重选择有实力、信誉好、传播范围大的媒体;广告主以及媒介专员特别要精心编制设计方案,以优取胜,特别是黄金时段的单价,报价可适当提高,但要有一定的幅度。

(2) 熟悉评标的方法和标准。

招标一般采用综合评估法,即对质量、期限、投标价格、设计方案以及投标人等提出要求,并确定评价标准。这些要求和标准的确定,因广告主的期望值和媒体市场的实际情况的不同而不同。一般以评分方式进行评估,得分最高者中标。采用经评审的最低投标价法,是在投标文件能够满足招标文件实质性要求的投标人中,评审出投标价格最低的投标人,但投标价格低于其企业成本的除外,这种评标的重点是对报价合理性的判断,要能找出合理低标价之所以合理、之所以低的原因,要从投标公司的管理水平、技术特长、采购优势、降低成本等具体措施方面考察,要以反映企业实际消耗的企业定额为依据考察。

(3) 做到知彼知己。

知己知彼才能百战不殆。投标购买是一个复杂的过程,在这个过程中,仅自己做得好是不够的,还要时刻了解对手的情况。在一场投标竞争中,要了解有多少公司竞标,这些公司的经营情况怎么样、以往投标策略是什么、这次投标价位大概是多少等等,这些信息都非常重要。

(4)提高投标书的制作质量。

投标人员必须及时了解新技术、新工艺,才能在竞争中取胜,以保证招标价格的准确性;在演算时,应防止丢项、漏项或高估冒算。报价时可适当降低单价,提高投标竞争力。首先要对购买媒体单位进行成本预测,以便确定自己合理的成本报价,只有合理的报价,才会有中标并获得较好的经济收益的可能。投标人员在仔细研究招标文件和现场调查的基础上,发现不合理之处,提出修改意见,提高投标中标率。

关键词

按点击付费　CPC(Cost-Per-Click)
按销售付费　CPS(Cost-Per-Sale)
媒介购买　media buying

思考题

1. 零代理费用的问题有哪些?
2. 虚假收视率问题的原因与对策?

推荐阅读书目

谭笑:《跨媒体营销策划与设计》,中国传媒大学出版社,2016年版。

第十一章 广告投放的效果评估

本章导言

1. 理解广告效果的概念及层次。
2. 熟悉广告效果评估指标的特点。
3. 掌握融媒体背景下广告效果评估的新趋势。
4. 掌握广告效果评估指标的选取。

广告投放目标实现的程度即效果,这是衡量广告活动成功与否,值得与否的标准。融媒体时代广告效果评估面临新的问题和挑战。传统的广告效果评估理念和手段是否继续适用?广告人需要在广告效果评估方面进行怎样的变革以适应变局?本章将带着这些疑问对融媒体背景下的广告效果评估进行全面讨论。

本章引例

迎接广告融媒体时代

2015年4月19日,以"创新·融合——营造智能互联汽车产业新常态"为主题的2015年上海国际车展第四届高峰论坛在上海召开。论坛上,中央电视台副总编辑程宏在谈到互联汽车时表示,除了生产上需要运用的"互联网+"的思维之外,在国产汽车品牌的宣传上也需要重视融媒体的力量。

不仅汽车行业如此,面对融媒体的变革,现在的广告投放越来越倾向于多种发布渠道以组合方式发布。

中国行业资讯网的数据显示,电视、报纸、网络等各个终端的媒介都享有一定的广告市场配额,但是程度各异,如图11-1所示。

2014年前三季度,电视广告表现平淡。刊例花费同比增长2%,远低于上年同期增幅水平(11%);电台广告刊例花费的同比增幅依然领衔于其他传统媒体,白天时段的价值挖掘,对电台广告的增长有一定的推动作用;报纸广告

媒介	刊例花费 同比	资源量 同比
电视	2%	-7%
报纸	-16%	-19%
杂志	-9%	-19%
电台	12%	1%
传统户外	10%	-3%
商务楼宇视频	21%	—
影院视频	71%	—
交通类视频	2%	—
互联网	38%	—

图 11-1 2014 年前三季度媒体广告花费及资源

（资料来源：http://www.china—consulting.cn/data/20141114/d16300.html。）

刊例花费较上年同期下降16%，房地产/建筑工程行业作为报纸广告的最大投放行业，同比花费缩减19%；杂志广告刊例花费同比下降9%，为杂志类别主力军的新闻类杂志、时尚类杂志的刊例花费降幅都大于去年同期水平；传统户外广告花费开始回升，2014年前三季度同比增长10%，多数城市进入新一轮的传统户外增值阶段；商务楼宇视频广告在前三季度表现良好，花费同比增长21%，饮料行业是推动增长的最重要动力，花费同比增长75%；影院视频广告同比增长较快，增幅为71%。另外，娱乐及休闲行业和交通行业的广告投放同比增幅分别高达183%和118%。

相比于之前，融媒体时代更加注重广告媒介的组合运用，利用不同类型媒介的特性整合进行广告投放成为广告投放的主要形式，如果掌握得当，会取得非常好的广告效果。

第一节 广告效果概述

虽然现代广告业经过数十年发展已经渐趋完善，人们对于广告运作规律的认识也日渐加深，但"如何确定浪费的那一半"依然是一个困扰诸多广告人的问题。在广告运作中我们需要摸清每一元钱的去处，更精确地衡量广告效果从而不断调整广告策略，尽可能让所有的广告费用都能真正发挥效用。

一、广告效果的内涵

（一）广告效果的含义

关于"广告效果"的详细定义，学术界有不同的观点。汪涛认为，广告效果即指广告作品通过广告媒体传播之后所产生的作用，或者说是在广告活动中通过消耗和占用社会劳动而得到的有用效果。宋若涛认为,广告效果是广告信息经由媒体向大众传播之后对社会以及个人的心理及行动所产生的即时的或者是长期的综合性影响,既包含着提高品牌知名度、塑造品牌形象、扩大销售等的经济效果和传播效果,也包含了对社会文化、语言、生活习惯的改变等连带的社会效果。胡晓云和张健康认为,广告效果是指广告主出于不同的目的,通过各种手段进行广告传播之后所引起的广告接触者、广告传者的不同程度的变化和影响,这些变化和影响可以是量的或质的变化与影响,可以是长期的作用或短期的变化。

总体上来说,广告效果有广义和狭义之分。狭义上,广告效果是指广告所获得的经济效益,即广告投放之后能给企业带来的销售额的增长;广义的广告效果是指广告活动目的的实现程度,是广告信息在传播过程中所引起的直接或间接变化的总和,包括广告的经济效益、心理效益和社会效益。

(二)广告效果的分类

1. 根据对受众的影响分类

根据广告对受众的影响程度,广告效果可以分为传播效果、心理效果和行为效果三个层面。

传播效果主要考察广告信息通过传播媒介到达广告目标受众的情况,通常可以用到达率、千人成本等指标予以考察;心理效果主要考察广告信息对受众的认知和情感意向等方面的影响,通常可以用再认度、偏好度等指标进行考察;而行为效果主要考察受众接受广告信息之后,是否会依照广告信息的劝服方向产生试用或购买等方面的行为倾向,通常可以用购买意向和销售增量等指标来衡量。

2. 根据广告的作用角度分类

在广义的含义中,广告效果包括经济效果和社会效果两个层面。经济效果主要偏重于广告对生产、流通和消费等经济环节的促进作用;社会效果则偏重于强调广告作为一种社会传播方式对社会精神文化各方面的日积月累的影响。

3. 根据效果发生的时间分类

广告产生效果是需要时间的,不同的广告产生的效果有短期、中期、长期之分。短期效果主要是指广告投放之初就表现出来的效果,如受众对广告作品的态度及评论等;中期效果主要是指在广告发布一段时期之后(如一个月或者一年)所产生的效果,包括品牌知名度的提升以及产品市场占有率的提升等;长期效果主要是指广告发布之后在受众心智中所引发的长期效果,其不一定代表着即时性的购买,而可能与长期的消费习惯产生关联。

(三)广告效果的特性

广告传播的过程是复杂的,广告主、广告媒介、广告信息等各种因素对广告传播的最终效果都有一定程度的影响,因此,相对于其他广告环节,广告效果具有一系列独有的特性,主要表现在以下几个方面。

1. 累积性

广告的力量在于潜移默化。现代社会中，广告信息已经泛滥，各种各样的产品广告、品牌广告大量地出现在受众的日常生活之中，使受众具有了一定的抵御和防范心理。对于绝大多数广告来说，让消费者第一次接触广告的时候就产生认知或情感的转变，是极为困难的。因此，在绝大多数情况下，广告传播都是以潜移默化、水滴石穿的方式在受众心智中产生影响。所以，对于广告效果而言，累积性是我们首先要认识到的特性。

2. 复合性

影响消费者产生认知和心理改变的往往不止接触广告信息如此简单。在市场实践中，我们会发现引发最终购买行为的直接原因并不一定是广告本身。通常的情况是，受众在接触过广告信息之后，会对广告中的产品或品牌产生比较积极的态度，再加上身边亲朋好友的推荐、所接触新闻媒体的报道或者卖场的优惠信息等因素的共同作用才能促成购买行为。广告虽然能单独发挥作用，但更需要通过与其他营销手段的协同配合，以相对间接的方式影响着消费者的消费行为。

3. 延后性

广告传播之后并不一定能立即引起消费者的心理或行动上的改变，一般都会有短期至长期的时间间隔。导致时间间隔的因素有两个：一是人的认知是一个过程，消费者需要进行必要的认知加工，才能对广告中的信息加以理解并完成记忆；二是广告完成信息的发酵和"二次传播"也是一个过程，特别是对于一些信息内容相对复杂的广告，要为受众留出回味和感受的空间，让广告信息能够在更长的时间周期内发挥作用。

4. 相对性

并不是所有的广告投放就可以取得一样的广告效果。随着广告日益被当做抢占市场地位的有力工具，广告的数量日益增多，以各式各样的形式分散着消费者的注意力，这便导致了广告效果的相对性。不同行业的广告竞争的程度并非一样，在广告竞争较为激烈的行业市场中，一个广告活动可能很难取得非常显著的广告效果；而在一个广告竞争不那么激烈的行业市场中，广告独树一帜的机会更大，更容易获取理想的广告效果。广告效果的相对性特性提示我们，在确定广告投放策略时，一定要注意考量广告对象所处的行业背景。

二、广告效果评估的理论基础

广告是一门综合学科，吸取了众多其他学科的理论养分。在与广告效果相关的理论基础中，我们可以发现很多来自传播学等不同学科的理论知识。下面我们就分别从传播学、营销学和心理学的角度来阐释他们对广告效果评估所做的理论贡献。

（一）传播学来源

从本质上来看，广告属于一种信息传播活动。广告在传播信息的过程中，首先遵循着信息传播的基本规律。1948年,传播学奠基人拉斯韦尔的著作《社会传播的结构与功能》中明确提出了传播过程的五个基本构成要素,即Who(谁)、Says What(说了什么)、In Which Channel(通过哪种渠道)、To Whom(对谁说)、With What Effect(取得怎样的效果)。自此,传播效果研究开始作为传播研究的重要领域得到不断发展,并对广告效果研究产生了极大的推动作用。按照时间顺序,对于传播效果的研究主要分为强力效果阶段、有限效果阶段和有条件的强力效果阶段。

1. 强力效果阶段

20世纪初至30年代末的传播效果研究,极为强调大众媒介的传播活动对受众的影响力,"魔弹论"是彼时流传最广的观点。

该观点的核心内容为传播媒介拥有难以阻挡的力量,其所传播的信息引发受众直接而迅速的反应,就像子弹击中躯体、药剂注入皮肤一般。也就是说,传播媒介可以左右受众的意见甚至支配他们的行动。显然,这样的观点过分强调了媒介的传播效应而忽略了受众的能动性。

虽然"魔弹论"的观点后来被传播学界修正,但是在相当长的时间内,都对人们如何认识广告效果起到了深远影响。比如在我国改革开放初期,现代广告得到重新发展,由于社会商品需求大、广告投放总量少以及受众广告素养不高等原因,一则广告投放之后往往能产生非常大的市场反响,从而导致一些广告主和广告人忽视了其他社会原因,把广告视为提升销量的"魔弹",片面加大广告投入,最终在行业市场中饮恨离场。

以"魔弹论"为代表的强力效果理论较为适用于供不应求的市场环境,这时商品种类较少,广告也较少,消费者会因为一则广告的发布产生较大的关注;或在诸如战争、灾难等个人极其脆弱的时候,"魔弹论"也是有效的。

2. 有限效果阶段

当强力效果论的缺陷不断为各方察觉之后,传播效果研究的主流观点开始倾向有限效果论。其中,以"传播流"理论、选择性接触理论和使用与满足理论为代表。

(1)"传播流"理论。

传播学奠基人拉扎斯菲尔德等人在对1940年美国总统大选过程中的竞选宣传进行研究后发现,尽管竞选双方均想尽办法利用大众媒介进行大量宣传,但是仍然只有8%的选民因为媒介宣传而更改了自己的投票意向。此外,这些改变投票意向的投票者还进一步宣称,导致自己改变投票意向的原因更多是家人或朋友的影响而非竞选宣传。这即是"传播流"理论的发轫。

自此,研究者们开始更多地关注传播信息在流向受众前所经过的各种中间环节。"传播流"理论中,大众传播是需要经过意见领袖这一中间环节才能"流"向一般受众的,即两级传播:信息先通过大众传播"流"向意见领袖,再同意见领袖的加工"流"向一般受众。后来,罗杰斯又把大众传播过程区分为"信息流"和"影响流",前者可以是"一级"的,即信息可以由传媒直接"流"向一般受众;而后者则是多级的,要经过人际传播中许多环节的过滤。这样,罗杰斯就把"两级传播"模式发展成为"多级传播"模式或"N级传播"模式。

(2) 选择性接触理论。

选择性接触理论则认为,媒介在向受众传递了与其认知相一致的信息时,也会传递大量认知不一致的信息。在此情况下,受众倾向于选择接触与自己既有认知相一致的信息,而对那些与自己既有认知不一致的信息则会选择回避或者按自己期望的方向对其进行解释。类似的现象同样会发生在受众的记忆过程之中。

(3) 使用与满足理论。

卡兹等人于1974年提出的使用与满足理论,主要认为:受众接触媒介是有目的的,其目的就是为了满足自己特定的需求;媒介接触行为的发生需要媒介接触的可能性及媒介印象两个前提条件;受众将选择能满足自身需要的媒介进行接触;接触的结果分为需求得到满足或未满足两种;接触结果还将进一步影响到受众日后的媒介接触行为。

虽然有限效果阶段各个代表性理论的内容及侧重点有所不一,但基本立场却非常一致:媒介传播在受众面前不再是效力无边,相反要受到受众、传播环节、现实条件等各种因素的制约,在重重限制条件之下,难以对受众的态度或行为造成太多实质性影响。这种对于媒介效果偏于悲观的立场让一些广告主认为,在广告之外既然还有众多影响着产品市场表现的因素,那就无须过分倚重广告的作用了,甚至可以把广告费用节省下来用到别的方面。在20世纪90年代初风靡全国的太阳神集团,就因为摒弃广告而步入急速下滑的阶段,在中国当代广告史上留下了一个惨痛教训。

3. 有条件的强力效果阶段

强力效果论对媒介效果过于夸大,而有限效果论又显得过于悲观,这两种极端都不利于我们真正把握媒介效果的作用机理,所以,在20世纪70年代之后,研究者们又开始对有限效果阶段的各种代表性理论进行了反思与批判。在对有限效果论进行修正的基础上,研究者们扩大了传播效果研究的视野和关注因素,开始将效果研究置于更广的社会领域中。自此,一些在大众传播领域产生广泛影响的效果理论开始出现,比如议程设置理论、沉默的螺旋理论、培养理论和知沟理论等。

(1) 议程设置理论。

议程设置理论由麦库姆斯和肖在1972年提出,该理论认为,大众媒介有为观众设置"议事日程"的功能,对于大众媒介反复报道的内容,受众会倾向于认为其重要性较高,所以公众对社会的认识在事实上会受到大众传媒选择的影响。也就是说,公众对于社会环境和秩序的认知很可能来自于大众传媒的建构。

议程设置理论,从大众传媒对受众认知过程的作用突破,重新研究了大众传播的影响力度和影响效果。

(2) 沉默的螺旋理论。

诺依曼最早于1974年在《传播学刊》发表的一篇论文中提出了沉默的螺旋理论,理论认为,人们通常都会害怕孤独,在一个群体里如果大部分观点和自己的观点相反,那么一般人都会选择不表达以保证自己在群体中的位置。随着这种情况的加深,持优势方意见的人会越来越多,反对的人会更倾向于不表达,呈现一个螺旋式的扩展过程,最后引起优势意见主导舆论。

在大众传播过程中,经过大众传媒提示的意见因具有公开性和传播的优势性更容易为受众当作优势意见认知,从而可能引起沉默的、螺旋的形成。由此可见,沉默的螺旋理论强调了大众传播在对受众认知、判断,甚至形成意见时的强大效果和影响。

(3)培养理论。

培养理论又称涵化理论,相关研究由学者格伯纳在20世纪60年代后期开展,最初目的是为了探讨美国社会的暴力和犯罪问题的对策。培养理论认为,人们对社会的共同认知是由大众媒介来承担的,媒介可以在很大程度上影响社会成员对社会现实的认知。

也就是说,大众传媒通过新闻报道、娱乐节目等形式将媒介信息传达给受众,并在这个过程中输送某些特定的价值和意识形态倾向,受众则由此在潜移默化中形成了自己对"客观真实"的认识。但是这种"客观真实"在部分程度上是由媒介营造的,所以人们对媒介的接触越多,则这种"客观真实"与现实世界之间出现的偏差可能就越大。

(4)知沟理论。

学者蒂奇诺等人在1970年提出知沟理论,其核心观点为:相较于社会经济地位低的阶层,社会经济地位较高的阶层通常会因为接触渠道、使用设备等各种原因更快地获取到更多的信息,这便会构成知识差距,而随着信息传播的越来越多,两者之间存在差距则越来越大,往往就可能形成知识鸿沟。

根据知沟理论,来自于不同社会阶层的受众在媒介接触机会和信息获取能力方面很可能存在很大差异,知沟理论获得了不少研究者的支持。特别是当互联网等新媒体出现之后,由于其对受众在媒介知识方面的要求更高,就使得知沟以"数字鸿沟"的形式表现出来,并呈愈演愈烈之势。

上述议程设置理论等有条件的强力效果论,均在不同层面重新肯定了媒介传播特别是大众媒介的效果。至此,效果研究一扫有限效果阶段的悲观情绪,研究者们亦开始从不同角度着手,找寻提升媒介效果的各种方法和技巧。这些研究,不仅可以为广告效果"正名",也对我们更好地理解广告效果的发生机制,以及因势利导达到广告效果的最大化提供了非常有益的借鉴。

(二)营销学来源

按照经典的营销组合理论,要获得最佳市场表现,企业主应该从产品、渠道、价格和促销等四个方面综合入手。广告作为一种促销方式,终极目标在于促进产品或服务的销售。营销研究中的一个重要分支就是品牌研究,根据美国营销科学协会(MSI)的定义,品牌资产是一系列关于品牌的顾客、渠道成员和母公司的联想和行为。拥有了这些联系和行为,在消费者消费同类产品时,这些品牌便会有更多的机会被消费,或更容易被认可,品牌也因此更具竞争力。

广告大师奥格威曾指出,每一则广告都是对品牌的长程投资,甚至还有学者认为,品牌资产是品牌未来的盈利能力的现值,来自消费者的购买偏好。因此,如何通过广告塑造品牌形象建构品牌资产,以达到长远的经济效益,对评估广告效果也有一定的借鉴意义。

品牌资产这一概念从提出开始便有三个研究分支,分别为侧重于研究品牌资产实际价值的财务方面、侧重于品牌市场价值及品牌并购的成长方面,以及侧重于品牌影响和与消费者的关系方面。下面将着重介绍与广告效果联系最为密切的几个主要理论模型。

1. CBBE 模型

CBBE 模式(Customer-Based Brand Equity),即基于消费者的品牌价值模型,是美国学者 Keller 在 1993 年提出来的品牌资产模型。他认为,品牌资产是指消费者在对品牌知识了解的基础上,对品牌营销活动做出的不同反应。可以说,消费者对某一产品或品牌首先得有一定的知识,能够产生联想,才可能构成品牌资产。此外,他还提出了品牌资产金字塔模型,包括品牌形象、品牌内涵、消费者的反应,以及品牌与消费者的联系这四个步骤。

按照 CBBE 模型,品牌资产由以下四个不同层面构成(见图 11-2):

(1) Who are you?(Brand Identity 品牌标识)

(2) What are you?(Brand Meaning 品牌内涵)

(3) What do I think or feel about you?(Brand Responses 品牌反应)

(4) What kind of association and how much of connection would I like to have with you?(Brand Relationships 品牌关系)

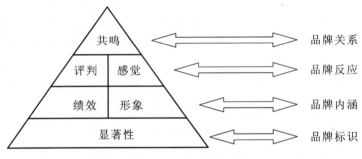

图 11-2　CBBE 模型金字塔

一般是按照以下过程将这四个步骤衔接在一起的:先在消费者认知领域建立品牌识别,接着创建品牌内涵使品牌赋有精神意义,然后再引导消费者形成正确的品牌反应,最后真正形成品牌与消费者的关系。

2. 五星模型

五星模型是学者 David A.Aaker 从消费者的认知角度提炼出来的模型,包括了以下五个主要要素。

(1) 品牌认知。

品牌认知主要指品牌知名度,它表明了品牌为消费者所知晓的程度。

(2) 品牌联想。

品牌联想是指消费者由品牌而产生的印象,比如产品特征、产品质量、产品口碑、竞争对手等。而品牌差异也正因为消费者对不同品牌的联想内容的不同得以体现。

(3) 品牌忠诚。

品牌忠诚是消费者对某种品牌的一种偏爱心理,这种心理在消费者使用品牌产品、享受品牌服务或其他与品牌的接触过程之中建立起来,让消费者在遇到同类产品时会更加坚定地使用已经建立起品牌忠诚的品牌产品。

(4) 品牌质量感知。

品牌质量感知是指消费者对某一品牌的总体质量感受或在品质上的整体印象。品牌质量以品牌标定下的产品实际质量为基础,但也会受到其他因素比如品牌形象、品牌口碑、消费者个人心理、消费习惯等的影响,通常是一种长期的建设过程。

(5) 其他品牌专有资产。

其他品牌专有资产是指对品牌竞争优势和增值能力有重大影响,但又不太容易归类的特殊资产。一般包括专利、专有技术、分销渠道等。

(三) 心理学来源

心理学是一门研究人的心理现象、精神功能及行为的科学,包含知觉、认知、行为、社会关系等诸多领域。而其中的多个领域又与广告特别是广告效果息息相关,广告活动能够激发消费者的心理需要和动机,培养消费者对某些品牌的信任和好感,树立良好形象,起到潜移默化的作用。

广告受众的心理活动过程,指的是受众从感觉企业形象、商品形象的存在,到认知企业的商品、产生消费需求、采取消费行为等心理活动过程。这个过程,大致可以分为认知过程、情感过程和意志过程三个部分。因此,我们也从这三个层面来介绍相关的心理学理论。

1. 认知过程

认知是大脑对客观事物的表面属性和内在联系进行反映的心理过程。当我们受到某一客观事物的刺激,我们的感官便得到调动,此时认知便开始。

认知是所有心理活动的基础,只有对事物有了基本了解之后,才能结合其他因素产生相关的情感倾向,甚至行为活动。换言之,如果你都不知道那是个什么东西,那么你也不清楚自己对它应该有什么样的态度。广告对公众施加影响的基础也是认知过程,其结果就是引起受众的高度注意、强化受众的记忆心理。

2. 情感过程

情感是指人们对事物的倾向和态度,喜欢与厌恶、亲近与疏远等。情感往往在认知的基础上,结合个人的需求、兴趣、性格、气质等产生。

大脑情感反应分为三个层次,即本能层、行为层和反思层。与之对应的主要影响因素为美学、使用与互动体验,以及固定的品牌感受。当广告的色彩、版式、构图等契合消费者审美观时,当广告的诉求内容或商品的功能满足消费者的需要时,当品牌的内涵、形象等能让消费者产生共鸣等积极体验时,消费者便乐于接受,从而产生购买行为。

3. 意志过程

意志是行为的准备状态,即准备对对象做出某种反应。在广告领域,指的是消费者的购买意向。

消费者心理活动的意志过程具有如下两个基本特征:一是有明确的购买目的;二是

排除干扰和困难,实现既定目的。广告宣传的根本目的就是激励和维持消费者的消费行为。

受众不能完成意志过程,就不可能购买企业提供的商品,因而也就不可能实现广告宣传的基本目标。在受众的意志过程阶段中,有可能会出现心理动摇或心理怀疑,甚至产生情绪性的心理障碍。因此,企业在进行广告宣传时,要从广告内容、广告投放媒介、广告呈现形式等方面加强受众的坚定心理,最终实现广告目标。

三、广告效果模式的演进

从开始对广告效果进行探讨的那一天开始,研究者们就试图为广告效果的作用机制归纳出最具解释力的理论模型。根据传播特点对这些广告效果理论模式进行归纳,大致可将其分为阶段性模式、反馈性模式及交互模式等三个类别。

(一) 阶段性模式

1. AIDA 模式

AIDA 模式于 1898 年由里维斯提出。该模式提出时间较早,为影响最为广泛的广告效果模式之一。

在该模式中,广告效果的形成被分为四个阶段,依次是:注意(Attention)、兴趣(Interest)、欲望(Desire)和行动(Action),而其中的任一环节都可能会影响最终购买行为的产生。

AIDA 模式提示我们,广告要想取得良好效果,首先需要引起目标受众的注意,其次要确保受众对广告内容感兴趣,再次要让广告中的产品或服务引发目标受众的试用欲望,最后再通过前述三个环节的积累促成目标受众采取购买行动。AIDA 模式的理论价值在于其明确指出了广告效果并不是一个单维度概念,而是可以被细化为不同的阶段和环节。AIDA 模式的提出,奠定了广告效果阶段性评估的基础,也成为后续提出的多种广告效果模式的理论基础。

2. AIDMA 模式

1925 年,斯特朗在 AIDA 模式的基础上进行完善修正,提出了五环节模式。具体是在 AIDA 模式的行为环节之间加入记忆(Memory)环节,即强调对广告效果的把握应该分为注意、兴趣、欲望、记忆和行动等五个环节。AIDMA 模式的价值在于,比 AIDA 模式更进一步细化了广告效果的产生过程。认为广告在促使受众做出购买行为之前,还需要使其拥有对产品和品牌信息等的记忆。在斯特朗强调了记忆在广告效果产生过程中的作用之后,有越来越多的学者开始注意到受众记忆的重要性。

3. DAGMAR 模式

1961 年,广告学者库利提出著名的 DAGMAR 模式。

DAGMAR,即 Defining Advertising Goals for Measured Advertising Result,意思是为衡量广告效果设立广告目标。库利指出,事先设立广告目标,将使广告更易获得效果,这在广告效果领域首次将广告目标与广告效果之间的关系进行了明确。

该模式以未知作为广告传播的起点,将消费者最终购买广告的过程分为知名(Awareness)、理解(Comprehension)、确信(Conviction)和行动(Action)四个阶段。知名阶段关注的是广告信息是否有效传达到受众,并使其记住了产品品牌;理解阶段关注广告诉求能否为目标受众所理解;确信阶段强调广告受众是否认同广告传达的理念;行动阶段则关心目标受众是否采取了信息搜寻、试用或者购买等行动。DAGMAR最具突破性的意义在于,它体现出了目标管理的理念,提示人们在广告运作中一定要注重明确广告目标,将目标细化到广告效果的特定阶段,这样才能紧紧围绕广告目标有的放矢,取得最佳效果。

4. L&S模式

L&S模式是与DAGMAR模式齐名的广告效果模式,它由勒韦兹和斯坦纳提出,故常被人简称为L&S模式。

该模式将消费者对广告的反应划分为认知反应、情感反应和意向反应三部分。认知反应强调思想领域,包括知晓和了解;情感反应强调情绪,包括喜爱和偏好;意向反应则强调动机,包括信服和购买。具体而言,知晓是让受众觉察到产品或服务的存在,了解是指受众对产品性能、品质特性方面的认知,喜欢是指受众对广告对象产生良好态度,偏好是指受众对产品或服务的良好态度继续扩散到其他方面,信服是指受众做出购买决策并认为决策是明智的,购买就是受众实际的行为反应。

(二)反馈性模式

为了更好顺应网络时代的广告效果产生特点,日本电通集团在AIDMA模式的基础上,强化了反馈的重要性,提出了AISAS模式(见图11-3)。

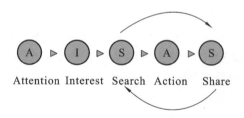

图11-3　AISAS模式示意图

考虑到在网络传播环境中,消费者已经习惯于通过网络获取信息,网络口碑的力量越来越大,所以AISAS模式认为,受众在接受广告信息之后的心理和行为过程可以分为Attention(注意)、Interest(兴趣)、Search(搜寻)、Action(行为)和Share(分享)等环节。但是这几个环节之间并不是传统的线性关系,而是一个可以随时产生反馈的过程。特别是在搜寻和分享这两个环节之间,存在相当频繁的反馈和互动。AISAS是反馈性模式中的代表之作,它第一次对反馈的重要性进行了足够的强调,受到了广泛的肯定。

(三)交互模式

以网络为代表的新兴广告媒体得到快速发展之后,互动性已经成为新阶段广告传播的重要特性,靠既有的广告效果模式已经难以很好地解释网络广告的效果产生机制。

基于此种考虑,张华和金定海提出了广告效果的交互模式。

具体而言,交互模式以"行为"为对象,这里所指的行为包括购买行为、注册行为、样品申请行为等直接的广告目标行为,也包括广告目标中没有设定但现实中已经发生的信息搜索、意见表达、信息加工、信息再传播等行为。这些行为所反映的是受众情感、态度、意愿等心理层面发生的变化,且都被视为广告产生的效果。该模式共包含点击(Click)、搜索(Search)、处置(Process)、分享(Share)和行动(Action)五个主要部分。这些部分不是以链条状的方式结合在一起,也不是简单的某些行为之间存在的反馈,而是一种交互的网状结构存在,如图11-4所示。

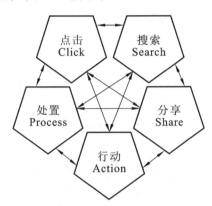

图 11-4 交互模式示意图

在交互模式中,点击和搜索可以被看做广告信息传播的起点;行为则可以被视为广告目标行为,因此被视为本次广告信息传播的终点。但这一起点和终点并非真正的"起"与"止",它们在周而复始、循环往复的传播中成为新一轮传播的起点和影响因素。交互模式认为,点击等五种行为之间均可以实现相互转化。不过在现实情景中这种转化是否可以完全实现,则还没有充分的数据支持,需要实务操作的进一步验证。

第二节 融媒体下的广告效果评估操作

融媒体背景下,广告投放的复杂性和精密度都在不断提升。融媒体下的广告投放将普遍运用多种媒体,并会更加强调广告信息在不同媒体间的配合与互动,这就为既有的广告效果评估手段提出了一系列新挑战。挑战的另一面是机遇,我们必须在广告效果评估的理念层面和技术层面同时推进新的变革,只有这样才能使广告投放与效果评估二者相得益彰。

一、评估指标体系的确立

一方面,在传统的广告投放情景中,当人们考虑应该用何种指标来评估广告效果时,往往将媒体类型作为基本标准。不同类别的媒体广告,对应着不同的广告效果评估指标;对投放最集中、影响最大的电视广告和近年来重整旗鼓的广播广告,业内最常用到的指标包括覆盖率、收视率、广告到达率、毛评点以及千人成本等;对于以报刊广告为代表的平面媒体,实际操作中用的比较多的主要有发行量、阅读率和阅读指数等。

另一方面,面对势头正猛的网络广告,人们参考了电视、平面媒体等多种传统广告媒体的评价方法,并在继续摸索创新,目前在实践中常用的指标包括点击率、广告曝光量、点击率、行为转化率等;而对于广告主推崇度不断上扬的户外媒体,业内在评估其广告效果时主要用到的指标包括到达率、到达频率、每日有效受众人数、千人成本等。

融媒体时代下,社会媒介一次广告投放很可能同时涉及多种媒体,而受众也常常会通过不同媒体接受关于同一产品或服务的不同广告信息。广告信息源的多元化伴随着广告信息的丰富化。因此,按照传统的依照媒体类型分别衡量广告效果的方式显然已不可行。一种更为可行的方法是,重新回到广告传播的本质规律,把效果评估出发点从媒体变为广告受众,找寻不同广告媒体传播特性的"最大公约数",从而打造一套更为可行且涵盖面更广的广告效果评估的指标体系。

根据前文所述,可以将广告效果分为传播效果、心理效果和行为效果三个层面。在每一个层面,都可以选择最具代表性的效果测量指标。此外,出于操作方便性考虑,广告效果评估的指标体系可以从量化指标以及质化指标这两个维度来进行构建。

(一)量化指标的选择

跨媒体情景下,广告投放计划往往会涉及若干家不同类别的媒体。在各类媒体特性各不一样、效果评估指标也不尽相同的情况下,如何选择合适量化指标以确保又好又快地对广告投放效果进行整体评估呢?

网络媒体的量化指标有如接触量等,电波媒体的量化指标有如开机率、收视率等,纸媒的量化指标有如发行量、覆盖范围、阅读率等,户外广告也包括视读频次、单体暴露面积等,虽然还没有一个公认的融媒体广告效果量化指标体系,但是我们暂且可以粗略地提出一个设想:在对于量的统计中,最核心的就是"有多少受众接触到了多少次广告",即受众数量和接触频次是最为关键的两个因素。

下面我们将按照投放计划的不同类型,分为代表性方式和单列性方式来进行操作。

1. 代表性方式

当媒体投放计划涉及多种媒体,但是预算主要集中在某一类媒体的情况下,可以采用代表性方式。

比如某个投放计划,需要将70%以上的预算投放到网络媒体上,而只是将余下的30%预算分别投放到电视、户外和报纸媒体时,为了操作的方便性,我们在构建效果评估体系时就可以选择注目率、点击率和销售转化率等适用于网络广告效果评估的指标为主。在衡量电视、户外和报纸媒体的广告效果时,可以采用加权折算的方式,将收视率、到达率和阅读率等指标换算成注目率等指标。这样,就能以一套相对统一的指标体系衡量不同的媒体效果。虽然换算过程中会出现一些精度损失,但由于其他媒体的投放额度不高,通常也不会对整体的评估结论的准确性产生太大影响。

第十一章 广告投放的效果评估

2. 单列性方式

当媒体计划涉及多种媒体,而媒体预算的分配在各个媒体上大致相同的情况下,则适宜采用单列性方式进行指标构建。

假设某个投放计划,需要同时用到网络、电视、户外和报纸媒体,且预算分配额度都为25%。这种情况下,为了保障效果评估的精确度,就需要单独计算各类媒体的广告传播效果,并且根据媒体类别为其选择不同的效果评估指标。比如,为网络广告选择注目率、点击率和销售转化率;为电视广告选择收视率、到达率和千人成本等。在分别完成各类广告媒体的效果评估之后,才能对投放计划的效果进行整体评估。

(二)质化指标的选择

覆盖率等用来衡量广告效果的传统量化指标不可或缺,然而其主要考量到的是受众是否接受信息,没有考虑到受众对于信源(不同媒体)的认知状态会影响到他对信息的解读。由此,黄合水等人提出了媒体广告效应系数(CEMA)这一广告效果评估的质化指标,重点讨论了广告传播效果背后的媒体差异问题。

媒体广告效应系数研究发现,广告印象、公信力、影响力和吸引力等四个要素会导致不同媒体在广告效力上的差异。以省级电视媒体为例,发布同样的广告信息,不同电视媒体所能产生的广告效益可以达到数倍之差。由于融媒体背景下的广告投放所涉及的媒体更多,而且经常需要比较不同类型的广告媒体投放效果。媒体广告效应系数的评估方式很值得我们运用和借鉴。

此外,从评估的便利性与经济性方面来考虑,我们还可以运用专家判断法等方式来对广告效果进行质化评估。具体而言,可以邀请若干名在广告投放方面具有丰富经验的专家,向其展示整个投放的方案及其他相关设想,由专家们根据自身经验从传播效果、心理效果和行为效果等角度对投放方案的整体效果进行预估。专家判断的评估方法胜在可操作性强且成本较低,但在评估的精度方面存在缺陷,受个人主观偏好影响过大。

总的来说,相对于种类纷繁的量化指标,目前广告界对于广告效果评估质化指标的研究和实践均有待进一步提升。

二、广告效果评估的具体方法

用于广告效果评估的具体方法虽然有很多,但归根究底可以将其分为观察法、调查法和实验法三类。三种方法各有利弊,这里只对其进行简要介绍。

(一)观察法

观察法是一种对某种行为或现象进行系统地观察记录以获取所需信息的数据获取方法。在运用观察法对广告效果进行评估时,首先要注意观察法的运用前提:第一,目标信息必须是可观察到的或是可以从观察信息中推断出来的;第二,观察的行为必须是重复出现的、有频率的、按某种方式可以预测的;第三,所观察的行为或现象的持续时间较短。按观察情景,观察法可以分为自然观察和控制观察。而按结构化程度,观察法可以分为结构化观察和非结构化观察。

具体到广告效果评估领域,观察法可以帮助我们了解广告产品的销售状况、购买人群的特征、户外媒体的人流状况、个体消费者对广告的接触行为等。观察法的优势在于其获取的是第一手资料,在数据的真实性和还原性方面独具优势,而且操作起来相对简单灵活,成本不高。其缺点在于可观察对象的范围受到较大限制,一般只能局限于可观察现象,对受众心理变化行为等隐性元素则鞭长莫及。

(二) 调查法

调查法是通过让被调查对象直接回应相关问题从而获得资料的方法。在广告效果评估中,研究者经常需要利用调查法获取效果相关资料。可用于广告效果评估的调查方法主要有入户访问、拦截访问、电话调查以及网络调查等。

入户访问是最为传统的一种调查方式,访问员通过上门拜访被调查对象,向其提出问题并获取答案。入户访问的优点是访问时间相对充裕、信息获取相对详尽。缺点则在于被调查者的安全防范意识越来越强,入户难度越来越高。

拦截访问又称街头访问,是由调查员在特定的时间地点拦截特定的受访者,并进行现场访问的调查方式。因其具有成本相对较低、便于监控等优点,拦截访问是广告效果评估中相对常用的一种调查方式。不过,拦截访问不宜进行复杂问题的访问,被拒绝率也相对较高。

电话调查是通过电话访问的方式获取相关信息。随着科技的发展,现在的电话调查往往通过 CATI(Computer Assistant Telephone Interview,电脑辅助电话调查)系统进行,在样本获取方面精确度更高、访问过程也更加便于监控。电话调查的缺点主要在于被调查者的拒访率较高、所针对问题不能太复杂等。

随着网络技术的发展,网络调查的流行程度越来越高。网络调查成本低、数据获取与分析方便、速度快、可展示信息丰富、不受地域限制,使其受到很多调查者的青睐。目前,问卷星等专业问卷调查网站的出现,进一步推动了网络调查的普及化。不过,网络调查也存在一些局限,比如网络受众相对年轻造成调查样本受限、难以对被调查者的填答过程进行监控、数据真实性难以甄别等。

(三) 实验法

实验法是研究者通过控制某一个或某几个自变量的变化,然后观察这些自变量对因变量的影响的数据获取方法。其中,自变量是指研究者或实验者控制的变量或因素,也被称为实验变量。因变量则是指试验中所观测的变量。

通过实验法得到可靠数据,关键在于科学的实验设计。实验设计中的主要步骤包括界定自变量、准备实验材料、控制无关变量、抽取实验被试和测量因变量等。具体的设计取向又包括非正式的实验设计、现场实验设计和正式实验设计等。目前应用越来越广泛的眼动仪等广告效果测量设备,在测量过程中所遵循的也是实验法的理念。

第三节　融媒体下广告效果评估的新趋势

对于广告投放及其效果评估而言，融媒体所带来的无疑将是一场变革。这场变革将带来诸多新变化和新趋势，但并不是一次彻底的推倒重来。在数十年的广告投放实践中，人们对广告效果评估已经有了一些认识，并形成了一系列宝贵的经验，这些经验虽然不能完全适应新的环境，但仍然具有很大的参考价值。另外，新的媒体环境，虽然让广告传播链条的形态发生了一系列变化，但没有改变广告传播的本质特性。所以在融媒体这一全新背景下，广告效果评估的发展仍然是在既有基础上的不断创新，是对既有经验不断提炼的基础上进行的逐步提升。概括来说，整合化和科技化将是融媒体下广告效果评估的主要趋势。

一、整合化

（一）传播效果与销售效果的整合

在传统广告媒体占主导的时代，人们对传播层面的广告效果已有较充分的了解，在操作层面也形成了相对完善的技术和规则。但是由于技术及条件方面的限制，人们虽然早就意识到销售效果是衡量广告效果的最重要指标之一，却还是难以准确衡量出广告投放所能达成的销售效果。因为对于大多数产品和服务而言，能够影响其销售的因素实在太多，诸如社会流行风潮、季节性因素、经济发展水平以及竞争对手的行为决策等都能对销售产生重要影响。怎样才能把其他干扰因素控制起来，并精确地分离出纯粹由广告所引发的销售增加值，是一个在传统环境中难以解决的问题。

新型传播方式的出现为解决这一难题提供了一些有效途径。在网络传播过程中，由于广告信息传播往往与线上购买相联系，广告主可以通过后台程序对受众的广告接触及后续行为进行全程监控，准确了解受众在完全接触了广告信息之后，是否进入相关链接达成最终购买。或者广告主也可以通过回溯在线购买者的网络浏览记录，以确定具体是哪则广告信息触发了购买行为的发生。通过这样的方式，广告主就可以在特定的购买行为与广告信息接触之间建立起联系，从而可以得到相对准确的销售效果指标。在融媒体背景下，新技术使得广告主对广告传播效果与销售效果的同步把握成为可能，相信二者的整合将对我们更好地衡量广告效果起到非常积极的作用。

（二）显性效果与隐性效果的整合

一则广告为若干人所观看或者为若干人所评论，这属于广告的显性效果。而一次广告投放是否改变了受众对产品或品牌的看法，是否促成了积极态度的强化或负面态度的消减，则属于广告的隐性效果。显性效果相对直接而更容易观测，所代表的往往是相对明确和直接的广告效果；而隐性广告效果则较为微妙难以直接观测，其代表的往往是内化而相对长期的效果。对于特定类型的消费者（如性格内敛或情感驱动型消费者）和特定类型的产品（如象征性产品或高风险产品），隐性效果的测量很可能比显性效果更具价值。但在传统情景中，人们关注更多的还是广告的显性效果。虽然以往也有不少研究者从不同角度对隐性效果进行了探讨，但由于技术方面的限制，相关研究更多只是提出了理论假设而难以对其进行实证性验证。

融媒体情景下，广告投放和受众的广告接触行为都日趋复杂。这在客观上促成了新知识和新技术的导入，其他领域的研究者和理念开始导入广告效果研究领域。新知识、新技术开始导入广告效果研究领域，利于我们进一步研究广告的隐形效果。比如，来自于认知科学领域的眼动技术等，就加深了研究者对存在于受众脑海中的隐性广告效果的理解。可以预期的是，隐性效果与显性效果将并行不悖，共同成为融媒体背景下广告效果评估的重要风向标。

（三）面上效果与点上效果的整合

传统媒体环境中，不论是电波广告还是平面广告，其传播目标者着眼点于大面积的广告受众。在对广告投放所进行的效果评估中（如收视率及阅读率等）常以整个国家或者某个区域为单位进行，所涉及的受众人数动辄以百万甚至千万计。从这个角度而言，传统的广告效果评估所关注的更多是整体效果，是一种面上的结论。而网络等新广告媒体由于具备技术上的交互优势，不仅可以追求更大面积的传播范围以追求量的效果，也可以通过加深与单个广告受众的互动以提升质的效果。这样的转变也促成了对新广告媒体的效果评估理念的变革，即一方面通过相对传统的方式测量面上的效应，另一方面也要有针对性地设计出一系列新的评估方式来测量点上的效应——广告信息对个体受众的影响程度。所以，一系列针对个体受众的广告效果指标开始运用于广告实践当中，比如受众对某则广告的关注时间、对某则信息的再传播意向等。

因此，在融媒体背景下，广告效果评估将在继承传统的整体性效果评估的理念及手法的基础上，更多地推动对个体性效果评估的发展，通过两者的有机整合，逐渐提升效果评估的合理性与精确性。

（四）静态效果与动态效果的整合

传统媒体环境中，广告效果主要以静态为主。电视广告或平面广告一经投放，其广告效果便如离弦之箭再不受广告主掌控，对于广告信息的接受和理解的主动权全在受众一方。虽然从广告投放到广告效果的最终形成还需要一段时间的沉淀，但决定广告效果的最关键环节还是在广告投放之前。而且从收视率、注目率、购买率等传统的广告效果评估指标来看，其测量对象只限于单个时间节点，测量结果往往是一次性的静态数据。而在新媒体情景下，由于网络广告媒体、手机广告媒体等新形态广告媒体的加入，广告效果的动态性开始大大增强。以网络广告为例，由于大多数的广告信息传播过程往往包含受众的点击及后续行为，所以其广告效果的产生就是一个不断积聚的动态过程，在进行广告效果评估时就不仅需要考虑广告信息的曝光率，还要考虑到之后可能发生的点击率、行为转化率等一系列指标。

在融媒体背景下,传统广告媒体与新媒体之间的交汇融合大大增强,一则广告的传播链条很可能同时在新、老媒体之间来回交叉。比如,一则广告在电视上播出之后,又会通过网络出现在受众面前,而受众又可以点击接触更丰富的广告信息乃至达成后续购买。在这种情况下,广告效果的评估就既要考虑该则广告在电视播出时的静态效果,又要关注其在后续网络传播中的动态效果。

二、科技化

科技的发展对广告传播的方方面面都带来了重要影响,对于广告效果评估环节的影响尤为突出。近年来,一些以往只能存在于理论设想中的新技术纷纷开始走入广告效果评估的实践环节。毫无疑问,新技术的应用将是融媒体下广告效果评估的重中之重。对一些代表性的新技术进行初步了解,将非常有助于我们把握今后广告效果评估的发展趋向。

运用传统的调查法、实验法在对广告效果进行评估时,我们获取的主要是消费者对广告的态度和记忆度等维度的自我报告,即这些结果一般都是间接性的。而这些间接性结果又可能会因为被试者在记忆或者表达方面的偏差而不那么可靠,比如可能会出现这样的情况:消费者在超市选购牙膏时会回想起之前看过的某品牌牙膏的广告,而在接受调查时却很难回忆起来。因此,有研究者就将受众的大脑戏称为一个"黑箱",因为受众大脑中所进行的广告信息加工过程对传统效果评估手段而言是不可见的。

如何打破"黑箱"从而使我们用来评估广告效果的指标更加客观?来自于认知心理学与生理神经科学的一系列新技术方法或许为解答这一难题提供了新的思路。相较于传统的广告效果评估方式,神经科学的测量方式更为直接,其观测目标为广告受众的脑电等生理指标。其主要测量程序为:研究者在进行实验时,先要求参与者进行某项指定的任务(如观看某则测试广告片);再由仪器记录下被试接收到广告刺激后脑部各功能区活动的图像,并依此分析广告刺激与大脑内部各功能区活动之间的关联。本章将选择在广告效果评估领域运用相对较多的眼动技术、EEG(脑电图)和fMRI(功能性磁共振成像)进行介绍。

(一)眼动技术

眼动技术是指运用眼动仪直接、实时、连续地记录个体对视觉刺激进行加工时的眼动数据。利用这些数据,研究者可以对个体的视觉加工过程进行分析,并揭示其中规律。早在20世纪20年代,就有学者开始通过观察眼动的方式来进行广告心理相关的研究。有研究者认为,眼动技术能为消费者信息采集行为提供最佳的依据,非常适用研究广告呈现时受众快速地浏览状况。

一般来说,我们可以利用眼动技术获取注视次数和注视点持续时间等指标用以进行效果分析。

1.注视次数

在眼动测量中,通常把一次注视称为一个注视点,所以,注视次数也就是指注视点的数量,我们可以用它来衡量受众所获取信息量的多少。

2. 注视点持续时间

注视点持续时间是指被试在每个注视点上平均注视停留的时间长短,它往往可以用来代表受众信息加工的深度。

3. 首次注视时长

首次注视时长是指被试对各兴趣区域第一次注视所停留的时间。

4. 首次注视开始时间

首次注视开始时间是指被试开始观看后,开始第一次注视某一兴趣区域所间隔的时间。

当然,在利用眼动技术进行广告效果方面的探寻时,我们也应该认识到其自身存在的一些缺陷:一是研究样本偏少,由于在收集眼动数据时,只能逐一观测单个被试,导致通常情况下的眼动研究无法覆盖至大样本被试;二是容易导致被试的反应偏差,眼动研究需要将被试置于与实际广告接触环境迥异的实验情景中,很可能导致被试的表现和反应产生若干偏差;三是研究范围受限,由于技术限制,眼动研究往往需要避免选择太过复杂的问题。

(二) EEG

EEG,即脑电图,也被研究者们经常用来研究广告效果相关课题。相对于 fMRI 等技术,EEG 具有价格相对便宜、采集环境友好和时间分辨率高等优点。这为 EEG 技术在广告效果评估中的推广奠定了基础。

EEG 是大脑神经网络中相当数量的神经元(主要是椎体细胞)在同时放电时,在头皮测得的微弱电位差。EEG 信息十分微弱,通常需要通过安置在头皮上的电极来监测脑电波的变化。通过 EEG,研究者可以在进行信号预处理之后提取出时域、频域以及空间的特征信息,并确定广告评价中的记忆、喜好和影响等指标,进而通过实验后的反馈调查访问来对前述评价指标进行修正。

EEG 可以捕捉到被试者左边前额叶和右边前额叶精确到每一秒的变化,并利用左右脑变化的不对称性反映出被试的瞬间情绪反映。比如,有研究者利用 EEG 研究中西方受众对广告的注意和记忆的对比差异,结果发现东方文化背景的被试更关注广告的场景变化,而西方文化背景的被试则更关注情节变化。

(三) fMRI

fMRI 伴随超快速成像技术,自 20 世纪 90 年代初出现。它是基于血氧水平的大脑活动成像,可显示在进行特定任务时的大脑相关区域兴奋程度。目前,fMRI 已经开始受到业界与研究界的广泛关注,相关研究不断出现在一些顶级广告及营销研究期刊上,著名的尼尔森市场调查公司也将其视作未来市场研究中的一个重要手段。

通过 fMRI 技术,广告研究者可以追踪受众对广告的认知与情感反应。fMRI 技术可以将被试者脑部不同区域的血流量记录下来,因为不论被试者脑部的哪个区域因为广告刺激而激活,该区域就需要更多的含氧血液供应,而含氧血液的流动可以被 fMRI 捕捉到从而为研究者评估广告刺激的效果提供有力证据。

此外,当被试者开始考虑对某种产品或服务的购买可能时,其脑后部的视觉皮层就会被激活。而当被试者开始反复考虑某个产品或服务甚至对其产生偏爱时,其大脑又将产生新的活动。fMRI通过对这些大脑活动的扫描及记录,能够对广告刺激与被试者大脑活动之间的关系进行分析。在广告实际运作中,广告人常常会遇到纠结于数种候选广告方案而难以抉择的情况。利用 fMRI 技术,就能确定受众将对哪一种方案更感兴趣。

在传统的效果评估中,经常会发现某个广告明明很受受众好评却难以引发好的市场反响的情况。或者出现另一种情况,很多受众都声称不喜欢某个广告,但实际却不断发生购买。到底广告仅仅是受人喜欢还是真正具有销售力?通过 fMRI 技术,广告研究者还可以确定一个广告到底是仅仅讨人喜欢,还是真能引发购买。

fMRI 也还存在着一系列缺点:第一,相较于传统的实验研究而言,fMRI 技术只能用以简单实验研究,而不宜用来处理多个实验变量;第二,fMRI 技术对实验情景方面的限制较为严格,难以观测被试在真实生活情景中的脑反应,故不具备较高的生态效度;第三,fMRI 技术的成本较高,需要昂贵复杂的软硬件设置,价格的高昂导致其难以得到大范围推广;第四,由于成本方面的原因,利用 fMRI 进行的研究往往只会选择数目较少的被试,从而影响研究结果的可靠性,并且难以解释一些由于遗传和文化等因素影响的行为原因;第五,相对于常用的问卷数据和行为数据分析来说,fMRI 技术所涉及的研究数据分析工作的难度要大得多。

虽然眼动仪、EEG 和 fMRI 之类的新技术不可避免的还存在一些不足或缺点,但随着科技的进步和广告从业者对相关领域认识的加深,其用于广告效果测定方面的潜力一定能够得到更大程度的发挥。

关键词

广告效果评估　advertising effect evaluation
融媒体　convergence media

思考题

1. 融媒体下的广告效果评估与传统情景有何区别?
2. 广告效果模式历经哪几个阶段?分别有何特征?
3. 融媒体下的广告效果评估将面临哪些新趋势?

推荐阅读书目

程士安:《广告调查与效果评估》,复旦大学出版社,2003年版。

第十二章 广告投放计划书的编撰

本章导言

1. 广告投放计划的作用。
2. 广告投放计划的分类。
3. 广告投放计划的内容。
4. 广告投放计划的程序。
5. 广告投放计划书的编撰要点。
6. 广告投放计划书的主要内容撰写。

广告投放计划书是广告投放目标、战略、战术的集合体,它既可方便监控投放进程,也能方便控制预算开支,既是工作的指南,又是管理的手册,还是说服广告主的重要文本。本章从广告投放计划书的作用、类型、内容、程序等方面全面介绍了融媒体背景下广告投放计划书的撰写。

本章引例

象棋山 2013 年 12 月—2014 年 10 月广告投放计划

一、投放背景

1. 推广概要

象棋山有机红茶现拥有 3000 亩[①]高山有机良种茶园,1 万多亩农企联营无公害茶园;两个茶叶初制车间和一个精制车间,总面积 8000 平方米,可支持年产干茶量 500 吨,是广西贺州市茶叶产业规模最大的农业产业化重点龙头

---

① 1 亩≈666.67 平方米。

企业之一。

为了将象棋山品牌广泛推广,象棋山茶叶有限公司开展了2013年12月—2014年10月市场启动计划。此次推广将在中国梦这个时代发展的大背景下,以"红"为主题,选择南宁作为重点区域进行推广,以点带面,进而迅速引爆市场,占领更多的茶叶市场份额。

2. 营销背景

(1) 全国红茶市场竞争格局。

① 停留在品类竞争,无全国性强势品牌。

② 区域割据,无核心价值,同质化竞争。

③ 传统红茶大省在积极恢复、巩固、创新原有产业。

④ 新兴红茶产区加快创制与营销步伐,产量增幅惊人。

(2) 广西红茶市场竞争格局。

① 广西整体市场仍以绿茶为主;整体品牌运营水平偏低,概念趋同,包装趋同。没有区域性的强势品牌。

② 红茶速升温,金骏眉、正山小种在广西销售市场红茶品类中知名度较高。

(3) 象棋山品牌分析。

① 销售状况:红茶是现在已经成为世界茶饮的消费潮流,市场潜力大;而明星产品石崖茶(广西独有)作为央视消费主张推荐的茶种,在被人们逐渐熟知的同时销售迅猛增长。

② 利润状况:中档茶的利润是30%~50%之间,高档茶可以达到100%以上。

③ 竞争状况:有名茶无名牌,文化挖掘不够。

(4) 主要竞争对手分析。

从某种意义上说,大益是象棋山的最大对手,与大益争夺市场份额是象棋山茶市场发展的重要目标之一。

① 优势:通过对行业特征、竞争对手及消费者需求的深入研究,大益差异性将品牌定位为"中国最佳茶品供应商",由此提炼出"健康、专业、优质"的品牌核心价值,第一阶段推广"茶有益,茶有大益",配合密集型强势传播(大益是第一家在央视招标亮相并获成功的茶企)。

② 劣势:就产品而言,大益主推普洱,以传统茶为主,功能茶较少。

(5) 公司自身状况分析。

象棋山茶叶公司,位于有着"宜居山水森林城"之美誉的昭平,前身是始于1980年的象棋山茶厂。2013年,象棋山茶叶与贺州市唯一的上市公司——桂东电力集团下辖的昭平黄姚古镇文化旅游有限公司合资,组建一家集旅游、有机茶叶、名酒产销一体化的茶叶公司,联合打造"昭平红"茶叶品牌,把茶产业、生态农业和旅游业巧妙联姻。

品牌目前缺乏知名度,没有太多的传播机会;公司销售渠道以实体店为主,电商为辅,重实体轻电商。

二、投放目标

① 塑造品牌:聚合优势资源在目标市场(南宁、贺州)聚焦推广,初步树立红茶类品牌知名度,为品牌开拓市场奠定基础。

② 拉动招商:配合品牌招商布局及大客户开拓,营造热销氛围,拉动产品销售。

③ 促进销售:以新年为契机,结合新年的主题和特点,结合企业的资源,如黄姚古镇的资源影响力,全员作战,力争在新年旺销季节完成公司设定的第一轮目标销量。

三、投放计划

从2013年12月开始到2014年10月结束,共11个月时间,虽然在广西市场已经具备一定的名气,但是具体的品牌体系及品牌宣传不是很完善,因此,广告宣传将大部分的时间用在品牌体系的建立与品牌宣传上面。计划广告将分三个阶段进行。

第一阶段:2013年12月—2014年3月,重现传奇,高调出击,引发行业人士高度关注,顺利实现招商成功。在此期间,我们将建立一套完整的VI设计,利用平面设计等手法将企业的内在气质和市场定位视觉化、形象化;围绕品牌核心价值,整合政府、协会、媒体、企业、终端等相关资源,结合会所开业庆典及新春契机,主办一系列公关活动:"中国红·象棋山红——象棋山有机红茶"南宁茶艺中心开业庆典暨招商推介会,红茶文化名家论坛,"从容天地间·一品象棋山——象棋山有机红茶"品鉴文化之旅。

第二阶段:2014年4月—2014年6月,整合资源、抓住契机,公关攻势配合市场全面亮相,培养消费领袖,建立产品功能及价值的深入认知,抓住一小部分接受能力强、愿意尝试、对别人有示范作用的意见领袖启动市场!重点以公交的形式做品牌宣传,以电梯广告、DM直投、短信群发、航空套票、电台等形式传播品牌促销信息,与消费者形成有效互动。

第三阶段:2014年7月—2014年10月,整合各种资源,掀起情感攻势,形成持续的消费与线上宣传相匹配,在象棋山终端店面,以及各大经销/分销网点对目标消费群体进行对应的象棋山文化、品牌传播及促销信息。

四、投放排期

象棋山市场启动广告投放(2013年12月—2014年10月)

投放媒体	投放版面	媒体价格	投放时间	投放内容	总价/万元
电梯广告写字楼、商住楼	200面每个月，轮换一次画面，覆盖400部电梯	400元/面/月	2013年12月15日—2014年2月15日	主题促销信息	16
航空套票	内一	8万元/20万份	2014年1月1日前10万份 2014年1月31日前10万份	主题促销信息	8
公交	40辆公交侧面+尾部	4000元/辆（含制作费）	2013年12月15日—2014年3月15日	主题核心宣传画面	48
公交	双层巴士5、22、87、704路	12.45万元/台/半年（制作费1.2万/台/次）	2013年12月1日—2014年5月31日（半年）	主题核心宣传画面	49.8
短信群发	针对南宁范围	6分/条	50万条	促销信息	3
报纸杂志	DM直邮	10万份	2014年元旦春节前各5万份	主题促销信息	6.5
网络	百度		2014年2月28日—2014年8月28日	搜索排名	7
网络	天猫		2014年2月28日—2014年8月28日	促销信息	40
网络	人民网茶文化频道		2014年2月28日—2014年8月28日	公司形象宣传	2
网络	魅力广西		2014年8月18日—2014年10月18日	公司形象宣传	2
总计					182.3

思考

1. 多种媒体投放方式有什么好处？
2. 思考同类产品的广告投放方式。

广告投放

第一节 广告投放计划书

广告公司经常撰写以下几种文件:广告策划书、广告计划书、广告媒体策划和广告投放计划书。

广告策划书是广告公司或广告人对广告活动进行的有目的性、有创意性和可操作性的,能够提供给广告客户加以审核、认可的策略性文件。为了使工作有条不紊地进行,有必要将广告策划书改写为广告计划书,使企业和广告公司心中有数,方便广告公司以及企业员工以此为指南开展工作,因此,广告策划书在先,广告计划书在后。广告媒体策划是一种独特的管理职能,与公关策划相似,是当代营销整合的重要核心,所不同的是,媒体策划是帮助一个组织建立并维持它与媒体之间、与公众之间的相互沟通,是企业品牌传播和市场推广的关键之一,凭借广泛的媒介覆盖网络和对媒介的深刻了解,整合报纸、杂志、电台、电视台、移动电视、手机等各种传媒资源,用社会文化运作的手法,引导公众关注,从而达到引导舆论,培育消费观念,树立良好的产品消费文化的目的。

广告投放计划书是企业广告策划活动的结果性文件,它是以文字及图表等表述的广告投放活动的指导性文件,是广告主实施广告投放计划的蓝图,广告公司和企业员工按照这一蓝图按部就班的开展工作。广告投放经费占据广告活动总经费的80%之多,牵涉的资金非常庞大,很多广告主要求广告公司撰写专门的广告投放计划书。

广告投放计划书是前期各种准备工作的阶段性总结,同时又是广告投放活动执行的开始。它是专门为企业回答以下问题的应用性文本:

(1)广告投放在什么媒体?单一媒体投放还是融媒体投放?
(2)广告什么时候投放?投放频次怎么设计?
(3)广告怎么投放?是采用连续式、脉冲式还是稳定式等?
(4)广告投放在什么区域?全国性投放还是主要市场投放?
(5)广告投放的目标受众是谁?为什么是这部分受众?
(6)广告投放活动怎么安排?也即具体的排期表如何?

一、广告投放计划的作用

在管理学中,计划具有两重含义:一是计划工作,是指根据对组织外部环境与内部条件的分析,提出在未来一定时期内要达到的组织目标以及实现目标的方案途径;二是计划形式,是指用文字和指标等形式所表述的组织以及组织内不同部门和不同成员,在未来一定时期内关于行动方向、内容和方式安排的管理事件。有了计划,工作就有了明确的目标和具体的工作指南,就可以协调员工的行动,能够增强员工的主动性,减少盲目性,使工作有条不紊地进行,避免不必要的浪费。同时,计划本身又是对工作进度和质量的考核标准,对大家有较强的约束和督促作用,所以,计划对工作既有指导作用,又有推动作用。在进行了大量的前期工作后,工作人员可能会将自己的工作重点放在策略决策和具体的实施执行上,而忽略计划书的撰写这一文字性工作,然而,最终呈给广告主或者广告公司上司的恰恰是广告投放计划书文本,需要用此文本来打动他们,所以,广告投放计划书的作用不能忽视。具体而言,广告投放计划的作用主要体现在以下几个方面。

1. 说服广告客户

广告计划书的核心功能之一就是吸引和说服广告客户。广告投放计划书一般由企业市场总监负责,有两种作业方式:一种是企业市场总监撰写,或者是相关人员撰写,撰写人员为企业内部员工;另外一种作业方式是企业市场部委托广告代理公司撰写广告投放计划书。不管是哪种作业方式,最终计划书都是以表格、Word或者PPT的形式上交,其目的都是为了说服广告客户采纳广告投放计划。表格(排期表)由广告主填写,Word或者PPT由媒体计划管理人员完成。

广告作业人员最头疼的就是经过大量的前期工作,辛苦得出一份出色的提案,交给广告客户时却并不被广告客户认可,虽然是非常优秀的广告投放策略,也不被欣赏和采纳,有时候还非得在整体计划中强加进广告客户的好的或者不好的观点,因此,广告投放计划书要合理运用心理学的知识,掌握说服广告客户的技巧,同时要能够体现出自身的专业素养,用自己的专业知识来打动广告客户。最好的办法是建立良好的第一印象,让广告客户欣赏并信任本团队的工作能力,接下来说服广告客户就更容易。

外部代理公司在说服广告客户时往往遇到一个难题,在实际的广告投放策略的制定过程中,往往缺少企业最核心的数据,广告主不会把自己的内部机密轻易地透漏给外部专家,不愿意外部人员将自己公司的底细摸清楚,所以不会将真实的市场销售数据、利润数据、竞争者对比数据等核心资料透露出来,在不了解企业完整数据的情况下撰写广告投放计划,难免使广告投放计划达不到广告客户的要求,目标客户群精准度不够,投放媒体也瞄不准。因此,需要广告公司 AE(客户执行)做好相关的协调、沟通以及保密工作,主动帮助广告客户提升广告意识。

2. 监控投放进程

广告投放计划是广告主为其产品、服务或品牌所做的财务承诺的文件见证,是广告投放费用具体开支的清单,广告投放计划对已核准的开支也提供了书面的监控依据。广告的媒介投放是一项技术性很强的工作,需要精确的计算和周密的安排,配合一定的策略和精明的决策,通过计划书的指导,有利于监控投放流程,避免不必要的浪费和重复性的工作。

3. 控制广告预算

在广告主每年度的总广告费用中,媒体投放费用占据了相当大的比例。对于广告主而言,如何进行科学的广告投放是一个关乎企业生死存亡的战略问题。媒介投放是一个最复杂的职位,该管理者不仅要具备营销、媒介和公关的综合知识,在媒介投放上要有大局观念,有极强的品牌管理意识,在媒介投放选择上以品牌核心价值累积为目标,还应具备相当的计划制定、数据分析与处理能力,善于制定媒介预算与预算分配比例,善于进行跨媒介整合投放计划,善于进行单一媒介内的媒体组合投放,善于媒介购买谈判、招标与竞价,善于组织广告效果的投资回报率调查与效果评估分析等。

媒介投放管理也是一个最敏感的职位,要求管理者本身应有良好的职业操守,在面对各种直接与间接"糖衣炮弹"轰炸时挺得住。大多数公司之所以在媒介投放上没有规划,归根到底是因为决策者用错了人,导致广告费的大量浪费。由于是花钱部门,一些企业决策者要么亲自披挂上阵,要么交给自己的家族亲信,很少会授权给专业的职业经理人打理,这种对职业经理人的不信任与越俎代庖的盲目操刀使得企业的媒介投放作业过于随意。外行们常常是手头宽裕了就多投些,手头拮据就勒紧腰带少投;哪个媒体业务员巴结得好,看上去很便宜就多投些,反之就一分钱也不投,完全没有科学细致的媒介投放规划。

一份科学的媒介投放计划,有利于控制广告预算。很多广告主广告意识不强,在广告投放时具有随意性,这种随意性主要由利润额的变化和企业领导人想法的变化产生。企业赚钱有增有减,赚钱多就多投广告,赚钱少就少投广告,缺少全局观念。广告投放计划从全局出发,将企业各品牌、各品类和各产品的数据资料综合考虑,制定最合理的方案,在企业经营没有大的变动的情况下,按照广告投放计划进程运行对企业最有利,在企业经营出现大的问题时,也可适当调整广告投放计划。中国的企业领导人在广告投放时是最主要的决策者,甚至有些是一言堂式的董事长绝对权威型的企业,广告投放就是企业领导人说了算,想怎样投,投什么媒体,完全由领导人说了算,这样的公司领导人也大多相信自己的直觉,不愿意找专门的广告代理公司,因为缺少广告投放计划,在实际的投放过程中,难免因企业领导人想法的变化而受到影响。

4. 员工工作指南

广告投放计划书一般有几个版本,一种是用来吸引广告投资商的广告投放计划提案,当达成广告投放合作协议后,有必要将广告投放计划提案修改为适合内部员工的广告投放计划书,员工按照计划书的要求开展工作,执行计划书的工作内容,才能使工作有条不紊地进行。撰写广告投放计划书的目的就是为了使相关工作人员对媒体投放的具体运作做到心中有数,方便安排即将开始的工作。

5. 便于公司管理

在管理学中,计划是其四大职能之一,计划职能是对管理进行预先筹划和安排的一项活动。具体而言,计划职能就是明确管理的总体目标和各分支目标,并围绕这些目标对未来活动的具体行动任务、行动路线、行动方式、行动规则等方案进行规划、选择、筹谋的活动。它的重要性体现在:

(1) 计划是实施管理活动的依据;
(2) 计划可以增强管理的预见性,规避风险,减少损失;
(3) 计划有利于在明确的目标下统一员工思想行动;
(4) 计划有利于合理配置资源,提高效率,取得最佳的经济效益。

大多数公司都会要求广告公司单独提供广告投放计划书,使企业心中有数,也方便各自的管理。鲍尔罗斯曾这样说明:"所谓计划,属于一种控制。当从事计划时,能想出明确的方向和目标。其中计划所针对的就是把各种事情,向明确的方向发展,尤其广告计划,特别适用严格的目标管理。"

二、广告投放计划的分类

广告投放计划的影响因素有:营销目标、商品种类和属性、产品的生命周期、商品的销售区域、适用广告的手段、媒体条件等。与以上各种条件相对的,广告投放计划的形态,可以分为以下几种类型:

(1) 广告投放目标。
① 意图提高知名度、美誉度等。
② 改变消费者对企业、产品或品牌的态度。
③ 为了招徕顾客提高指名购买率。
(2) 商品种类。
① 针对消费者的广告投放。
② 针对生产者的广告投放。
③ 针对渠道商的广告投放。
④ 针对政府及其他机构的广告投放的。
(3) 广告期间。
① 长期广告投放计划(2～5年)。
② 短期广告投放计划(1年以内)。
③ 临时性广告投放计划。
(4) 商品的销售区域。
① 以全国为对象者。
② 以特定地区为对象者。
(5) 广告媒体。
① 综合使用报纸、杂志、电视、电台、DM、网络、手机等媒体。
② 只用特定的媒体。
(6) 商品的生命周期。
① 意图开发市场的广告投放。
② 意图扩大市场的广告投放。
③ 意图维持市场的广告投放。

现根据广告投放的阶段对广告投放的类型进行详细讲解。

1. 广告投放编排计划

通过访问不同的企业和广告公司,总结出广告投放主要有以下几种模式:单一媒介投放计划、媒介组合投放计划、融媒体广告投放计划。

单一媒介投放计划是指只使用某一个媒介进行广告投放的计划。单一媒介投放最为简单,其计划书的编撰也最容易。使用单一媒介投放的原因主要有以下几种:一是企业领导人主观性的习惯;二是企业产品的属性特征使其倾向于某一媒体投放,譬如汽车广告青睐报纸媒体投放,高端手表青睐专业杂志投放;三是合作的代理公司擅长某个媒体形式。顺丰传媒董事长谈到他们公司,其最擅长的投放优化是电视这一板块;而广东省广告集团股份有限公司经常建议客户进行报纸媒体投放,究其原因却又关联到湖南是电视媒体的强势省份,而广东恰好是报纸媒体的强势省份。

媒介组合投放计划是指广告投放时选择两个或两个以上的媒体组合投放的计划。尽管广告不完全决定企业销售,但因受制于企业销售的需要,广告投放一般以年度作为投放周期。因为广告效果整体摊薄,企业在进行年度广告投放计划时,一般会考虑媒介组合投放,因此,这是目前最常见的一种媒介投放方式。例如,红星美凯龙家居品牌在某二线城市,上半年进入该城市时是户外大屏幕、报纸、传单、网络社区的组合投放,下半年基本就是报纸和活动推广。

融媒体广告投放计划是广告投放未来的主流,是融合各种媒体的优势,实行优势互补、深度整合、强调品牌意识、强调投放优化的媒体投放计划。"媒介融合"是国际传媒大整合之下的新作业模式。简单地说,就是把报纸、电视台、电台和互联网站的采编作业有效结合起来,资源共享,集中处理,衍生出不同形式的信息产品,然后通过不同的传播平台传播给受众。在媒介融合观念的指导下进行广告投放,强调广告投放从节目片源开始深度融合。

2. 广告投放实施计划

影响媒介投放的因素主要有:广告预算规模、媒体广告价格折扣、媒介的性质、媒介的视听率和发行率、媒体招标中标的可能性、竞争对手广告投放数据、产品的性质、促销组合的搭配情况、产品生命周期等。

广告预算规模和竞争对手情况决定企业广告投放的范围和区域。广告投放预算规模会影响企业广告投放的规模,可以采用全国性广告投放,以最低的每千人成本使广告信息能尽可能地为全国范围的消费者所知晓。广告投放预算小则可以有选择性的投放,选择重点区域或者选择重点媒体投放。

竞争对手投放某个媒体时,企业一般会避免投放该媒体,当然,有的企业为了攀附竞争对手的品牌名声,以投同样的媒体的方式来提升自己品牌的美誉度。例如,在业界凤凰卫视被"笑评"为"烟草王国",原因是某几个香烟品牌因为考虑凤凰卫视的性质符合香烟产品属性,在凤凰卫视投广告,引来众多跟随者。

在具体的实施过程中,广告投放实施计划主要以产品生命周期来划分。下面将按照产品生命周期的四个阶段来阐述广告投放实施计划。

1)产品引入期的广告投放

产品引入期的广告投放计划以打知名度为主要目的,市场销售方面的反响会较为平庸,有个别特殊产品可以通过"撇脂计划"迅速赚取高额利润,如高端手表,自身利润率非常高,如果广告投放成功使其获得一定的销售额,则可以从中获取高额利润。

产品引入期有三种情况:一是全新品牌产品,二是知名品牌推出的新产品,三是非知名品牌推出的新产品。全新品牌产品的广告投放是所有广告投放中力度最大的,一是产品知名度不高,以提高知名度为广告目标的广告投放自身需要比较密集和大范围的广告投放;二是产品引入期一般需要介绍产品信息,对广告长度有要求,5秒和15秒的广告往往达不到信息传达的效果。

知名品牌推出新产品的广告投放是新产品广告投放最少的,依托已有品牌的影响力,新产品推出时可以迅速打入市场,所以,其广告投放可以节省很多经费。

非知名品牌推出新产品的广告投放的力度需要比较大,虽然已有品牌积淀,但因为是非知名品牌,自身品牌力就不够,并且知名度达不到,所以在经费预算充足的情况下,一样的需要打知名度广告。

2) 产品成长期的广告投放

产品成长期的市场特点是:顾客对产品已经熟悉,大量的新顾客开始购买,市场逐步扩大。产品大批量生产,生产成本相对降低,企业的销售额迅速上升,利润也迅速增长。竞争者看到有利可图,将纷纷进入市场参与竞争,使同类产品供给量增加,价格随之下降,企业利润增长速度逐步减慢,最后达到生命周期利润的最高点。成长期,有些产品可以回本,有些还持续亏本,一般单位商品毛利率高则能够较早摆脱亏本状态。

产品成长期,广告投放计划一般呈继续扩张状态,通过引入期的密集性的广告投放,产品已经获得比较高的知名度,此时可以开始着手美誉度广告的投放,特别是要通过广告强调企业产品的相对于竞争对手的差异性。这一时期广告宣传的重心从介绍产品转到建立产品形象上来,树立产品名牌,维系老顾客,吸引新顾客,维护好各级的销售渠道,进一步做到市场细分。

3) 产品成熟期的广告投放

产品成熟期是获得消费者最大认可,销量最大的时期,尽管有比较多的竞争者跟进,但因为市场基数大使该时期产品盈利最多,是产品"收获"的时期。该时期广告投放力度开始减小,只需维持比较低的频率。有些广告投资商在该时期会取消媒介组合投放,选择最有利的单一媒体投放,或者有选择性的减少投放频率或频次。这一时期,企业甚至会取缔年度广告投放计划,项目广告投放计划或者临时广告投放计划即可。产品成熟期广告投放主要以品牌形象广告为主,进一步强调企业相对于竞争对手的优势和差异性,维系老顾客,巩固已有的市场。

4) 产品衰退期的广告投放

产品衰退期广告投放计划规模最小,有些企业会逐步淡出市场,坚挺下来的企业在广告投放上以提示性广告为主。该时期广告投放计划最为简单,以临时性的广告投放计划和项目广告计划为主。

3. 广告投放发布计划

不同的品牌,品牌在行业中占据的不同地位,不同的产品属性,目标消费者群体的差异等这些问题都会影响企业的广告投放方式。企业的广告投放发布计划根据以上影响因素侧重点的不同,主要分为广告投放发布时间计划、发布地点计划和发布方式计划。

1) 发布时间计划

广告投放发布时间计划,包括时序策略计划、时限策略计划和时点策略计划。时序策略计划主要是指广告主相对于整个行业广告投放而言,采取提前投放、同步投放和延迟投放计划。时限策略计划是指广告投放的持续时间计划,以电视广告为例,电视视频广告一般有以下几种规格：5秒、15秒、30秒、60秒以及2分钟。时点策略计划具体是指广告投放的频次。

2）发布地点计划

广告投放计划根据预算的大小，其发布空间不一。预算充足时一般选择全国性广告投放计划，预算不足时则采用重点地域性或者目标市场广告投放计划。

一般最常见的广告投放方式是发布空间组合，具体有以下几种形式：

（1）全国为主，地方为辅。

全国性的电视媒介是指央视的各个频道和省级上星卫视，投放全国性媒介的原因有多种：一是企业营销战略发展的需要，有些品牌必须要全国性的媒介才能打响知名度，如最典型的快速消费品，有数据显示，宝洁公司每年销售额的10%～15%用于广告媒体投放；二是渠道商的要求，渠道商要求在央视投放一定程度的广告作为其进入该终端销售的门槛；三是媒体作为一个话语权机构，自身对企业就具有一定的保护作用，一个投放5亿元广告费的广告商，在出现负面新闻时，媒体在报道负面新闻时必然会有所取舍，譬如某城市电视台一年的广告额是2亿元，如果某企业在该频道上投5000万元，电视台报道该企业的新闻时，在不违背新闻真实性原则的前提下必然会有所选择和侧重。

（2）地方为主，全国为辅。

有的产品有明显的区域性，在全国的市场还没有打开，盲目地投全国性媒体，反而是适得其反。同时，地方性媒体的贴近性使其往往拥有众多本土受众，在地方媒体投放得当，广告投放的综合效益可能不亚于全国媒体。

（3）主要区域投放。

在企业预算不充足的情况下，可以考虑在主要区域投放广告，有针对性地投放。快速消费品广告投放预算一般比较大，最近非常火的一些综艺节目，如《中国好声音》、《爸爸去哪儿》、《中国好歌曲》等节目中，经常可以看到加多宝、洋河蓝色经典、美肤宝等快速消费品品牌的冠名，这种节目的冠名权是最为稀缺的资源，价格一般为几亿元。这种是预算充足的例子。同样，有些企业，即便是企业资金雄厚，他们花在广告投放上的经费可能也会比较少，比如重工业企业，这种企业将营销重点放在中间商，倾向于精准营销，常规的广告投放不太适用。

3）发布方式计划

广告投放的发布方式有稳定式、脉冲式、持续式等，持续式包括持续增加式和持续递减式，即广告投放的排期计划。

第二节 广告投放计划的内容

随着企业规模以及营销目标的不同，广告投放计划有不同的形式，从来不会有一模一样的广告投放计划书，相反，太大众化的广告投放计划书会缺少新意，反而不可取。但是，所有的广告投放计划书，都应该包含以下内容：标题、摘要和目录，广告投放背景，广告投放目标,受众分析,广告投放策略,广告投放计划(包含媒体选择决策及购买、媒体评估、广告投放预算、广告投放执行等)总接触人次分析,广告投放方案比较与决策,媒体购买与执行。现从以下几个方面具体阐述。

一、标题、摘要和目录

现代人阅读讲求效率,更多关注标题和文档的前几页,如果有吸引力可能会进一步加深阅读,否则可能放弃对后面页面的阅读。因此,标题、摘要和目录的撰写不可轻视。

1. 标题

一个抢眼的标题很重要。标题撰写需要注意以下两点:

(1) 要紧扣主题。

标题中要注明是什么企业进行的何种广告投放计划,让人一目了然,没有必要为了吸引眼球故弄玄虚,也不要使用生僻的文字。

(2) 标题的字数以 7~12 字为宜。

有统计资料显示,标题的字数对提高文本的吸引力有一定影响,太短的标题达不到吸引注意力,太长的标题使人感到冗长和不耐烦阅读,如果因为文本的需要,可采用小标题的形式。同时,可以使用不同的字体和颜色来处理标题中的部分文字,使标题有层次感。如果有好的图片,可以和标题配合起来,帮助文本的理解,如图 12-1、图 12-2 所示。

图 12-1　图片配文效果(一)

图 12-2　图片配文效果(二)

2. 摘要

摘要是对整个广告策划案进行概括，一定要以简洁的语言提炼方案的核心主题和主要观点。如果是 PPT 文档，摘要尽量控制在 3 页以内，文字尽量少一些，多用图片或者表格。如果是 Word 文档，摘要字数控制在 600 字以内，以确保按照正常的阅读速度在 3 分钟内能够阅读完。

摘要可陈述以下内容：

（1）广告投放的策略简述，特别是计划书的创新点，也即该计划书的亮点。这是广告主最看中的地方。这一做法可以在计划书的开头就吸引眼球，提升阅读者的兴趣。

（2）该广告投放计划的总体思路。譬如，该广告投放计划的总体思路是为了节省广告投放成本，或者是为了争夺某个火爆节目的冠名权以期迅速获得品牌知名度达到轰动效应，或者是为了和竞争对手进行广告投放竞争，或者是为了保持已有的市场份额下开展广告投放活动。

（3）该广告投放计划的效益。广告主的广告投放实则是一种投资，任何投资都要考虑投入产出比，任何商人都关注广告的效益，因此，摘要中可以简要地说明该广告投放计划是否能够帮广告主赚取利润，可以用具体的数字来说明投资回报率。

（4）该广告投放计划的可得性。广告投放一般需要有多种备选方案，主要原因是很多热门节目的广告投放是稀缺资源，企业间的争夺非常激烈，因此在摘要中，可以简要地阐述广告投放的成功概率。

3. 目录

目录必不可少，很多客户在阅读文档时候，一般最先看目录，客户会通过目录对策划案有大致的了解，会在目录中找寻自己感兴趣的部分，直接进入到该部分内容阅读。

二、广告投放背景

一份广告投放计划书的背景分析是计划书背后所做的工作，可能在计划书撰文之前，对营销和广告背景分析已经做了大量的前期工作，但是，在具体的计划书中却需要简明扼要，除非有特殊的原因，背景分析最好不宜过长，一般控制在 Word 文档字数的十分之一比较好。如果背景分析的内容很重要的话，可以考虑以附录的形式放在最后面，有兴趣的阅读者可以参阅。

营销与广告背景分析的内容是非常繁复的，不同的产品也有不同的侧重，譬如，快速消费品广告投放最关注消费者的行为和广告投放的效益，而烟草行业却非常关注国家政策。下面具体从营销和广告两个方面阐述计划书的背景分析的具体内容。

1. 营销背景

广告投放计划的制订不能脱离整体的营销背景，只有经过周密的市场调查，对企业的营销战略和营销策略进行深入的分析，才可以制订有针对性的广告投放计划。具体来说，营销背景分析的内容包括以下内容：

（1）行业状况分析。

① 行业所处的宏观环境，有关的政策与法规。

② 行业业务范围、行业特点。
③ 行业的增长和发展趋势。
④ 行业竞争状况。
⑤ 行业总需求量和市场成长率。
⑥ 该行业的广告投放量。

(2) 企业自身分析。

企业自身分析可以具体从产品属性、产品价格、销售渠道、产品推广方式等角度进行分析,具体分析以下内容:

① 企业4P分析,分析产品、价格、渠道、促销组合。
② 企业市场状况资料,如企业规模、利润及成长空间、公司在行业中的地位。
③ 公司品牌的分析,品牌的定位、知名度和美誉度。
④ 公司的优劣势分析。
⑤ 企业自身和竞争对手的广告投放量分析。

企业参与竞争有三个层次:价格竞争、质量竞争和品牌竞争。价格竞争是最低级别的竞争,通过价格战来赢取市场,最典型的例子就是中国的外贸服饰,因为品牌力不强,外贸公司之间通过打价格战来赢取客户,以极低的价格出口到发达国家,利润不高,还遭受反倾销。质量竞争,是中国目前努力的方向,中国至今还没有脱离"made in china"价格低廉的国家印象,产品的总体品质还有很大的提升空间。目前,中国企业需要完成使企业品牌从"模仿制造"到"中国创造"的转变,只有创造世界知名品牌,才能赚取高额利润,如图12-3所示。

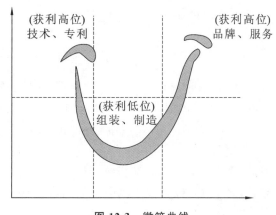

图12-3 微笑曲线

(3) 竞争对手分析。

哈佛商学院的迈克尔·波特教授将行业中的竞争力量划分为五种(见图12-4)。这是个非常有用的工具,借助它可以系统地分析市场上主要的竞争压力,判断每一种竞争压力的程度。

① 竞争对手的4P资料。
② 竞争对手的市场资料:如竞争厂家的数量和规模。

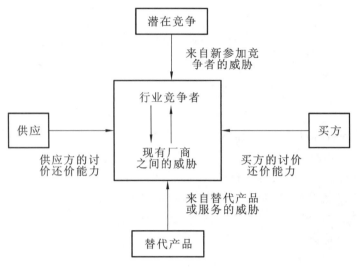

图 12-4 行业中的竞争力划分

③ 竞争对手的战略和目标是什么？
④ 竞争对手的优劣势是什么？
⑤ 预估竞争对手的广告投放活动。

(4) 消费者分析。

① 人口统计学角度分析人口结构、人口特征等。
② 消费者对本企业和产品的态度。
③ 消费者对竞品企业和产品的态度。
④ 消费者的媒介习惯。

2. 广告策略

前述已提及，广告投放计划是广告策划书的结果形式，在广告投放计划书中，有必要对广告策划的重要内容简要阐述，特别是广告策略的内容。广告策略主要包括三个方面：广告制作策略、广告创意策略和广告投放策略。在具体的广告投放活动中，广告策略和广告媒体投放是紧密联系的。

不同的计划书的广告策略不尽相同，从广告投放的角度，广告策略大致包含以下内容：

(1) 广告投放的媒体组合策略，即根据不同的产品和市场特点，采取不同的媒体组合投放。

(2) 广告投放的产品策略，即配合产品的市场目标和市场营销战略而采取的策略。譬如根据不同的产品生命周期而采取不同的广告投放方式。

(3) 广告投放的时机策略，即对广告发布的时间和频度做出统一的、合理的安排。

(4) 广告投放的地理分布策略，即对广告发布的地区根据广告预算份额做统筹安排，一般预算多则采取全国性广告投放，预算少则有选择性投放。

(5) 广告投放的表现策略，同样的创意采取不同的媒体投放时应有不同的表现形式，需要根据不同媒体的特点进行创意的发挥，使广告投放与媒体特点相符合。

例如，某医药产品广告策略：目标群体为上班族的白领，考虑到白领加班比较多，下班时间比较晚，待一切忙完，真正静心坐下来看电视已经到了深夜12点多，因此，在媒体投放时，采取黄金时段和垃圾时段捆绑的广告策略，省钱又有成效。

三、广告投放目标

广告投放目标有三个角度：营销目标、广告目标和媒介目标。

营销目标。广告投放的最终目的都是为了企业的销售，在广告投放时要对其营销效果进行评估。例如，以产品广告促动此市场的消费者，目标要使某项目有明显的销售量，以点带面，培育潜在的消费群体。

广告目标。广告目标是指通过广告投放活动，要达成的目的。例如，从打开某市场入手，树立企业形象，以品牌宣传、产品展示、产品体验等提升消费者的高端品牌感受，吸引消费者的兴趣。

媒介目标。媒介目标是指具体的媒体投放参数，是广告投放计划首先要解决的问题，媒介目标由营销目标而来，是营销目标的体现。例如：树立某品牌在某行业的领导者形象，继续提高企业在市场的知名度；形成企业合理、具有实际效果的广告投放计划，让公司资源得到最好的利用；避免媒介外延和重复而产生的浪费。

营销目标是一个企业在特定时间内要完成的任务和经营指标，广告目标和媒介目标是营销目标的细化指标，必须明确广告是企业营销的一个组成部分。广告要和其他促销手段配合，与产品、价格和渠道等要素一起实现企业的营销目标，即应将广告置于整个市场营销背景下来探讨其规律。舒尔茨针对这点写道："从事广告的人员似乎忽视，事实上他们不过是企图通过大众媒介推销产品与劳务的推销员而已。他们也似乎忘记，广告之目的只是替产品或劳务对大量潜在顾客或顾客在同一时间送达销售信息。而公司之使用广告而不用面对面推销的唯一原因，是以时间及成本而论，广告远超过人员推销的效率。"营销目标与广告目标既有联系又有区别，舒尔茨教授对两者进行了对比，并从三个方面阐述了两者的不同。

（1）销售额与推销。

营销目标是销售额或利润，而广告目标是寻求对信息的传播效果。前者由金额设定，后者是观察作为对象的消费者中知名度的提高和态度改观等变化。

（2）同步与延迟效果。

营销目标注重特定时期里的效果，而广告目标则对多个场合以迟延效果来考虑。迟延效果可认为是其广告效果（知名度、态度改观等变化）的持续性。

（3）有形与无形的结果。

营销目标是以商品的销售、收益和销售量等有形的变动为结果，广告目标是以对象者的态度和意见的变化等心理方面来把握的，是无形的。

媒介目标是广告目标的延伸和细化。媒体策略的目标最直接的就是要确保达成广告目标，进而最终实现市场营销的目标。

1961年，科利（Colley）将广告作用的心路历程描述成如下四个层次：从未觉察到觉察（首先觉察该商标或公司）→了解（理解该产品是什么，它可以为他们做什么）→信任

广告投放

(引起购买该商品的心理意向或愿望)→行动(掏钱买它)。这一模型也是制定广告目标的最常用方法。

科利强调,以传播效果衡量广告是合理的。他认为,一次广告运作,首先要建立广告目标,然后针对广告目标来测定广告运作的效果。同时,他还明确指出,"广告工作纯粹是对限定的视听众传播资讯以及刺激其行动之心情。广告成败与否,应看它能否有效地把想要传达的资讯与态度在正确的时候、花费正确的成本、传达给正确的人士"。

科利提出了制定广告目标的六个要求:

(1)广告目标是记载对营销行为中有关传播方面的简明表述,它表明只有广告才具备这种资格去完成这项特定工作,而不包含联合其他营销手段而产生的结果。

(2)广告目标是用简洁、可测定的语句表述出来的。

(3)广告的各种目标要得到广告策划者相执行者的一致同意才能确定。

(4)广告目标的制定,应当以对市场及消费者购买动机等方面的详尽掌握为基础,并非毫无事实根据的空想。

(5)基准点的决定是依据其所完成的事项能够测定。

(6)用来测定广告效果的方法,在建立广告目标时即应制定。

科利进一步提出"6M"法来界定所要达成的广告目标,即商品(Merchandise)、市场(Markets)、动机(Motires)、信息(Messages)、媒介(Meadia)和测定(Measurements)。

按照科利的制定广告目标的方法,广告目标由以下四个阶段构成:

(1)知名。潜在消费者首先一定要知晓某品牌或企业的存在。

(2)了解。潜在消费者一定要了解这个产品是什么,能为其做什么即利益。

(3)信服。潜在消费者一定要达到心理倾向并产生购买欲望。

(4)行动。潜在消费者要采取购买行动。

上述四阶段其实就是前面我们所说的广告对消费者影响的心理过程:"注意—理解—态度改变—行动改变"四阶段模式。这样,就将广告目标分解为有阶段、有层次的渐进过程,而且是可以测定的。

四、受众分析

从人口统计学的角度分析受众的人口结构、消费习惯、文化习气等,从消费者使用广告主产品的角度分析消费者购买心理、谁是目标消费者、消费者的关心点等。从媒介接触的角度分析消费者接触媒介的习惯和时间,消费者处于什么样的媒介环境中,消费者如何消费这些媒介。例如:91.3%的受众拥有大专以上学历,59.8%的受众学历在大学以上,是一个高学历的群体,他们热爱生活、讲求品质、乐于接受新鲜事物。受众的个人月收入集中在4000~6000元左右,平均个人月收入为4100元,家庭月收入集中在8000~10000元及10000元以上,平均家庭月收入在9700元,是一个高收入优质群体,具有较强的消费欲望和消费能力,是目前社会的消费主体。

五、广告投放策略

广告投放策略是指在投放预算的范围内,采取怎样的方法来达成广告投放目标,是根据市场状况和竞争品牌的情况制定的策略。

具体而言,媒体策略包含以下内容:

(1) 广告投放预算的制定。
(2) 目标受众的确立。
(3) 投放地区的确定。
(4) 投放时间的确定。
(5) 媒介选择和媒介组合。
(6) 投放量的确定。
(7) 投放频次的确定。

媒体策略是企业营销策略的体现,是在企业总体战略的指导下得出的媒体策略。例如:将大众媒体广告投放集中在几家重要的权威媒体上,以保证有效地覆盖目标受众;适当增加在分众媒体的投放,更近距离地接触有效的目标受众;进行媒介的有效组合,实现更高的到达率和有效频次。

小资料:以下哪些是媒体的策略?

(1) 制订媒体计划至少有 80% 针对目标覆盖。

不是。这是媒体目标。

(2) 在上市期中以电梯广告作为主要的媒体。

是。

(3) 在整年的媒体投放中要有连贯性的品牌知名度。

是。

(4) 品牌份额比去年增加 5%。

不是。这是市场目标。

(5) 从竞争对手抢夺消费者,以及赋予品牌更多的内涵。

不是。这是市场策略。

六、广告投放计划

在广告策划活动完成后,进行媒体投放计划的安排,主要是投放的排期表以及具体的媒体价格和投放频次等。需要注意的是,任何计划,根据企业的营销目标,需要不断地修正计划方案,在投放计划方案的设计上,必须采取系统研究的方法。系统研究方法,本来是为美国国防部所研发的"设计计划预算制度"(Planning Programming Budgeting System),后来成为广泛使用的一种分析与计划方法。1968 年,日本电通广告公司开发了将广告计划置于经销体系的电通模式,即 MAP 体系(Marketing Advertising Plan System)。电通模式将广告计划过程分为四个阶段,即构想计划、课题计划、实施计划、评论计划。

七、总接触人次分析

媒体有一些量化指标统计媒体的总接触人次,主要指覆盖面、视听率、每千人成本、毛评点等数据,到达率乘以暴露频次即为总接触人次。媒体投放有三个重要指标:到达率、暴露频次和持续性。在总体广告投放经费固定的情况下,一个数据增加必然使另外的数据减少。对于企业广告主非常关注一个问题,企业的总接触人次究竟应该怎样安排,到达率、暴露频次和持续性应该怎样安排才能使广告取得最大的效应?广告到达率不够,则到达不了消费者;暴露频次过少,广告就没有实质效果,广告频次过多,又会使受众厌烦造成浪费。具体操作时,每个广告公司根据公司的长期操作经验,会有相关的量化指标来评判企业广告投放时的各个参数。

例如,在接触频次方面,60.5%以上的受众平均每天接触公益广告牌5次及以上,写字楼及住宅的受众接触频次相对较高,在候梯时间方面,平均候梯时长为1.7分钟,写字楼平均候梯时间相对较长,为2分钟。高接触频次、观看时间长、重复产生记忆,为广告最终的有效到达及广告效果提供了良好的基础。

八、广告投放方案比较与决策

决策分析和解决方案是指一个议题有多种评估方案,运用结构化的方法,使用正式评估过程,依据已建立的准则评估各种已识别的备选方案,以分析可能的决策。其目的是尽早发现问题,以便有比较充裕的时间来解决问题。特别需要预估竞争对手的广告投放情况,采取有针对性的应对策略,并且还要配合多种备选方案,一旦出现变数,还有其他备选方案。

九、媒体购买与执行

广告的媒体购买是指购买排期制定的印刷或电子媒体,是媒体广告单位使用时间和付费成本的一种预约和交换。决定了媒体排期方式之后,就进入到媒体购买阶段,它是广告公司的一种对外业务。媒体购买执行的主要职能是按照客户和媒体策划部门的要求运用本身的专业知识进行媒体购买。一个成功的媒体购买执行应该对媒体的基本要素深刻了解,运用自如,对中国媒体市场动态进行准确把握和分析,为客户提供最优化的媒体投放排期,并谈判合理的价格。

媒体购买要注意充分发挥广告效益。比如,1993年,娃哈哈果奶欲在上海东方电视台播放广告,公司放弃了在黄金时段播出广告的打算,而改为在被认为是非黄金时间的17:45播出广告。因为这个时段电视台正在播出动画片,而孩子这个时间正好放学回家,与产品及目标对象相当吻合。这样不仅很好地发挥了广告效益,而且节省了大笔广告费用。

第三节 广告投放计划的程序

广告投放牵涉资金数额庞大,为确保广告投放活动的精准和有效性,必须充分利用各种资源,通过一系列科学的步骤来制订广告投放计划。很多大的公司在制订广告投放计划前,非常在乎媒介咨询,通过行业机构或者本公司的调研部门获取前期数据。在调研数据的基础上进行相关定位和战略决策,制定营销战略、广告战略和广告投放战略,在战略决策的基础上制定企业广告投放的营销目标、广告目标和广告投放目标。通过前期准备阶段的大量工作,再开始中期的广告投放,主要解决媒体决策、购买与评估等问题。最后是广告的后期维护阶段,分为自身维护和广告的维护。

前期准备阶段:调研→营销战略、广告战略、广告投放战略→广告投放目标
　　　　　　　(行业、企业自身、消费者、竞争者)
中期投放阶段:预测→媒体选择策略→成本效益分析→媒体购买、决策、评估→广
　　　　　　　告投放执行
后期维护阶段:企业自身维护、广告公司的监测

一、前期市场调查

市场调查是广告投放计划的大前提,在前期市场调查过程中,要对企业自身、竞争对手、消费者和媒体进行综合调查。企业自身方面,需要非常熟悉自己企业的产品,比如产品的定位、功效、能够帮消费者解决什么问题等。竞争对手方面,需要了解竞争对手产品的定位、功效和其广告推广方式等。消费者方面要全面了解消费者的购买习惯、消费者的人口特性、媒介使用习惯等。媒介调查主要是了解各种媒体的性质、定位、收视情况等。

市场调研需要着重调研以下数据:目标客户群的消费习惯、行为方式、思维习惯、薪资状况、目标客户群在百人当中的分布密度、区域竞争产品分布状况、区域竞争产品连续三年的月度销售状况。

前期市场调研具体从以下方面着手。

1. 了解企业自身

第一,要了解企业战略广告投放和战术广告投放的费用比例和额度。广告投放计划按照企业计划的战略高度可以分为战略广告投放计划和战术广告投放计划。战略广告投放计划是指企业从自身战略角度考虑,把眼光放在长远的位置拟定的计划,这种计划更具有品牌意识。战术广告投放计划又叫临时性广告投放计划,一般是为了配合促销活动而临时进行的广告投放计划,这种计划没有长远的战略考虑,以促销为主要目的。企业需要权衡用于战略广告投放计划和战术广告投放计划的比例。战略性投入广告费,是为了培育品牌,是企业建立核心竞争力的一种重要手段,是保障企业可持续性发展的基础;战术性投入广告费,是企业为了达成阶段性销售目标开展的促销宣传。因

此一个有经验的企业管理者必须能合理配置战略和战术性的广告费资源。重品牌而轻促销，容易丧失市场机会，被竞争对手抢占过多的市场份额，典型例子是日系品牌的彩电企业，在央视上重金投入战略性的品牌形象广告，忽略了战术性的产品广告和促销广告，导致被以创维、康佳、长虹为代表的本土彩电企业迅速利用低价竞争策略抢占了绝大部分市场份额。反之，重战术广告而轻战略广告，则容易陷入低价竞争的怪圈，消费者会购买你的产品，但是不愿意给你创造利润，很多企业一年几十亿的营业额，利润却少得可怜，甚至亏损。这个现象从国内很多企业身上都可以看到。

第二，企业要了解企业的广告投放计划和企业的营销战略是否匹配。《爸爸去哪儿》这档电视节目，2014年非常火，其冠名权是广告投放的稀缺资源，它的广告效果肯定是非常好的，但是好的资源，各企业都在争抢，因此，其冠名权的价位一升再升，2014年上半年是3亿元，下半年涨到4亿元。4亿元争夺一个冠名权，对于一个年营业额几十亿的中型企业而言，是无法承受的。一般这种资源比较适合资金雄厚的快速消费品品牌，而对三一重工这样的企业来说就不合适。快速消费品行业在广告投放上的比例非常高，大型设备生产商更多地运用精准投放。

第三，要清楚自己企业的营销管理能力和广告投放计划是否匹配。很多企业上演过这样的惨剧：巨额广告费投出去了，声势也打响了，可是渠道招商、终端铺货未能跟上，结果可想而知，惨不忍睹。例如，1994年垮掉的秦池酒，在1993年花费6000多万元成为央视广告的标王，获得了巨额的利润，如果同时它能将赚取的利润投入一部分改进厂房和产品，使其产品迅速和同类产品品质同步，则不会酿成后来的悲剧。1994年，秦池酒公司没意识到潜伏的危机，继续铤而走险，以2亿元再次获得当年央视的标王，树大招风，当即引来媒体的跟进，其隐藏的问题马上被曝光，这个品牌很快就消失了。

2. 了解竞争对手

首先，要了解竞争对手的品牌定位和产品定位。如果竞争对手已经有非常明晰的品牌定位，而且已经在行业中占据市场领导者地位，企业再跟风模仿或者迎面出击，两种做法都不好。跟风模仿没有新意，难成大器，一味单纯地迎面出击，只会折损自身羽翼。饮料类最成功的例子就是七喜，在百事和可口可乐已经深入人心的情况下，七喜避其锋芒，另辟蹊径，采取市场空隙定位的方法，提出"七喜，非可乐！"很顺利地打入市场。业内人士都知道，百事和可口可乐可谓是一对欢喜冤家，在20世纪80年代之前，一直是可口可乐更畅销，百事可乐通过大量的调查发现可口可乐的品牌定位倡导美国文化，陪着美国人一起成长，于是将百事可乐重新定位为"百事，新一代的选择"。这一定位给可口可乐以巨大打击，甚至间接导致20世纪80年代的换配方风波。相反，中国的饮料品牌非常可乐却盲目出击，与两大饮料巨头同时应战，又缺少自身品牌的差异化，只想通过广告轰炸来击垮百事和可口可乐，结果非常可乐战败。

其次，要了解竞争对手的营销重点是什么。对手主推什么产品？主攻哪个市场？什么时候进攻？如何进攻？这些问题搞清楚，有助于企业制定防范和反击策略。

最后，要清楚竞争对手的广告资源配置和投放习惯是什么。对手今年预计广告投入是多少？战略投入和战术投入的比例是多少？战术投入的时间节奏地域分配是怎样的？对手选择媒体的习惯是怎样的？所有这些数据，均可以通过对竞争对手历年的广告投放监测和对今年以及未来对手的营销战略的预估来做出判断。

3. 了解广告的目标对象

首先,要了解消费者对本企业以及竞争对手企业品牌和产品的态度。

其次,要了解消费者的媒介使用习惯。

最后,要了解广告的目标对象和产品是否匹配。很多企业高管往往简单地认为广告就是给消费者看的,其实不然。每个企业处于特定的竞争环境中,都会受到消费者、竞争者、供应商、政策制定者、渠道商等因素的影响,因此广告预算要根据经营管理的需要按照各外部因素的重要程度来配置。例如:当消费者认知是影响销量的主要原因时,对消费者多做广告,让消费者认识并喜欢自己企业的产品和品牌;当渠道商的信心是影响销量的主要原因时,就要面向渠道商多做广告,让渠道商放心、积极地进货和促销;当政府、银行成为制约销量的主要因素时,就要对这些机构做广告和公关宣传,力争促使其提供宽松的政策环境和金融环境。

二、中期投放执行

1. 广告投放的预测步骤

广告投放活动是一项具有前瞻性和预测性的工作,提前预测媒体投放效果和媒体价格有利于企业及时完善广告投放方案。广告投放的预测按照以下步骤进行。

(1)确定预测的目标。是为长期的广告投放活动作预测,还是为短期的广告投放活动做预测。

(2)获取和分析媒体的历史和现状资料,对不同的媒体进行比较分析。主要从AC尼尔森、艾瑞咨询集团、中国城市发展报告等数据库获取媒体相关数据,从相关年鉴和工商部门获取消费者数据,当然还得结合通过调查法、访谈法、实验法等方法获得的第一手资料。

(3)选择广告投放预测的方法。预测的方法一般有定性法、定量法、定性和定量结合法。

(4)广告投放预测。

(5)预测的论证。检测预测结果的准确性,查找误差,对结果进行论证。

(6)形成书面性的预测报表。

2. 媒体选择策略制定步骤

媒体选择策略制定步骤,主要有以下几点。

(1)根据市场营销战略确定媒体战略。市场开拓阶段选用告知性战略,向消费者告知新产品的情况,告知某项产品的新用途,告知消费者产品价格的变动情形,说明新产品如何使用,描述所提供的各项服务,改变消费者的消费观念等。市场竞争阶段采用说明式广告,树立品牌偏好,强调本品牌的差异性,鼓励消费者转向你的品牌,改变消费者对产品属性的认知,说服消费者立刻购买。产品成熟阶段的提醒式广告战略,提醒消费者可能最近需要这个产品,提醒消费者何处可以购买到这种产品,使消费者在淡季时也能记住该产品,保持最高的知名度,树立企业的品牌形象。

（2）对不同的媒体性质和特点比较分析。
（3）获取媒体报价。
（4）方案比较和分析。
（5）制定媒体选择策略。

3. 成本效益分析步骤

一般地说，成本效益分析的过程由以下几个步骤所构成。

（1）识别阶段，判断某一项目可以达到广告主所希望的目标。
（2）确定媒体购买的成本。
（3）调查阶段，主要是了解能实现该目标的各项可能的投资方案。
（4）收集信息阶段，主要是获取有关各备选投资方案效果的资料。
（5）选择阶段，定量财务指标分析、定量非财务指标分析以及定性指标分析，采用不同的分析方法，由于定性指标未包括在正式分析之中，管理人员必须用自己的判断决定在最终决策时定性因素占多大比重。
（6）决策阶段，确定额外收入的收益、确定可节省的费用、制定预期成本和预期收入的时间表、评估难以量化的效益和成本。

任何广告主都希望用尽量少的钱获得最大的广告投放回报，所以在进行广告投放计划时，有必要反复检查，该方案是否还可以压缩成本。

4. 媒体购买、决策步骤

（1）与媒体沟通、联系。
（2）与媒体计划协调，与客户部及客户沟通，交流信息。
（3）与媒体就价格、服务以及其他合作进行谈判。
（4）购买及执行相关行政工作，如订单、付款等。
（5）制定媒介排期。

以上的前三个步骤是循环进行的，需要不断在媒体、广告公司和客户之间进行沟通和信息互换，其中，广告公司通常会安排一个工作小组专门为该客户全程服务，制定的媒介排期表也可能因为多种因素而出现改动。

三、后期监测维护

后期监测维护主要从两个方面着手，一是企业自身的维护，二是广告的维护。

企业的广告投放受众多因素的影响，其中企业自身对广告的维护是广告投放的保证。现代企业投放广告需要加强和消费者的互动和增强消费者的体验。广告的线上线下的互动，企业通过电话、网络的方式和消费者建立密切的联系。

广告的维护主要是指广告的持续投放和广告投放的监测。广告投放是一件烧钱的事情，有些企业投了段时间，待知名度打响了就停止广告投放，这种做法不适合现在的营销环境。在众多的品牌中，一旦某企业停止广告投放，不仅会使消费者逐渐淡忘该品牌，甚至连之前累计的广告效果都会丧失掉。广告投放的监测一般由广告公司和企业共同承担，包括视听率的监测以及通过调查的方式重新评估广告投放效果。

第四节 融媒体下广告投放计划书撰写要点

一、排版整洁、形式美观

融媒体环境下对广告投放计划书要求更为严格,一份外观精美漂亮的计划书更具有说服力。现代工作节奏越来越快,有的人在工作时,习惯通过互联网套用他人现成的模板,这种做法应付简单的工作或者普通的教学是可行的,但撰写广告投放计划书时应避免套用网络现成的模板,务必自己设计模板,并请专门的美术工作人员调整计划书的外观。模板的设计以简单大方为宜,过于花哨的模板不耐看,并且易分散注意力。

二、数据支撑、图文并茂

广告投放计划书的内容不仅仅只是局限于广告投放活动,应该将计划书的前因后果详细的描述清楚。为什么采取该广告投放策略?采取此策略的数据支撑点是什么?通过什么方法获得该数据?广告投放计划不要纸上谈兵的空想,需要多方的数据支撑来取信客户。

计划书中尽量避免用大篇幅的文字。广告投放计划书最终都会以提案的形式呈给客户,要考虑客户的阅读习惯,现代人生活节奏加快,都习惯看图和表格,在计划书中,能够用表格和图片表示的就不要用文字书写,并且多提炼文字,使文字尽量精练。总之,能够用图和表格说明的就避免用大篇幅的文字,数据太多可以附录的形式附着在文档最后。

三、结构严谨、过渡自然

一份计划书的内容比较多,在此情况下需要合理安排各个部分内容的逻辑性。一般将一份计划书分为几个板块处理,每个板块之间用目录联系起来,使计划书的内容井然有序,同时每个内容之间的过渡自然。安排不同板块时对颜色的利用很重要,可以通过不同的颜色和排版使板块和板块之间的界限一目了然。

四、与广告目标紧密挂钩

一份有说服力的广告投放计划书应该与广告目标紧密挂钩,不论是广告创意还是媒体选择等环节,都是服务于企业的广告目标的,再好的创意不能够帮助企业达成广告投放目标,那也是失败的计划书。

五、对客户业务的充分了解

有的广告客户提供的资料可能并不是很详尽,特别是有的公司可能还会对内部资料有所保留,这就要求广告公司通过不同的途径尽量多了解该广告客户的业务,结合客户提供的资料、从其竞争对手获取的资料以及行业资料进行综合分析。

六、分析不同媒体的主要特征

作为广告代理公司,其最大优势就是对媒体的充分了解,在广告计划书中,尽量对适合该广告客户的媒体进行多方位的分析,以适应广告客户的需求。

七、提出不同媒体预算的考虑与变化

任何广告客户都希望广告投放效益的最大化,不同的媒体预算有助于广告客户进行方案的备选。广告投放并非严格按照计划进行,外界环境在不断变化,媒体环境和竞争对手的广告投放这两大因素随时可能使企业广告主改变广告投放计划,因此在进行广告计划时,就要充分考虑到可能发生的变数,提供不同的方案。

八、展示有创意的媒体计划和提案风格

广告投放是一个精打细算的工作,但同时给客户展示有创意的媒体计划和提案风格,会使该广告投放计划耳目一新,迅速吸引客户的眼球。

九、使用客户的语言全方位沟通

广告客户千差万别,有的可能是知识分子,有的可能是商业人士,对于广告客户而言,他们最终的目的都是追求效益最大化,至于广告公司所关注的专业技术,他们可能不懂或者不相信,因此,广告公司在进行广告计划时有必要站在客户的角度思考,尽量使用客户的语言与其沟通,加深客户对广告投放计划的理解和信任。

十、根据去年的广告行为做合理的延伸

一般企业广告投放都是循序渐进的,在进行广告投放计划时,可以参看客户去年的广告行为,在广告预算的范围内做合理的延伸,除非遇到特殊的情形。例如,加多宝和王老吉分家后,加多宝抓住机会赶紧投《中国好声音》栏目,取得了塑造品牌的良好效果。

十一、关注新媒体广告投放

新媒体广告投放的精准性、互动体验以及大数据,迅速吸引了众多广告客户,现在很少有公司坚持用单一的传统媒体投放,新媒体广告投放前景非常广阔,尽管其投放模式还不是很明确,但很多公司愿意尝试。因此,在撰写广告计划书时,也要关注新媒体广告投放。

关键词

广告投放计划书　　advertising putting handbook
广告投放程序　　advertising putting program

思考题

1. 广告投放计划书有什么作用?
2. 按照产品生命周期可以将广告实施计划分为哪几种?
3. 怎样灵活运用各种不同的发布方式来投放广告?
4. 广告投放计划书的标题撰写要注意哪些问题?
5. 界定广告目标的"6M"法是指什么?
6. 广告投放计划按照哪些程序来执行?
7. 广告投放计划书的撰写有哪些要点?

推荐阅读书目

张翔、张哲、李青:《广告策划》,高等教育出版社,2010年版。